복 있는 사람

오직 여호와의 율법을 즐거워하여 그 율법을 주야로 묵상하는 자로다.
저는 시냇가에 심은 나무가 시절을 좇아 과실을 맺으며 그 잎사귀가 마르지 아니함 같으니
그 행사가 다 형통하리로다.(시 1:2-3)

역사상 수많은 설교자들이 사도행전을 설교했고, 지금도 사도행전에 대한 책들이 쏟아져 나오고 있음에도 우리가 마틴 로이드 존스의 『사도행전 강해설교』에 주목해야 할 분명한 이유가 있다. 첫째, 사도행전 강해는 마틴 로이드 존스가 자신의 사역 마지막 시기에 주일 저녁마다 전했던 그의 전도설교의 백미이기 때문이다. 그는 사도행전 강해에서 참된 기독교와 복음이 무엇인지를 선명하게 보여주었다. 나는 이 복음이야말로 오늘 우리 시대 설교자들이 잃어버린 본질이라고 생각한다. 둘째, 부흥에 대한 로이드 존스의 간절한 갈망이 이 책 곳곳에 녹아 있기 때문이다. 1981년 로이드 존스를 처음 읽기 시작했을 때, 나는 부흥에 대한 그의 갈망에 온전히 공감할 수 없었다. 그 당시 한국교회는 큰 어려움 없이 계속 성장하고 있었기 때문이다. 그로부터 수십 년이 지난 지금, 타락하고 무능력해진 교회를 보며 한국교회가 로이드 존스의 사도행전에 다시금 귀 기울여야 할 때임을 절감한다. 20세기 후반 영국교회의 현실을 보며 하나님의 주권적인 영적 부흥 없이는 인간의 그 어떤 노력으로도 교회를 회복할 수 없다고 느꼈던 그의 심정을 지금의 한국교회를 보며 절절히 이해하게 되었기 때문이다. 21세기 한국교회의 신실한 성도들과 설교자들에게 이 책을 강력하게 추천한다.

김형익, 벧샬롬교회 담임목사

교회는 말씀의 창조물이므로 영적 활기를 잃어버린 이 땅의 교회를 회복시킬 유일한 길은 말씀의 회복이다. 그리고 그 말씀의 능력을 자신의 설교 사역을 통해 가장 강력하게 증언한 인물이 있다면, 바로 지난 세기 위대한 설교자 마틴 로이드 존스일 것이다. 그의 사역이 가장 완숙했던 시기에 선포된 이 사도행전 강해는 본문에 기록된 성령의 강림과 교회의 탄생, 담대한 복음 선포와 살아 역사하는 교회의 역동성을 생생하게 펼쳐 보인다. 특히 설교문 곳곳에서 드러나는 인간의 본질적 상태와 당시 서구 교회 현실에 대한 통찰은 시대와 장소를 초월하여 오늘날 교회에도 여전히 큰 울림을 준다. 불붙은 논리와 확신에 찬 선포, 복음에 대한 거룩한 집착이 깃든 이 설교는 무기력한 이 시대의 교회를 향한 하나님의 처방이자 호소다. 교회와 강단의 회복을 바라는 설교자들과 영광스러운 복음 앞에 다시 서고자 하는 성도들은 지금, 로이드 존스의 목소리에 귀 기울여야 한다.

조광현, 고려신학대학원 설교학 교수

마틴 로이드 존스의『사도행전 강해설교』첫 장은 내게 상당히 큰 충격을 주었다. 이 한 장이 이후 내 모든 사역과 삶을 결정했다고 해도 과언이 아니다. 그중 내 마음을 사로잡은 문장은 다음과 같다. "기독교는 가르침이 아니라 인물(person)입니다. 기독교는 단순히 정치에 적용돼야 할 도덕사상이 아닙니다. 기독교는 역사적 인물에서 시작됩니다.……여러분은 사도행전을 읽으면서, 주님의 제자들이 항상 '예수와 부활'을 전파했다는 사실을 발견할 것입니다(행 17:18). 이들은 사람들에게 가서 그분을 전했습니다. 이것이 제자들이 가르친 전부였습니다."

기독교는 인물이다! 이것은 단순한 설명이 아니라, 내 생각의 기초를 흔들어 놓은 선언이었다. 나는 기독교를 전한다는 것이 일종의 '올바른 삶' 또는 '일련의 교리체계'를 전하는 것이라 생각했다. 물론 삶도 중요하고 교리도 중요하지만, 이 모든 것이 예수 그리스도라는 인물(이자 하나님)을 가리키지 않는다면 무용하다는 사실, 그리고 예수 그리스도를 드러내고 가르치는 것으로부터 모든 삶과 교리가 나온다는 사실은 충격과 동시에 기쁨으로 다가왔다. 그래서 나는 내 삶과 사역의 목적을 "예수 그리스도를 높이고 전하는 것"으로 정했다.

이후 나는 로이드 존스의 다양한 설교집을 통해 이러한 목적을 성취하기 위한 설교의 기술을 더욱 확실히 배우게 되었다. 로이드 존스를 열정적으로 좋아하는 사람이라도 그에 관해 잘 모르는 사실이 하나 있다. 그가 매 주일 오전과 저녁, 금요일에 설교를 했으며 각 시간마다 설교의 목표가 달랐다는 사실이다. 주일 오전에는 신자들을 위한 양육설교(에베소서 강해, 산상설교 등)를 했고, 주일 저녁에는 비신자들을 위한 전도설교(요한복음 강해, 여러 짧은 강해설교들)를 했으며, 금요일 저녁에는 교리적 설교(교리강좌 시리즈, 로마서 강해)를 했다.

이번에 출간 20주년 기념 개정판으로 새롭게 출간되는『사도행전 강해설교』는 주일 저녁예배 설교였다. 그렇기 때문에 주로 비신자들을 대상으로 한 설교다. 로이드 존스는 언제 복음전도 집회나 캠페인을 하는지 묻는 질문에 "매주 한 번씩 하지요"라는 말로 응수했는데, 저녁예배 때마다 그렇게 설교했기 때문이다.

기독교 신자 가운데 누군가는 이 설교들이 자신에게 덜 유익할 것이라 생각할 것이다. 하지만 절대 그렇지 않다. 나는 산상설교나 에베소서 강해를 통해서도 유익을 얻었지만, 그의 저녁예배 설교를 통해 더없이 큰 유익을 얻었다. 실제로 1960년대 당시 웨스트민스터 채플에서 진행된 모든 예배 중 저녁예배 때 가장 많은 청중들이 참석했다. 왜 그랬을까? 그것은 이 설교들이 신자와 비신자를 동시에 겨냥했기 때문이다. 누구든 이 설교들을 통해 많은 유익한 적용과 영적 통찰을 얻을 수 있었을 뿐 아니라, 복음의 의미와 진면목을 지속적으로 확인할 수 있었기 때문이다. 나는 정말 많은 사람들에게『사도행전 강해설교』를 포함한 그의 저녁예배 설교를 권했는데, 이 설교들을 읽은 사람들은 한결같이 이렇게 고백했다. "지금까지 저는 복음을 제대로 알지 못하고 있었군요!"

왜 그러한 일이 일어날까? 복음은 비신자를 회심시키는 동시에 신자를 양육하기 때문이다. 기독교의 본질은 도덕이나 윤리, 교리가 아닌 예수 그리스도라는 인물인데, 그분이 어떤 분이신지와 어떤 일을 하셨는지를 알아감으로써 신자들은 성장한다. 신자들의 선한 행위는 결코 지적으로 몰랐던 것을 알게 됨으로써 나오는 것이 아니다. 오히려 그리스도의 아름다운 성품과 사역을 봄으로써 나온다. 로이드 존스는 지치지 않고 그리스도와 그분이 하신 일을 매번 설교를 통해 선포했고, 그 결과 나는 신자와 비신자를 동시에 겨냥하는 설교를 터득할 수 있었다(팀 켈러와 존 스토트 또한 마찬가지였다).

그러한 의미에서, 나는 누구든 이 『사도행전 강해설교』를 진지하게 읽기를 바란다. 비록 로이드 존스가 사도행전 8장까지만 강해하고 은퇴했지만, 우리는 이 책을 통해 사도행전을 이해할 뿐만 아니라, 사도행전의 주인이신 예수 그리스도를 볼 수 있다. 이 책을 읽는 독자들은 누구나 다음과 같이 고백하게 될 것이다. "똑같은 복음의 메시지, 예수 그리스도를 가리키는 메시지를 듣는데 왜 매번 새로운 감동과 깨달음이 있을까?"

참고로 나는 여섯 권으로 구성된 이 강해 시리즈를 끝까지 읽었다. 같은 물 한 모금이라도 갈증이 심할 때 더 큰 청량감을 주듯, 이 책의 매 장은 복음에 목말라 있던 내게 한결같이 시원한 생수와 같았다. 누구든 이 책을 읽으라. 그러면 로이드 존스가 던지는 다음의 질문에 강한 확신으로 "예!"라고 답하게 될 것이다. "예수께서 이 세상에 오신 것은, 우리를 지옥에서, 여러분과 제가 우리의 죄 때문에 마땅히 받아야 할 형벌에서 구원하시기 위해서라는 것을 여러분은 깨닫습니까? 기독교의 본질은 여러분에게 무엇을 하라고 요구하는 것이 아니라 예수께서 여러분을 위해 무엇을 하러 이 땅에 오셨는지 말해 주는 그 무엇이라는 사실을, 이제 여러분은 깨닫습니까?"

이정규, 시광교회 담임목사

진정한 기독교

D. Martyn Lloyd-Jones
Authentic Christianity

진정한 기독교

마틴 로이드 존스 지음 | 전의우 옮김

복 있는 사람

진정한 기독교

2003년 4월 25일 1판 1쇄 발행
2011년 10월 17일 2판 1쇄 발행
2025년 7월 10일 3판 1쇄 인쇄
2025년 7월 23일 3판 1쇄 발행

지은이 마틴 로이드 존스
옮긴이 전의우
펴낸이 박종현

(주) 복 있는 사람
주소 서울특별시 마포구 연남동 246-21(성미산로23길 26-6)
전화 02-723-7183(편집), 7734(영업·마케팅)
팩스 02-723-7184
이메일 hismessage@naver.com
등록 1998년 1월 19일 제1-2280호

ISBN 979-11-7083-265-2 04230
ISBN 979-11-7083-264-5 04230 (세트)

Authentic Christianity
by D. Martyn Lloyd-Jones

Copyright © 1999 by Lady Catherwood and Mrs Ann Beatt
Originally published in English under the title
Authentic Christianity Vol.1 by D. Martyn Lloyd-Jones
by The Banner of Truth Trust, Edinburgh EH12 6EL, UK
All rights reserved.

Translated and used by the permission of The Banner of Truth Trust
through the arrangement of rMaeng2, Seoul, Republic of Korea.
Korean Translation Copyright © 2003, 2011, 2025 by The Blessed People Publishing Inc., Seoul, Republic of Korea.

이 한국어판의 저작권은 알맹2 에이전시를 통하여 The Banner of Truth Trust와 독점 계약한 (주)복 있는 사람에 있습니다. 신저작권법에 의하여 한국 내에서 보호받는 저작물이므로 무단 전재와 무단 복제를 금합니다.

그들이 사도의 가르침을 받아
서로 교제하고 떡을 떼며 오로지 기도하기를
힘쓰니라

차례

		서문	09
1:1-3	01	기독교, 오직 하나뿐인 희망	10
2:1-2	02	행동하시는 하나님	32
2:14-36	03	놀랍게 성취되는 예언	54
2:37-40	04	그리스도인이 된다는 것	74
2:37-47	05	전인적 변화	96
2:37-42	06	세상으로부터의 분리	116
2:41-47	07	오로지 힘쓰니라	136
2:40-42	08	사도들의 가르침	156
2:41-42	09	첫째는 가르침	176
2:41-47	10	교제하며	198
2:41-42	11	떡을 떼며	218

2:41-42	12	기도	236
2:46-47	13	기쁨	260
2:46-47	14	순전한 마음	278
2:46-47	15	하나님을 찬미하며	298
3:6	16	일어나 걸으라	312
3:12-18	17	아브라함과 이삭과 야곱의 하나님	332
3:12-18	18	예수님은 누구신가	352
3:19-21	19	그리스도의 재림	374
3:17	20	무지	394
3:19	21	하늘의 바람	414
3:19	22	다시 생각하기	432

서문

이 책은 로이드 존스의 사도행전 강해설교 가운데 첫째 권이다. 그의 사도행전 강해 대부분은 1965년 웨스트민스터 채플에서 저녁예배 시간에 설교한 것이다. 따라서 사도행전 강해는 전도설교적인 성격이 강하지만 그리스도인들에게 주는 아주 중요한 메시지도 담고 있다.

로이드 존스는 사람들이 "기독교란 무엇이며 교회란 무엇인가를 정확히 알" 필요가 너무나 절실하다고 보았으며, 사도행전의 앞장들이 "다름 아닌 진정한 기독교"를 제시하기 때문에 이 필요를 충족한다고 주장했다. 이 시리즈의 제목도 바로 이런 이유에서 붙여진 것이다. 이런 필요가 오늘날이라고 해서 결코 덜한 것은 아니며, 오순절의 역사가 다시 일어나지 않는 한 이런 필요는 더욱더 긴급해지고 있는 것이 분명하다.

로이드 존스의 확신은, 사도행전에 기록된 교회의 역사를 설명할 수 있는 것은 특별하지만 반복될 수 있는 오순절 성령강림뿐이라는 것이었다. 교회가 예루살렘과 로마의 힘을 이기고 생존하고 성장한 것은 기적 그 자체였다. 그러나 실제로 "천하를 어지럽게 한" 것은 [행 17:6] "하늘로부터 [들려온] 급하고 강한 바람 같은 소리"였다[행 2:2].

1999년
배너 오브 트루스 Banner of Truth 발행인

01

기독교, 오직 하나뿐인 희망

데오빌로여, 내가 먼저 쓴 글에는 무릇 예수께서 행하시며 가르치시기를 시작하심부터 그가 택하신 사도들에게 성령으로 명하시고 승천하신 날까지의 일을 기록하였노라. 그가 고난받으신 후에 또한 그들에게 확실한 많은 증거로 친히 살아계심을 나타내사 사십 일 동안 그들에게 보이시며 하나님 나라의 일을 말씀하시니라.

사도행전 1:1-3

기독교란 무엇인가? 지금 이보다 더 긴급한 질문은 없습니다. 제가 이렇게 말하는 것은, 복음이야말로 오늘날 이 세상의 유일한 희망이기 때문입니다. 다른 것들이 모두 시도되었지만 부족한 것으로 드러났습니다. 다른 것들은 모두 실패했습니다. 여러분은 철학자나 정치가에게서 아무런 희망을 찾을 수 없을 것이며, 소위 세상 종교들에서도 희망을 찾을 수 없을 것입니다. 복음, 오직 복음에만 희망이 있습니다.

어떤 사람은 이렇게도 말합니다. "복음 역시 희망이 있다고 주장할 수는 없다. 복음 또한 지금까지 2천 년이나 시도되었지만, 당신이 언급한 여러 가지 다른 것들과 마찬가지로 실패한 것이 분명하지 않는가?"

여기에 대한 유일한 답은, 작고한 체스터턴G. K. Chesterton이 아주 완벽하게 제시했습니다. 그는 이렇게 말했습니다. "기독교는 시도된 적도 부족함이 드러난 적도 없다. 다만 어렵다고 여겨져 시도되지 않았을 뿐이다." 이것은 단순한 진리입니다. 일반적으로 말해 세상은 한번도 기독교를 **시도**한 적이 없습니다. 기독교에 대해 말들은 많이 했지만, 기독교를 진정으로 시도한 적은 없었습니다. 제가 기독교가 지금도 여전히 세상의 유일한 희망이라고 주장하는 것도 이 때문입니다. 그러므로 기독교란 무엇인가를 묻는 것은 긴급한 일이 아닐 수 없습니다. 이 질문을 다르게 표현하면 "교회란 무엇인가? 교회가 하는 일은 무엇이며, 교회의 메시지는 무엇인가?"라고 할 수 있습니다.

이렇게도 물을 수 있습니다. "왜 나 자신이나 다른 이들이 복음을 전하는 설교자가 되었는가?" 이 질문에 대한 답은 한 가지뿐입니다. 부르심을 받았다고 믿기 때문입니다. 보잘것없는 저에게 하나님께서 책임을 지우셨습니다. 저의 개인적 경험과 다른 사람들의 경험, 그리고 역사를 읽으면서 얻은 축적된 경험을 통해 알게 된 사실도 있습니다. 인간으로 하여금 인생을 정복하고 다스릴 수 있게 하며 결코 사라지지 않는 희망을 줄 수 있는 것은, 하늘 아래 오직 복음밖에 없습니다. 그러므로 오늘날 세상에서 가장 긴급한 일은 사람들에게 복음을 전하는 것입니다. 이것이 바로 교회의 역할입니다.

그러나 우리 모두가 아는 것처럼, 가장 큰 비극은 복음이 무엇이고 교회가 무엇이며 그리스도인들이 해야 할 일이 무엇인가에 대해 극심한 혼란이 있다는 사실입니다. 제가 여러분에게 이 점을 상기시키는 것은 논쟁을 하고 싶어서가 아니라 사람들의 영혼에 대한 부담감 때문입니다. 이것은 하나님도 아십니다. 제게 이런 부담감이 없었다면 저는 설교자가 되지 않았을 것입니다. 이러한 부담감 때문에 저는 목회에 발을 들여놓게 되었고 지금도 계속 이 일을 하고 있습니다. 저는 사람들이 "기독교가 뭐지? 교회가 뭐지?" 하면서 혼란스러워하는 모습을 봅니다. 그러나 저는 사람들이 이처럼 혼란스러워하는 것에 대해 놀라지 않습니다.

이런 혼란은 단지 교회 밖에 있는 사람들에게만 한정되는 것은 아닙니다. 저를 점점 더 두렵게 하는 것은, 교회 바깥의 혼란을 초래한 장본인이 주로 교회라는 사실입니다. 한 교단의 고위직에 있으면서 기독교 강연자로도 유명한 사람이 최근 이런 말을 했습니다. 자신이 생각하기에 당장 해야 할 일들 가운데 첫번째가, 주일에 예배를 두 번 드리는 어리석은 습관을 버리는 일이라고 했습니다. 그는 이렇게 말합니다. "주일예배는 한 번이면 충분합니다. 그러니 나머지 시간에는 각자 하고 싶은 것을 할 수 있도록 오전 9시에 한 번만 예배를 드립시다." 그는 또한 자신에게 권한이 있다면 1년 동안 성경 읽기를 금하는 포고령을 내릴 것이라고 말합니다. 그것도 교회와 기독교의 이름으로 말입니다! 그리고 주일 아침 9시에 딱 한 번만 드리는 예배에서 적어도 1년간은 정치에 관한 설교만 해야 한다고 말합니다.

제가 이런 말에 주목하는 이유는, 이것이 요즈음 나돌고 있는 너무나 전형적인 말들이기 때문입니다. 사람들이 혼란스러워하는 것이 놀랄 일입니까? 일반적으로 말해 이 시대의 생각은, 기독교의 메시지는 결국 우리의 일들이 어떻게 정돈되어야 하는가에 대한 일종의 가르침일 뿐이라는 것입니다. 모든 설교가 정치적이어야 한다는 주장이 나오는 것도 바로 이 때문입니다. 사람들은 불의를 해결하고 개혁하는 것이 교회의 주된 일이며, 산상설교에서 우리가 취해야 할 것은 일종의 사회적 강령이라고 말합니다.

이렇게 말하는 사람들은 구약성경에 전혀 관심이 없고, 대개는 구약을 완전히 무시해 버립니다. 사도 바울도 전혀 필요치 않습니다. 대신에 이들은 예수님의 윤리적 가르침에 집중합니다. 이들은 이렇게 말합니다. "여기에 여러분의 정치 프로그램이 있습니다. 여기에 여러분의 정치강령이 있습니다. 여러분이 해야 할 일은 이것을 최대한 적용하는 것뿐입니다." 여러분은 성경을 읽어서도 안되고, 다만 이러한 일반원칙들을 취해 실행에 옮겨야 합니다.

또 어떤 사람들은 기독교를 두고 고상하고 낙관적인 인생관이며 일종의 철학이라고 말합니다. 좀더 고상하게 사는 법을 찾았고 도덕적 향상을 경험했으니, 이제 다른 사람들도 이 원칙들을 받아들이도록 노력해야 한다는 것입니다.

그런가 하면, 기독교를 주로 도덕과 행위의 문제로 보는 사람들이 있습니다. 기독교적 관점에 좀더 다가갔다고 생각할 수도 있겠지요. 이들은 사람들이 이러한 윤리적 가르침을 받아들이고 실천할 때 그리스도인이 된다고 말합니다. 곧 선한 삶을 사는 것이 자신들을 그리스도인으로 만들어 준다고 생각합니다.

이 모든 가르침에서 이들의 공통된 시각이 있습니다. 실제로 중요한 것은 순수한 도덕적 가르침인데, 성경이라고 부르는 책에서 이것을 찾아야 한다는 것입니다. 하지만 불행히도, 이들에게 있어 성경은 중요하지도 않은 많은 역사로 어지럽습니다. 성경은 대부분 거짓인 데다가 분명히 사실이 아니며, 과학적 이해력을 가진 사람이라면 조금도 믿을 수 없는 많은 기적들을 담고 있습니다. 그러므로 이들은 이 모든 것을 제거하고 껍데기와 지푸라기 속에 숨겨져 있는 핵심을 찾아내야 한다고 말합니다. 핵심을 찾아내고 나면, 성경을 무시하고 정치적 상황이나 도덕적 상황에서 시작할 수 있습니다. 그런 다음에는 사람들이 이러한 것들을 실행에 옮기도록 그들을 설득해야 합니다. 이것이 기독교 메시지에 대한 일반적인 생각이며, 교회의 역할에 관한 일반적인 개념입니다.

이제 저는 이 모든 것들을 다루고 싶습니다. 제가 여러분의 주의를 사도행전의 첫 세 절에 집중시키는 것도 바로 이 때문입니다. 이 문제를 이렇게 보십시오. 교회의 기원은 무엇인가? 이것은 당연히 해야 할 질문입니다. 20세기를 교회의 기원으로 볼 수는 없습니다. 인용한 말씀에는 교회의 기원을 2천 년 전으로 거슬러 올라가게 하는 것이 있습니다. 그러므로 교회란 무엇이며 기독교란 무엇인지 알고 싶다면, 여러분이 반드시 해야 할 일이 있습니다. 처음으로 돌아가 교회가 어떻게 시작되었고 무엇을 했는지 발견하는 것입니다.

권위의 문제가 일차적이며 근본적이라는 데에는 여러분도 저와 생각이 같을 것입니다. 사람들이 "이것이 내가 생각하는 기독교이며 교회가 이런 일을 해야 한다"고 선언할 권리가 자신에게 있다고 생각한다면, 우리에게는 "그것이 사도행전이 말하는 것과 일치하는가?"라고 물을 권리가 있습니다. 우리는 이러한 문제들과 관련해 어떤 권위를 가지고 있습니까? 교회란 무엇인가를 결정할 권리가 우리에게 있습니까? 우리는 2천 년이나 되는 역사와 결별한 채 과거에 일어난 일에는 관심이 없고 우리의 관심은 현재뿐이라고 말할 수 있습니까? 물론 여러분이 원한다면 그렇게 말할 수 있습니다. 그러나 문제는 이것입니다. 이것을 기독교라고 부를 권리가 여러분에게 있겠습니까?

솔직히 말하면, 교회의 기원과 관련해 우리에게는 오직 하나의 권위밖에 없습니다. 바로 성경의 권위입니다. 사도행전을 기록하고 있는 사람은 의심할 여지 없이 복음서 기자인 누가입니다. 그는 "데오빌로여, 내가 먼저 쓴 글에는"이라고 말합니다. 여기서 "먼저 쓴 글"은 도입부가 사도행전과 비슷한 누가복음을 말합니다. 누가는 누가복음

1:1-4에서 이렇게 썼습니다.

> 우리 중에 이루어진 사실에 대하여 처음부터 목격자와 말씀의 일꾼된 자들이 전하여 준 그대로 내력을 저술하려고 붓을 든 사람이 많은지라. 그 모든 일을 근원부터 자세히 미루어 살핀 나도 데오빌로 각하에게 차례대로 써 보내는 것이 좋은 줄 알았노니 이는 각하가 알고 있는 바를 더 확실하게 하려 함이로라.

누가복음과 사도행전이 기록된 것도 바로 이 때문입니다. 데오빌로에 관한 정확한 정보는 없지만, 일반적으로 추정컨대, 그는 상당한 위치에 있었고 지성과 학식을 갖추었으며 기독교에 관해 다양한 보고를 듣고 더 많은 것을 알고 싶어한 사람이었습니다. 그는 의사이자 아주 유능한 역사가인 누가를 알게 되었는데, 사도 바울과 동행했던 누가는 이야기의 내막을 정확히 알 수 있는 매우 좋은 위치에 있었습니다. 두 사람은 접촉이 있었고, 누가는 데오빌로에게 사실 이런 말로 편지를 썼습니다. "일어난 일을 각하께 정확히 말씀드리겠습니다. 우리가 지금 믿고 있는 것을 왜 믿는지 말씀드리겠습니다. 각하께 자세한 내막을 말씀드리겠습니다." 누가는 이 일을 두 부분으로 나눠서 했습니다. 첫째 부분은 복음서이고 둘째 부분은 사도행전입니다. 우리는 그때로 돌아가 이 이야기를 살펴보아야 합니다. 그렇게 하는 것은 우리에게 특권일 뿐 아니라 이 이야기를 이해하기 위해서 마땅히 해야 하는 일이기도 합니다.

그것은 어떤 이야기입니까? 예루살렘 권세가들이 평범하고 단순하며 무식하고 무지하다고 여긴 소수의 사람들이 있었습니다. 본래는 남자 열두 명뿐이었는데 약간의 사람들이 가세했습니다. 이들은 내세울 만한 것이 전혀 없었고 유명하지도 않았으며, 지위도 돈도 통신수단도 선전수단도 전혀 없었습니다. 이들에게는 아무것도 없었습니다. 이들은 아무것도 아니었습니다. 그러나 우리가 알고 있는 사실은 무지하고 무식한 소수의 사람들이, 사도행전 17장의 표현을 빌리면 "세상을 뒤집어 놓았다"행 17:6, KJV는 것입니다. 불과 200년 사이에 기독교는 대로마제국에서 가장 강력한 세력이 되었습니다. 3세기가 시작될 무렵 기독교는 이미 너무나 강한 세력이 되어 있었기 때문에, 로마황제 콘스탄틴은 로마제국에서 기독교를 공인하는 것이 지혜로운 처사라고 생각했습니다.

저의 관심은 이 사실을 살펴보는 데 있지 않습니다. 제가 묻고 싶은 것은 이것입니다. 어떻게 그토록 짧은 기간에 기독교를 공인할 정도로, 소수의 사람들이 로마제국 전체를 흔들어 놓을 수 있는 위치에 이르렀습니까? 이들이 고대세계를 뒤집어 놓은 것은 정치사상을 전파하고 다녔기 때문이었습니까?

기독교는 하나의 역사적 사건입니다. 기독교는 사실입니다. 교회는 세계사 전체에서 가장 생생한 사실 가운데 하나입니다. 교회사를 빼놓고는 세계사를 이해할 수 없습니다. 그러나 교회란 무엇이며 교회의 메시지는 무엇인가에 대한 현대의 사상이 이미 일어난 일을 설명해 줄 수 있습니까? 저의 대답은 그렇지 않다는 것입니다. 정직과 상식은 우리에게 사도행전으로 돌아가라고 말합니다. 기독교가 의미하는 것을 진정으로 이해하기 원한다면, 우리는 사도행전으로 돌아가지 않을 수 없습니다. 교회라는 사건과, 세상과 육적인 것과 마귀와 인간과 지옥의 온갖 방해에도 불구하고 지금까지 이어져 온 기독교의 놀라운 역사를 설명할 수 있는 것은 오직 하나뿐입니다. 바로 사도행전이 제시하는 설명입니다.

저는 바로 이런 이유에서 여러분에게 사도행전의 메시지를 전하려는 것입니다. 그렇다고 사도행전 전체를 체계적으로 설교하지는 않을 것입니다. 다만 지금 우리 앞에 제시된 특정한 주제들을 하나씩 다루어 나갈 것입니다. 제가 느끼건대 현대세계는 데오빌로와 아주 비슷한 처지에 있는 것 같습니다. 어쨌든 그리스도인이 아니면서 이런 것들을 숙고하는 사람은 누구든지 데오빌로와 같은 처지에 있습니다. 여러분은 기독교에 관심을 갖게 되었습니다. 여러분은 기독교가 무엇인지 알고 싶어합니다. 어쩌면 여러분의 도덕생활이나 결혼생활에 문제가 있을 것입니다. 여러분에게는 영혼의 깊은 상처가 있으며, 여러분을 낙담시키는 일이 있을지도 모릅니다. 그리고 여러분은 이렇게 말합니다. "이것도 해보고 저것도 해봤지만 교회가 내게 무엇을 줄 수 있을지 모르겠습니다."

데오빌로들이여, 괜찮습니다. 여러분은 기독교를 알기 원하고, 다행히도 우리는 여러분에게 말해 줄 수 있습니다. 제가 이 자리에 선 것은 기독교에 대한 저의 생각을 여러분에게 말씀드리기 위해서가 아닙니다. 제가 생각하는 교회가 해야 할 일을 말씀드리기 위해서도 아닙니다. 저는 "만 입이 내게 있으면 그 입 다 가지고 내 구주 주신 은총을 늘 찬송하겠네"라고 고백한 찰스 웨슬리Charles Wesley와 같은 처지에 있습니다. 저의 개인적 의견은, 주일에 예배를 두 번 드리는 것으로도 충분치 않다는 것입니다. 사람들이 어떻게 단 한 번의 설교로 만족할 수 있겠습니까? 주변 세상은 죽어가고 있습니다. 그들은 메시지를 들어야 합니다. 초대교회 그리스도인들은 어디든지 찾아가서 말하고 전파했습니다. 이것이야말로 교회라는 이 엄청난 현상을 설명해 줄 수 있습니다.

사도행전이 우리에게 무엇을 말하고 있는지 보겠습니다. 다행스럽게도 여기에는 어려운 것이 없습니다. 첫째, 이들이 전한 메시지는 무엇이었습니까? 누가는 데오빌로에게 아주 분명하게 말했습니다.

데오빌로여, 내가 먼저 쓴 글에는 무릇 예수께서 행하시며 가르치시기를 시작하심부터 그가 택하신 사도들에게 성령으로 명하시고 승천하신 날까지의 일을 기록하였노라. 그가 고난받으신 후에 또한 그들에게 확실한 많은 증거로 친히 살아계심을 나타내사 사십 일 동안 그들에게 보이시며 하나님 나라의 일을 말씀하시니라 행 1:1-3.

이 말씀은 누가복음 전체의 요약일 뿐만 아니라 다른 모든 복음서의 요약이기도 합니다. 이것은 무엇을 의미합니까? 여기에는 몇 가지 대원칙이 있습니다.

출발점이자 근본적인 것은, 기독교는 예수님에 관한 것이라는 사실입니다. 누가는 사실 이렇게 말했습니다. "이미 각하께 그분에 관해써 보냈습니다. 이제 그분에 대해 더 많은 것을 말씀드리겠습니다."

기독교는 가르침이 아니라 인물person입니다. 기독교는 단순히 정치에 적용돼야 할 도덕사상이 아닙니다. 기독교는 역사적 인물에서 시작됩니다. 누가는 순수한 역사가였습니다. 그는 사건과 사실들을 제시하고 있었습니다.

주 예수 그리스도는 초대교회에서 설교의 주제였습니다. 그분은 누가복음의 주제입니다. 그분은 사도행전의 주제입니다. 그러나 오늘날 이 사실이 잊혀졌다는 것은 비극이 아닐 수 없습니다. 사람들은 이렇게 말합니다. "우리가 원하는 것은 그분의 가르침에 대한 적용입니다." 그러나 이것이 아닙니다. 여러분에게 필요한 것은 그분을 알고, 그분과 관계를 맺는 것입니다. 여러분은 그분의 가르침에서 시작하지 않습니다. 여러분은 바로 그분에게서 시작해야 합니다. 메시지는 이것입니다. "예수께서 행하시며 가르치기 시작하신 모든 것." 주님은 제자들에게 "너희가……내 증인이 되리라"고 말씀하셨습니다행 1:8. 주님은 이들을 내보내시면서 전파하라고 하셨습니다. 그분은 이렇게 말씀하셨습니다. "너희는 나의 가르침을 전파하는 데 그치지 않을 것이다. 너희는 나를 전파할 것이다."

여러분은 사도행전을 읽으면서, 주님의 제자들이 항상 "예수와 부활"을 전파했다는 사실을 발견할 것입니다행 17:18. 이들은 사람들에게 가서 그분을 전했습니다. 이것이 제자들이 가르친 전부였습니다. 이들은 결코 정치적·사회적 상황에서 시작하지 않았습니다. 이들은 이렇게 말했습니다. "들어 보세요. 예수라는 분에 관해 말씀드릴 것이 있습니다."

제자들은 그분에 대해 뭐라고 말했습니까? 중요한 것은 사실들facts입니다. 누가는 복음서에서 사실들을 제시했으며, 여기 사도행전에서 사실들을 다시 제시합니다. 그러나 여기서 그치지 않습니다. 그는 이러한 사실들의 의미와 중요성에도 동일한 관심을 갖습니다. 그리고 그 의미와 중요성을 설명합니다. 누가는 예수께서 하신 모든 일뿐 아니라 그분이 가르치신 모든 것을 기록했습니다. 주님이 하신 일과 그분의 가르침, 이 둘은 항상 함께해야 하는 것입니다.

우리 주님께서는 여기에 가장 특별한 것을 추가하셨습니다. "너희가……예루살렘과 온 유대와 사마리아 땅 끝까지 이르러 내 증인이 되리라." 이것은 정말 엄청난 말씀입니다. 여기 가난하게 태어나 목수 일을 하던 한 유대인이 있습니다. 그는 서른 살에 가르치기 시작했으며, 약 3년 후에 너무나도 무기력하게 십자가에 달려 죽은 후 무덤에 장사되었습니다. 바로 그분이 여기서 제자들에게 "[너희가] 땅 끝까지 이르러 내 증인이 되리라"고 말씀하고 계십니다. 여기 온 세상을 향한 메시지가 있습니다.

제가 이것을 강조하는 것은, 우연히 종교에 관심을 갖게 된 여러분에게 종교적 심성이나 종교를 보는 눈이 없어도 상관없다, 단지 자신의 마음에 드는 종교를 선택하면 그만이며, 그중 기독교가 괜찮은 종교라고 말하는 사람들이 있기 때문입니다. 그러나 아시다시피, 주님의 말씀에 비춰 보면 이것은 새빨간 거짓말입니다. 여기 땅 끝까지 선포되어야 하는 메시지가 있습니다. 무엇 때문입니까? 예수라는 분에게서 어떤 일이 일어났습니다. 그런데 그 일이 과거와 현재와 미래의 모든 사람에게 영향을 미치기 때문입니다.

만일 기독교가 철학이나 정치적 이념에 불과하다면 어느 누구도 기독교를 믿을 의무가 없을 것입니다. 서로 대립하는 철학파와 가르침과 이론들이 있으니, 이 사람은 이것을 믿고 저 사람은 저것을 믿으면 됩니다. 그러나 우리가 여기서 대면하고 있는 것은, 여러분과 제가 믿는 바가 아니라 바로 사실들facts입니다. 그 사실들은 예수라는 인물, 그분이 행하신 것과 말씀하신 것, 그리고 예수라는 인물이 의미하는 것입니다. 그러므로 사람들이 이렇게 말하는 것보다 더 큰 비극은 없습니다. "성경을 덮어라. 사실들은 전혀 중요치 않다. 예수가 사람이었는가 아니면 사람인 동시에 하나님이었는가 하는 것이 뭐가 그렇게 중요한가? 우리에게 필요한 것은 가르침이다." 그렇지 않습니다. 이들은 완전히 잘못 짚었습니다. 중요한 것은 예수라는 인물입니다.

누가가 뭐라고 하는지 계속 살펴보겠습니다. 그는 "데오빌로여, 내가 먼저 쓴 글에는 무릇 예수께서 행하시며 가르치시기를 시작하심부터"라는 말로 시작했습니다. 여기서 "시작하다"라는 단어가 강조되고 있습니다. 누가는 데오빌로에게 자신이 복음서에서 기록한 모든 것은 시작일 뿐이라고 말하고 있습니다. 이것은 매우 중요합니다. 누가가 복음서를 쓴 것도 바로 이 때문입니다. 여기 기독교에 관심이 있으며 기독교가 도대체 무엇인지 알고 싶어하는 사람이 있습니다. 누가는 그에게 "제가 말씀드리겠습니다" 하고 말했습니다. 누가의 이야기는 그의 복음서 스물네 장에 걸쳐 전개됩니다. 여기서 누가는 모든 것을 두 단어로 요약합니다. 그것은 예수께서 행하시고 가르치기 시작하신 모든 일입니다.

저는 이 점을 강조하고 싶습니다. 여러분은 예수님을 안다고 말할 것입니다. 정말 아십니까? 그분의 삶이 무엇을 의미하는지 아십니까? 그 인물의 중요성을 깨닫습니까? 예수께서 행하기 시작하신 일이 무엇입니까? 누가는 복음서에서 예수님이 누구인지 말합니다. 우리가 가장 먼저 알고 싶은 것은 그분이 어떻게 태어나셨는가 하는 것입니다. 그분은 다른 모든 사람들과 다를 것 없는 인간이셨습니까? 누가의 대답은 그렇지 않다는 것입니다. 누가는 천사 가브리엘이 마리아에게 나타난 일을 보여줍니다. 마리아는 여인들 중에 가장 복된 자로, 지극히 높으신 이의 아들을 낳을 것인데 그가 크게 되리라는 말을 듣습니다. 그분은 자신의 조상 다윗의 보좌를 차지하실 것이며, 그분의 나라는 영원할 것입니다. 누가복음 1장에서 이 모든 것을 읽어 보십시오. 마리아는 당황했습니다. 어떻게 처녀인 자신에게 이런 일이 있을 수 있겠느냐고 물었습니다.

그러자 천사 가브리엘이 말했습니다. "성령이 네게 임하시고 지극히 높으신 이의 능력이 너를 덮으시리니 이러므로 나실 바 거룩한 이는 하나님의 아들이라 일컬어지리라"눅 1:35.

이것이 누가가 우리에게 말하는 것입니다. 이것은 예수께서 세상에 **오셨다**는 뜻입니다. 그분은 다른 모든 사람들과 똑같게 태어나신 것이 아니었습니다. 그분은 영원에서 나와 시간 속으로 들어오셨습니다. 그분은 천국에서 땅으로 오셨습니다. 이것이 기독교입니다. 여러분의 도덕적·정치적 견해가 무엇이든 상관없습니다. 여러분 앞에 놓인 문제는 이것입니다. 베들레헴의 아기가 영원하신 하나님의 아들이라는 사실이 여러분과 무슨 관계가 있습니까?

그러나 그분은 세상에 오셨을 뿐 아니라 다른 여러 일들을 하셨습니다. 그분은 기적을 행하셨습니다. 그렇습니다! 이것은 복음서 메시지의 본질적인 부분입니다.

여러분은 이렇게 말합니다. "그러나 현대인들은 기적을 믿지 않습니다. 믿을 수 없습니다. 과학적 시각을 갖고 있으니까요." 그러나 누가는 데오빌로에게 먼저 쓴 그의 글인 복음서를 다시 언급하는데, 복음서에서 누가는 데오빌로에게 주님이 행하신 기적들을 말했습니다. 주님은 사람들의 주목을 끄셨습니다. 기적은 상징이었고 사람들이 와서 보았습니다. 누가는 어느 날 바리새인들이 그분을 보러 왔을 때 "병을 고치는 주의 능력이 예수와 함께했으며"눅 5:17 그분으로 인해 큰 소요가 일어났다고 기록합니다. 이런 일들을 떠나서 기독교는 존재하지 않습니다.

그러나 주님은 다른 일도 행하셨습니다. 예수께서는 예루살렘에 있는 원수들이 자신을 증오하여 죽이기로 결심했다는 것을 아셨고, 유월절을 위해 예루살렘에 와 있는 헤롯왕도 자신을 죽이고 싶어한다는 것도 알고 계셨습니다. 그럼에도 그분은 "예루살렘을 향하여 올라가기로 굳게 결심"하셨습니다눅 9:51. 그리고 예루살렘에 올라가 체포되셨습니다. 그분은 재판에서 입을 열려고 하지 않으셨고 사형선고를 받으셨습니다. 그분은 예루살렘을 가로질러 십자가를 지고 가셨으며, 몹시 지쳐서 도중에 다른 사람이 대신 십자가를 지고 가야 했습니다. 사람들이 그분을 십자가에 못박았고 그분은 십자가에 달린 채 죽으셨습니다. 두 친구가 그분의 시신을 내려 무덤에 두었습니다. 그러나 그분은 죽음의 결박을 완전히 끊어 버리고 무덤에서 살아나셨습니다. 누가가 여기서 언급하는 것처럼, 그분은 몇몇 제자들과 그 밖의 사람들에게 나타나셨습니다. "그가 고난받으신 후에 또한 그들에게 확실한 많은 증거로 친히 살아계심을 나타내사 사십 일 동안 그들에게 보이시며 하나님 나라의 일을 말씀하시니라"행 1:3. 그후에 그분은 감람산에서 제자들이 보는 가운데 승천하셨습니다.

이 모든 것이 여기 있습니다. 기독교는 역사입니다. 의사 누가, 역사가인 누가는 지성인 데오빌로를 돕고 싶었습니다. 전에 데오빌로는 이렇게 말했습니다. "기독교에 대해 정말 알고 싶소. 당신들을 보고 깜짝 놀랐소. 당신들에게 일어난 일을 보았고 당신들이 가르치는 것을 들었소. 그 결과도 보고 있소. 기독교가 무엇인지 알고 싶소."

누가는 이렇게 말했습니다. "데오빌로 각하, 알고 싶으시면 제가 말씀드리겠습니다. 그것은 이렇습니다. 예수라는 분이 있습니다. 기독교는 그분이 시작하신 일입니다. 그분이 세상에 오셨고, 가르치셨고, 이적을 행하셨습니다. 자신을 내주셨고, 죽으셨습니다. 장사지낸 바 되셨습니다. 다시 살아나셨고, 승천하셨습니다."

누가는 부활을 강조합니다. 부활이 없다면 교회도 없을 것입니다. 여기 사도행전에 교회의 역사가 있습니다. 여기에는 세상을 뒤엎었고 지금도 계속해서 뒤엎고 있는 놀라운 한 기관의 이야기가 있습니다. 이 모든 것은 죽으신 예수께서 다시 살아나셨으며, 이에 대한 아주 확실한 증거들을 많이 제시하셨다는 사실 때문입니다. 이것들은 사실입니다.

누가는 실제로 이렇게 말합니다. "데오빌로 각하, 각하께서는 이 사실들을 믿으셔야 합니다. 예수님을 빼고는 어떤 설명도 불가능합니다. 이것은 그분께서 시작하신 일입니다."

그러나 예수께서는 가르치는 일도 시작하셨습니다. 따라서 제가 할 수 있는 일은 이 가르침을 여러분께 요약해 드리는 것밖에 없습니다. 그분의 가르침은 복음서에 다 나와 있습니다. 그분은 자신에 관해 가르치셨습니다. 그분은 "아브라함이 나기 전부터 내가 있느니라" 말쏨하셨습니다 요8:58. 그분은 자신을 "인자"人子라고 부르셨습니다. 그분은 "옛 사람에게 말한 바……하였다는 것을 너희가 들었으나 나는 너희에게 이르노니"라고 말씀하셨습니다 마5:21-22. 그분은 자신에게만 있는 특별한 권세를 주장하셨습니다. 그분은 실제로 자신이 하나님의 아들이라고 주장하셨습니다. 이것이 그분이 가르치기 시작하신 것입니다.

예수께서는 제자들에게 자신이 세상에 오신 이유를 말씀하셨습니다. 그분이 세상에 오신 것은 세상에서 일어난 일 가운데 가장 엄청난 사건입니다. 그분은 왜 세상에 오셨습니까? 그분은 이렇게 말씀하셨습니다. "인자의 온 것은 섬김을 받으려 함이 아니라 도리어 섬기려 하고 자기 목숨을 많은 사람의 대속물로 주려 함이니라" 막 10:45. 그분은 자신이 세상에 온 것은, 이것이 누구든지 구원받을 수 있는 유일한 길이기 때문이라고 말씀하셨습니다. 그분은 아버지께서 자신을 보내셨다고 말씀하셨습니다. "하나님이 세상을 이처럼 사랑하사 독생자를 주셨으니 이는 그를 믿는 자마다 멸망하지 않고 영생을 얻게 하려 하심이라" 요3:16.

그러나 어느 누구도 그분을 알아보지 못했습니다. 누가는 복음서에서 데오빌로에게 이 사실을 상기시켰습니다. 누가복음 24장에 예루살렘에서 엠마오로 걸어가는 두 제자가 나옵니다. 얼마 전까지 이들은 예수님과 함께 있었고 그분을 믿었습니다. 그러나 그분이 죽고 난 지금, 그들은 극한 절망에 빠져 있습니다. 그때 갑자기, 부활하신 예수께서 길을 가던 이들 사이에 나타나 그들과 동행하시면서 그들의 대화에 귀를 기울이셨습니다. 그날 아침 일찍, 이들 무리와 함께하던 몇몇 여인들이 주님의 무덤이 있는 동산에 갔다 와서는 제자들에게 무덤이 비어 있다고 했습니다. 그러나 "사도들은 그들의 말이 허탄한 듯이 들려 믿지 아니하였다" 눅 24:11 고 성경은 말합니다.

엠마오로 가던 두 제자는 예수께서 곁에 오셨지만 그분을 알아보지 못했습니다. 이들은 이 낯선 사람에게 지금까지 일어난 일을 들려주면서 "우리는 이 사람이 이스라엘을 속량할 자라고 바랐노라" 눅 24:21

고 말합니다. 이들은 그분의 가르침에 너무나 놀라워했고, 그분이 행하시는 기적들도 보았습니다. 이들은 그분이 틀림없는 메시아라고 말했습니다. 그러나 당연히 이제는 그분이 메시아이실 수 없었습니다. 그분은 십자가에 달리셨고, 죽으셨습니다.

그때 주님께서 이들에게 말씀하시기 시작합니다. "미련하고 선지자들이 말한 모든 것을 마음에 더디 믿는 자들이여, 그리스도가 이런 고난을 받고 자기의 영광에 들어가야 할 것이 아니냐"눅 24:25-26.

그날 저녁 예루살렘에서, 주님이 제자들 가운데 나타나셨습니다. 제자들은 무서워 떨었습니다. 제자들은 도저히 믿을 수 없었습니다. 주님께서는 자신이 죽은 후 다시 살아나리라고 제자들에게 거듭 말씀하셨지만, 제자들은 그 말씀을 결코 마음속에 받아들이지 않았던 것입니다. 그러나 지금 주님께서 제자들 가운데 나타나셔서 말씀하고 계십니다. "어찌하여 두려워하며 어찌하여 마음에 의심이 일어나느냐. 내 손과 발을 보고 나인 줄 알라. 또 나를 만져 보라. 영은 살과 뼈가 없으되 너희 보는 바와 같이 나는 있느니라"눅 24:38-39. 그리고 그분은 구운 생선을 조금 드시기까지 했습니다.

그런 후에 주님께서는 다시 말씀을 시작하셨습니다. "내가 너희와 함께 있을 때에 너희에게 말한 바 곧 모세의 율법과 선지자의 글과 시편에 나를 가리켜 기록된 모든 것이 이루어져야 하리라 한 말이 이것이라"눅 24:44. 기독교를 알고 싶다면 성경을 덮지 마십시오. 성경을 펴서 읽으십시오! 모세의 책들과 선지서와 시편을 읽으십시오. 이것들은 모두 그분을 가리키고 있습니다. 성경을 공부하십시오. 바로 무지無知라는 놈이 이 시대 사람들의 눈을 가리고 그들을 그리스도 밖에 잡아 두고 있습니다. 서둘러 9시 예배를 드리고는 골프치고 해수욕을 즐기려고 달려 나가는 일이 없도록 하십시오. 여러분의 생명을 위해 말씀에 귀를 기울이십시오. 여기에 여러분을 위한 유일한 희망의 메시지가 있습니다.

그런 후 주님께서는 제자들에게 자신이 세상에 오신 일이 갖는 의미를 말씀해 주셨습니다. 누가는 이렇게 기록합니다. "이에 그들의 마음을 열어 성경을 깨닫게 하시고 또 이르시되 이같이 그리스도가 고난을 받고 제삼일에 죽은 자 가운데서 살아날 것과 또 그의 이름으로 죄사함을 받게 하는 회개가 예루살렘에서 시작하여 모든 족속에게 전파될 것이 기록되었으니"눅 24:45-47. 여기서 주님께서는 자신이 왜 세상에 오셨고 자신이 무엇 때문에 그 모든 일을 행했는지 직접 설명하셨습니다. 누구든지 구원받을 수 있는 유일한 길이 있습니다. 우리는 모두 죄 가운데 태어났습니다. 우리는 그분을 알지 못하며 본성적으로 악합니다. 우리에게 가장 필요한 것은 하나님과 화목하며, 우리 죄를 용서받으며, 하나님을 우리 아버지로 알며, 그분에게 복을 받으며, 하나님의 자녀로서 시작하는 것입니다. 예수께서 이 땅에 오신 것은 사람들로 하여금 이 사실을 알게 하시기 위해서였습니다. 여러분은 세상을 개선해야 하는 것이 아닙니다. 여러분과 저는 구속받아야 합니다. 이것이 그분의 메시지입니다. 여러분은 자신의 장기적인 정치 프로그램에서 시작합니다. "올해는 이것을 법전에 넣고 다음에는 저것도 넣을 수 있었으면……" 하고 말합니다. 그러나 여러분은 내일 아침이 되기 전에 죽어, 영원 가운데서 하나님의 심판을 맞게 될지도 모릅니다. 그러면 우리는 이 메시지를 어떻게 알릴 수 있습니까?

그 답은 바로 예수입니다. 사실 그분은 제자들에게 이렇게 말씀했습니다. "내가 너희를 파송하여 전파하게 할 것이다. 나는 너희가 회개와 오직 내 이름으로만 가능한 죄사함을 사람들에게 전하기 원한다. 예루살렘에서 시작해 온 민족에게 이것을 전파하라. 나는 피부색이나 신분이나 신조에 개의치 않는다. 인류는 하나다. 모두가 죄인이며, 모두가 하나님의 진노 아래 있으며, 모두가 지옥에 떨어져 마땅하다는 의미에서 하나다. 구원자도 하나다. 너희는 그들에게 가서 나를 전하며 내 증인이 되라."

이것이 바로 누가가 데오빌로에게 말한 기독교에 대한 전부입니다. 앞서도 여러분께 말씀드렸지만 지금 조금 더 말씀드리고 싶습니다. "데오빌로여, 내가 먼저 쓴 글에는 무릇 예수께서 행하시며 가르치시기를 시작하심부터." 핵심은 "예수께서 시작하신 모든 것"입니다.

01
기독교, 오직 하나뿐인 희망

이것은 예수께서 아직 끝내지 않으셨다는 뜻입니다! 그분은 자신이 시작하신 일을 지금도 계속하고 계십니다.

누가는 이렇게 말했습니다. "데오빌로 각하, 이제 두번째 보고서를 보냅니다. 그분이 시작하신 일에 대해서는 이미 말씀드렸습니다. 각하께서 받아 읽어 보셨습니다. 누가복음이 바로 그것입니다. 이제 그분이 계속하고 계시는 일을 말씀드리겠습니다."

그분이 지금도 계속해서 일하고 계시는 것이 중요한 까닭은, 현대의 가르침이 우리로 하여금 그분이 플라톤과 소크라테스를 비롯한 다른 사상가들과 다를 것이 없다고 믿게 하기 때문입니다. 현대의 가르침은 나사렛 예수가 아주 뛰어난 도덕사상가요 정치사상가였다 하더라도 결국은 한 사람의 인간일 뿐이었다는 것입니다. 그분은 세상에 존재했었고 죽으셨습니다. 사람들은 이렇게 말합니다. "당신이 사람들에게 관심이 있다면 그것은 중요치 않습니다. 정말 중요한 것은 가르침입니다." 나아가 그들은 플라톤과 예수님이 결코 존재하지 않았다고 여러분에게 증명할지도 모릅니다. 그들은 이렇게 주장합니다. "그러나 그것은 중요치 않습니다. 우리에게는 가르침이 있으니까요. 우리에게 남은 일은 그 가르침을 적용하는 것뿐입니다."

그러나 여기에 대한 답은 지금도 그분이 일하고 계시다는 사실입니다. 중요한 것은 우리가 하는 일이 아니라 그분이 하시는 일이며, 교회의 메시지는 단순히 그분이 하신 일에 대한 것이 아니라, 그분이 하고 계시는 일에 대한 것이기도 합니다. 그분은 지금도 일하고 계십니다. 사도행전은 예수께서 장차 하실 일을 우리에게 말합니다. 어떤 사람들은 사도행전을 성령행전이라 불러야 한다고 말합니다. 이것은 아주 잘못된 주장입니다. 주관하시는 분은 예수님이십니다.

어떻게 그리스도께서 지금도 일하고 계십니까? 성경은 예수께서 영원한 영광 중에 하나님 우편에 앉아 계신다고 말씀합니다[눅 22:69]. 예수께서는 부활하신 후 우리에게 무엇인가를 말씀하셨으며, 그 말씀은 성경에 분명히 나타나 있습니다. 그분은 제자들에게 이렇게 말씀하셨습니다. "하늘과 땅의 모든 권세를 내게 주셨으니 그러므로 너희는 가서 모든 민족을……가르쳐 지키게 하라"마 28:18-20. 제자들은 모든 민족에게 복음을 전하고 그들을 제자 삼아야 했습니다.

놀랍고 복된 이 말씀만큼 내게 큰 위로와 용기를 주는 것은 없습니다. 이 세상은 정치가들의 손에 있는 것이 아니라 살아계신 예수님, 부활하신 그리스도의 손에 있습니다. 이것이 복음의 메시지입니다. 영원하신 아버지요 창조주요 만물의 주인이신 하나님께서 이 세상 일과 그 구속을 아들에게 맡기셨습니다. 그러므로 그분은 하늘과 땅의 모든 권세를 갖고 계십니다.

이 놀라운 책 사도행전에서, 우리는 예수께서 그 권세를 나타내시는 것을 봅니다. 그분은 초대교회에 성령을 보내셨습니다. 성령강림은 그분의 권세가 구체화된 사건이었습니다. 그다음 그분은 제자들에게 권세를 주셨습니다. 우리는 베드로와 요한이 어느 날 오후 기도시간에 성전에 올라가다가 자리를 펴고 앉아 구걸하는 못 걷는 사람을 고쳐 줌으로, 그가 걷고 뛰며 하나님을 찬양하면서 성전에 들어가는 모습을 보게 됩니다. 이것이 기독교입니다. 기독교는 단순히 정치적·도덕적 프로그램에 불과한 것이 아닙니다. 결코 그렇지 않습니다. 기독교는, 모든 권세를 갖고 계시며 그 권세를 주시는 살아계신 예수님입니다.

주님께서는 그 밖에 어떤 일을 계속 하셨습니까? 다소 출신의 사울이라는 사람이 있었습니다. 그는 바리새인이요 초대교회 그리스도인들의 지독한 박해자였습니다. 그는 우리 주님을 증오했고 그분의 운동을 싫어했습니다. 나아가 믿는 자들을 감옥에, 심지어 죽음에 던져 넣음으로써 이 운동을 말살하려고 갖은 노력을 다한 사람이었습니다. 사울은 그리스도인들을 박해하는 일에 얼마나 열심이었던지, 예루살렘의 대제사장에게 가서 다메섹으로 내려가 그곳에 있는 작은 교회를 뿌리째 뽑아 버릴 수 있는 권한을 요구했습니다. 사울은 이러한 권한을 받고 교회를 멸할 수 있을 것이라고 자신하면서 "위협과 살기가 등등하여" 다메섹으로 내려갔습니다행 9:1.

그런데 무슨 일이 일어났습니까? 예수께서 다소의 사울에게 직접 나타나셨습니다. 정오쯤에 사울은 하늘에서 "해보다 더 밝은 빛"을 보았습니다행 26:13. 바울은 "주여, 누구시니이까" 하고 물었습니다. 그러자 "나는 네가 박해하는 예수"라는 대답이 들려왔습니다행 9:5. 예수께서 계속해서 역사하고 계셨습니다. 그분은 바울을 쓰러뜨리고 낮추셨습니다. 그를 내동댕이쳤습니다. 바울을 회개로 이끄셨습니다. 예수께서 바울을 구원하셨습니다.

그러므로 이야기는 승천에서 끝나지 않습니다. 예수께서는 모든 권세를 가지고 지금도 역사하고 계십니다. 그분께는 불가능한 일이 없습니다. 그분은 지금 여기 계시며, 사람들을 불러내 그들을 구원하시고 그분의 나라를 건설하고 계십니다. 그분은 부활 후에 "하나님 나라의 일을 말씀하시며" 제자들을 가르치셨습니다행 1:3. 그분은 사실 이렇게 말씀하셨습니다. "이런 일이 있을 것이다. 내가 너희를 적은 무리로 파송하지만 내가 너희와 함께할 것이다. 내가 세상 끝 날까지 너희와 항상 함께할 것이다. 나가서 모든 족속으로 제자를 삼고 그들에게 나를 증거하라."

그러나 감사하게도, 예수께서는 여기서 끝내지 않으십니다. 성경은 그분이 천국에서 "항상 살아계셔서 그들을 위하여 간구하신다"고 말합니다히 7:25. 그분은 인성人性을 그대로 지닌 채 천국으로 돌아가셨으며, 그곳에서 하나님 우편에 앉아 계십니다. 그분은 우리의 대언자이시며 우리의 크신 대제사장이십니다. 그분은 우리의 약하고 무가치한 기도를 취하여, 하나님의 보좌 바로 앞에서 당신의 영광스런 중보를 통해 그 기도를 바꾸십니다. 그분은 지금도 우리의 연약함을 기억하십니다. 그분은 "모든 일에 우리와 똑같이 시험을 받으신 이로되 죄는 없으셨습니다"히 4:15. 그런데 무엇 때문에 시험을 받으셨습니까? "시험받는 자들을-바로 여러분과 저를-능히 도우시기" 위해서였습니다히 2:18.

그러므로 여러분은 신약성경을 읽으면서 사도 바울이 이렇게 말하는 것을 보게 될 것입니다. "그렇습니다. 내가 시련을 겪을 때 모든 친구들이 나를 버렸습니다. 그러나 '주께서 내 곁에 서서 나에게 힘을 주셨습니다'"딤후 4:17. 재판정에서 주님은 당신의 종 곁에 서 계셨으며, 바울은 그분이 거기 계시는 것을 알았습니다. 데마를 비롯해 바울의 모든 조력자들이 그를 버렸다는 사실이 뭐가 그렇게 중요했겠습니까? 주님이 그의 곁에 서 계셨습니다. 그러므로 바울은 이렇게 고백할 수 있었습니다. "내게 능력 주시는 자 안에서 내가 모든 것을 할 수 있느니라"빌 4:13. 우리 주님께서는 "자기 원수들을 자기 발등상이 되게 하실 때까지" 계속해서 역사하실 것입니다히 10:13. 이것이 복음의 메시지입니다.

요한계시록을 읽다 보면, 예수께서 계속해서 역사하시는 것과 그분이 앞으로 하실 일을 봅니다. 그분의 백성들은 박해를 받고 죽임당하여 온 교회가 사라져 가는 것처럼 보입니다. 그러나 그분이 개입하시고 심판이 이루어집니다. 마침내 그분이 백마를 타고 오실 것입니다. 그분은 지금 우리 개개인을 악한 이 세상에서 구원하시며, 우리를 그분의 영광스러운 나라에 들이시고, 그분이 다시 오실 그날을 위해 우리를 준비시키고 계십니다.

그다음에 무슨 일이 있습니까? 사도행전 1:10-11은 이렇게 말합니다. "올라가실 때에 제자들이 자세히 하늘을 쳐다보고 있는데 흰옷 입은 두 사람이 그들 곁에 서서 이르되 갈릴리 사람들아, 어찌하여 서서 하늘을 쳐다보느냐. 너희 가운데서 하늘로 올려지신 이 예수는 하늘로 가심을 본 그대로 오시리라." 예수께서 죽어 장사되었을 때 모든 것이 끝났다고 생각한다면 누가의 메시지, 그가 데오빌로에게 쓴 글에 귀를 기울이십시오. 이것은 바로 여러분에게 쓴 글이기도 합니다. 그분은 가실 때처럼 다시 오실 것입니다. 그분은 육체를 가지고, 볼 수 있도록, 하늘 구름을 타고, 거룩한 천사들의 호위를 받으며 다시 오실 것입니다. 그분은 의로 세상을 심판하시고 영원토록 영광스러운 당신의 나라를 세우실 것입니다.

바로 이것이 기독교의 메시지입니다. 바로 이것이 지금의 교회를 낳았습니다. 사람들이 삶의 질을 향상시킨다는 프로그램을 들을 필요가 있습니까? 우리에게 가장 절실한 것은 이것이 아닙니다. 우리에게 가장 필요한 것은 하나님을 아는 것입니다. 우리 모두에게 큰 재물이 생긴다고 해서 그 재물이 우리의 문제들을 해결해 줄 수 있습니까? 재물이 우리의 도덕적 문제를 해결해 줄 수 있습니까? 죽음의 문제를 해결해 줄 수 있습니까? 영원의 문제를 해결해 줄 수 있습니까?

물론 아닙니다. 기독교의 메시지는 세상의 개선에 대한 것이 아닙니다. 이러한 세상에도 불구하고 사람들을 변화시키며 장차 올 영광을 위해 사람들을 준비시키는 것입니다. 예수께서 이 목적을 이루시기 위해 일하고 계시며, 구속받은 자들이 모두 곳간에 들여질 때까지 계속 일하실 것입니다. 그때가 되면, 그분은 다시 오실 것이며 최후의 심판이 이루어지고 그분의 나라는 땅 끝까지 확대될 것입니다.

이것이 고대세계를 뒤집어 놓은 메시지입니다. 이것이 유일한 메시지입니다. 저는 여러분에게 간단한 질문을 드리고 싶습니다. 이 메시지가 여러분에게 무슨 의미를 지닙니까? 여러분이 생각하는 기독교는 어떤 것입니까? 여러분은 교회의 일이 무엇이라고 생각합니까? "내가 원하는 것은 당신의 설교도 당신의 논쟁도 아닙니다. 다만 하고 싶은 일을 하기 전에, 내가 하나님께 기도했고 경의를 표했다는 것을 마음으로 느끼고 싶을 뿐입니다." 여러분이 말하고자 하는 것이 이것입니까? 정말 그렇습니까?

여러분은 기독교가 단지 여러분을 바로잡아 줄 것이라는 희망에서 그것을 택하고, 최소한으로 이용할 수 있는 그 무엇이라고 생각합니까, 아니면 지금까지 일어났거나 앞으로 일어날 가장 놀라운 사건입니까? 기독교는 과연 여러분 삶의 기준이며 여러분이 점점 더 알고 경험하기를 갈망하는 그 무엇입니까?

예수께서 이 세상에 오신 것은, 우리를 지옥에서, 여러분과 제가 우리의 죄 때문에 마땅히 받아야 할 형벌에서 구원하시기 위해서라는 것을 여러분은 깨닫습니까? 기독교의 본질은 여러분에게 무엇을 하라고 요구하는 것이 아니라 예수께서 여러분을 위해 무엇을 하러 이 땅에 오셨는지 말해 주는 그 무엇이라는 사실을, 이제 여러분은 깨닫습니까?

02

행동하시는 하나님

오순절 날이 이미 이르매 그들이 다 같이 한곳에 모였더니 홀연히 하늘로부터 급하고 강한 바람 같은 소리가 있어 그들이 앉은 온 집에 가득하며.

사도행전 2:1-2

저는 여기서 두 절만 뽑았지만, 사실은 사도행전 2:1-21 전체를 함께 살펴볼 것입니다. 우리가 사도행전으로 돌아가고 있는 이유는 사도행전이 교회의 시작과 기원에 관해 우리가 가진, 권위 있는 유일한 자료이기 때문입니다. 제가 여러분의 주의를 이곳으로 유도하는 것은, 오늘날 세상에 가장 필요한 것은 기독교의 메시지가 무엇인지 정확하게 아는 것이라고 믿기 때문입니다. 결국 이러한 필요는 우리로 하여금 교회, 곧 이 메시지를 전하는 교회가 무엇인지 알려고 노력하도록 만듭니다.

오늘날 기독교와 교회-교회의 본질과 일과 메시지-에 대한 큰 혼란이 있습니다. 이것은 큰 비극입니다. 오늘날 사람들을 개인적으로나 집단적으로 괴롭히는 문제들을 생각해 보십시오. 삶의 불행과 비통함과 냉소와 비탄을 생각해 보십시오. 우리 모두 인간이 겪는 이러한 문제들을 알고 있으며, 이것들은 말 그대로 문제입니다. 그러나 사람들이 진정한 그리스도인이기만 하다면 대부분의 문제는 즉시 해결될 것입니다. 국제적인 긴장과 어려움도 마찬가지입니다. 적대감과 전쟁과 분쟁은 인간과 하나님의 관계가 잘못된 사실에서 기인합니다. 인간은 오직 교회의 메시지, 곧 복음의 메시지를 알고 믿고 받아들이며 거기에 복종함으로써만 하나님과의 참된 관계에 들어가는 법을 찾을 수 있습니다.

누가가 사도행전 서두에서 제시하는 것처럼, 교회가 전하는 위대한 메시지는 주 예수 그리스도에 관한 것임을 우리는 보았습니다. "예수께서 행하시며 가르치기 시작하신 모든 것"-그분이 지금도 하고 계시며 앞으로 하실 일-바로 이것이 기독교입니다[행 1:1, KJV]. 그러므로 우리가 지금 여기서 계속 해나가는 것도 주님께서 이들, 곧 당신의 사도들에게 말씀하셨고 사명을 맡기셨다는 것을 보기 때문입니다. 따라서 우리는 사도행전 2장에서 교회의 기원을 접하게 됩니다. 교회의 기원이 우리 앞에 있습니다. 이 기사는 교회의 본질과 교회가 부여받은 일과 교회가 그 일을 어떻게 해나가는지를 보여줍니다. 그리고 여기서 강조되는 것은, 모든 것이 하나님의 행동이라는 사실입니다. 사도행전의 역사는 몇 안되는 이 사람들에 의해 이루어진 것이 아닙니다. 우리는 이들에 대해, 자신들이 아무것도 아니라고 말하는 이 사람들에 대해 자주 듣습니다. 이들이 배운 자들과 권세자들에게 "학문 없는 범인"으로 무시당한 것은, 아무리 들어도 싫증나지 않습니다.[행 4:13] 사실 이들은 그렇게 무시당했습니다.

배운 것 없고, 영향력이나 권세도 전혀 없으며, 돈도 없고, 오늘날 우리에게 친숙한 선전수단도 전혀 없는 이들이, 스스로의 노력과 능력으로 우리가 이 책에서 읽는 것을 할 수 있었다고 주장하는 것이 제게는 우스꽝스러워 보일 뿐입니다. 어떻게 이런 일이 이루어질 수 있었습니까? 여기에는 한 가지 답밖에 없습니다. 세상이 뒤집어진 것은 이들이 행한 일 때문이 아니라 하나님께서 이들에게, 이들 속에서, 이들을 통해 하신 일 때문입니다. 이것이 교회, 교회의 의미와 역할, 교회의 메시지와 목적에 대한 본질적인 메시지입니다.

그러므로 지금 우리 앞에 놓인 것은 교회의 시작이지만, 여러분이 긴 교회사를 읽는 수고를 아끼지 않는다면 이러한 시작이 변함없이 계속된다는 사실을 발견할 것입니다. 사실 제가 여러분에게 보여주고 싶은 것은, 교회사 전체가 두 개념, 즉 교회란 무엇인가에 대한 거짓되고 인간적인 개념과 교회 안에서 행동하시는 분은 하나님이시라는 참된 개념 사이에서 벌어지는 큰 싸움이라는 것입니다.

이제 이것을 사도행전 2:1-21 내용에 비추어 살펴보기로 하겠습니다. 기독교란 무엇입니까? 교회란 무엇입니까? 무엇보다도 먼저, 우리는 무엇이 교회가 아닌지를 반드시 상기해야 합니다. 그것이 우리 시대에 얼마나 긴급한 일인지 모릅니다! 점점 강하게 확신컨대, 많은 사람들이 교회 밖에 있는 것은 그들이 교회가 무엇인지에 대해 완전히 잘못된 개념을 갖고 있기 때문입니다. 분명히 하건대-저는 솔직하고 싶습니다-이들을 비난하는 것이 아닙니다. 이들은 단지 자신들이 들은 것을 믿을 뿐이며, 제가 여러분 앞에 제시하려는 것이 이러한 잘못된 견해입니다. 교회가 실제로 무엇인지 알기만 한다면, 복음이 자신들에게 제시하고 있는 것이 무엇인지 알기만 한다면, 이들은 교회 밖에 있지 않을 것입니다. 예루살렘 사람들처럼 이들은 들으려고 몰려들 것입니다.

첫째, 기독교는 죽은 종교가 아닙니다. 진정한 기독교의 최대 적은 항상 종교였습니다. 이것은 여느 때와 마찬가지로 오늘날에도 적용되는 사실입니다. 종교가 사람들의 마음을 혼란스럽게 합니다. 기독교가 종교에 불과하다면 사람들이 기독교를 거부하는 것이 옳을 것입니다. 그러나 기독교는 종교가 아닙니다. 기독교는 국가종교가 아닙니다. 기독교는 어떤 의미에서도 공식적인 종교가 아닙니다. 그러나 이것이 많은 사람들이 기독교에 대해 갖고 있는 개념입니다. 사람들은 교회를 단지 큰 행사-대관식, 군주나 위대한 정치가의 장례식, 공식 행사-에서 이루어지는 일과 동일시합니다. 2차 세계대전 때 영국인들은 기독교를 국가 기도일의 차원에서 생각했습니다. 이들은 다른 때는 기독교를 거의 생각지 않다가 전세가 악화되고 영국군이 모든 전투에서 패배를 당하자 국가 기도일을 선포했습니다. 그러나 이것은 국가종교일뿐 기독교와는 아무런 상관이 없습니다.

또한 사람들은 교회를 특별한 의례적 행사에 비추어 생각합니다. 세례가 그 한 예입니다. 아기가 태어나면 몇 년 동안 기독교를 생각조차 하지 않던 사람들이 아기가 세례를 받아야 한다고 고집합니다. 그런 다음에는 다시 교회를 까맣게 잊어버립니다. 교회에서 하는 결혼식도 마찬가지입니다. "판사 앞에서 혼인신고만 하는 것보다 얼마나 멋지고 품위 있어!" 또 누가 죽으면 꼭 교회에서 장례를 치러야 한다고 말합니다. 결국 교회는 그들에게 소위 "통과의례"의 필요를 제공하는 하나의 기관으로 여겨질 뿐입니다.

그러나 다시 말하지만, 이것은 기독교와 아무런 상관이 없습니다.

저로서는 이것을 이렇게 요약하고 싶습니다. "기독교는 매스컴이 생각하는 그런 것이 아니다." 모든 위대한 사람에 대한 존경심과 이 나라의 일에 관심 있는 한 사람으로서 말하건대, 저는 인간의 위대함에 그 누구보다도 감탄하는 사람이지만, 위대한 사람이라고 해서 반드시 그리스도인이라고 생각지는 않습니다. 아무리 위대하고 뛰어난 사람이 있다 하더라도, 교회는 그 한 사람을 중심으로 돌아가는 것이 아닙니다. 이것은 종교일 뿐 기독교와는 전혀 다른 것입니다.

우리는 교회란 국가적인 제도나 다른 어떤 인간의 제도라는 개념을 반드시 버려야 합니다. 교회는 사람들이 모여서 어떤 일들을 하는 클럽이나 사회가 아닙니다. 저는 사람들이 건물을 가리켜 교회라고 말하는 것을 결코 좋아하지 않습니다. 사람들은 "나 지금 교회에 가!"라고 말합니다. 그러나 교회는 건물로 구성되는 것이 아니라 사람들, 그 중심에 주님이 계신 살아있는 영혼들로 구성됩니다. 우리는 이러한 외적인 개념, 형식적으로 하나님을 찾아오고 그런 후에는 그분을 까맣게 잊어버리는 것이 교회라는 생각을 버려야만 합니다. 이것은 종교에 불과하며 기독교 신앙과는 정반대입니다.

기독교는 주로 우리가 행한 일의 결과라는 개념은 언제나 완전히, 치명적으로 잘못된 것입니다. 교회는 우리 행위의 결과이며, 우리가 어떤 전통을 영구화하고 있다는 개념은 그 어떤 것이라도 반드시 버려야 합니다. 이것이 우리의 기독교관이라면 잘못된 것입니다. 이것은 마침내 주 예수 그리스도를 십자가에 못박기까지 한 유대인들이 받은 저주였습니다. 이들은 전통적인 종교주의자들이었습니다. 이런 사람들은 언제나-그리고 오늘날에도-참된 교회와 진정한 기독교 신앙과 메시지의 가장 큰 적이었습니다. 그런데 이른바 기독교라는 것에도 이와 같은 부분이 얼마나 많습니까!

중대한 질문을 하나 드리겠습니다. 여러분은 무엇 때문에 예배에 참석합니까? 이런 질문을 던질 만큼 여기에 대해 충분히 생각해 보셨습니까? 단지 전통이기 때문에 예배에 참석합니까? 여러분은 "다들 주일이면 어김없이 교회에 가는데요"라고 말합니다. 그러나 교회 출석은 여러분이 하는 그 무엇입니다. 여러분은 하나의 전통을 영구화하고 있을 뿐입니다. 많은 사람들이 매주 예배가 너무 길지 않기를 바라면서 의무감에서 교회에 갑니다. 매주 이들은 아무것도 느끼지 못합니다. 예배는 전혀 생기가 없으며 찬양도 형편없고 설교는 지루합니다. 여기에는 아무런 능력이나 활력도 없습니다. 이들은 이것이 기독교라고 생각하기 때문에 결국 기독교에 등을 돌립니다. 이들이 전적으로 옳습니다. 이것은 논리적 귀결입니다. 하나님께서 아시지만, 저도 오래전에 그렇게 했었습니다. 제가 이런 잘못된 기독교관을 발견하지 못했다면, 저는 지금 강단에 서 있지 않을 것입니다. 여러분은 이런 잘못된 기독교관을 사도행전에 대입시킬 수 없습니다. 어떤 형태를 취하고 어떤 교단에서 모습을 드러내든, 이것은 관습적이고 형식적인 종교일 뿐입니다.

좀더 구체적으로 살펴보겠습니다. 예배의 경직성을 간파하고는, 예배를 생기 있고 밝게 하려고 흥겨운 찬양과 자극적인 요소와 오락을 가미함으로 딱딱한 형식을 보완하는 사람들이 있습니다. 그러나 이것 역시 다를 바 없는 것은, 예배를 조직하고 있는 것이 여전히 사람들이기 때문입니다. 참된 기독교는 언제나 하나님의 행동입니다. "홀연히 하늘로부터 급하고 강한 바람 같은 소리가 있어." 하나님이십니다. 그러므로 밝은 예배와 흥겹고 다양한 프로그램 또한 기독교가 아닙니다. 이런 예배는 보다 생기가 있지만 그 생명은 성령의 생명이 아닙니다. 생기가 있든 없든, 우리가 제어하는 것은 무엇이든 기독교가 아닙니다. 기독교는 우리를 제어하는 것, 우리를 다스리는 것, 우리에게 일어나는 것입니다.

둘째, 기독교에서 예배드리는 하나님은 "알지 못하는 하나님" unknown God이 아니라는 것입니다. 종교의 하나님은 언제나 알려지지 않은 하나님입니다. 누가는 사도 바울이 아덴을 방문하는 장면을 기술한 사도행전 17장에서 이에 대한 고전적인 예를 제시합니다. 바울은 아덴이 제우스와 헤르메스와 그 밖의 온갖 신들의 신전으로 가득한 것을 보았습니다. 그런데 우연히 아주 흥미로운 제단을 맞닥뜨렸는데, 거기에는 "알지 못하는 신에게"To unknown God라는 글이 새겨져 있었습니다. 사랑과 전쟁과 평화와 그 밖의 신을 언급하고 나서도, 이 철학적인 민족은 자신들이 만족시킬 수 없는 또 다른 힘이 있다고 느꼈습니다. 이들은 그가 누구인지 몰랐기 때문에 그에게 "알지 못하는 신"이라는 이름을 붙였습니다. 그는 모든 신 가운데 가장 강한 신으로 보였습니다. 그래서 바울은 이렇게 말했습니다. "너희가 알지 못하고 위하는 그것을 내가 너희에게 알게 하리라"행 17:23.

종교의 신은 언제나 알려지지 않습니다. 하나님을 전혀 생각해 본 적이 없는 사람들이 많습니다. 저는 저와 견해가 전혀 다른 사람들의 말은 대체로 받아들이지 않습니다. 하지만 많은 사람들이 아버지의 개념을 투영해 그 "아버지상像"을 신으로 섬기고 있다는 말은 전적으로 옳게 여깁니다. 우리는 하나님과 그분이 누구신지를 전혀 생각하지 않은 채, 그저 기계적으로 기도할 수도 있습니다. 많은 사람들에게 있어, 그분은 전혀 알려지지 않았으며 일종의 미신입니다.

그러나 매우 인기가 높고 악명 높기까지 한 또 한 부류의 사람들이 있는데, 이들을 살펴보면 아주 흥미롭습니다. 이들은 첫째 부류의 사람들을 맹렬히 비난합니다. 그들이 종교와 전통을 섬긴다는 데 동의하면서 말입니다. 그렇다면 이들은 사람들이 무엇을 섬겨야 한다고 말합니까? 여기서 우리는 철학자들의 신이라고 부르기도 하는 것을 보게 됩니다. 이들은 "하나님은 존재의 근거다"라고 말합니다. 또는 하나님을 "절대"Absolute나 "궁극"Ultimate으로 묘사합니다. 그들에게 하나님은 우주 뒤의 어딘가에 있는 분명하지 않은 힘입니다. 그분은 "힘"Force이라는 것입니다. 이들은 하나님이 사랑이라고 말합니다. 많은 경우 이 말의 실제 의미는, 사랑이 하나님이므로 사랑을 발견하는 곳이면 어디에서나 하나님을 발견한다는 것입니다. 그러므로 이들은 하나님을 찾기 위해 교회에 갈 것이 아니라 세상에, 술집에 가라고 합니다. 거기서 한 사람이 다른 사람에게 친절을 베푸는 것을 보라고 말합니다. 이것이 하나님이라는 것입니다.

그러므로 하나님은 추상적인 것, 일반적인 자선, 모호한 행동이나 힘이 되어 버리며, 우리는 이것으로 하나님에 대한 우리의 낡고 미신적인 개념을 대체해야 한다고 말합니다. 이것이 최신 종교입니다. 이것이 현실적이고 하나님께 정직한 것입니다. 이것이 참으로 지적인 견해입니다. 하나님은 모든 존재의 근거이며, 따라서 하나님을 한 인격체로 말하지 말라고 합니다. 그러나 여러분은 이런 신에게 기도할 수 없습니다. 여러분은 선이나 사랑이나 힘에게 기도할 수 없습니다. 그러나 오늘날 너무나 많은 사람들이 이것이 살아있는 진리이고 진정한 기독교라고 말합니다. 그 결과 우리는 첫째 부류의 사람들과 똑같은 위치에 있을 뿐 아니라 훨씬 좋지 않은 위치에 있습니다. 이들의 지적인 논쟁을 따르는 것이 거의 불가능하고, 여러분이 믿는 바를 아는 것도 거의 불가능합니다. 여전히 모든 것이 미해결 상태인 채로 남아 있기 때문입니다.

그러나 사람들은 이것이 전후戰後 원자와 과학의 시대에 "존재의 근거"라는 견지에서 생각하고 "절대"를 말하는 20세기 사람들을 위한 종교라고 말합니다. 이들은 "물론 사람들이 무지하고 지적이지 못할 때는 괜찮습니다. 원시적인 사람들은 항상 미신적이었고 따라서 언제나 종교적이었으니까요"라는 말로 전통적 기독교를 무시해 버립니다. 이들은 무지한 사람들을 위한 전통적 기독교가 자신들과는 아무 관계가 없다고 말함으로써 기독교를 무시해 버립니다. 진정한 기독교는 철학자들과 전문가들과 사상가들과 과학잡지를 읽고 이해할 수 있는 자들을 위한 것이라고 말합니다.

이들의 기본개념은, 기독교 신앙은 한 개인의 이성적인 추론의 결과로 이르게 되는 그 무엇이라는 것입니다. 어떤 전통이나 가르침도 받아들이지 않고 다만 자신의 이성에서 시작해 모든 것을 검토합니다. 이것은 과학의 영역에서 적용되는 방법이지만 종교에서 사용되지 못할 이유가 어디 있습니까? 그러므로 여러분도 지성을 사용해 자신이 이해할 수 있는 것만 믿으면 됩니다. 여러분은 자신의 이성과 노력의 결과로 진리를 아는 지식에 이릅니다. 여러분은 묻고 탐구하며 같은 것을 탐구하는 사람들에게 도움을 받으며 마침내 어떤 만족에 이릅니다. 여러분은 이렇게 말합니다. "드디어 찾았어! 하나님은 모든 존재의 근거야!" 여러분은 자신의 위대한 지성으로 이러한 구원의 공식에 이르렀습니다.

그러나 이것은 특정한 유형의 사람들만을 위한 것입니다. 이러한 문제들과 관련해서 제 마음대로 할 수 있는 것이 있다면 모든 사람에게 이 주제와 관련된 최신 서적들을 강제로 읽게 할 것입니다. 왜냐하면 이들은 그 책들을 이해하지 못할 것이기 때문입니다. 그러므로 많은 사람들이 관심이 없습니다. 이들은 개의치 않습니다. 이들은 똑똑한 사람들이 책을 내고 논쟁하는 것을 보면서 이런 결론을 내립니다. "난 눈곱만큼도 관심 없어. 그들이야 이걸로 돈을 벌겠지. 그들이 밥벌이하는 데 당연히 도움이 되겠지."

저는 지금 거리의 보통사람들이 하는 말을 여러분에게 전달하는 것입니다. 이것은 오늘날 서구 그리스도인들이 당면하고 있는 가장 큰 문제 가운데 하나입니다. 우리의 기독교는 중산층의 전유물이 되어 버렸습니다. 이른바 노동자 계층에게는 먹혀들지 않습니다. 그러나 이것은 잘못입니다. 특정한 유형, 특정한 계층에게만 호소력을 갖는 메시지는 기독교의 복음이 아닙니다. 어딘가 잘못되었습니다. 정의定義의 차원이나 역사의 예를 볼 때 기독교는 특정한 유형, 특정한 계층에 제한되지 않습니다.

부정적인 부분에 대해서는 이 정도로 하고 이제 긍정적인 부분을 살펴보기로 합시다. 기독교란 무엇입니까? 교회란 무엇입니까? 교회의 메시지는 무엇입니까? 교회는 어떻게 생겨났습니까? 교회는 어떻게 행동해 왔습니까? 교회는 어떻게 지속되어 왔습니까?

사도행전 2장이나 성경 어느 구절이든 누구든지 성경을 읽는 사람이 가장 먼저 깨달아야 할 것은, 출발점은 인간이 아니라 살아계신 하나님, 창조주라는 사실입니다. 성경 첫째 절은 "태초에 하나님이 천지를 창조하시니라"고 말합니다. 하나님이십니다! 성경 전체가 하나님으로 시작되며 하나님의 다스림을 받습니다. 확신컨대, 오늘날 세상의 문제는 세상이 하나님을 믿지 않는다는 것입니다. 우리의 복음이 많은 부분에서 잘못되는 것도 주 예수 그리스도에게서 시작하기 때문입니다. 그러나 여러분은 결코 그렇게 해서는 안됩니다. 여러분은 반드시 아버지 하나님, 창조주 하나님, 그 영광이 하늘에 충만하며 만물 위에 계시는 분에게서 시작해야 합니다. 정중히 말하건대, 여러분이 아버지 하나님에게서 시작하지 않는다면 주 예수 그리스도를 이해할 수 없으며, 실제로 그분과 그분에 관한 메시지가 어떤 면에서는 전혀 의미가 없습니다.

기독교는 우리에게 이것을 "삼위로 계시는 하나님, 복되신 삼위일체", 성부 하나님, 성자 하나님, 성령 하나님으로 제시합니다. 하나님은 인격적이시며 "나는 스스로 있는 자이니라"출 3:14, "내가……하리라"출 3:17라고 말씀하실 수 있는 하나님이십니다. 그분은 살아계신 하나님이시기 때문에 스스로를 계시하시는 하나님이십니다. 현대의 가르침과는 반대로 하나님은 추상이 아니십니다. 그분은 단지 "모든 존재의 근거"가 아니십니다. 그분은 "절대"the Absolute가 아니십니다. 그분은 생각하시는 하나님, 말씀하시는 하나님, 선포하시는 하나님이십니다. 바꿔 말하면, 그분은 우리가 기도할 수 있는 하나님, 도움을 구할 수 있는 하나님이십니다. 이것이야말로 성경 어디에나 나타나는 전체적인 메시지입니다.

저는 여러분에게 많은 실례를 제시할 수 있습니다. 우리가 보았듯이, 사도 바울이 아덴에서 사람들에게 전한 메시지도 바로 이것입니다. 성경은 "바울이 아덴에서 그들을 기다리다가 그 성에 우상이 가득한 것을 보고 마음에 격분하여" 했다고 말합니다행 17:16. 바울은 이렇게 말했을 것입니다. "도저히 참을 수 없군. 이들이 아무것도 아닌 것nothing을 섬기고 있다고 말해 줘야 해! 이들은 스스로 만든 우상, 자신들의 지성의 투영물에 불과한 것들을 섬기고 있어. 이러한 신들은 없어. 이들은 살아계신 참 하나님을 전혀 알지 못하고 있어." 다음은 바울이 이들에게 말한 것입니다.

아덴 사람들아, 너희를 보니 범사에 종교심이 많도다. 내가 두루

다니며 너희가 위하는 것들을 보다가 알지 못하는 신에게라고 새긴 단도 보았으니 그런즉 너희가 알지 못하고 위하는 그것을 내가 너희에게 알게 하리라. 우주와 그 가운데 있는 만물을 지으신 하나님께서는 천지의 주재시니 손으로 지은 전에 계시지 아니하시고 또 무엇이 부족한 것처럼 사람의 손으로 섬김을 받으시는 것이 아니니 이는 만민에게 생명과 호흡과 만물을 친히 주시는 이심이라. 인류의 모든 족속을 한 혈통으로 만드사 온 땅에 살게 하시고 그들의 연대를 정하시며 거주의 경계를 한정하셨으니^{행 17:22-26}.

바울은 나중에 데살로니가 교인들에게 보낸 편지에서도 같은 메시지를 선포했습니다. "너희가 어떻게 우상을 버리고 하나님께로 돌아와서 살아계시고 참되신 하나님을 섬기는지"^{살전 1:9}. 기독교는 죽은 종교가 아닙니다. 우리는 살아계신 하나님을 섬깁니다.

그러나 하나님은 살아계신 하나님이실 뿐 아니라 행동하시는 하나님이십니다. 이것이 제가 강조하고 싶은 요점입니다. 다시 한번 봅시다. "오순절 날이 이미 이르매 그들이 다 같이 한곳에 모였더니." 이들은 함께 모였으며 함께 기도하고 있었습니다. 이들은 기다리고 있었습니다. 마지막에 사람들은 기다릴 수밖에 없습니다. 그때 "홀연히 하늘로부터 급하고 강한 바람 같은 소리가 있어 그들이 앉은 온 집에 가득하며." 이것이 하나님에 관한 진리입니다. 이것이 기독교 메시지의 특별한 점이며, 기독교 메시지를 다른 모든 메시지와 구별해 주는 것입니다. 다른 종교는 모두 죽은 신을 섬깁니다. 소위 동양의 큰 종교들을 보십시오. 그 신도들에게는 찾아갈 살아계신 하나님, 행동하는 하나님이 없습니다. 이들은 열반을 말하고 무아지경을 말합니다. 사람들은 이런 것을 믿는 것이 지적^{知的}이라고 생각합니다. 실은 모든 것이 죽었고 수동적인데도 말입니다.

기독교는 정확히 그 반대입니다. 예루살렘 사람들, 그레데와 아라비아와 다른 모든 지역에서 온 유대인들이 놀라 외쳤습니다. "우리가 다 우리의 각 언어로 하나님의 큰일을 말함을 듣는도다"^{행 2:11}. 이것이 성경과 교회의 전체적인 메시지입니다. 성령충만을 받은 이들은 로마 제국의 폭정에 항거하고 있었던 것이 아닙니다. 이들은 황제나 그 대리자들, 원로원이나 그 밖의 사람들에게 어떤 결의안을 보낼지 결정하고 있었던 것이 아닙니다. 이들은 현재의 일에 대해 자신들의 견해를 표현하고 있었던 것이 아닙니다. 결코 그렇지 않았습니다. "하나님의 큰일"이 이루어지고 있었습니다. 기독교의 메시지는, 한낮에도 어둠 속을 헤매며 자신의 문제를 해결하고 삶의 신비를 이해하려고 더듬거리고 비틀거리는 사람들에게 주는 선포입니다. 이 세상은 하나님의 세상이며, 하나님이 이 세상을 지으셨다는 선포입니다. 이 세상은 진화된 것이 아닙니다. "태초에 하나님이" 창조하셨습니다.

그러나 하나님은 세상을 창조하셨을 뿐 아니라 세상을 소유하시며 다스리십니다. 시편 104편을 읽어 보십시오. 그분이 모든 것에 어떻게 호흡과 생명을 주시며, 그분이 생명의 호흡을 거두어 가실 때 모든 생명이 어떻게 쇠하고 죽게 되는지 알 수 있을 것입니다. 만물 위에 있는 것은 인간-가장 위대한 인간마저도-이 아니라 하나님, 모든 것을 지으셨고 모든 은사를 주시는 하나님이십니다. 가장 위대한 사람들까지도 자랑할 것이 전혀 없는 것은, 이들이 가진 모든 것은 그분께로부터 받은 것이기 때문입니다. 인간은 자신이 가진 것을 직접 만들어 내거나 생산하지 않았습니다. "온갖 좋은 은사와 온전한 선물이 다 위로부터 빛들의 아버지께로부터 내려오나니"약 1:17.

더욱이 하나님은 이 세상에 적극적인 관심을 보이십니다. 그분은 멀리 있는 신이 아니시며, 비인격적인 종교에서처럼 막연하고 모호한 신이 아니십니다. 절대 그렇지 않습니다! 하나님은 그분이 지으신 세상을 내려다보시며 세상에 관여하십니다. 초대교회의 직접적인 메시지이기도 했던 성경의 위대한 메시지는, 하나님께서 이 땅에서 행하신 "큰일"을 사람들에게 전하는 것입니다.

이 일들 가운데 몇 가지를 강조해서 말씀드리겠습니다. 하나님은 세상을 포기하지 않으셨습니다. 세상은 엄청난 혼란에 빠져 있습니다. 세상은 아담과 하와가 에덴동산에서 하나님을 거역한 이후로 지금까지 혼란에 빠져 있습니다. 우리의 모든 문제는 여기서 비롯되었습니다. 그러나 메시지는, 세상을 구속하고 회복할 주체가 인간이 아니라는 것입니다. 인간은 오랜 세월 그렇게 하려고 노력해 왔고, 이것이 문명과 정치활동의 역사입니다. 제가 이 자리에 선 것은 이들을 비판하기 위해서가 아닙니다. 이들이 최선을 다하게 하십시오. 이들은 무질서 가운데서 최대한 질서를 보존해야 하지만, 결코 이들이 이 세상을 구속하지는 못할 것입니다.

그러나 기독교가 전파하는 하나님은 저녁 서늘한 때에 동산에 내려오셨습니다. 그분은 관심이 많으신 하나님이십니다. 그분은 내려오셔서 남자와 여자에게 말씀하심으로 이들의 악함을 드러내시고 이들을 벌하셨습니다. 그러나 그분은 이들에게 약속을 주셨습니다. 만약 이 약속이 없었다면 저는 결코 설교자가 되지 않았을 것입니다. 이 약속은 하나님이 이 세상과 이 세상의 일에 관심이 있으시며, 이 세상에 대해 무엇인가를 하고 계시다는 것을 보여줍니다.

성경은 하나님의 책이며 하나님 활동의 역사입니다. 인간의 타락 기사 이후를 보면, 인간은 하나님께 등을 돌리고 죄에 깊이 빠졌습니다. 물질주의적이며 비도덕적인 삶뿐 아니라 무도덕적인 삶을 살고 있습니다. 하나님께서는 이런 세상에 홍수로 인간을 벌하셨습니다. 지금 우리가 살고 있는 세상이 바로 이런 모습입니다.

그후 똑똑한 인간은 "자, 성읍과 탑을 건설하여 그 탑 꼭대기를 하늘에 닿게 하여 우리 이름을 내고 온 지면에 흩어짐을 면하자"고 했습니다창 11:4. 제가 보기에 구약의 바로 이 시기가 20세기의 모습에 가장 가까운 것 같습니다. 성전을 짓고 하늘에 닿는 대를 세우자, 우리는 우리의 과학지식으로 이렇게 할 것입니다. 우리는 곧바로 천국에 들어갈 것입니다.

그러나 하나님은 행동하셨습니다. 그분은 내려오셔서 모든 것을 혼란스럽게 하셨습니다. 바로 그 하나님이 소돔과 고모라에서, 유사한 많은 사회에서, 그리고 바벨론에서 행동하셨습니다. 이 큰 곳들이 모두 무너졌습니다. 모두 돌무더기가 되었습니다.

그러나 감사하게도 이것은 한 면일 뿐입니다. 다른 면이 있습니다. 그분은 아브라함의 하나님이십니다. 유대인들의 위대한 구약 이야기가 어떻게 시작되었습니까? 그 대답은 하나님께서 갈데아 우르에서 이교도들 가운데 살고 있는 아브라함이라는 한 인간을 내려다보셨다는 것입니다. 그분은 아브라함에게 말씀하셨고 그를 불러내셨으며, 아브라함은 그저 하나님의 부르심에 순종하여 "갈 바를 알지 못하고" 나아갔습니다.히 11:8. 이것이 바로 하나님의 모습입니다. 이것이 기독교의 본질이며 참된 메시지입니다. 하나님은 무한 속에 멀리 계시는 추상적 개념일 뿐이고, 여러분과 저는 몸을 이끌고 가서 온갖 것을 하면서도 아무 느낌도 없는 예배에 참석하는 것이 아닙니다.

야곱이라는 아주 불쌍한 사람이 있었습니다. 그에게는 꾸밈없고 자신보다 훨씬 더 멋지고 괜찮은 에서라는 쌍둥이형이 있었습니다. 그런데 야곱은 에서로 변장한 후, 죽어가는 아버지가 에서에게 주려던 축복을 가로챘습니다. 야곱은 목숨을 보존하기 위해 도망쳐야 했습니다. 도망치던 첫날 밤, 야곱은 돌베개를 하고 광야에 누워 자다가 너무도 놀라운 꿈을 꾸었습니다. 하나님께서 그에게 말씀하신 것입니다. 바로 이것입니다! 하나님이 한 인간의 삶에 개입하시고 그에게 말씀하셨습니다. 하늘과 땅 사이에 사다리가 서고 하나님과 인간 사이에 왕래가 이루어졌습니다. 야곱은 깜짝 놀라 잠에서 깨어 두려워하면서 말했습니다. "이곳이여, 이것은 다름 아닌 하나님의 집이요"창 28:17. 그는 사실 이렇게 말했습니다. "전에는 미처 깨닫지 못했어. 그저 광야에서 돌베개를 베고 있을 뿐이라고 생각했는데, 알고 보니 내가 지금 하나님의 전에, 바로 천국문에 있구나! 난 하나님을 만났어!" 야곱은 정말 하나님을 만났습니다. 이것이 기독교입니다.

이번에는 출애굽기 3장에 나오는 다른 예를 들어 보겠습니다. 여기 40년간 목자로 살아온 사람이 있습니다. 그의 이름은 모세였으며 위대한 사람이었습니다. 애굽에서 한 일 때문에 모세 역시 도망쳐야 했고, 남은 평생을 그저 목자로 살 운명인 것처럼 보였습니다. 그러나 어느 날 오후, 그는 양떼를 이끌고 산 뒤쪽으로 갔다가 생각지도 못한 일을 만났습니다. "여호와의 사자가 떨기나무 가운데로부터 나오는 불꽃 안에서 그에게 나타나시니라. 그가 보니 떨기나무에 불이 붙었으나 그 떨기나무가 사라지지 아니하는지라"출 3:2. 이 일이 없었다면 우리는 이스라엘 자녀들의 출애굽과 가나안 입성 이야기를 결코 들을 수 없었을 것입니다. 출애굽은 모세에게 불현듯이 떠오른 생각이 아니었습니다. 그는 결코 출애굽을 계획하지도 명령하지도 않았습니다. 그는 이것과 전혀 상관이 없었습니다!

하나님께서 모세에게 나타나셨지만, 이 가련한 모세는 말을 더듬거리고 머뭇거리면서 도대체 무슨 일인지 이해하지 못했습니다. 모세는 떨기나무 불꽃을 보는 순간 이렇게 말했습니다. "내가 돌이켜 가서 이 큰 광경을 보리라. 떨기나무가 어찌하여 타지 아니하는고"3절. 그는 살펴보러 갔습니다. 그는 현대적인 사람, 말하자면 과학자였습니다. "이게 뭐지? 도대체 무슨 현상이지? 어떻게 된 일인지 한번 살펴봐야겠군."

그러나 하나님은 불꽃 가운데서 모세를 부르시며 말씀하셨습니다. "모세야, 모세야,······이리로 가까이 오지 말라. 네가 선 곳은 거룩한 땅이니 네 발에서 신을 벗으라.······나는 네 조상의 하나님이니 아브라함의 하나님, 이삭의 하나님, 야곱의 하나님이니라"4-6절. 이 말씀에 모세는 하나님을 볼까 봐 두려워 얼굴을 숨겼습니다. 당연한 일입니다. 하나님께서 또 말씀하십니다. "내가 애굽에 있는 내 백성의 고통을 분명히 보고"7절. 이 말씀이 사실이 아니라면 메시지도 없고 소망도 없을 것입니다. 하나님은 실체의 근거가 아니시며, 비인격적인 힘이나 개념이나 단순한 사랑이나 선이나 친절이 아니십니다. 그분은 **인격체**이십니다. "내가······분명히 보고 그들이 그들의 감독자로 말미암아 부르짖음을 듣고 그 근심을 알고"-그분은 "우리 연약함을 동정하지 못하실 이가 아니요"히 4:15 -"내가 내려가서 그들을 애굽인의 손에서 건져 내고"출 3:7-8. 그분은 말씀대로 그렇게 하셨습니다.

위대한 이야기가 그 뒤를 따릅니다. 구약성경을 꼭 읽어 보시기 바랍니다. 출애굽기 14장에서, 이제 막 출애굽한 모세와 이스라엘 백성들을 발견할 것입니다. 앞에는 홍해가 펼쳐져 있고 뒤에는 바로의 군대가 추격해 오고 있습니다. 이들은 이제 모든 것이 끝났다고 느꼈습니다. 그때 모세는 어떻게 해야 할지 알지 못했지만 하나님을 의지했습니다. "여호와께서 너희를 위하여 싸우시리니 너희는 가만히 있을지니라"출 14:14. 그러자 하나님께서 말씀하셨습니다. "너는 어찌하여 내게 부르짖느냐. 이스라엘 자손에게 명령하여 앞으로 나아가게 하고"15절. 이들은 전진했습니다. 하나님은 행동하시는 하나님이십니다! 그후 하나님은 시내산에서 모세에게 말씀하시면서 자신의 성품을 계시하시고 십계명과 도덕법을 주셨습니다.

저는 히브리서 기자와 같습니다. 다윗, 선지자들, 갈멜산의 엘리야와 같은 놀라운 이야기를 다 하자면 시간이 모자랄 것입니다. 갈멜산에 850명의 거짓 선지자들과 한 사람의 참 선지자, 곧 하나님의 사람 엘리야가 마주 서 있었습니다. 엘리야는 이들에게 도전하며 말했습니다. "이에 불로 응답하는 신 그가 하나님이니라"왕상 18:24. 거짓 선지자들은 자신들에게는 바알이라는 신이 있다고 했습니다.

엘리야는 이렇게 말했습니다. "좋다. 어디 우리의 신들을 시험해 보자. 어느 신이 하나님인지 보자. 수소를 잡아 조각을 내어 제단 장작 위에 놓고 너희 신 바알에게 불을 내려 제물을 사르라고 기도하라." 850명의 거짓 선지자들은 기도하기 시작했고 엘리야는 옆에서 지켜보고 있었습니다. 엘리야는 이들이 시작도 하기 전에 그 결과를 알고 있었습니다. 엘리야는 이따금씩 이들에게 말했습니다. "왜 너희 신이 응답하지 않느냐? 여행을 갔거나 아니면 자고 있거나 너희 기도를 못 들나 보구나. 좀더 큰 소리로 불러 보아라!"

이것이 거짓 선지자들을 다루는 방법입니다. 그들로 하여금 자신들의 신을 만들고 "살아있는" 그 신의 결과를 볼 수 있게 하십시오. 그 신이 어디 있습니까? 교회가 비어 있는 것도 바로 이 때문입니다. 사람들은 참되고 살아계신 하나님을 예배하는 것이 아니라, 자신의 지성과 철학의 투영물을 예배하고 있을 뿐입니다.

갈멜산에서 아무 일도 일어나지 않았습니다. 선지자들은 칼과 창으로 자해하며 광란에 빠졌습니다. 그러나 이들은 완전히 실패했습니다. 그때 엘리야가 조용히 앞으로 나와 하나님께 간단하게 기도했습니다. 그는 이렇게 시작했습니다. "아브라함과 이삭과 이스라엘의 하나님 여호와여, 주께서 이스라엘 중에서 하나님이신 것과……오늘 알게 하옵소서"왕상 18:36. 그러자 하나님께서 불로 응답하셨습니다. 그분은 살아계신 하나님이십니다. 그분은 행동하는 하나님이십니다. 그분은 참 하나님이십니다.

한편으로, 신약의 이야기는 누가복음 3장에서 시작됩니다. "디베료 황제가 통치한 지 열다섯 해 곧 본디오 빌라도가 유대의 총독으로, 헤롯이 갈릴리의 분봉왕으로……있을 때에"–무슨 일이 일어났습니까?–"하나님의 말씀이 빈 들에서 사가랴의 아들 요한에게 임한지라"눅 3:1-2. 말라기 선지자 이후로 400년 동안 하나님의 말씀이 없었는데 이제 세례 요한이 나타났습니다. 그는 광야에 있었고 하나님의 말씀이 그에게 임했습니다. 행동하시고 당신의 말씀을 주시는 분은 언제나 하나님이십니다. 이것이 이야기의 전부입니다. 그러나 클라이맥스는 이것입니다. "때가 차매 하나님이 그 아들을 보내사 여자에게서 나게 하시고 율법 아래에 나게 하신 것은"갈 4:4. "하나님이 세상을 이처럼 사랑하사 독생자를 주셨으니 이는 그를 믿는 자마다 멸망하지 않고 영생을 얻게 하려 하심이라"요 3:16. 나사렛 예수는 이 땅에 보내어져 인간들 가운데 나타나신 하나님의 아들이십니다. 하나님이 보내셨고 하나님이 행동하셨습니다.

그리고 여기 사도행전 2장에서, 하나님은 교회를 시작하고 계십니다. "오순절 날이 이미 이르매 그들이 다 같이 한곳에 모였더니." 그때 "홀연히 하늘로부터 급하고 강한 바람 같은 소리가 있어 그들이 앉은 온 집에 가득하며." 이 일이 없었다면 이들은 죽을 때까지 이곳을 떠나지 않았을 것입니다. 하나님께서는 이들 속에서, 이들을 통해 계속해서 행동하고 계셨습니다. 하나님께서 계속해서 행동하고 계시지 않는다면, 우리는 분명 지금 이 사건을 살펴보고 있지도 않을 것입니다. 우매하고 죄에 빠진 인간은 교회를 무너뜨리려고 온갖 노력을 다해 왔습니다. 교회가 우리의 작품이라면, 다른 많은 제도처럼 이미 오래전에 사라졌을 것입니다. 지금까지 사람들은 오해했습니다. 엉뚱한 길로 갔고 잘못된 것을 전했습니다. 그렇다면 교회는 당연히 사라졌어야 하지 않습니까? 그런데 왜 교회가 여전히 존재합니까? 이에 대한 답은 하나뿐입니다. 하나님께서 부흥 가운데 임하시기 때문입니다. 하나님은 당신의 성령을 다시 보내십니다. 종교개혁을 보십시오. 하나님은 세례 요한에게 당신의 말씀을 주셨듯이, 마르틴 루터에게도 주셨습니다. 하나님께서 한 사람에게 당신의 말씀을 주시고 큰 능력을 주셨을 때, 그 사람은 1500년 역사의 큰 교회를 뒤집을 수 있었습니다. 하나님의 부르심을 받고 그분의 메시지와 성령으로 충만한 마르틴 루터 한 사람만으로도, 그 가르침이 너무나 이교도적으로 변해 버린 교회를 무너뜨리기에 충분했습니다.

살아계시고 행동하시는 하나님께서 급하고 강한 바람을 보내셨습니다. 그분은 왜 이렇게 하십니까? 구원을 위해서입니다. "누구든지 주의 이름을 부르는 자는 구원을 받으리라 하였느니라"행 2:21. 아무리 위대하고 뛰어나더라도, 모든 사람은 구원받아야 합니다. 우리는 모두 죄인입니다. 우리는 모두 "죄악 중에서 출생했고 죄 중에서 잉태되었습니다"시 51:5. "의인은 없나니 하나도 없습니다"롬 3:10. 하나님의 진노가 우리 모두 위에 임했습니다. "그러므로 모든 육체는 풀과 같고 그 모든 영광은 풀의 꽃과 같으니 풀은 마르고 꽃은 떨어지되"벧전 1:24. 가장 위대한 자들도 자신의 능력을 잃습니다. 우리 모두가 마침내 병들고 부패하게 됩니다.

> 웅장함의 자랑과 권력의 허세,
> 모든 아름다움과 부가 여태껏 준 모든 것이
> 다 함께 피할 수 없는 시간을 기다리나니
> 영광의 길은 무덤으로 이어질 뿐이로다.
> —토마스 그레이Thomas Gray

인간에게는 전혀 희망이 없습니다. 유일한 희망은 하나님이 계시다는 것과 그분이 이 땅에 내려오셔서 구원을 베푸시는 하나님이시라는 사실뿐입니다. 그분은 "그를 믿는 자마다 멸망하지 않고 영생을 얻게 하려고"요 3:16 자신의 독생자를 세상에 보내셔서, 그 아들이 십자가에 죽어 그 몸이 찢기며 피를 흘리게까지 하셨습니다.

이것이 기독교입니다. 기독교는 여러분이 구원받아야 하며 하나님께서 여러분이 구원받을 수 있는 방법을 주셨다는 메시지입니다. 기독교는 모두 하나님의 행동입니다. 기독교는 초자연적인 행동이나 기적적인 행동이 아닙니다. 저는 여러분에게 선하라고 말하고 있는 것이 아닙니다. 여러분이 선할 수 없다는 것을 압니다. 저는 여러분에게 하나님을 아는 지식에 이르고 어떻게 살아야 하는지를 배우기 위해 철학책을 읽으라고 말하는 것도 아닙니다. 저는 이 모든 것이 쓸데없다는 것을 압니다. 저의 메시지는, 하나님께서 "그 백성을 돌보사 속량하셨다"는 것입니다눅 1:68. 그 누구라도 우리에게 자신을 다잡으라고 말하는 것은 아무런 소용이 없습니다. 이것은 우리가 할 수 없는 일입니다. 우리는 정욕과 열정과 악한 욕망의 지배를 받습니다. 우리는 희생자들입니다. 우리는 구원받아야 합니다. 그런데 감사하게도 하나님께서 우리를 구원하십니다. 이것이 우리의 메시지입니다. 이것은 놀라운 메시지입니다. 예루살렘을 방문한 사람들처럼, 오늘날의 사람들은 "이 어찌 된 일이냐"고 묻습니다행 2:12. 물론 우리는 이해할 수 없습니다. 기독교는 능력입니다. 기독교는 급하고 강한 바람이었습니다. 기독교는 변화를 일으키는 능력입니다. 기독교는 사람들을 변화시킵니다. 기독교는 제자들을 변화시켰으며, 그 결과 약하고 겁 많고 소심하고 무기력하고 쓸모없던 그들이 하나님의 강한 용사가 되었습니다.

그러나 그 무엇보다도 기독교는 이해를 완전히 초월합니다. 이들은 "이 어찌 된 일이냐"고 물었습니다. 이들이 이렇게 물은 것은 당연했습니다. 여러분이 자신의 종교를 이해할 수 있다면, 이는 그것이 기독교가 아니라는 증거입니다. 여러분이 자신의 종교를 제어하고 있다면 그것은 기독교가 아닙니다. 여러분이 주일 아침 교회에 갈 때면 가방에 넣었다가 다시 꺼내 놓을 수 있다면, 그것은 기독교가 아닙니다. 기독교는 기적입니다. 기독교는 경이입니다. 기독교는 사람들을 깜짝 놀라게 합니다.

프랑스 사상가 파스칼은 하나님에 대한 놀라운 체험을 했을 때 이렇게 말했습니다. "그분은 아브라함의 하나님, 이삭의 하나님, 야곱의 하나님이시다." 그런 다음에는 부정문으로 이렇게 말했습니다. "그분은 철학자들과 점쟁이들과 사상가들의 하나님은 아니시다." 이것은 극명한 대조를 이룹니다. 성경의 하나님은 당신의 기적적이고 영원한 능력의 영광과 기사奇事를 통해 자신을 계시하시는 하나님이십니다. 이러한 메시지, 이러한 복음에 대해 하나님께 감사하십시오. 이것이 교회를 만들었습니다. 이것이 교회가 전파한 것이며, 이 때문에 오순절에 교인이 3천 명이나 늘어났습니다.

결국 이 모든 것이 사실이기 때문에 기독교는 모든 사람을 위한 메시지입니다. "누구든지 주의 이름을 부르는 자는 구원을 받으리라" 행 2:21. 하나님에 관한 현대의 책들을 이해하기 위해서는 아주 똑똑해야 하지만, 감사하게도 그리스도인이 되기 위해서는 똑똑할 필요가 없습니다. 마가는 "많은 사람들common people이 즐겁게 듣더라"고 썼습니다 막 12:37. "육체를 따라 지혜로운 자가 많지 아니하며 능한 자가 많지 아니하며 문벌 좋은 자가 많지 아니하도다" 고전 1:26. 그렇습니다. "하나님께서 세상의 미련한 것들을 택하사 지혜 있는 자들을 부끄럽게 하려 하시고 세상의 약한 것들을 택하사 강한 것들을 부끄럽게 하려 하시며 하나님께서 세상의 천한 것들과 멸시받는 것들과 없는 것들을 택하사 있는 것들을 폐하려 하시나니" 고전 1:27-28. 자신의 필요를 깨닫고 그분께 부르짖는 자는 누구든지 희망이 있습니다.

이것이 여러분의 기독교관입니까? 여러분은 살아계신 하나님, 참 하나님, 행동하시는 하나님, 개입하시고 오시는 하나님을 아십니까? 모세가 떨기나무 불꽃 가운데서, 야곱이 브니엘에서, 엘리야가 갈멜산에서 그분을 만났듯이, 여러분은 어떤 형태로든 그분을 만났습니까?

하나님의 손길이 여러분의 영혼에 닿는 것을 느낀 적이 있습니까? 하나님께서 여러분을 다루셨고, 여러분의 삶에 들어오셨으며, 여러분이 할 수 없는 일을 하셨다는 것을 아십니까? 지금의 여러분은 하나님의 은혜라는 것을 아십니까? "나는 설명할 수 없습니다. 내가 아는 것은 하나님께서 그리스도 안에게 내게 무엇인가를 하셨다는 것뿐입니다"라고 말합니까? 이렇게 말할 수 있다면 여러분은 그리스도인이지만, 여러분이 가진 것이라고는 여러분이 행하는 것과 생각하는 것뿐이라면 제 생각에는 여러분은 그리스도인이 아닌 것 같습니다. 하나님께서 여러분에게 급하고 강한 바람으로 오실 필요는 없지만, 이것은 언제나 하나님의 능력입니다. 이것은 언제나 하나님의 손길입니다. 이것은 하나님께서 여러분을 긍휼히 여기시며 여러분을 구원하시고 자유롭게 하시기 위해 그분의 아들을 통해 여러분의 삶에 들어오셨다는 것을 여러분이 항상 알도록 해줍니다. 사람들이 살아계신 하나님과 예수 그리스도 우리 주 안에 있는 그분의 구원의 능력을 알게 하소서!

03

놀랍게 성취되는 예언

베드로가 열한 사도와 함께 서서 소리를 높여 이르되 유대인들과 예루살렘에 사는 모든 사람들아, 이 일을 너희로 알게 할 것이니 내 말에 귀를 기울이라. 때가 제삼시니 너희 생각과 같이 이 사람들이 취한 것이 아니라. 이는 곧 선지자 요엘을 통하여 말씀하신 것이니 일렀으되 하나님이 말씀하시기를 말세에 내가 내 영을 모든 육체에 부어 주리니 너희의 자녀들은 예언할 것이요. 너희의 젊은이들은 환상을 보고 너희의 늙은이들은 꿈을 꾸리라. 그때에 내가 내 영을 내 남종과 여종들에게 부어 주리니 그들이 예언할 것이요. 또 내가 위로 하늘에서는 기사를 아래로 땅에서는 징조를 베풀리니 곧 피와 불과 연기로다. 주의 크고 영화로운 날이 이르기 전에 해가 변하여 어두워지고 달이 변하여 피가 되리라. 누구든지 주의 이름을 부르는 자는 구원을 받으리라 하였느니라.……그런즉 이스라엘 온 집은 확실히 알지니 너희가 십자가에 못박은 이 예수를 하나님이 주와 그리스도가 되게 하셨느니라 하니라.

사도행전 2:14-36

오순절은 교회에 있어 가장 주목할 만하고 중요한 날이었으며, 세계사의 큰 전환점이기도 했습니다. 오순절에 대한 이해 없이 교회의 성격과 본질과 기독교의 메시지를 정확하게 이해한다는 것은 거의 불가능합니다. 사도행전 2장의 설교는 교회의 후원 아래 행해진 첫번째 설교이기 때문에 특히 중요합니다.

제가 여러분의 주의를 베드로의 설교에 집중시키는 이유는, 일반적으로 세상이 이 메시지에 관심을 보이지 않는 비극적인 상황에 우리가 처해 있기 때문입니다. 이 사실이 특히 충격적인 것은, 우리 스스로도 점점 이해하지 못하는 세상을 살아가고 있기 때문입니다. 일전에 읽은 한 학술지 기사는, 19세기 마지막 사반세기에 접어들면서 과학자들이 극도의 확신과 낙관론을 갖게 되었다고 지적하고 있었습니다. 심지어 켈빈Kelvin 경 같은 훌륭하고 분별 있는 사람까지도 자연의 모든 비밀을 밝히는 것은 시간문제일 뿐이라고 주저 없이 말했습니다. 발견과 발명은 인간으로 하여금 과학적 탐구와 노력이 생명의 비밀을 여는 열쇠라고 믿게 만들었습니다. 그러나 이 기사는, 불과 얼마 후에 이 모든 개념들이 무너졌다고 했습니다. 아주 정확한 지적입니다.

그렇다면 무엇에 의해 무너졌습니까? 더 많은 과학적 발견들 때문입니다! 엑스레이의 발견은 19세기의 낙관론을 뒤흔들었고 우주의 모든 신비가 곧 밝혀지리라는 이상을 무너뜨렸습니다. 라듐의 발견은 신비감을 더했지만, 이후 원자 등에 대한 20세기의 연구는 이런 이상을 완전히 무너뜨려 버렸습니다. 우주는 수수께끼가 되었습니다.

이 문제는 제쳐 놓고 묻겠습니다. 삶이란 무엇입니까? 삶의 목적은 무엇입니까? 우리는 이 땅에서 무엇을 하고 있습니까? 물론 죽음이 있습니다. 모든 사람은 피할 수 없는 이 사건을 향해 나아가고 있습니다. 죽음이란 무엇입니까? 그 뒤에는 무엇이 있습니까? 우리는 이곳에 잠시-성경은 70, 80년이라고 말합니다-머무를 뿐입니다. 어떤 사람은 그보다 길게 90년이나 그 이상도 머물지만 죽음은 어김없이 찾아옵니다.

대부분의 사람들은 우주와 자신, 삶과 죽음, 그리고 영원에 대해 이렇게도 무지합니다. 그런데도 우리에게 최소한의 설명과 이해를 주는 유일한 책, 유일한 가르침에 주목하지 않는 것이 놀랍지 않습니까? 자신의 세상을 뒤흔드는 사실들에도 불구하고, 자신들의 발견에 직면해서도, 심지어 의심할 여지 없이 현재 이 나라 모든 사람들의 마음에서 맨 윗자리를 차지하고 있는 사건¹과 마주칠 때조차도, 사람들이 치명적인 낙관론 속에 살아갈 수 있다는 사실이 놀라울 뿐입니다. 그러나 여기 우리 앞에 진리가 있습니다. 다시 한번 단언컨대, 우리가 도움과 인도를 구할 수 있는 곳은 성경밖에 없습니다.

성경을 읽을 때 우리는 많은 사람들이 생각하는 것과는 전혀 다른 기독교를 접하게 됩니다. 교회의 본질뿐 아니라 교회가 전하는 메시지의 성격에 관해서도 말입니다. 그러나 사람들은 이 사실을 알지 못하기 때문에 성경에는 관심이 없고 등을 돌려 버리고 맙니다. 사람들은 스스로의 비극에서 헤어나지 못하며 사건들로 인해 혼란스러워합니다. 열린 무덤 앞에서 잠시 마음이 흔들리지만, 여기에 대해 모든 것을 잊어버리려고 재빨리 빠져나와 한잔 하거나 쾌락에 빠지거나 텔레비전을 봅니다. 다른 것은 다 제쳐 두더라도, 이것은 지적이지 못합니다. 이러한 두려움을 가볍게 보고 등을 돌림으로써 무시하는 것은 어리석은 짓입니다. 여기 우리에게 생각을 촉구하며 역사의 엄연한 사실들을 직시할 것을 요구하는 메시지가 있습니다. 제가 다시 한번 성경으로 돌아오는 것도 바로 이 때문입니다.

사람들은 자신이 기독교에 관심 없는 이유를 설명하면서 가장 빈

---

1 1965년 1월 24일, 영국의 전쟁시대 지도자인 윈스턴 처칠 경이 죽었다.

번하게 제시하는 이유 하나가, 기독교는 심리학적 견지에서 최종적으로 완전히 설명되고 폐기될 수 있다는 것입니다. 이러한 주장은 형태도 다양합니다. 어떤 사람들은 이렇게 말합니다. "당신네 그리스도인들은 종교적 체험을 했다고 주장합니다. 역사를 내려오면서 당신들과 같은 사람들은 줄곧 같은 주장을 해왔습니다. 물론 예전에는 이 모든 주장이 사실이라고 생각되었지만, 지금 우리가 알고 있는 것은 다릅니다." (우연히도, 이들은 제가 앞서 인용한 켈빈 경의 확신에 찬 단언을 인용하고 엑스레이의 발견뿐 아니라 프로이트와 그의 심리학파의 이론들까지 동원해 가면서 답합니다.) 이들의 주장은 이렇습니다. "물론, 우리 모두가 같은 것은 아닙니다. 기질이 서로 다르며, 같은 사실에도 다르게 반응합니다. 게다가 사람들의 지성은 무엇인가를 생산할 수 있습니다. 과거에 사람들은 하늘에 위대한 하나님이 있다고 생각했습니다. 물론 우리는 이제 심리학적인 연구의 결과로 거기에는 아무것도 없으며, 다만 사람들이 강력한 아버지상(像), 우리 밖에 있는 어떤 위대한 존재를 투영했을 뿐이라는 것을 발견했습니다. 사람들이 하나님이 있다고 말할 때, 그들은 자신의 느낌, 자신의 감정을 투영하고 있을 뿐입니다. 이것이 종교의 본질입니다."

이들은 우리에게 종교철학이라 불리는 종교의 발달학을 보라고 요구합니다. 이들에 따르면 인류 역사를 거슬러 올라갈수록, 원시적일수록, 인간은 더 미신적이며 삶을 더 두려워합니다. 원시인들은 항상 모든 것을 두려워하고 모든 것을 의인화하는 경향이 있습니다. 이들은 천둥소리를 듣고는 "저 위에 위대한 존재가 있어, 그분이 방금 소리치셨어"라고 말합니다. 번개가 치는 것을 보고는 "그분이 부싯돌을 치셨어"라고 말합니다. 이처럼 이들은 자신들이 이해하지 못하는 모든 자연의 사건을 신의 일로 돌립니다. 이것이 바로 원시인입니다.

이들은 또한 사회가 발전하고 사람들이 보다 세련되면서 종교적 신념도 덜 유치해진다고 말합니다. 우리의 수준이 높아질수록 찾는 신의 수도 그만큼 줄어듭니다. 마침내 우리는, 오직 한 하나님만 있을 뿐 다른 모든 신은 전혀 신이 아니라고 주장하는, 이를테면 그 정점에도달한 유대인들에까지 이르게 됩니다. 그러나 이들의 이론은 여기서 끝나지 않습니다. 이들은 유대인들조차도 틀렸다고 말합니다. 유대인들은 엄청나게 진보했지만-수십 개의 신 대신에 하나의 신을 갖는 것은 엄청난 진보입니다-우리가 알고 있는 것은, 이제 단 하나의 신도 없다는 것입니다. 그리고 가장 지적인 사람들도, 유대인뿐 아니라 그리스도인들도, 아직도 똑같이 해묵은 짓, 곧 자신의 두려움과 공포를 객관화하고 이것을 하나의 존재, 하나의 인격체로 형상화하면서 하나님이라 부르고 있다는 것입니다. 요약하자면, 이것이 종교에 대한 저들의 유일한 설명입니다. 유대인들의 종교보다 한 차원 높고 수정된 형태의 기독교에 대한 유일한 설명입니다.

제가 이들의 주장에 매우 관심이 많은 것은, 그리스도인들이 이 주장에 어떻게 대답해야 할지 몰라서 쩔쩔매는 것을 자주 보기 때문입니다. 사실 그리스도인들은 이 주장을 지지하기까지 했습니다. 1935년에 저는 목회자들을 위한 서머스쿨에 참여할 기회가 있었습니다. 어느 날 저녁인가 제 사회로 토론이 있었습니다. 그때 제게 가장 흥미로웠던 사실은, 저와 똑같은 입장에서 논쟁을 하고 있는 사람들이 정작 우리의 논쟁 상대보다 저를 더 곤혹스럽게 했다는 것입니다. 이들은 차례로 일어나 이렇게 말했습니다. (우리는 이런 말을 얼마나 자주 듣는지 모릅니다!) "당신들이 어떻게 말하든 상관없습니다. 나는 당신들이 제시하는 과학적 증거에 전혀 개의치 않습니다. 당신들 좋은 대로 주장할 수 있습니다. 당신들 학식으로 내 성경을 비웃고 그 대부분을 빼앗아, 과학이 이런저런 것을 증명할 수 있다고 주장할 수 있습니다. 그러나 결코 나한테서 나의 체험을 빼앗아 갈 수는 없습니다."

이들은 이렇게 말함으로써 과학자들에게 답하고 있다고 생각했지만, 사실 스스로에게 차꼬를 채워 심리학자들의 품으로 뛰어들어 가고 있었습니다! 심리학자는 이렇게 말합니다. "그렇습니다. 그게 바로 당신네 종교인들의 문제입니다. 당신들은 사실에 대해 눈을 감아 버립니다. 당신들은 '내 체험'이라고 말하지만, 우리는 당신들의 체험을 아주 간단하게 설명할 수 있습니다. 하나님을 체험했으며 그 앞에서 경외심을 느꼈다고 말하는 사람을 생각해 보십시오. 그 사람을 심리학적으로 분석해 보면, 대개는 그가 어린 시절 아버지에게 심하게 당한 적이 있다는 것을 발견할 것입니다. 그는 어떤 잘못을 했고 그래서 아버지에게 심하게 꾸지람을 들었으며 어쩌면 매까지 맞았을 것입니다. 이것이 가슴에 사무치기 시작했고 마침내 그의 하나님 개념이 되었던 것입니다." 자신의 입장 전체를 자신의 경험에 근거 지울 때 여러분은 바로 이런 반응을 보이고 있는 것입니다. 그런데 많은 그리스도인들이 바로 이렇게 하고 있습니다.

제 말을 오해하지 마십시오. 저는 종교적 체험의 객관적인 타당성을 믿습니다. 제가 보여주려는 것은, 사람들이 체험을 이처럼 교묘하게 설명하기 때문에 여러분이 기독교의 메시지를 체험에 근거 지울 수 없다는 것입니다. 때때로 사람들은 한 걸음 더 나아가 이렇게까지 설명합니다. "물론 당신들은 기독교인들만이 이런 체험을 한다고 말합니다. 그러나 우리는 다른 사교邪敎들에 관해서도 알고 있습니다. 예를 들면, 전에는 염려하고 문제도 많았지만 가르침을 받아들인 후로는 더 이상 아프지도 않고 염려하지도 않는다고 주장하는 크리스천 사이언티스트들에 대해서도 비슷한 것을 들었습니다." 그러므로 여러분이 기독교를 자신의 놀라운 체험으로 설명하려 하거나 "예수께 나오면 친구를 만날 것입니다", "예수께 나오면 병이 낫습니다", "예수께 나오면 인도하심을 받을 것입니다", "예수께 나오면 평안과 기쁨을 얻습니다"와 같은 호소로 변호한다면, 여러분은 자신의 신앙을 심리학적으로 설명하고 있는 것입니다.

다시 말하지만, 다른 사람들이 이런 치유와 다양한 문제들로부터 해방을 경험하는 것을 보면 매우 기쁘다고 말하는 사람도 있습니다. 하지만 자신들은 이런 것들로 인해 염려해 본 적이 전혀 없다고 말하는 사람들도 있을 것입니다. 이들은 이렇게 말할 것입니다. "당신이 전보다 나아졌다니 정말 기뻐요. 문제를 해결해 줄 수 있는 사람이 있다니 얼마나 감사한지 모르겠어요. 저는 당신의 설명이 틀렸다고 생각하지만 그 설명이 당신을 더 편안하게 해준다면 계속하세요. 저는 당신과는 분명히 다르며 당신이 말하고 있는 것이 제게는 필요치 않습니다. 제 인생은 매우 행복하고 순조롭습니다. 저는 좋은 직장이 있고 돈도 잘 벌며 아내와 아이들도 있습니다. 거기다 멋진 집까지 있으니 저로서는 더 바랄 게 없습니다. 그러니 당신이 찾아와 멋진 이야기를 하고 이것저것을 받아들이라고 말할 때, 고맙지만 제겐 필요 없다고밖에 답할 수 없군요." 많은 사람들이 바로 이런 태도를 취합니다.

이 모든 비평에 대한 답이 베드로의 오순절 설교에 제시되어 있습니다. 베드로는 왜 설교했습니까? 설명하기 위해서였습니다. 예루살렘 사람들은 갑자기 한 무리의 사람들과 마주쳤는데, 이들 가운데 얼마는 자신들이 이미 알고 있는 사람들이었습니다. 틀림없이 아주 하찮은 사람들-어부와 그 밖의 사람들-에 불과했던 이들이, 갑자기 그것도 완전히 변해 버렸습니다. 뭔가 놀라운 일이 이들에게 일어났습니다. 예루살렘 사람들은 "다 놀라 신기하게 여겨 이르되 보라, 이 말하는 사람들이 다 갈릴리 사람이 아니냐. 우리가 우리 각 사람이 난 곳 방언으로 듣게 되는 것이 어찌 됨이냐"라고 했습니다^{행 2:7-8}. 어떤 사람은 제자들이 새 술에 취했다고 했습니다. 사람들은 하나의 현상, 하나의 체험, 사람들의 삶에 일어난 변화를 목격했습니다. 모두들 이것이 도대체 어떻게 된 일이냐고 물었습니다. 그리고 베드로는 설교 중에 이 질문에 답합니다.

먼저, 베드로가 단지 자신의 체험을 언급하거나 "이것은 정말 놀라운 일이며 여러분도 이것을 체험할 수 있습니다"라고 말하지 않았다는 데 주목하십시오. 전혀 반대였습니다. 그는 "이는 곧……말씀하신 것이니"라고 말하면서 선지자를 인용하고 또 다른 선지자를 인용하면서 성경을 자세히 설명했습니다. 게다가 그는 성경을 특정한 사실들에 비추어 해석했습니다. 그의 설교 전체가 사실들에 대한 열거와 설명입니다. 이러한 설명은 아주 흥미로운 방법으로 이루어집니다.

베드로는 말합니다. "이 예수를 하나님이 살리신지라. 우리가 다 이 일에 증인이로다"^{32절}. 실제로 그는 이렇게 말했습니다. "이스라엘 사람들아, 이 말을 들으라. 너희도 아는 바와 같이 하나님께서 나사렛 예수로 큰 권능과 기사와 표적을 너희 가운데서 베푸사 너희 앞에서 그를 증언하셨느니라. 그가 하나님께서 정하신 뜻과 미리 아신 대로 내준 바 되었거늘 너희가 법 없는 자들의 손을 빌려 못박아 죽였으나 하나님께서 그를 사망의 고통에서 풀어 살리셨으니 이는 그가 사망에 매여 있을 수 없었음이라"22-24절. 베드로는 청중들에게 객관적인 사실들을 제시한 다음에 자신의 놀라운 논증을 펼쳤습니다. 그 논증의 핵심은 이것입니다. "여러분은 이것이 어찌 된 일이냐고 묻는데, 저는 나사렛 예수라는 분으로만 이것을 여러분에게 설명할 수 있습니다. 그분만이 유일한 설명이십니다."

베드로는 사실 이렇게 말했습니다. "우리에게 일어난 일, 이 놀라운 현상을 이해하고 싶다면, 그분 곧 나사렛 예수를 주목해야 합니다." 그러므로 베드로는 주님의 나심과 삶과 가르침, 특히 그분의 십자가의 죽으심과 장사지냄과 부활과 승천을 이들에게 말했습니다. 그리고 마지막으로, 오순절에 일어난 일을 설명했습니다.

사도 베드로는, 이러한 사실들이 없었다면 오순절의 사건들이 일어나지 않았을 것이라고 주장했습니다. 우리 주님께서 죽은 자 가운데서 부활하시고 제자들에게 나타나지 않으셨다면 아무 일도 일어나지 않았을 것입니다. 베드로는 이 나사렛 예수가 하나님의 독생자이시며, 죽은 자 가운데서 그분이 부활하심으로 이것을 증명했다고 외치고 있습니다. 베드로는 다윗을 길게 인용합니다. 그는 다윗이 이 사건을 미리 보고 예언했다고 말합니다. "다윗이 죽어 장사되어 그 묘가 오늘까지 우리 중에 있기"29절 때문에 다윗의 말은 그 자신에 대한 것일 수 없다고 했습니다. 반면에 그리스도께서는 죽었다가 부활하셨고 하늘에 오르셨으며 거기서 "하나님이 오른손으로 예수를 높이시매 그가 약속하신 성령을 아버지께 받아서 너희가 보고 듣는 이것을 부어 주셨다"33절고 말합니다. 베드로는 그리스도께서 당신이 약속하신 대로 이 능력을 보내셨다고 했습니다. 그리고 이것이 이들에게 일어난 일에 대한 유일한 설명이라고 주장했습니다. 이제 여러분은 베드로가 이론적인 견지에서 대답하지 않았다는 것을 알게 될 것입니다. 그는 심리학적 분석을 하지 않았습니다. 그는 이것을 설명하려고 하지도 않았습니다. 그는 말했습니다. "제게는 한 가지 설명밖에 없습니다. 바로 여러분이 보고 들은 예수님, 여러분이 목격한 기적을 행하시는 예수님이십니다."

그러므로 여러분에게 말하건대, 여러분의 기질이 어떠한지 여러분의 심리 상태가 어떠한지는 중요치 않습니다. 베드로처럼, 특정한 역사적 사실을 여러분에게 상기시키는 것이 저의 임무입니다. 여러분의 이해를 돕기 위해 이것을 이렇게 설명해도 될지 모르겠습니다. 이 시대는 윈스턴 처칠의 시대라고 해도 무방할 것입니다. 이것은 하나의 역사적 사실입니다. 크롬웰의 시대가 있었고 줄리어스 시저의 시대도 있었습니다. 이것들도 사실입니다. 이들은 역사적 인물들입니다. 그리고 나사렛 예수도 역사적 인물입니다.

저는 지금 어떤 체험이나 이론을 설명하려는 것이 아닙니다. 저는 일어났으며 분명히 역사에 속하는 확실한 사건들에서 시작합니다. 이것이 베드로의 논증이었습니다. 그는 자신의 설교를 바로 이렇게 시작했습니다. 그러나 그는 이것을 가장 흥미로운 방법으로 표현했습니다. 제가 역사적 사실 다음으로 강조하고 싶은 요소, 곧 예언의 견지에서 표현한 것입니다. "이는 곧 선지자 요엘을 통하여 말씀하신 것이니"16절. 그는 수세기 전에 살았던 선지자를 인용합니다.

예수님의 삶과 죽음이 예언의 성취라는 것은 이 설교에서 주요 논증 가운데 하나입니다. 저는 이 사실이 갖는 중요성을 여러분에게 보여주고 싶습니다. 설교자들이 이 사실을 얼마나 반복해서 전했는지를 살펴보면 매우 흥미롭습니다. 훨씬 나중에, 베드로는 편지를 쓰면서 이 놀라운 구원을 이렇게 말했습니다.

이 구원에 대하여는 너희에게 임할 은혜를 예언하던 선지자들이 연구하고 부지런히 살펴서 자기 속에 계신 그리스도의 영이 그 받으실 고난과 후에 받으실 영광을 미리 증언하여 누구를 또는 어떠한 때를 지시하시는지 상고하니라. 이 섬긴 바가 자기를 위한 것이 아니요 너희를 위한 것임이 계시로 알게 되었으니 이것은 하늘로부터 보내신 성령을 힘입어 복음을 전하는 자들로 이제 너희에게 알린 것이요 천사들도 살펴보기를 원하는 것이니라^{벧전 1:10-12}.

그리고 두번째 편지에서 베드로는, 독자들에게 자신이 이미 늙었음을 상기시키면서 이렇게 말합니다.

그러므로 너희가 이것을 알고 이미 있는 진리에 서 있으나 내가 항상 너희에게 생각나게 하려 하노라. 내가 이 장막에 있을 동안에 너희를 일깨워 생각나게 함이 옳은 줄로 여기노니 이는 우리 주 예수 그리스도께서 내게 지시하신 것같이 나도 나의 장막을 벗어날 것이 임박한 줄을 앎이라^{벧후 1:12-14}.

베드로의 몸은 장막에 불과했습니다. 그는 "이제 이 장막을 벗을 것이다. 이제 영적인 세계로 들어갈 것이다" 말합니다. 그렇다면 베드로가 독자들에게 상기시키려는 것은 무엇이었습니까? 그는 이렇게 말합니다.

우리 주 예수 그리스도의 능력과 강림하심을 너희에게 알게 한 것이 교묘히 만든 이야기를 따른 것이 아니요 우리는 그의 크신 위엄을 친히 본 자라. 지극히 큰 영광 중에서 이러한 소리가 그에게 나기를 이는 내 사랑하는 아들이요 내 기뻐하는 자라 하실 때에 그가 하나님 아버지께 존귀와 영광을 받으셨느니라. 이 소리는 우리가 그와 함께 거룩한 산에 있을 때에 하늘로부터 난 것을 들은 것이라. 또 우리에게는 더 확실한 예언이 있어 어두운 데를 비추는 등불과 같으니 날이 새어 샛별이 너희 마음에 떠오르기까지 너희가 이것을 주의하는 것이 옳으니라^{벧후 1:16-19}.

여러분이 보시다시피, 이 늙은 사도는 이렇게 말하고 있습니다. "나는 이제 늙어 곧 죽을 것이니, 여러분과 함께할 날도 별로 남지 않았습니다. 그러므로 원하건대 여러분이 들은 것을 굳게 붙잡으십시오. 여러분은 힘든 세상을 살고 있고 세상과 육적인 것과 마귀와 대면하고 있습니다. 여러분도 죽게 되겠지만 죽으면 하나님의 영원한 나라에 넉넉히 들어갈 것이라고 생각합니다. 그곳에 들어가는 유일한 방법은 여러분이 들은 진리를 굳게 붙잡는 것입니다."

어떤 사람은 이렇게 말할 것입니다. "무엇 때문에 우리가 이것을 믿어야 합니까? 도대체 어떤 근거에서 우리가 이것을 믿어야 합니까?"

베드로는 이렇게 말합니다. "나는 이 일의 증인입니다. 나사렛 예수께서 야고보와 요한과 내게 '나와 함께 산꼭대기에 올라가자'고 하셨던 날이 기억납니다. 그날 우리는 다른 제자들을 산기슭에 남겨 두고 산에 올라갔습니다. 나는 그날을 결코 잊지 못할 것입니다. 우리 세 사람이 그분과 함께 꼭대기에 올랐는데, 갑자기 밝고 빛나는 구름이 그곳을 덮었습니다. 그분을 보니 완전히 변화되어 있었습니다. 그분은 놀랍도록 밝게 빛나기 시작해 그분의 옷도 천상의 광채로 빛나고 있었습니다. 두 사람-모세와 엘리야-이 나타나 그분과 이야기를 나누고 있었고, 우리는 하늘로부터 '이는 내 사랑하는 아들이니 너희는 저의 말을 들으라'는 음성을 들었습니다."

베드로는 계속해서 이야기합니다. "나는 이제 늙었고 죽을 날도 머지않았습니다. 그러나 내가 거기 있었다는 것을 여러분에게 확실히 증언할 수 있습니다. 나는 들었습니다. 우리는 그 거룩한 산에서 그 음성을 들었고 하나님께서 예수님에 관해 말씀하시는 것을 들었습니다. 우리는 교묘하게 지어낸 이야기를 따르는 것이 아닙니다. 여러분에게 꾸며 낸 이야기를 하고 있는 것이 아닙니다. 우리는 이 때문에 고난을 당해야 했으며, 또한 내가 고난을 당하게 되리라는 것도 압니다. 그분은 내가 가장 특별한 방법으로 죽게 될 것이라고 말씀하셨습니다."

예수께서는 베드로가 죽을 때와 십자가에 달리게 될 것을 예언하셨는데요 21:18 참조, 전승에 따르면 베드로는 십자가에 거꾸로 달렸습니다. 그때가 다가오고 있음을 알고 있는 한 늙은이가 이렇게 말합니다. "하나님 앞에서 여러분에게 말합니다. 나는 그 음성을 들었습니다." 그러나 베드로의 편지가 여기서 그치지 않는다는 사실에 주목하십시오. 그는 사실들이 존재하고 있으며, 그것들이 중요하다고 했습니다. 그러나 이렇게 덧붙입니다. "우리에게 더 확실한 예언의 말씀이 있습니다." 베드로는 말합니다. "내 증언을 믿지 못하겠고 내 증거를 믿지 못하겠다면, 여기 또 다른 증거가 있습니다. 바로 예언, 곧 검증된 예언입니다."

그러므로 인생 말년에 베드로는 자신의 오순절 첫 설교와 같은 설교를 하고 있는 것입니다. 베드로는 예루살렘 사람들에게 "너희도 아는 바와 같이……이 예수를 하나님이 살리신지라. 우리가 다 이 일에 증인이로다"라고 상기시키고, "이는 곧 선지자 요엘을 통하여 말씀하신 것이니"라고 설교했습니다.

베드로는 사도행전 2장의 설교에서 특별히 두 예언을 인용합니다. 하나는 요엘의 예언이며 다른 하나는 다윗의 예언입니다. 그가 다윗의 예언을 인용한 것은, 다윗은 하나님의 사람으로 때때로 성령의 조명을 받아 예언했으며 자신의 예언들을 시편 형태로 기록했기 때문입니다. 사도 베드로의 논증은 이 예언들이 사실이라는 것입니다. 이 예언들은 예수께서 태어나기 수세기 전에 기록되었습니다. 그러므로 여러분의 성격이 불같든지 차분하든지, 낙관론자든지 비관론자든지, 그것은 아무 상관이 없습니다. 엄연한 역사적 사실은, 그리스도께서 태어나시기 수세기 전에 다양한 사람들이 장차 오실 분에 관한 예언을 기록했으며, 그 예언이 문서로 보존되었다는 것입니다. 그분에 관한 묘사-베들레헴 탄생과 가난과 삶의 특징-는 너무도 자세합니다. 이들은 그분이 나귀 새끼를 타고 예루살렘에 입성하실 것과 은 삼십에 배신당하실 것을 예언했습니다. "마치 도수장으로 끌려가는 어린 양" 같은사 53:7 그분이 죽임당하실 것이라고 예언했습니다. 이들은 그분이 죽으신 후 부활해 승천하시고 성령을 보내실 것이라고 했습니다. 이 모든 것이 예언되었습니다.

이것이 기독교 신앙의 기초입니다. 저는 단순히 체험을 전하고 있는 것이 아닙니다. 감사하게도 저도 체험을 했지만, 제게 일어난 일이나 제 자신에 대해 말하고 있는 것이 아닙니다. 저도 사도 바울과 더불어 "우리는 우리를 전파하는 것이 아니라 오직 그리스도 예수의 주되신 것과 또 예수를 위하여 우리가 너희의 종된 것을 전파합니다"고후 4:5. 저는 이 때문에 사람들에게 자신의 간증을 하고 "예수께 나오면 여러분도 저와 같은 체험을 할 것입니다"라고 말하는 것을 결코 좋다고 믿지 않습니다. 제가 할 일은 이러한 사실들, 곧 복음서에 기록된 사실과 그 사실들 뒤에 있는 예언의 사실을 여러분 앞에 제시하는 것입니다.

그렇다면 여러분은 예언을 어떻게 설명할 수 있습니까? 이들은 어떻게 사건들이 일어나기 수백 년 전에 그 사건들을 그토록 자세하게 말할 수 있었습니까? 그 해답은 베드로의 마지막 편지에 제시되었습니다. 그는 "먼저 알 것은 성경의 모든 예언은 사사로이 풀 것이 아니니"라고 말합니다벧후 1:20. 이것은 어느 누구도 예언을 단순히 생각이나 상상력을 동원해서 쓴 것이 아님을 의미합니다. 선지자는 그저 앉아서 인생을 철학적으로 생각하고 자신의 지혜로 인생을 이해하려고 애쓰다가 번득이는 아이디어를 잡아낸 사람이 아니었습니다. 그렇게 할 수 없었습니다. 인간 스스로 사실들을 예언할 수 없습니다. 인간은 이론을 제시할 수 있고-대개 맞기보다 틀리지만-예측은 할 수 있지만, 그것이 전부입니다. 그러나 선지자들은 정확했으며 세세한 부분까지 정확했습니다. 이들이 단 하나의 사실을 말했다면 그것이 우연이었다고 말할 수도 있을 것입니다. 그러나 수십 개의 세세한 부분들까지 정확하게 맞았습니다. 이것은 특별합니다. 여러분은 이것을 어떻게 설명하시겠습니까? 베드로는 이렇게 말했습니다. "예언은 언제든지 사람의 뜻으로 낸 것이 아니요 오직 성령의 감동하심을 받은 사람들이 하나님께 받아 말한 것임이라"벧후 1:21. 이것이 유일한 설명입니다. 모든 것 뒤에 계시고 모든 것을 계시하시며 모든 것을 알리시는 분은 하나님이십니다. 이것이 선지자들이 말하는 것입니다. 선지자들의 말을 직접 읽어 보십시오. 이들은 "갑자기 번득이는 생각이 떠올랐어!"라고 말하지 않습니다. 이들은 "여호와의 말씀이 내게 임하여", "여호와의 엄중한 말씀이라", "주께서 내게 말씀하시되"라고 말합니다. 이들은 할 말을 받은 것입니다.

예수님의 삶과 죽음과 부활은 예언의 성취였습니다. 이 사실은 베드로가 전한 메시지의 기초였으며, 감히 말하건대 이것은 반박할 수 없는 것입니다. 그러므로 이 사실이 의미하는 바가 무엇인지 요약해 보겠습니다. 첫째, 무엇보다도 이 사실은 살아계신 하나님을 우리에게 상기시켜 줍니다. 그분은 추상적 대상이 아니십니다. 그분은 여러분이 주장하고 논쟁하는 철학적인 "미지의 것"이 아닙니다. 그분은 계시하시며 지식을 주시고 정보를 주시는 살아계신 하나님이십니다.

베드로는 이 점도 강조합니다. 하나님께서는 선지자들에게 계시를 주시면서, 당신께 세상을 향한 큰 계획과 목적이 있다는 것을 보여주고 계셨습니다. 이것이 기독교의 메시지이며, 제가 설교자가 된 것도 바로 이 때문입니다. 다른 희망은 전혀 없습니다. 임금들과 군주들은 번성하지만 사라집니다. 위대한 정치가들도 죽습니다. 위대한 지도자들도 떠나갑니다. 모든 것을 정복하는 원수, 바로 죽음이 있을 뿐입니다. 1965년 1월 24일, 윈스턴 처칠이 죽은 오늘은 역사적인 날이며 역사에 기록될 위대한 날입니다. 그러므로 역사를 들여다봅시다. 역사는 우리에게 뭐라고 말합니까? 역사는 우리에게 위대한 인물들이 일어나서 인류에게 자극을 주며 특별한 문제들을 해결한다고 말합니다. 그러나 이들은 죽고, 우리를 비극과 고통의 세상에 남겨 둘 뿐입니다.

처칠은 자신이 대영제국의 해체를 주관하라는 소명을 받았다고 믿지 않는다고 했습니다. 하지만 그것을 목격하지 않았습니까? 이것이 역사의 전체적인 메시지입니다. 인간은 세상에 와서 애쓰며 역사의 한 페이지를 장식하고는 (가장 위대한 인물도 예외가 아닙니다) 사라져 버리고, 문제는 그대로 남습니다. 이렇게 말하는 것은 이들을 깎아내리려는 것이 아닙니다. 위대한 사람들에게 모든 영예를 돌리십시오. 그러나 이것은 기독교와는 아무 상관이 없습니다. 기독교의 메시지는 하나님께 계획과 목적이 있다는 것입니다.

베드로는 그의 설교에서 주님의 죽음을 언급하면서 이렇게 말했습니다. "그가 하나님께서 정하신 뜻과 미리 아신 대로 내준 바 되었거늘 너희가 법 없는 자들의 손을 빌려 못박아 죽였으나"행 2:23. "하나님께서 정하신 뜻과 미리 아신 대로"라는 말에 주목하십시오. 기독교의 메시지는 바로 이에 관한 것입니다. 기독교의 메시지는, 그리스도의 십자가 죽음이 우연이 아니고 궁극적으로 인간들에 의해 성취된 것도 아니며 다만 하나님의 계획과 목적의 한 부분이었다고 말합니다. 그러므로 여러분의 기질이 어떻든, 여러분이 낙관론자든 비관론자든, 여러분이 민첩하든 굼뜨든 상관없습니다. 여러분의 모든 과학적·심리학적 지식을 동원해서 여기에 귀를 기울이십시오. 수백 년 전 당신의 계획을 계시하신 위대하고 영원하신 하나님께서 지금 그 계획을 이루고 계시며, 그 계획의 일부로서 당신의 아들을 이 세상에 보내셔서 십자가에 죽게까지 하셨습니다.

그렇다면 이 계획의 목적은 무엇입니까? 구원입니다. 베드로의 요엘 인용은 "누구든지 주의 이름을 부르는 자는 구원을 받으리라 하였느니라"로 끝납니다21절. 무엇으로부터의 구원입니까? 영원한 멸망으로부터의 구원입니다. 우리 모두가 하나님을 거스르고 그분께 범죄했으므로 영원한 고통의 형벌을 받아야 마땅합니다. 그리고 우리는 하나님에 대한 긍정적인 지식, 새로우며 더욱 풍성한 삶, 확장된 삶, 영원한 영광으로 이어지는 삶을 위해 구원받습니다. 이것이 하나님의 계획입니다. 이것은 하나님께서 사건들이 실제로 일어나기 수백 년 전에 선지자들을 통해 계시하신 것입니다. 이사야 선지자는 이렇게 말했습니다. "너희의 하나님이 이르시되 너희는 위로하라 내 백성을 위로하라"사 40:1. 모든 눈이 하나님의 구원을 볼 것입니다.

하나님께서는 당신의 아들을 세상에 보내심으로 이 구원을 이루셨습니다. 선지자들은 한 아기가 베들레헴에서 동정녀의 몸에서 태어날 것이라고 예언했습니다. 그분은 오실 구원자, 메시아셨습니다. 사람들은 그분을 기다려야 했습니다. 이것이 선지자들의 메시지였습니다.

하나님께서는 구원자를 보내셨지만 그분은 어떻게 구원을 이루셨습니까? 우리에게 본을 보이시고 "나를 따르라, 나를 본받으라"고 말씀하심으로 구원을 이루셨습니까? 감사하게도, 메시지는 이것이 아닙니다. 누가 하나님을 본받을 수 있겠습니까? 철학자들이 여기에 대해 말하고 쓰기란 쉽습니다. 하지만 여러분은 그분을 본받으려고 노력해 본 적이 있습니까? 하나님의 구원자는 단순히 우리를 가르치기 위해서 오시지 않았습니다. 그분은 오셔서 우리에게 "이렇게 하라, 그러면 너희 자신을 구원할 것이다"라고 말씀하지 않으셨습니다. 그분은 우리가 그렇게 할 수 없다는 것을 알고 계셨습니다. 그분이 오신 것은 온 세상이 하나님 앞에서 죄 가운데 있기 때문이었습니다. "모든 사람이 죄를 범하였으매 하나님의 영광에 이르지 못하더니"롬 3:23. 그렇습니다. 그분이 오신 것은 인간이 스스로를 구원할 수 없기 때문이었습니다.

답은 바로 이것입니다. "그가 하나님께서 정하신 뜻과 미리 아신 대로 내준 바 되었거늘." 하나님께서 우리의 죄를 담당하게 하시려고 당신의 아들을 세상에 보내신 것입니다. 하나님께서는 당신의 아들에게서 우리의 죄를 벌하셨습니다. 십자가를 계획하신 분은 하나님이셨습니다. 실제로는 인간들의 잔인한 손이 못을 박았지만, 이 일은 하나님의 정하신 뜻과 미리 아신 대로 이루어진 것이었습니다. 이것은 그분의 아들 안에서, 그리고 그 아들의 죽음을 통해 인간을 구원하시려는 하나님의 방법입니다. 이것을 증명하시기 위해 그분은 당신의 아들을 다시 살리셨습니다. 우리 주님께서는 우리의 모든 죄를 충분히 담당하실 만큼 크시고 강하셨습니다. "하나님께서 그를 사망의 고통에서 풀어 살리셨으니 이는 그가 사망에 매여 있을 수 없었음이라." 왜 그렇습니까? 그분은 육체로 오신 성자 하나님이셨기 때문입니다.

그분은 죽으실 수 없었습니다. 그분은 하나님이십니다. 그분은 영원하십니다. 그분은 사망의 결박을 끊고 부활하셨습니다.

우리 모두는 죄의 결박과 권세에서 구원받아야 합니다. 우리를 구원하실 수 있는 분은 오직 그리스도뿐이십니다. 이것이 베드로가 사람들에게 가르친 것이며, 기독교의 메시지이기도 합니다. 이것이 세상의 기초가 놓이고 세상이 창조되기 전에 결정된 하나님의 계획입니다.

마지막으로, 하나님께는 계획이 있을 뿐 아니라 그 계획은 확실하다는 것입니다. 그 무엇도 이 계획을 막을 수 없습니다. 바리새인과 사두개인과 서기관과 다른 모든 사람이 그분을 대적했습니다. 이들은 모두 그분을 죽음으로 몰아넣었습니다. 그분은 위험인물이요 눈엣가시 같은 존재였으며, 이들은 그분을 정치적인 선동자로 취급했습니다. 이들은 "[저를] 없이 하소서" 하고 외쳤습니다요 19:15. 그분을 십자가에 못박은 무지한 군중은 이제 끝났다고 생각했지만, 망치질하는 그 순간에도 자신들이 하나님의 뜻을 이루고 있다는 것을 알지 못했습니다. 제가 여러분에게 전하는 하나님은 그분의 원수들을 사용하실 수 있으시며 자주 그렇게 하신 분입니다. 이들은 무슨 일이 일어나고 있는지 모르지만 하나님은 아십니다. 하나님은 당신의 원수들을 사용해 자신의 계획을 이루셨습니다. 인간의 악의가 그분의 계획을 좌절시킬 수 없었습니다. 우리 주님의 원수들은 그분을 십자가에 못박고 그분의 몸이 무덤에 장사되는 것을 보면서 이제 그분은 끝났다고 생각했지만, 사실은 그렇지 않았습니다. 지옥의 문이 열렸고 인간과 마귀는 가장 극악한 짓을 했지만 하나님께서는 이 모든 것을 박살내셨습니다. 하나님께서는 그분을 죽은 자 가운데서 일으키셨습니다. 그분은 모든 것 위에 계십니다. 모든 것을 이기셨고 모든 원수들, 마귀와 지옥과 그분을 대적하는 모든 것을 이기셨습니다. 모든 것이 패배당할 것입니다. 그분은 부활하심으로 이것을 선언하셨습니다.

그러므로 사도 베드로는 이렇게 말합니다. "그런즉 이스라엘 온 집은 확실히 알지니 너희가 십자가에 못박은 이 예수를 하나님이 주와 그리스도가 되게 하셨느니라." 우리가 하나님과 얼굴을 마주한다는 것은 생각만 해도 아주 장엄한 일입니다. 여러분은 이렇게 말할 지도 모릅니다. "지금 아주 좋아요. 행복합니다. 원하는 건 다 가졌어요. 정말 멋진 인생입니다." 그렇습니다. 그러나 여러분은 나사렛 예수에 관한 이러한 사실들을 어떻게 설명하겠습니까? 왜 이 일이 일어났습니까? 왜 이 일이 **일어나야** 했습니까? 왜 하나님께서 그분을 보내셨습니까? 왜 이것이 하나님의 계획이어야 했습니까? 여러분은 살아있는 영혼이며, 이 일은 여러분이 사는 세상에서 일어났습니다. 다른 모든 사람에 대해 일어났듯이 여러분에 대해서도 일어났습니다. 왜냐하면 우리는 모두 다르지만 한 부분에서 모두 같기 때문입니다. 우리 모두는 하나님 보시기에 죄인입니다. "의인은 없나니 하나도 없으며"롬 3:10.

심리학과 기질을 말하고, 체험을 인용하는 것으로 이 문제를 회피할 수는 없습니다. 우리 모두는 나사렛 예수라는 사실에 직면해 있습니다. 그렇습니다. 오늘은 1965년 1월 24일 일요일입니다. 왜 그렇습니까? 윈스턴 처칠 경이 오늘 죽었기 때문이 아닙니다. 나사렛 예수께서 태어나시고 사시고 가르치셨으며, 죽으시고 부활하셨으며, 성령을 보내셨기 때문입니다. 지금은 AD^{Anno Domini, 우리 주님의 해} 1965년입니다. 우리는 모두 이 사실을 직시해야 합니다. 여러분이 어떤 사람인지는 중요하지 않습니다. 여러분이 유능한지 그렇지 못한지, 달란트가 있는지 없는지, 배웠는지 무지한지는 중요하지 않습니다. 여러분이 지금까지 어떤 사람이었으며 지금 성격이 어떠한지는 중요하지 않습니다. 여러분이 한 인간이며 하나님께서 당신의 독생자를 인간 세상에 보내셨다는 사실 외에는 아무것도 중요하지 않습니다.

그러므로 여러분 앞에 놓인 질문은, 여러분에게 무엇이 필요한지가 아니라 이분이 누구이신가 하는 것입니다. 무엇 때문에 선지자들이 그분에 대해 기록했으며, 무엇 때문에 하나님은 그분을 보내어 죽게 하셨을까? 그 죽음이 나와 무슨 상관이 있을까? 이것이 여러분의 질문이어야 합니다. 이것이 역사와 대면하는 방법입니다. 위대한 사람이라 하더라도 역사를 대할 때는 이러해야 합니다. 여러분은 그저

"그분은 너무 멋지셨다!"라고 말해서는 안됩니다. "이 모든 것이 나와 무슨 상관이 있을까?" 하고 물어야 합니다. 여러분이 자신을 역사와 연결짓는 것은 옳고 선한 태도입니다. 우리 모두는 이렇게 하려고 노력해야 합니다. 그러나 이런 태도에는 중요한 역사적 사실이 함께 합니다. 왜 예수 그리스도입니까? 왜 베들레헴입니까? 왜 골고다입니까? 왜 무덤입니까? 왜 부활입니까? 왜 성령강림입니까? 왜 교회입니까? 왜 이 모든 것들입니까?

여러분은 이런 질문들을 해본 적이 있습니까? 인간은 그리스도라는 사실과 예언의 사실을 결코 대면하려 하지 않습니다. 그렇기 때문에 우리 자신이 어디로 가고 있는지 알지도 못하고, 인생을 이해하지도 못하며, 죽을 준비도 되어 있지 않고, 영원한 미래를 두려워하면서 어둠과 죄의 비극 가운데 머무는 것입니다. 그러므로 이제 역사를 이용하십시오. 스스로에게 근본적인 질문을 던져 보십시오. 이 예수는 누구인가? 이 질문을 진지하게 던진다면, 그분이 모든 면에서 여러분과 관련이 있음을 알게 될 것입니다. 그분은 "잃어버린 자를 찾아 구원하려"고 오셨기 때문입니다 눅 19:10. 그분은 "자기 목숨을 많은 사람의 대속물로 주려"고 오셨습니다 막 10:45. 사랑하는 여러분, 사실들에 주목하십시오. 특히 이 사실들이 검증해 주는 위대한 예언의 사실에 주목하십시오.

04

그리스도인이 된다는 것

그들이 이 말을 듣고 마음에 찔려 베드로와 다른 사도들에게 물어 이르되 형제들아, 우리가 어찌할꼬 하거늘 베드로가 이르되 너희가 회개하여 각각 예수 그리스도의 이름으로 세례를 받고 죄사함을 받으라. 그리하면 성령의 선물을 받으리니 이 약속은 너희와 너희 자녀와 모든 먼 데 사람 곧 주 우리 하나님이 얼마든지 부르시는 자들에게 하신 것이라 하고 또 여러 말로 확증하며 권하여 이르되 너희가 이 패역한 세대에서 구원을 받으라 하니.

사도행전 2:37-40

성경은 매우 정직한 책입니다. 여러 복음서 끝 부분에는 주님의 가장 가까운 무리들인 제자들의 모습이 나옵니다. 침울하기 이를 데 없는 모습입니다. 이들의 지도자는 체포되어 사형선고를 받고 십자가에서 처형되었습니다. 그 시신은 무덤에 장사되었고 이들은 완전히 낙담했습니다. 성경은 이들에 관해 말하며 이들이 헤매고 있는 모습을 보여줍니다. 베드로는 마침내 "고기나 잡으러 가자, 어쨌든 좀 쉬어야겠다"고 했습니다. 그래서 그는 고기를 잡으려고 애써 보았지만 그마저도 할 수 없었습니다.

여러분은 이런 사람들이 어떻게 교회를 시작할 수 있었다고 생각합니까? 참으로 코웃음 칠 일입니다. 그러나, 아닙니다! 교회는 인간의 사회가 아닙니다. 교회는 인간의 산물이 아닙니다. 교회는 국가의 지부가 아닙니다. 교회의 존재와 지속에 대한 설명은 오직 하나밖에 없습니다. 그것은 바로 사도행전에 나오는 설명입니다.

우리는 지금까지 교회의 성경적 모습과 교회의 일반적 메시지를 살펴보았습니다. 이제 한 걸음 더 나아가 중요한 질문을 살펴보기로 하겠습니다. 한 개인이 어떻게 교회라는 영적 사회의 일원이 됩니까? 사도행전에서 발견하는 것처럼, 한 개인이 어떻게 살아있는 사람들의 공동체의 일원이 됩니까? 한 개인이 어떻게 그리스도인이 됩니까? 저는 이 질문이 긴급할 뿐 아니라 엄숙하기까지 하다는 것을 여러분에게 말씀드리고 싶습니다. 궁극적으로, 이 세상에서 우리의 마지막 운명을 생각할 때 이것 말고 중요한 것이 또 어디 있겠습니까?

다시 말씀드리지만, 그리스도인이 된다는 것이 무엇인가라는 질문을 살펴보면, 우리는 사도행전의 가르침과 우리 시대의 대중적인 이해가 완전히 다르다는 사실을 발견하게 될 것입니다. 한 사람은 어떻게 그리스도인이 되는 것입니까? 우리가 여기서 발견하는 답은 모호하거나 불분명하지 않고, 오히려 구체적이고 분명합니다. 그리스도인이 아닌 한 사람이 어느 순간 그리스도인이 되는 것입니다. 우리는 여기서 사도 베드로의 설교 한번에 3천 명의 교인이 더해진 것을 봅니다. 이들에게 무슨 일인가 일어났고, 이들은 한 곳에서 다른 곳으로 이동했습니다. 이들은 교회에 "더해진 것입니다." 처음에는 교회에 속하지 않았지만 어느 순간에는 속하게 되었습니다. 여기에 대해서는 불확실한 것이 전혀 없습니다.

신약성경에 따르면, 그리스도인들은 자신들이 어디에 속했으며 무엇을 믿는지 정확히 아는 사람들입니다. 사도 베드로는 말년에 그리스도인들에게 이렇게 편지했습니다. "너희 속에 있는 소망에 관한 이유를 묻는 자에게는 대답할 것을 항상 준비하되"벧전 3:15. 이것이 우리의 기본적인 출발점입니다.

그러나 그리스도인이라고 자처하는 많은 사람들에게 "그리스도인이 된다는 것이 무슨 뜻입니까?"라고 물어보십시오. 제대로 대답하지 못할 것입니다. 이들은 때때로 하나님과 종교적인 문제들을 생각하고, 얼마간 선한 삶을 살려고 노력하며, 또 그렇게 사는 것이 그리스도인이라는 모호한 개념을 갖고 있습니다. 여러분 가운데는 어릴 때 교회로 인도된 후 그저 교회에 왔다갔다하는 사람도 있을 것입니다. 이들은 기독교는 우애와 호의의 정신이며 선을 행하려는 마음이라고 생각합니다. 앞에서 말씀드렸듯이, 현대의 어떤 작가들은 사랑이나 친절이 있는 곳이면 어디에나 하나님이 있다고 말합니다. 그러나 거듭 말씀드리지만, 이것은 우리가 사도행전에서 발견하는 것과는 너무나 거리가 멉니다. 사도행전이 말하는 바는 전혀 다릅니다. 여기 3천 명의 사람들이 있습니다. 이들은 저곳에서 이곳으로, 이곳에서 저곳으로 옮긴 사람들입니다. 이들에게 무슨 일이 일어났습니까?

첫째, 3천 명의 사람들이 완전한 변화를 경험했다는 것입니다. 이들의 태도가 완전히 바뀌었습니다. 이들의 생각과 행동과 시각이 완전히 바뀌었습니다. 너무나 완전한 변화였습니다. 이것이 바로 기독교입니다. 신약성경에 따르면, 그리스도인이라는 사실보다 더 분명한 것은 없습니다. 그리스도인이 무엇인지 모르거나 왜 자신들이 그리스도인인지 말하지 못하는 사람들은, 정의定義상으로 볼 때 결코 그리스도인이 아닙니다. 그리스도인이라는 사실에는 독특하고 특별하며 구체적인 무엇인가가 있습니다. 그리스도인이 아니면서 많은 선을 행하고 고상한 생각을 하며 큰 희생도 기꺼이 감수하려는 사람들을 많이 볼 수 있습니다. 그러나 이들은 자신은 그리스도인이 아니라고 말할 것이며, 그것은 사실입니다. 소위 휴머니스트는 이렇게 말할 것입니다. "나는 당신들의 교리나 구호 없이도, 당신들이 스스로의 가르침에 덧붙이는 모든 첨가물과 신화 없이도, 당신들이 주장하고 행하는 모든 것을 할 수 있소."

최근 한 잡지에서 이름난 여성 휴머니스트의 글을 읽은 적이 있습니다. 거기서 그녀는 자신이 듣고 보는 라디오와 텔레비전 프로그램들에 관해 말했습니다. "제가 보기에 저들[그리스도인들]은 하나님과 주 예수 그리스도를 말하는 것을 매우 부끄러워합니다. 결국 저들은 자신들이 가진 것이 세상에서 가장 좋은 것임을 보여주고 싶어 안달입니다." 전적으로 옳은 말입니다. 그러므로 많은 사람들이 교회 밖에 있다는 것은 놀라운 일이 아닙니다. 그러나 이것은 기독교가 아닙니다. 앞에서 보았듯이, 누가는 사도행전을 이렇게 시작합니다. "데오빌로여, 내가 먼저 쓴 글에는 무릇 예수께서 행하시며 가르치시기를 시작하심부터 그가 택하신 사도들에게 성령으로 명하시고 승천하신 날까지의 일을 기록하였노라." 기독교는 온전히 그분에 관한 것입니다. 그분에 대해서는 언급하지 않고, 다만 좋은 견해와 선한 생각, 그리고 이런저런 것을 행하는 방법만을 말한다면 여러분이 말하고 있는 것은 기독교가 아닙니다.

그런데 우리가 여기서 발견하는 것은, 이들이 완전한 변화를 경험했다는 사실입니다. 어떻게 이런 일이 일어났습니까? 베드로의 설교 때문이 아니었습니다. 베드로의 설교를 읽어 보면, 그가 성경을 인용하면서 특별한 논증을 펼친다는 것을 알 수 있습니다. 그의 논증은 전적으로 옳습니다. 논리적으로 견실합니다. 그가 펼치는 논증을 여러분은 반박할 수 없습니다. 그러나 차가운 글자로 읽히는 베드로의 설교로는, 3천 명에게 뭔가 큰일이 일어났다는 사실을 설명해 주지 못합니다! 그렇습니다. 이것을 설명해 주는 것은 성령의 역사밖에 없습니다. "그들이 이 말을 듣고 마음에 찔려." 그곳에 서서 구약 강해를 듣던 사람들이 고민에 빠졌습니다. 이들은 불안을 느끼며 소리쳤습니다. 이것은 성령의 역사였습니다. 성령의 역사가 없었다면 교회는 결코 존재하지 않았을 것입니다. 교회를 존재하게 한 것은 바로 성령의 역사였으며, 교회를 지속시키는 것도 성령의 역사입니다. 성령의 역사가 지난 2천 년간 교회의 모든 부흥과 개혁을 설명해 줍니다.

오늘날 성령의 역사는 우리가 이해하지 못하는 무엇입니다. 그것은 우리에게 일어나는 것이고, 우리 안에서 일어나는 것입니다. 우리는 그것에 놀랄 뿐입니다. 기독교는 우리가 하는 그 무엇이 아닙니다. 이 점을 아주 분명하게 설명드리겠습니다. 여러분은 기독교를 "취할 수" 없습니다. 여러분은 크리스천 사이언스는 취할 수 있습니다. 많은 사교邪教를 취할 수 있습니다. 여러 운동을 취할 수 있고 교회에 등록할 수도 있지만, 기독교를 취할 수는 없습니다. 정의하면, 기독교는 여러분을 취하는 그 무엇입니다. 기독교는 근본적으로 여러분이 행하는 것이 아니고 여러분에게 행해지는 그 무엇입니다. 여러분은 그것을 설명할 수 없습니다. 그것을 해부하거나 분석할 수 없습니다. 그것은 성령의 능력입니다.

이해할 수 없는 하나님의 이러한 역사가 사도행전 2장에 고전적인 형태로 나타납니다. 3천 명의 회심은 전적으로 성령의 강림과 성령의 능력 때문입니다. 성령께서 연약하고 무지한 인간의 말을 사용해서, 듣는 자들의 마음과 가슴과 양심에 그 말이 박히게 하셨습니다.

신약성경에는 똑같은 주제에 관한 예와 가르침으로 가득합니다. 고린도전서 2:1의 위대한 선언을 보십시오. 바울은 자신이 처음으로 복음을 전파한 그리스도인들에게 분명하게 말합니다. "형제들아, 내가 너희에게 나아가 하나님의 증거를 전할 때에 말과 지혜의 아름다운 것으로 아니하였나니." 오해하지 마십시오. 사도 바울은 "말과 지혜의 아름다운 것으로" 할 수도 있었습니다. 바울은 학식 있는 위대한 사상가였습니다. 그들의 시들과 여러 가지 것들을 알고 있었습니다. 그러나 그는 이런 방법을 거부했습니다. 왜입니까? 바울은 그 이유를 분명하게 제시합니다. "내가 너희 중에서 예수 그리스도와 그가 십자가에 못박히신 것 외에는 아무것도 알지 아니하기로 작정하였음이라"2절.

바울은 이어 이렇게 말합니다. "내가 너희 가운데 거할 때에 약하고 두려워하고 심히 떨었노라. 내 말과 내 전도함이 설득력 있는 지혜의 말로 하지 아니하고 다만 성령의 나타나심과 능력으로 하여 너희 믿음이 사람의 지혜에 있지 아니하고 다만 하나님의 능력에 있게 하려 하였노라"3-5절. 거듭 말씀드리지만, 그리스도인이 되는 것은 일차적으로 그리고 본질적으로, 우리에게 일어나는 그 무엇입니다. 우리는 자신이 다뤄지고 있으며 우리보다 큰 능력이 우리의 손을 잡고 있는 것을 느낍니다.

그러므로 이것 말고 교회에 대한 설명은 없습니다. 전혀 없습니다. 우리는 사도들 자신이 이 놀라운 변화를, 특히 성령 세례 후에 어떻게 경험했는지 보았습니다. 이들은 변화되었고 완전히 새로워졌습니다. 이것은 2천 년이 지난 지금까지도 역사 속에 이어져 오는 이야기이며, 모든 부흥과 모든 위대한 성도들의 이야기입니다. 바울은 에베소 교인들에게 말했습니다. "그는 허물과 죄로 죽었던 너희를 살리셨도다……본질상 진노의 자녀이었더니 긍휼이 풍성하신 하나님이 우리를 사랑하신 그 큰 사랑을 인하여 허물로 죽은 우리를 그리스도와 함께 살리셨고 너희는 은혜로 구원을 받은 것이라"엡 2:1-5.

이것이 우리를 놀라게 하는 첫번째 것입니다. 3천 명에게 무슨 일인가 일어났습니다. 이들 속에서 무슨 일이 진행되었습니다. 하나님의 성령이 성경을 사용하시고 이들에게 적용하셨습니다. 그분은 강력한 힘이십니다. 우리의 이해를 초월하며 어떤 분석이나 설명도 할 수 없는 힘이십니다. 우리는 다만 어떤 일이 일어났다는 것을 알 뿐입니다.

그러면 성령께서 우리에게 하시는 것은 정확하게 무엇입니까? 여기서 어떤 사람들은 곁길로 빠지면서 이렇게 말할 것입니다. "이것은 당신네 기독교 전파자들의 전형적인 모습이지요. 당신들은 지적인 자살을 옹호하고 있을 뿐입니다. 당신들은 사고^{思考}하기를 멈추고 보이지 않는 것에 자신을 내어 맡깁니다. 그러니 이상한 일들이 일어나지요! 줄곧 당신들을 이렇게 생각해 왔고, 내가 당신들을 인정하지 않는 것도 바로 이 때문입니다. 당신들은 지금 자신들이 알지 못한다는 것을 인정하고 있습니다. 물론, 이것은 다른 힘입니다. 사람들은 놀랍고 이상한 경험들을 할 수 있습니다. 나도 이 모든 것에 대해 알고 있습니다. 초감각적인 인식과 심리에 관심이 있으니까요. 그래서 이처럼 자신을 내어 맡긴 당신들이 그 결과로 이상한 경험을 하는 것에 전혀 놀라지 않습니다."

잠깐만 멈추십시오! 제가 말하려는 것은, 그리스도인에 대한 궁극적인 설명은 하나님의 능력이요 성령의 역사이며 그분이 한 인간에게 행하시는 그 무엇이라는 사실입니다. 그러면 그분은 무엇을 행하십니까? 흥미로운 요소가 있습니다. 첫째, 성령께서는 이처럼 사람들에게 강하게 임하실 때 그들로 하여금 생각하게 하십니다! 제가 어떻게 이 사실을 압니까? 사도 베드로는 설교를 하면서 이렇게 말했습니다. "그런즉 이스라엘 온 집은 확실히 알지니 너희가 십자가에 못박은 이 예수를 하나님이 주와 그리스도가 되게 하셨느니라"$^{행\ 2:36}$. 그런데 무슨 일이 일어났습니까? "그들이 이 말을 듣고 마음에 찔려 베드로와 다른 사도들에게 물어 이르되 형제들아, 우리가 어찌할꼬"^{37절}. 이들이 이렇게 말한 것은 성령께서 이들로 하여금 생각하게 하셨기 때문입니다.

이것은 가장 주목할 만한 일입니다. 3천 명의 사람들을 보십시오. 이들은 불과 몇 주 전에 나사렛 예수께서 재판받으실 때 "이 사람을 없이 하소서, 못박게 하소서, 바라바를 우리에게 놓아주소서!"라고 외치던 무리의 일부였습니다. 바리새인과 서기관과 율법학자들, 이처럼 똑똑한 사람들과 정치가들과 성직자들은 나사렛 예수의 사역과 가르침 때문에 곤란에 처했습니다. 그래서 이들은 이렇게 말했습니다. "나라를 구하려는 이자를 제거하자! 저들로 그를 벌하게 하자, 그러면 우리가 안전하리라."

그래서 종교지도자들은 군중을 선동하고 조종했습니다. 이들 무리는 얼마 전까지 주님을 경배하던 자들이었습니다. 그분이 나귀 새끼를 타고 예루살렘에 입성할 때 그를 에워싸면서 "호산나 다윗의 자손이여" 하고 노래하던 무리였습니다. 생각 없고 무분별한 이들이, "남이 말하는 대로 따라가는" 이들이, 전혀 생각도 안 해보고 상투적인 말에 넘어가 "이 세상의 신"에 눈먼 채 외쳤습니다. "그를 십자가에 못박게 하소서!"

바로 이런 사람들에게 큰 변화가 일어났습니다. 그 첫째 변화는 바로 이들이 생각하기 시작했습니다. 예수님을 생각하기 시작했다는 것입니다. 그분을 죽이라고 소리쳤던 사람들이, 이제 그분을 생각하기 시작했습니다. 성경은 이런 예로 가득합니다! 기독교가 하는 일, 복음이 하는 일은 우리를 구원하는 것입니다. 바울이 갈라디아 교인들에게 말하는 것처럼 기독교는 "이 악한 세대에서 우리를 건집니다" 갈 1:4. 그렇다면 이 악한 세상의 주된 특징은 무엇입니까? 이 세상은 생각하지 않으며, 생각할 수 없으며, 군중심리에 휩싸인다는 것입니다. 이 세상은 과장합니다. 극단으로 치닫습니다. 자신이 말하고 있는 바를 알지 못합니다. 이해력이 없습니다. 이 세상은 자신을 조종할 만반의 준비가 되어 있는 권세들의 희생물입니다.

지금 저는 사도행전 2장을 설교하고 있지만, 사도행전 마지막 장의 유사한 예를 통해 이것을 온전하게 설명할 수 있을 것 같습니다. 바울이 죄수로 로마로 이송되고 있을 때입니다. 배가 난파되어 결국에는 선원과 죄수들이 멜리데라는 섬에 올랐습니다. 다음은 그때 있었던 일입니다.

비가 오고 날이 차매 원주민들이 우리에게 특별한 동정을 하여 불을 피워 우리를 다 영접하더라. 바울이 나무 한 묶음을 거두어

불에 넣으니 뜨거움으로 말미암아 독사가 나와 그 손을 물고 있는지라. 원주민들이 이 짐승이 그 손에 매달려 있음을 보고 서로 말하되 진실로 이 사람은 살인한 자로다. 바다에서는 구조를 받았으나 공의가 그를 살지 못하게 함이로다 하더니 바울이 그 짐승을 불에 떨어 버리매 조금도 상함이 없더라. 그들은 그가 붓든지 혹은 갑자기 쓰러져 죽을 줄로 기다렸다가 오래 기다려도 그에게 아무 이상이 없음을 보고 돌이켜 생각하여 말하되 그를 신이라 하더라^{행 28:2-6}.

제 인용이 적절한 것 같습니까? 이것이 이 세상의 마음입니다. 이 세상의 군중이 이러합니다. 이들은 한 순간에는 그가 살인자이며 그에 합당한 벌을 받아야 한다고 말했다가, 다음 순간에는 "이 사람은 신이다!" 하고 외칩니다. 군중은 생각하지 않습니다. 군중은 한때는 한 사람에 대해 이렇게 말합니다. "그 사람은 전쟁광이고 도저히 같이 일할 수 없는 사람이야. 그 사람은 성격이 안 좋은 개인주의자야. 원하는 것도 독재자가 되는 것뿐이야. 그러니 그 사람 조심해야 돼. 그 사람을 다스리는 자리에서 끌어내려야 돼. 그 사람과는 상종도 하지마, 위험한 사람이니까!"[1] 그러나 지금 이들은 그 사람이 아마 신이었을지도 모른다고 말합니다! 두 경우 모두 틀렸습니다. 이들은 언제나 틀렸습니다. 이들은 전쟁 전에도 틀렸고 지금도 틀렸습니다. 이들은 생각할 줄 모르고 무분별하며 무지한 군중입니다. 예루살렘의 무리가 주님을 무시한 것처럼, 오늘날 이 나라의 대중들도 기독교를 무시하고 있습니다. 그러므로 거듭 말하건대, 성령께서 사람들을 다루기 시작하실 때 그들에게 가장 먼저 일어나는 변화는, 생각하기 시작한다는 것입니다. 전에는 결코 없던 관점으로 사물을 보기 시작하는 것입니다.

제가 이 점을 강조하는 데는 충분한 이유가 있습니다. 저는 사람

---

[1] 이것은 윈스턴 처칠에 대한 언급이다. 이 설교는 그의 장례식이 끝난 후인 1965년 1월 31일에 한 것이다.

들이 그리스도인이 되지 않는 것은 생각하기 때문이라는 어리석은 주장을 알고 있기 때문입니다. 합리주의 출판협회Rationalist Press Association가 출간하는 책들이 있습니다. 이 책들을 뭐라고 부르는지 아십니까? '생각하는 사람들의 문고'Thinker's Library입니다! 이들만이 생각하는 사람입니다! 그렇다면 저들에게 그리스도인들은 무엇입니까? 그리스도인들은 무지하고 어리석으며 생각이 없는 사람들입니다. 그리스도인들은 이 "마약"–"대중의 마약", "민중의 아편"(여러분이 뭐라고 부르든 간에)–을 삼켰습니다. 이들은 기독교가 사람들로 하여금 생각하지 못하게 하고 그들을 억누르는 마약일 뿐이라고 말합니다. 지금까지 기독교는 노동자 계급의 최대의 적이었고, 따라서 자유를 원한다면 이 악몽, 이 마약에서 벗어나 스스로 생각해야 한다는 것입니다. 그러나 사실은 그것과는 정반대입니다.

저는 공정하게 말하고 싶습니다. 거짓 종교는 마약에 지나지 않습니다. 여러분은 매우 멋지고 거대하며 아름답고 장엄한 것을 알 뿐입니다. 그러나 이것이 무엇입니까? 여러분은 이 거대함이 일종의 위로를 준다는 것밖에 알지 못합니다. 따라서 여러분은 이것을 이해하려고 애쓰지도 않습니다. 이것은 거짓 종교입니다. 이방 종교입니다. 이방 종교는 언제나 비지성적입니다. 이것은 두려움의 종교이고 허식과 의식의 종교이며 교리와 진리가 빠진 종교입니다. 사람들은 자신들이 이해하지 못하는 장엄한 것에 두려움을 느낄 뿐입니다. 저는 이런 종교를 변호하려고 이곳에 서 있는 것이 아닙니다. 이것은 의심할 여지 없이 민중의 아편입니다. 결코 기독교가 아닙니다.

이렇듯 기독교가 미치는 첫번째 영향은, 사람들이 걸음을 멈추고 생각하게 하는 것입니다. 그들은 단순히 어떤 큰 사건에 두려움을 느끼는 것이 아닙니다. 이들은 말합니다. "아냐, 난 이것을 직시해야 해. 생각해야 해!" 이것이 성령의 역사입니다. 사도행전의 사람들은 다시 생각했습니다. 이들은 회개했으며–회개를 뜻하는 헬라어는 메타노이아metanoia입니다–마음을 완전히 바꾸었습니다. 성령께서는 언제나 사람들에게 생각하게 하십니다. 여러분에게 보여드린 것처럼 가장 큰 문제는, 사람들이 생각 없이 살아가고 있다는 것입니다. 아니면 잠시 생각하다가 생각하는 것이 고통스럽다는 것을 알고는 생각을 멈춥니다. 그러고는 잊기 위해 술잔을 들거나 텔레비전을 보거나 무엇이든 합니다.

영적으로나 지적으로 말하자면, 세상이 중독된 상태라는 것이 분명하지 않습니까? 모든 방법을 동원해 사람들은 사실을 외면합니다. 대단한 열정으로 이런저런 일을 할 수 있고 매우 지적일 수 있습니다. 그러나 결국에는 언제나 무위로 끝나 버립니다.

성령께서는 우리로 하여금 무엇을 생각하게 하십니까? 무엇보다도 우리 자신은 아닙니다. 기독교는 우리로부터 출발하지 않는다는 것을 강조해야겠습니다. 기독교는 다음과 같이 말하지 않습니다. "여러분은 자신을 억압하는 죄를 제거하고 싶지 않으십니까? 행복을 원하지 않으십니까? 평안을 원하지 않으십니까? 인도하심을 원하지 않으십니까?" 이것은 기독교가 아닙니다. 다시 말씀드리지만, 이것은 사교邪敎의 접근방법입니다. 성령께서는 예루살렘 사람들로 하여금 예수 그리스도를 생각하게 하셨습니다! 이들에게는 그분에 대한 객관적이며 역사적인 사실들이 제시되었습니다. 베드로는 방금 이들에게 이렇게 말했습니다. "그런즉 이스라엘 온 집은 확실히 알지니 너희가 십자가에 못박은 이 예수를 하나님이 주와 그리스도가 되게 하셨느니라."

그다음 절은 "그들이 이 말을 듣고"라고 말합니다. 이들은 자신을 생각하는 것이 아니라 그분을 생각하기 시작했습니다. 이것이 언제나 교회의 메시지입니다. 참된 기독교의 메시지는 우리에게 역사적 사실들을 직시하게 합니다. 제가 또다시 이렇게 말하는 것은, 거짓 종교는 사람들로 하여금 예수 그리스도를 제외한 모든 것을 생각하게 하기 때문입니다. 그러나 참된 교회에 가보면 언제나 예수 그리스도께서 가장 높임을 받으시는 것을 알 수 있을 것입니다. 아무리 크고 훌륭한 그 누구라도 그분의 자리를 차지할 수 없습니다. 예수 그리스도께서 우리를 다스리시며 성령께서 우리를 주관하십니다. 우리가 가장 먼저 직시해야 하는 것은 예수 그리스도—그분의 삶과 죽음과 부활의 위대한 역사적 사건-라는 분입니다. "그들이 이 말을 듣고"-베드로가 이들이 한 일을 상기시켰을 때-"마음에 찔려 베드로와 다른 사도들에게 물어 이르되 형제들아, 우리가 어찌할꼬"라고 물었습니다.

그다음 요점은, 메시지에 임한 성령의 능력이 우리로 하여금 그분을 생각하게 하지만 여기서 그치지 않는다는 것입니다. 성령께서는 이제 우리로 하여금 예수 그리스도와 그분에 관한 모든 것이 우리 자신과 개인적으로 어떤 관계가 있는지 깨닫게 하십니다.

여러분은 의자에 앉아 예수 그리스도에 관한 책을 읽을 수 있고, 성경에서 그분에 관한 내용을 읽을 수 있으며, 신학책도 읽을 수 있습니다. 매우 흥미 있는 일입니다. 지적인 사람들에게는 이보다 더 매력적인 일이 없을 것입니다. 이것은 역사 속의 몇몇 위대한 지성들을 사로잡아 온 일이기도 합니다. 그러나 이것을 모두 하고서도 여러분은 여전히 그리스도인이 아닐 수 있습니다. 오직 성령께서 우리 각자에게 예수님이 우리와 어떤 관련이 있는지 깨닫게 하십니다. 이는 우리가 더 이상 구경꾼이나 비판자가 되거나 멋지고 객관적인 관점을 취하는 사람에 머물지 않게 하기 위해서입니다. 사실 저도 비판받아야 하는 사람입니다. 이 모습은 저에게도 해당됩니다. 지금은 제가 이 모든 것과 관련이 있다는 것을 알지만, 전에는 이 사실을 깨닫지 못했습니다.

이것이 사도행전에 나오는 사람들의 문제였습니다. 이들은 지금 베드로의 설교를 듣고 있지만, 몇 주전만 해도 목에 핏대를 세워 가며 이렇게 외쳤습니다. "없애 버려라! 십자가에 매달아라! 바라바를 석방하라! 예수가 누구냐? 이 모든 소란이 누구 때문이야? 무슨 말도 안되는 소리야? 스스로 해방자요 메시아라고 주장하는 미친 자 때문에 우리가 로마 당국과 마찰을 일으켜서야 되겠는가? 이건 말도 안 돼! 그는 우리와 아무런 상관도 없다!" 그리고 이들은 돌아가, 마음껏 마시면서 더없이 즐거운 농담을 주고받으며 멋진 밤을 함께 보냈습니다.

그러나 지금 이들은 베드로의 설교를 들으면서 갑자기 깨달았습니다. 자신들이 그렇게도 무시하고 자신들의 생각대로 쉽게 제거해 버린 예수가 자신들과 정말 중요한 관련이 있다는 것입니다. 이들은 그리스도인이 되는 사람은 반드시 깨달아야 하는 것을 깨달았습니다. 이것을 깨닫지 않고는 결코 그리스도인이 될 수 없기 때문입니다. 이 예수가 "주와 그리스도가 되셨다"는 것을 깨달았습니다. 이들은 자신들이 하나님과 맞서 싸워 왔으며 그분의 그리스도를 거부해 왔다는 사실을 알게 된 것입니다. 이들은 소리치며 로마 당국자들에게 그를 십자가에 못박으라고 강요했습니다. 십자가형은 인민재판에 의해 집행된 것입니다.

이것은 지금도 기독교의 메시지입니다. 여전히 기독교의 복음이며, 오늘날 온 세상 모든 사람들에게 전파되고 있는 것입니다. 여러분은 제게 이렇게 말할 수도 있습니다. "이 사람들의 경우에는 이해가 갑니다. 이들은 말 그대로 '그를 없이 하소서' 하고 소리쳤습니다. 어떤 의미에서, 이들은 그분의 죽음에 책임이 있습니다. 그러나 이 일은 결코 제가 한 일은 아닙니다!" 저도 여러분의 말에 동의합니다. 그러나 이것을 기억하십시오. 지금까지 여러분이 예수 그리스도와 그분이 어떤 분이신지 관심이 없었다면 여러분은 그분을 거부한 것입니다. 그분에 대해 아무것도 하지 않음으로써 그분을 거부하고 있습니다. 여러분은 이 문제에서 중립을 취할 수 없습니다. 그러므로 저는 존경받는 사람들과 휴머니스트들과 매우 착하게 살며 자신은 전혀 문제가 없다고 생각하는 그 밖의 사람들에게 말합니다. 여러분이 그분과 관계가 없다면, 그분을 위하지 않는다면, 여러분은 그분을 대적하고 있는 것입니다. 성령께서 죄를 깨닫게 하실 때, 사람들은 이것을 깨닫기 시작합니다.

사람들은 지금까지 이렇게 말했습니다. "글쎄요, 저는 착하게 살고 있는 것 아닌가요? 간음한 적이 없습니다. 술 취한 적도 없고요. 이런 짓은 전혀 해본 적이 없습니다. 저는 정말 사람들을 도우려고 노력하고 있어요. 도덕적으로 제 의무도 다 하고 있고요. 그런데 제게 뭘 더 원하십니까?" 그러나 성령께서는 이들에게 예수 그리스도께서 세상에 오신 것은 죄인을 구원하기 위해서이며, 이들을 포함한 온 세상이 죄악 가운데 있다는 것을 보여주십니다.

예수 그리스도가 필요하다는 것을 깨닫지 못하는 것보다 더 큰 죄는 없습니다. 오늘날 세상에서 가장 큰 죄인은 그리스도를 전혀 생각지 않는 사람들입니다. 이들은 자신들에게 구원이 필요하다고 생각하고 목사를 찾아와서 "제게도 희망이 있습니까?"라고 묻는 비열하고 더러운 깡패들보다 훨씬 더 나쁩니다. 복음서에서 가장 희망 없는 사람들은 세리와 죄인들이 아니라 바로 바리새인들입니다. 자신들에게는 그분이 필요 없다고 생각했습니다. 이것이 오늘날의 비극이 아닙니까?

예수 그리스도를 영접하지 않는 것은 그분을 거부하는 것이며, 그분을 거부하는 것은 하나님을 거부하는 것입니다. 베드로는 예수님을 주와 그리스도가 되게 하신 분은 하나님이시라고 했습니다. 예루살렘 사람들은 자신들이 관리들에게 동의함으로써 하나님을 대적했다는 것을 깨달았습니다. 예수 그리스도는 하나님의 아들인데, 이들은 예수를 십자가에 못박은 것입니다. 예수 그리스도는 하나님 사랑의 절정임에도, 이들은 "그를 십자가에 못박으라" 외쳤습니다. 예수 그리스도는 세상의 구속救贖이라는 하나님의 영원한 계획과 목적의 축이자 중심인데, 이들은 그를 거부한 것입니다. 그런데 이들이 갑자기 이 사실을 깨달았습니다. 이들은 전에는 생각 없이 외쳤지만 이제는 제정신으로 돌아와 생각하기 시작했습니다. 이것은 죄에 대한 깨달음으로 이어지고, 죄에 대한 깨달음은 두려움으로 이어집니다.

여러분은 예루살렘 사람들의 목소리에 배어 있는 두려움이 느껴지지 않습니까? "그들이 이 말을 듣고 마음에 찔려 베드로와 다른 사도들에게 물어 이르되 형제들아, 우리가 어찌할꼬 하거늘." 이것은 예수님에 대한 지적인 관심이 아닙니다. "그래, 이제 생각해 보니 그분은 좋은 말을 한 매우 선한 분이고 위대한 지도자야. 우리가 본받아야 할 분이야"라는 뜻의 의견 제시도 아닙니다. 절대 그렇지 않습니다! 이들은 자신들이 곤경에 빠진 것을 깨달았습니다. 이들은 "마음이 찔렸습니다." 이들은 죄를 깨닫고 두려웠습니다. 왜입니까? 스스로에게 몇 가지 질문을 했기 때문입니다. 사람들은 이렇게 해서 그리스도인이 됩니다.

이러한 질문들을 여러분은 자신에게 던진 적이 있습니까? 이렇게 물어본 적이 있습니까? 왜 나는 예수 그리스도에게 그렇게 관심이 없을까? 나는 이 세상에서 얼마나 살게 될 것인가? 나는 그분을 얼마나 많이 생각했는가? 지금까지 그분은 내 생각의 중심이었는가? 하나님께서 당신의 독생자를 이 세상에 보내셨다는 2천 년 전의 역사적 사실이 내 삶을 지배하는가? 여러분은 발걸음을 멈추고 이렇게 물어본 적이 있습니까? 이 예수님은 누구신가? 왜 연도는 그분을 기준으로—기원전과 기원후—정해지는가?

여러분은 자신이 이런 질문들을 전혀 해본 적이 없다는 것을 갑자기 깨닫습니다. 관심을 가져 본 적이 전혀 없기 때문입니다. "예수 그리스도라고? 물론, 그분에 대해서는 다 알지!" 그러나 여러분은 복음서를 읽어 본 적이 없습니다. 성경을 처음부터 끝까지 읽어 본 적이 한번도 없습니다. 여러분은 안다고 생각하지만, 사실은 모르고 있습니다. 이제 우리가 깨닫고 걸음을 멈추어 이런 질문들을 한다면, 이것은 성령의 역사 때문입니다. 이것이 바로 "죄를 깨닫게 하신다는 것" conviction입니다. 우리는 자리를 잡고는 말합니다. "왜 나는 지금까지 그렇게 무관심했을까? 내게 무슨 문제가 있는 것일까? 여기 위대한 역사적 사실이 있다. 나는 역사에 관심이 많지. 위인들도 알고, 위대한 왕들과 지도자들과 수상들도 알아."

저는 지금 역사의 위인들을 아는 것이 잘못되었다고 말하지 않습니다. 제가 여러분에게 말하려는 것은, 여러분이 역사와 역사적 인물들에 관심이 있다면, 왜 지금까지 예수 그리스도에 대해서는 관심을 갖지 않았느냐는 것입니다. 왜 그분은 여러분에게 그렇게 의미가 없었습니까? 왜 여러분에게는 세상의 위인들이 예수 그리스도보다 더 큰 의미가 있었습니까? 왜 이들이 여러분의 삶에 예수님보다 더 큰 영향을 미쳤습니까? 여기 이 세상에 와서 죽고 부활하셨으며, 성령을 보내시고 교회를 세우신 위대한 역사적 인물이 있습니다. 여러분은 왜 그분에게 그렇게 관심이 없습니까? 왜 여러분은 이 사실들은 알면서도 그 이상은 알지 못합니까? 왜 이 사실들이 여러분을 사로잡지 못했습니까? 여러분은 이렇게 말합니다. "저는 그리스도가 전부였던 바울과 다른 사도들에 대해 읽었습니다. 이들은 복음에 전율을 느꼈습니다. 복음을 위해 죽을 각오가 되어 있었습니다. 그런데 왜 저에게는 복음이 전부가 되지 못합니까?"

역사를 훑어 내려오다 보면, 그 밖의 사람들에 대해서도 읽게 될 것입니다. 훌륭한 철학자요 위대한 천재인 어거스틴이 있습니다. 그는 한때 악한 삶을 살았고 기독교의 진리를 받아들이지 않았습니다. 그러다가 하나님의 부르심을 들었습니다. 그때부터 그는 복음을 위해 살았습니다. 그는 복음을 전했고, 복음을 가르쳤으며, 자신만의 놀라운 방법으로 복음을 해석했습니다. 여러분은 순교자와 고백자들, 종교개혁의 거장들에 대해 읽게 될 것입니다. 여러분은 청교도시대의 위대한 그리스도인들, 스코틀랜드의 언약자들에 대해 읽게 될 것입니다. 이들은 예수 그리스도를 부인하느니 차라리 죽기를 더 기뻐했으며, 그분과 함께하게 되리라는 것을 알기에 영광스럽고 당당하게 죽은 사람들입니다.

왜 여러분은 스스로에게 이렇게 말하지 못합니까? "왜 나는 그들과 같지 않을까? 알긴 알지만, 안다는 것이 나를 조금도 변화시키지 않아. 나는 그분에게 전율을 느낀 적이 한번도 없어. 감동받은 적도 없고. 누군가 그분을 역사에서 제거할 수 있다 하더라도, 내게는 아무것도 달라지지 않을 거야. 나는 그분과 그분의 가르침을 위해 죽을 준비가 되어 있지 않아! 왜 그럴까?" 여러분은 이런 질문들을 해본 적이 있습니까? 성령께서 바로 이런 질문들을 하게 하십니다.

또 다른 질문이 있습니다. 왜 내게 그분이 필요하다는 것을 깨닫지 못했을까? 그분은 "인자가 온 것은 잃어버린 자를 찾아 구원하려 함이니라"고 말씀하셨습니다 눅 19:10. 우리는 지금 사람들에게 삶과 죽음을 생각하게 하는 위대하고 엄숙한 사건을 겪고 있습니다. 그러므로 저는 간단한 질문을 하겠습니다. 여러분은 자신에게 예수 그리스도가 필요하다고 느낀 적이 있습니까? 그분이 세상에 오신 것은 바로 여러분, 그리고 여러분과 똑같은 모든 사람들 때문이라는 것을 깨달은 적이 있습니까? 왜 여러분은 그분을 거부한 결과를 한번도 생각해 보지 않습니까? 이제 성령께서는 여러분에게 이러한 질문들을 하게 하실 것입니다. 이 질문들은 여러분을 고통스럽게 할 것입니다. 여러분은 이제 생각하고 있습니다. 여러분은 전에 이렇게 말했습니다. "기독교는 아무것도 아니야! 기독교는 끝났어! 그를 죽여라! 그는 아무것도 아니다. 그를 없애 버려라! 기독교는 한물갔다! 그는 이제 쓸모없다!" 그러나 지금은 이렇게 말합니다. "내가 좀더 지혜로웠다면 '그분은 사실이야. 그분은 내게 어떤 의미가 있지? 그분이 나와 무슨 상관이 있을까?' 하고 말했을 텐데."

여러분은 자신에게 이런 질문들을 하는 순간, 그 해답을 발견할 것입니다. 여러분은 자신에게 이렇게 말할 것입니다. "난 그분을 한번도 생각해 본 적이 없고, 그분이 내게 필요하다고 느낀 적도 없어. 이유는 단 하나, 나의 무지 때문이야. 그중 첫째가 하나님에 대한 무지 아닌가!" 우리는 하나님을 얼마나 자주 생각합니까? 세상은 어떻게 생겨났습니까? 세상을 유지하는 것은 무엇입니까? 세상의 경이와 완벽함은 무엇으로 설명될 수 있습니까? 이 모두가 우연의 결과입니까?

둘째, 여러분은 지금까지 자신의 참된 본성에 무지했다는 것을 알게 될 것입니다. 오늘날 사람들은 인간이란 무엇인가라는 질문을 절대 하지 않습니다. 계속해서 사람들은 인간은 멋질뿐더러, 20세기 인간은 특히 멋지다고 말합니다. 사람들은 신문과 텔레비전에서 매일 듣는 상투적인 문구를 되풀이할 뿐입니다. 우리는 항상 찬양을 받으며 서로를 찬양하고 있습니다. 그러나 우리는 걸음을 멈추고 이런 질문들을 던져야 하지 않겠습니까? 인간이 세상을 어떻게 했는가? 인간이란 무엇인가? 삶의 의미란 무엇인가? 우리는 이 세상에서 무엇을 하고 있는가?

셋째, 여러분은 자신이 지금까지 죽음의 의미에 무지했다는 것을 깨닫게 될 것입니다. 여러분은 전에는 이렇게 말했습니다. "죽음은 인생의 끝이야. 죽음은 멋진 생애의 끝이지. 죽음은 끝일 뿐이야!" 죽음은 사람들에게 엄숙함을 느끼게 하지만 사람들은 죽음을 생각지 않습니다. 그러나 지금 성령께서 여러분에게 죽음을 생각하게 하십니다. 죽음은 어디로 이어집니까? 성경은 이렇게 답합니다. "한번 죽는 것은 사람에게 정해진 것이요 그 후에는 심판이 있으리니"히 9:27. 영혼은 계속 존재하며, 우리를 지으시고 우리에게 책임을 지우신 영원하신 하나님 앞에 서게 됩니다. 우리는 우리의 모든 것을 우리에게 주신 분 앞에 서게 됩니다. 인간은 얼마나 위대합니까! 그 위대함이란 무엇입니까? 그것은 인간이 행하는 그 무엇이 아닙니다. 그것은 인간이 하나님의 형상으로 지음받았으며 하나님의 친구가 될 것이라는 사실입니다. 인간이 생명의 선물과 영혼의 선물로 하는 일에 대해 책임을 물으시는 분은 바로 하나님이십니다.

여러분은 지금까지 이 모든 일에 대해 무지했으며, 이 때문에 예수 그리스도께 관심이 없었다는 사실을 깨달았습니다. 장엄함과 화려함과 장관, 그것으로 끝입니까?² 결코 그렇지 않습니다! 그 너머가 있습니다! 심판이 있습니다! 하나님이 계십니다! 영원한 운명이 있습니다! 모든 사람에게는 두 운명 중 하나만 열려 있습니다. 하나님과 함께하는 것, 아니면 그분 앞에서 쫓겨나는 것입니다. 의인들과 "온전하게 된 의인의 영들"과 히 12:23 모든 거룩한 천사들 가운데서 영원히 하나님의 기쁨을 누리는 것, 아니면 괴로움과 비참함과 고통의 상태에 있게 되는 것입니다.

여러분은 자신이 무지했을 뿐 아니라 영적으로 죽어있다는 것도 발견합니다. 이것이 세상의 상태입니다. 이러한 사실들이 우리 앞에 제시될 때조차도 우리는 이것들을 떨쳐 버리려 하지 않습니까? 우리는 영적인 일들에 민감하지 못합니다. 우리는 이렇게 말합니다. "당신들은 계속 지껄이시오, 난 관심 없소. 그건 나와는 아무 상관도 없단

---

2   이것 역시 윈스턴 처칠의 장례식을 가리킨다.

말이오." 사도 바울은 우리의 영적 죽음을 이렇게 표현합니다. "육에 속한 사람은 하나님의 성령의 일들을 받지 아니하나니 이는 그것들이 그에게는 어리석게 보임이요, 또 그는 그것들을 알 수도 없나니 그러한 일은 영적으로 분별되기 때문이라"고전 2:14. 같은 장에서 바울은 주 예수 그리스도께서 세상에 오셨을 때 세상의 관리가 그분을 알지 못했다고 말합니다. "만일 알았더라면 영광의 주를 십자가에 못박지 아니하였으리라"고전 2:8. 왜 이들은 그분을 알지 못했습니까? 지성知性이 부족해서가 아닙니다. 영적으로 죽어있기 때문이었습니다. 이들은 갈릴리의 목수밖에 보지 못했습니다.

성령께서는 여러분에게 엄청난 것을 깨닫게 하십니다. "난 분명 영적으로 죽었어! 내게는 생명이 없어. 내 심장은 돌과 같아! 내게 뭔가 문제가 있어. 난 곤경에 빠졌어. 이제 어떻게 해야 하지?" 예루살렘 사람들은 이제 깨달았습니다. 자신들이 예수님을 거부한 것은 무지와 영적 죽음 때문이며, 그 결과 하나님 앞에 엄청난 죄를 지었다는 것을 깨달았습니다. 이들은 자신들이 "패역한 세대", 곧 베드로가 그들에게 구원받으라고 말한 세대에 속했다는 것을 깨달았습니다행 2:40. 이들은 자신들이 아무 변명도 할 수 없는 눈먼 바보들이라는 것을 알았습니다. 이들은 큰 죄를 범했으나 여기에 대해 아무것도 할 수 없었습니다.

이제 이들은 자신들이 할 수 있는 일은 오직 하나밖에 없다는 것을 알았습니다. 이들은 주님께 울부짖을 수 있었습니다. 이들은 그분의 대리자들, 곧 베드로와 여러 사람들에게 이렇게 묻는 것으로 시작했습니다. "형제들아, 우리가 어찌할꼬."

성령께서는 우리 각자에게 자신이 죄인임을 깨닫게 하십니다. 우리는 복음이 우리와 관계있다는 것을 압니다. 우리는 자신이 죽어 마땅하며 죽음을 면할 수 없다는 것을 깨닫습니다. 드라이덴John Dryden의 시를 들어 보십시오. 그의 철학은 틀렸지만, 그의 시에는 우리를 가르치는 교훈이 있습니다.

살아있는 자 누구나 죽어야 하며
누구도 행복을 자랑할 수 없으니
평안한 마음으로, 일어나는 일을 받아들여라.
어쩔 수 없는 일에
너무 기뻐하거나 슬퍼하지 말고
목적지를 향하는 순례자처럼 그렇게 가라.
세상은 여관이며 죽음은 여행의 끝이로다.

우리는 모두 순례자입니다. 우리는 죽은 후에 어디로 갑니까? 우리들 각자에게는 블레돈Bladon, 윈스턴 처칠이 묻힌 곳이 있습니다. 여러분을 위한 블레돈이 있으며, 여러분은 그곳을 향해 나아가고 있습니다. 여러분은 그곳을 피할 수 없습니다. 여러분은 세상과 세상의 똑똑함을 뒤에 남겨 두어야 할 것입니다. 여러분의 영혼은 마지막 여행을, 그것도 혼자서 떠나야 할 것입니다! 어디로 떠납니까?

여러분은 이 질문을 해본 적이 있습니까? 이 질문을 하지 않는 것은 어리석은 짓이지만, 부주의하고 생각 없는 무리는 결코 이 질문을 하지 않습니다. 죽음은 여행의 끝이 아닙니다. 죽음은 확실하고 피할 수 없습니다. 냉혹합니다. 나는 어디로 가야 합니까? 여러분은 모르십니까? 그래서 두렵지 않습니까? 이제 여기에 관심을 가져야 할 때라고 생각지 않으십니까? 외치십시오. "형제들아, 우리가 어찌할꼬."

결론은 하나뿐이며 매우 간단합니다. 여러분이 해야 할 일은 여러분에게 주어진 메시지에 순종하는 것뿐입니다. 베드로는 예루살렘 사람들의 질문에 답하면서 이렇게 말했습니다. "회개하여"–다시 생각하고, 마음을 바꿔–"각각 예수 그리스도의 이름으로 세례를 받고 죄 사함을 받으라. 그리하면 성령의 선물을 받으리니."

제가 지금까지 여러분에게 제시한 것을 이해했다면, 여러분이 한 일을 하나님께 말씀드리고 인정하고 고백하십시오. 자신이 지금까지 바보짓을 했으며, 자신이 자랑한 모든 똑똑함이 쓰레기와 같다는 것을 고백하십시오. 자신의 모든 오만을 인정하십시오. 여러분이 그분께 죄를 지었다는 것을 시인하십시오. 회개란 아무것도 숨김없이 솔직하게 고백하고, 자신을 하나님의 자비하심과 사랑에 온전히 맡기는 것입니다.

여러분이 세상과 세상의 덧없는 영광에 매여 살아왔다는 사실을 하나님께 말씀드리십시오. 그분보다 다른 사람들을 더 중요하게 여겼다는 것을 그분께 고백하십시오. 그분 앞에 엎드려 나는 형벌을 받아 마땅하며 아무런 변명이나 핑계도 할 수 없다는 것을 고백하십시오. 이것이 회개입니다. 이것이 "여호와의 이름을 부르는 것"입니다. 요엘은 이렇게 예언했습니다. "누구든지 여호와의 이름을 부르는 자는 구원을 얻으리니"욜 2:32. 여러분이 회개하며 하나님을 부르는 순간, 하나님께서는 여러분을 돌아보시고 여러분에게 미소지으며 말씀하실 것입니다. "괜찮다! 내가 너를 위해 하나뿐인 아들을 세상에 보냈다. 그를 믿기만 해라. 그가 너와 네 죄를 위해 죽었다는 것을 믿고 그에게 감사해라."

그런 후에 여러분 자신과 삶을 그분께 드리십시오. 어떤 희생이 따르더라도 자신을 그분께 복종시키고, 세례를 받으십시오. 예루살렘 새신자들이 세례를 받은 것은 작은 일이 아니었습니다. 그것은 참으로 엄청난 박해와 가족의 냉대와 추방과 그 밖의 많은 것을 의미했습니다. 많은 사람들에게 이것은 죽음을 의미했고, 실제로 로마시대의 많은 그리스도인들이 순교했습니다. 그러나 이것은 중요하지 않습니다. 일단 이 진리를 깨닫기만 하면, 여러분도 이 찬송가 작사자처럼 고백하게 될 것입니다.

> 놀라운 사랑 받은 나
> 몸으로 제물 삼겠네.
> —아이작 와츠 Isaac Watts

사랑하는 여러분, 이것들을 생각해 보시겠습니까? 이것이 바로 그리스도인이 되는 방법입니다.

05

전인적 변화

그들이 이 말을 듣고 마음에 찔려 베드로와 다른 사도들에게 물어 이르되 형제들아, 우리가 어찌할꼬 하거늘 베드로가 이르되 너희가 회개하여 각각 예수 그리스도의 이름으로 세례를 받고 죄사함을 받으라. 그리하면 성령의 선물을 받으리니 이 약속은 너희와 너희 자녀와 모든 먼 데 사람 곧 주 우리 하나님이 얼마든지 부르시는 자들에게 하신 것이라 하고 또 여러 말로 확증하며 권하여 이르되 너희가 이 패역한 세대에서 구원을 받으라 하니 그 말을 받은 사람들은 세례를 받으매 이날에 신도의 수가 삼천이나 더하더라. 그들이 사도의 가르침을 받아 서로 교제하고 떡을 떼며 오로지 기도하기를 힘쓰니라. 사람마다 두려워하는데 사도들로 말미암아 기사와 표적이 많이 나타나니 믿는 사람이 다 함께 있어 모든 물건을 서로 통용하고 또 재산과 소유를 팔아 각 사람의 필요를 따라 나눠 주며 날마다 마음을 같이하여 성전에 모이기를 힘쓰고 집에서 떡을 떼며 기쁨과 순전한 마음으로 음식을 먹고 하나님을 찬미하며 또 온 백성에게 칭송을 받으니 주께서 구원받는 사람을 날마다 더하게 하시니라.

사도행전 2:37-47

이 단락을 전체적으로 살펴본 다음에 각 부분을 자세하게 살펴보기로 하겠습니다. 여러분도 기억하시겠지만, 우리가 지금 사도행전을 공부하고 있는 것은 이 책이 교회란 무엇이고 기독교란 무엇이며 그리스도인이라는 것이 실제로 무엇을 의미하는지에 대한 권위 있는 진술이기 때문입니다. 또한 오늘날의 세상이 이것을 알아야 할 필요가 너무나도 절실하기 때문입니다. 여기 어떤 희망이라도 붙잡으려는 인간에게 소망을 주는 유일한 메시지가 있습니다.

이것은 과장이 아닙니다. 순전한 사실입니다. 우리는 신문을 보면서 세상이 절망적인 상황에 빠져 있음을 알게 됩니다. 뿐만 아니라 개인적인 경험을 통해서도 이것을 알고 있습니다. 우리 모두에게 삶은 투쟁이며 골칫거리입니다. 그러나 기독교의 메시지는 복된 소식입니다. 기독교의 메시지야말로 인간이 필요로 하는 것이지만, 가장 큰 비극은 인간이 이 메시지를 알지 못한다는 것입니다. 이것은 사람들이 갖고 있는 교회와 교회의 메시지에 대한 개념이 실재와 너무나도 동떨어져 있기 때문일 때가 많습니다. 인간의 사상-철학의 가르침-과 하나님의 계시가 너무나 혼동되고 있습니다. 그러므로 우리에게 가장 긴급하고 중요한 일은, 사도행전에 귀기울임으로 처음 교회가 실제로 어떠했으며 어떻게 존재하게 되었는지 알아내는 것입니다.

우리는 한 사람이 그리스도인이 되는 방법을 함께 살펴보았습니다. 소위 기독교 국가에서 태어나거나 부모가 그리스도인이라고 해서 그리스도인이 되는 것은 아닙니다. 착하게 산다고 해서 그리스도인이 되는 것도 아닙니다. 절대 그렇지 않습니다. 우리가 그리스도인이 되는 것은 하나님의 성령이 능력으로 임하여 진리, 특히 나사렛 예수에 관한 진리를 깨닫게 하실 때입니다. 그런 후에야, 그분이 우리에게 어떤 의미인지 알게 되며 절대적인 순종으로 그분을 의지하게 됩니다. 자신의 죄와 실패와 무능을 고백하고, 단순하고 어린아이 같은 믿음으로 그분에 관한 메시지를 받아들입니다.

그다음에는 어떻게 됩니까? 바꿔 말하면 그리스도인이란 무엇입니까? 사도행전은 여기에 대한 권위 있는 기사^{記事}를 제공합니다. 그러므로 저는 사도행전의 기록이 얼마나 중요한지 다시 한번 강조하지 않을 수 없습니다. 여기 교회에 관한 최초의 기사가 있습니다. "주께서 구원받는 사람을 날마다 더하게 하시니라." 우리는 오순절 날 "신도의 수가 삼천이나 더하더라"는 사실도 듣습니다. 이전까지는 120명밖에 되지 않았습니다. 이들은 다락방에 모여 있던 사람들입니다. 교회의 핵심인 이들에게 성령께서 임했습니다. 그러자 이들에게 3천 명이 더해졌고 교회가 생겨났습니다. 그렇다면 이들은 어떤 사람들이었습니까? 앞에서 말했듯이, 여기 교회가 무엇이며 그리스도인이란 무엇을 의미하는지를 보여주는 권위 있는 기록이 있습니다.

여러분은 "20세기의 가장 위대한 그리스도인"이라 불리는 사람들에 관한 책을 사서 읽을 수 있지만 이 책들은 권위가 없습니다. 우리는 이 사람들과 우리를 포함한 모든 사람들을 초대교회 사람들에 대해 읽은 것을 기준으로 판단합니다. 여기 그리스도인들의 첫 집합체가 있습니다. 저는 스스로에게 묻습니다. 나는 여기에 얼마나 잘 부합하는가? 이토록 확실하게 본 것이 내 안에 있는가? 이 본문을 우리에게 주신 것은, 의심할 바 없이 우리로 하여금 스스로를 테스트하고 점검하여 우리가 그리스도인임을 확실히 하시려는 것입니다.

그렇다면 그리스도인이라는 것은 무엇을 의미합니까? 먼저 부정문으로 답해 보겠습니다. 제가 이 문제를 다루지 않을 수 없는 것은, 지금 진리에 반하는 것들이 엄청나게 쏟아져 나오고 있기 때문입니다. 저는 사실 이 질문에 부정문으로 답하고 싶지 않습니다. 제가 바라는 것은 긍정문으로 답하는 것입니다. 그러나 여러분과 같은 세상에 살고 있는 저로서는 항상 눈을 크게 뜨려고 노력합니다. 이것이 저의 의무인 까닭은, 사람들의 어려움과 문제를 알지 못하고는 그들을 도울 수 없기 때문입니다. 그래서 저는 이런 문제들을 다루는 신문기사를 읽고 라디오를 들으며 텔레비전 프로를 보면서 한 사람을 그리스도인 되게 하는 것이 무엇인지 생각합니다.

이것을 아주 간단하게 표현하자면 이렇습니다. 제가 여러분에게 백지 한 장과 연필을 주면서 그리스도인이라는 것이 무엇을 의미하는지 각자의 생각을 가능한 한 짧게 써 보라고 한다면 어떤 대답이 나오겠습니까? 사도행전의 본문을 살펴보면, 제시되는 답은 오늘날 세상의 대중적 견해와는 너무나 다르다는 것을 인정하지 않을 수 없을 것입니다.

오늘날 제시되는 대중적인 시각들은 이렇습니다. 일반적인 생각은 기독교가 일차적으로 여러분이 취하는 그 무엇이라는 것입니다. 여러분은 그리스도인이 되기로 결심합니다. 그리고 기독교에 "발을 들여놓습니다." 여러분은 사교邪敎를 비롯해 그 밖의 다양한 것들을 시도해 보았고 이제는 교회를 시도해 봅니다. 물론 이러한 관점은 여러 가지 하위 범주로 세분될 수 있습니다. 이것들을 다 살펴볼 시간은 없지만, 제가 말하고자 하는 의미를 분명히 하기 위해 일반적인 몇 가지만 살펴보겠습니다.

어떤 사람들은 기독교가 전적으로 지적인 영역에서 작용한다고 확신합니다. 이들은 삶과 삶의 문제에 관심이 있는 진지하고 유능한 사람들입니다. 이들은 기독교에 전통적인 가르침이 있음을 알고 있으며, 그 가르침을 숙고하는 것이 자신들의 확고한 의무라고 믿습니다. 그래서 이들은 기독교 신앙에 관해 읽으면서 큰 관심을 갖게 되기도 하며, 그 가운데 상당 부분을 받아들이기까지 합니다. 그러나 이 모든 것이 지성에서만 이루어집니다. 이 모든 것이 이론적입니다. 이들은 기독교를 연구하는 일에서 큰 즐거움을 얻을 수 있고 이러한 연구는 이들의 취미가 될 수도 있지만, 그 이상은 아닙니다. 게다가 많은 사람들이 신학적 연구에 자신의 삶을 바치기도 합니다. 이들 학자들과 연구가들은 종교적 이슈들을 취하여 서로를 논박하거나 지지하는 글을 쓰면서 지적인 논쟁을 벌이는 데 시간을 보냅니다. 이것이 이들 삶의 전부입니다.

그 결과 일반 사람들은 기독교를 일종의 지적인 취미 정도로 생각합니다. 사람들이 미술이나 드라마나 그 밖의 것들을 선택하듯이, 이 이상한 사람들은 기독교라는 지적인 문제를 선택할 뿐입니다. 사람들은 이렇게 말합니다. "제가 보니까 이런 유형의 사람들은 서로 의견일치를 보지 못하는 것 같아요. 이들은 서로 격렬한 논쟁까지 벌입니다. 물론 이 사람들이 이런 것을 좋아한다면, 계속하도록 놔둬야겠죠. 하지만 저로서는 관심이 없습니다. 전혀 없습니다."

이와는 정반대로 어떤 사람들에게는 기독교가 순전히 감정의 문제입니다. 이들은 정말 멋진 평안이나 사랑이나 행복을 경험했습니다. 자신들에게는 다른 어떤 것도 필요 없다고 말합니다. 물론 지적인 사람들은 이런 사람들을 경멸합니다. "이들에게 기독교는 순전히 감정일 뿐입니다. 이들은 진지한 논쟁의 대상이 되지 못합니다. 이들은 책도 읽지 않을뿐더러 책에 관해 토론할 수도 없습니다. 이들은 자신들이 경험했다는 멋진 느낌을 먹고 살아가며 계속해서 그것을 느끼려고 의도적으로 노력합니다." 물론 이러한 비판에 상당한 무게를 실어 주는 많은 증거가 있습니다.

그다음으로는 의지를 전적으로 강조하는 세번째 그룹이 있습니다. 이 견해에 따르면, 사람들이 무슨 생각을 한다고 그 사람이 그리스도인이 되는 것은 아닙니다. 그러므로 사람들이 감정의 유희를 좋아한다면 그것을 즐기도록 놔두십시오. 누가 그리스도인인지 아닌지는, 무엇을 하느냐에 따라 결정됩니다. 결정적인 요소는 여러분이 살아가는 방식입니다. 여러분은 인류의 유익을 위해 살고 있습니까? 희생할 준비가 되어 있습니까? 여러분은 놀랍고 영웅적인 희생을 위해 성공에 대한 욕망을 버릴 준비가 되어 있습니까?

바로 이것이 사람들을 그리스도인 되게 하는 것이라고 말합니다. 이것은 인류의 운명을 개선하고 인류를 향상시키려는 의도적인 결심의 문제입니다. 여러분은 이 결심으로 인해 정치가도 될 수 있고 사회사업가도 될 수 있습니다. 분야는 중요하지 않습니다. 여러분이 봉사하는 자리에 있는 한, 무엇을 믿느냐가 무슨 문제가 되겠습니까? 지성은 별로 중요하지 않습니다. 실제로 여러분이 지금과 같은 세상에서 확신할 수 있는 것은 거의 없습니다. 중요한 것은 여러분의 의지와 바람과 여러분이 실제로 하고 있는 것입니다.

기독교에 대한 네번째 오해는 그리스도인으로 자라난 많은 사람들이 일반적으로 취하는 것입니다. 저 자신이 오랫동안 취한 견해이기도 합니다. 그리스도인이라는 것은 여러분이 해야 하는 의무, 두려움 때문에 마지못해 해야 하는 의무라는 것입니다. 기독교는 주로 삶을 망치는 것입니다. 여러분은 그리스도인으로 자라나지 않은 사람들을 알고 있습니다. 그들이 전혀 거리낌 없이 자유롭게 일하는 것을 보면서, 자신도 그렇게 할 수 있기를 바라지만 여러분은 두려워합니다. 여러분은 이를테면 교회에서 그리스도인으로 자라왔습니다. 그래서 이런 것들을 하고 싶어도 하지 못합니다. 기독교가 여러분과 이런 것들 사이에 버티고 있습니다.

기독교는 부정적인 것, 금지하며 제한하는 것, 여러분이 두려워서 하지 않는 어떤 것처럼 보입니다. 무엇보다도 기독교는 의무감이 특징입니다. 종교의식은 여러분이 참석해야 하는 엄숙한 의무이며, 예배는 짧고 빨리 끝날수록 좋습니다. 이런 기독교에는 그 어디에도 행복이 없습니다. 기쁨은커녕 오히려 그 반대입니다. 밀턴의 말을 빌리면, 이것은 여러분으로 하여금 "기쁨을 꾸짖고 고된 날들을 살게 하는" 가르침입니다. 여러분은 주일이면 교회에 가야 하는데, 문제는 지금까지 주일예배가 두 번이었다는 것입니다. 그러니 이제 주일예배를 한 번으로 줄이는 개혁운동을 시작합시다! 그리고 나머지 시간을 자유롭게 활용할 수 있도록 예배시간을 좀더 당깁시다.

이것이 오늘날 많은 사람들이 취하는 태도입니다. 기독교는 여러분이 하지 않으면 두려움을 느끼기 때문에, 또는 부모님에게 약속했기 때문에 수행하는 엄숙하고 불행하며 불확실하고 모호한 의무입니다. 여러분은 자신이 무엇을 하고 있는지 전혀 알지 못합니다. 다만 바라는 것은, 자신이 제대로 해나감으로 마지막에 제대로 끝나길 바랄 뿐입니다. 이제 우리는 이러한 것들을 직시해야 합니다. 영국 국민 가운데 겨우 10퍼센트만이 자신이 그리스도인이라고 말한다고 하지만, 저로서는 그 가운데 제가 방금 말한 견해를 취하는 사람이 또 얼마나 많을지 걱정입니다. 제가 생각하기에는, 기독교가 엄숙한 의무라고 믿는 사람들의 수를 보게 되는 것만으로도 놀라게 되지 않을까 두렵습니다. 그 의무는 우리를 비참하게 할 뿐 아니라 우리와 자유와 방종과 쾌락의 삶 사이를 가로막는 그 무엇입니다. 이런 기독교관을 조장하는 것은 자녀들에게 주일학교에 가라고 강요하고 그들을 떼어 놓기 위해 주일학교에 보내는 부모들입니다. 그 결과 아이들은 청소년이 되면 이렇게 말합니다. "더 이상 이래라저래라 하지 마세요. 내가 하고 싶은 대로 할래요. 전 자유를 원해요." 기독교는 사슬이며 법입니다. 존 번연은 『천로역정』에서 짐을 지고 가는 사람을 이야기하면서, 이것을 정확하게 지적했습니다. 사람들은 여기서 멈춰 버립니다. 이들은 무거운 짐과 비극과 불행을 느낍니다. 이들을 지켜본 사람들은 기독교에 등을 돌리고 기독교에는 관심도 갖지 않습니다.

그러므로 우리는 사도행전 2:37-47을 살펴보면서, 이 마지막 기독교관이 얼마나 졸렬한 모조품인지를 보게 됩니다. 누가는 이렇게 기록했습니다. "날마다 마음을 같이하여 성전에 모이기를 힘쓰고 집에서 떡을 떼며 기쁨과 순전한 마음으로 음식을 먹고 하나님을 찬미하며 또 온 백성에게 칭송을 받으니 주께서 구원받는 사람을 날마다 더하게 하시니라"46-47절. 이보다 더 큰 대조가 있을 수 있겠습니까? 바로 이것이 기독교입니다. 하지만 오늘날에는 이런 기독교를 찾아보기가 너무나 힘듭니다! 세상이 곤경에 처한 것도 바로 이 때문입니다. 우리는 진정한 기독교로 돌아가야만 합니다. 저는 전통에 관심 있는 것이 아닙니다. 저의 관심은 오직 진정한 기독교로 돌아가는 것뿐입니다. 이것이 진정한 진리입니다.

이것은 초대교회에만 적용되는 것은 아닙니다. 교회사를 읽어 보면, 개혁과 부흥의 시대에는 어디서나 이러한 모습이 거듭 나타나는 것을 볼 수 있습니다. 이런 모습은 그리스도인의 모임, 곧 진정한 교회의 표시이자 특징입니다. 그런데 오늘날 교회는 얼마나 달라졌습니까! 그러나 중요한 것은 이것입니다. 저는 바로 이것을 외치려고 이 자리에 섰습니다.

지금까지 기독교란 무엇이 아닌지를 살펴보았으므로, 이제는 그 반대를 살펴보겠습니다. 그렇다면 진정한 기독교는 무엇이 다릅니까? 우리는 이미 그리스도인이 되는 것은 일차적으로 우리에게 일어나는 그 무엇이며, 우리 스스로 그리스도인이 될 수 없다는 것을 살펴보았습니다. "이 약속은 너희와 너희 자녀와 모든 먼 데 사람 곧 주 우리 하나님이 얼마든지 부르시는 자들에게 하신 것이라"행 2:39. 베드로는 자신의 편지에서 이렇게 썼습니다. "너희를 어두운 데서 불러내어 그의 기이한 빛에 들어가게 하신 이"벧전 2:9. 하나님의 이러한 부르심은 성령이 적용하시는 하나님의 말씀을 통해 우리에게 옵니다. 우리 주 예수께서는 이렇게 말씀하셨습니다. "수고하고 무거운 짐진 자들아, 다 내게로 오라. 내가 너희를 쉬게 하리라"마 11:28. 여러분은 이 부르심을 일종의 명령으로 들을 수도 있습니다. "너희가 이 패역한 세대에서 구원을 받으라." 그다음의 흥미로운 구절에 주목하십시오. "주께서 구원받는 사람을as should be saved 날마다 더하게 하시니라." 이것은 흠정역KJV 번역이지만, 불행히도 모든 사람들이 이것이 좋지 않은 번역이라는 데 동의합니다. 이 부분은 "주께서 구원받고 있는 사람을as were being saved 날마다 더하게 하시니라"로 번역되어야 합니다. 이들은 "구원받고" 있었고, 교회에 "더해"졌습니다.

우리가 보았듯이, 이것은 제가 지금까지 여러분에게 말씀드린 잘못된 개념들과는 너무나도 다른 영역입니다. 지금까지 말씀드린 기독교들은 모두 종교적이고 종교적인 생활을 하기로 결정한 인간들의 통제를 받고 있습니다. 그러나 이런 종교는 생명이 없고 기계적입니다. 활력이 없고 두려움으로 가득합니다. 진정한 기독교는 생명과 능력과 자기 포기로 충만합니다. 진정한 기독교는 바로 하나님의 행동이기 때문입니다. 진정한 기독교는 하나님의 성령의 역사입니다. 이 성령은 하나님께서 이 세상에서 당신의 목적을 이루시기 위해 교회에 보내셨습니다. 워즈워드는 이것을 생각하지는 않았지만 제가 언제나 좋아하는 멋진 표현을 했습니다. 그가 생각한 것은 자연이었지만, 그가 말한 것은 사람들이 그리스도인이 될 때 일어나는 것입니다. 이들은 이렇게 말할 수 있게 될 것입니다.

나는 느꼈네.
숭고한 생각의 기쁨으로
나를 흔들어 놓는 존재를.

이처럼 자신을 흔들어 놓는 "존재", 뭔가 일어나고 있는 것을 느껴 본 적이 없는 사람은 결코 그리스도인이 아닙니다. 태초에 우리 인간을 창조하신 위대하신 하나님께서는 우리를 재창조하고 계시고, 우리 속에서 우리에게 무엇인가를 하고 계시며, 우리를 무엇인가로 빚고 계십니다. 물론 그분이 하시는 일의 목적은 완전한 변화를 이루는 것입니다.

우리가 그리스도인이 될 때 하나님께서 우리 안에서 이루시는 변화에 대해서는 이미 살펴보았습니다. 그러나 제가 여러분에게 보여 드리고 싶은 것은, 하나님께서는 단순히 우리 속에서 주 예수 그리스도에 대한 우리의 관점만을 바꾸시는 것이 아니라는 것입니다. 우리는 사도행전의 사람들이 자신들이 예수님께 행한 비극적인 실수를 깨달았다는 것을 보았습니다. 그러나 하나님은 이보다 훨씬 더 많은 일을 하십니다! 사람들이 그리스도인이 될 때, 이들의 모든 상태가 변합니다. 이들은 한 곳에서 다른 곳으로 옮겨집니다. 성경은 이런 예로 가득합니다. 사도 바울은 골로새 교인들에게 이렇게 상기시킵니다. "그가[하나님이] 우리를 흑암의 권세에서 건져 내사 그의 사랑의 아들의 나라로 옮기셨으니"골 1:13. 그리고 이것이 사도행전에서는 "구원받다"saved라는 단어로 표현되는데, 본문에서는 이 단어가 가장 중요합니다. "너희가 이 패역한 세대에서 구원을 받으라.……주께서 구원받는 사람을 날마다 더하게 하시니라."

저는 많은 사람들이 "구원받다"라는 단어에 거세게 반발하는 것을 알고 있습니다. 저는 사람들이 이 단어를 싫어하는 이유를 알고 있습니다. 우리는 예전처럼 이 단어를 자주 듣지 못합니다. 그러나 분명히 기억하는 것은, 젊었을 때 저는 이 단어를 불쾌하게 여기고 싫어했으며 또래들도 거의 하나같이 이 단어를 거부했다는 것입니다. 우리가 가장 싫어했던 사람은, 우리에게 다가와서 "구원받았나요?"라고 묻는 사람이었습니다. 그는 너무나 유창하게 말했지만 자신이 무슨 말을 하고 있는지도 제대로 모를 때가 많았습니다. 사람들이 이 단어에 반발하는 것은 이 단어가 경박하게 사용되기 때문이라는 것을 부인하지 않겠습니다. 그러나 "구원받다"는 엄청난 단어입니다. 이 단어가 지금 우리 앞에 있습니다. 우리는 이 단어가 무엇을 의미하는지 반드시 알아야 합니다. 그리스도인과 비그리스도인의 차이는, 결국 그리스도인이 구원받은 자들에 속하며 비그리스도인은 구원받지 못한 자들에 속한다는 것입니다.

이것은 이와 같습니다. 어떤 집에 불이 났는데 몇 사람이 갇혀 있다고 생각해 보십시오. 창문에 사다리가 걸쳐지고 몇 사람은 구조됩니다. 구원받은 것입니다. 나머지는 불에 타 죽었습니다. 얼마나 큰 차이입니까? 배가 난파되었다고 생각해 보십시오. 아니면 재판이 진행되고 있는 법정을 생각해 보십시오. 판결이 끝나면 피고는 둘 가운데 하나의 처지에 놓이게 됩니다. 자유를 얻거나 아니면 유죄판결을 받고 감옥에 가서 벌을 받습니다. 신약성경에 나타나는 예로 종의 경우가 있습니다. 종은 전적으로 주인의 다스림과 지배 아래 있습니다. 그러나 누군가 그 종을 사서 해방할 수 있습니다. 종은 해방될 수 있습니다. 자유인이 될 수 있습니다. "구원받다"라는 특별한 단어에 대한 신약의 용례 뒤에는 이러한 사상과 이해가 있습니다.

어떤 사람은 이렇게 말합니다. "하지만 저는 바로 그 점에서 '구원받다'라는 단어에 반대합니다. 당신네 그리스도인들은 스스로 완전하다고 주장하고 있습니다."

아닙니다. 결코 그렇지 않습니다. 우리는 결코 자신이 완전하다고 주장하고 있는 것이 아닙니다. 방금 읽은 본문을 보더라도, 우리가 완전지지 않다는 것은 "구원받다"saved라는 동사의 시제에서 분명하게 나타납니다. 우리는 그리스도인들에 대해 "그들이 구원받았다", "그들이 구원받고 있다", 그리고 "그들이 구원받을 것이다"라고 말할 수 있습니다. 사도 베드로는 사도행전 설교를 한 후 여러 해가 지나 이러한 측면들을 아주 분명하게 제시합니다. 그는 이렇게 표현합니다.

너희 믿음의 확실함은 불로 연단하여도 없어질 금보다 더 귀하여 예수 그리스도께서 나타나실 때에 칭찬과 영광과 존귀를 얻게 할 것이니라. 예수를 너희가 보지 못하였으나 사랑하는도다. 이제도 보지 못하나 믿고 말할 수 없는 영광스러운 즐거움으로 기뻐하니 믿음의 결국 곧 영혼의 구원을 받음이라_{벧전 1:7-9}.

여기서 베드로는 구원받는 것에 대해 말하지만 자신의 독자들을 가리켜 이미 구원받은 사람들이라고 말하고 있습니다. 이것을 이렇게 볼 수 있습니다. 우리가 자신에 대해 가장 먼저 깨달아야 할 것은, 우리는 매우 위험한 처지에 있다는 것입니다. 우리는 모두 하나님을 대면합니다. 다시 한 가지 예를 들어 보겠습니다. 법정에서 피고석에 서 있는 사람을 보십시오. 그에 대해 할 말은 많지만, 첫번째이자 가장 중요한 사항은 그가 피고석에 서서 판사 앞에서 재판을 받고 있다는 사실입니다. 그 사람은 기분이 좋을 수도 있고 나쁠 수도 있습니다. 그러나 이것은 그의 위치와 아무 상관이 없습니다. 그는 간밤에 잠을 잘 잤을 수도 있고 밤을 꼬박 새웠을 수도 있지만, 그렇다고 달라지는 것은 없습니다. 그의 처지는 그가 기소를 당해 재판을 받고 있으며 끔찍한 일들에 직면할 가능성이 있다는 것입니다. 우리는 구원의 문제를 무엇보다도 이런 관점에서 보아야 합니다. 여러분은 원한다면 사람들을 선한 사람과 악한 사람으로 나눌 수 있습니다. 실제로 이런 구분이 이루어지고 있지 않습니까? 그러나 이런 구분은 매우 부적절합니다. 성경은 모든 사람-우리가 그를 선하다고 하든 악하다고 하든,

그 무엇이라고 하든-이 하나님의 심판대에서 피고석에 서 있다고 가르치기 때문입니다.

우리 가운데 나면서부터 의로운 사람은 아무도 없습니다. 우리는 모두 심판 아래 있습니다. 이것이 우리의 상태입니다. 우리는 모두 불타는 세상에 있습니다. 우리는 모두 영원한 멸망의 위험에 처해 있습니다. 우리는 모두 길을 잃어버렸습니다. 우리는 모두 나면서부터, 그리고 우리의 행동 때문에 피고석에 서 있습니다. 우리는 모두 하나님께 죄를 범했습니다. 하나님의 법은 검사입니다. 공의롭고 거룩하신 하나님은 판사석에 앉아 계십니다. 우리는 모두 죄인이며 죄인에 대한 판결은 이것입니다. "주의 얼굴과 그의 힘의 영광을 떠나 영원한 멸망의 형벌을 받으리로다"살후 1:9.

성경은 우리가 주 예수 그리스도를 믿는 순간, 우리의 모든 상태가 완전히 변한다고 가르칩니다. 하나님 아래서 우리의 신분과 지위가 완전히 달라집니다. 이것이 우리가 구원을 바라보는 첫번째 방식입니다. 바로 이런 의미에서 그리스도인들은 이미 구원받았다고 말할 수 있습니다. 사도 바울의 말을 빌리면 "그러므로 이제 그리스도 예수 안에 있는 자에게는 결코 정죄함이 없습니다"롬 8:1. 이 가르침에 따르면, "하나님이 세상을 이처럼 사랑하사 독생자를 주셨으니 이는 그를 믿는 자마다 멸망하지 않고 영생을 얻게 하려 하심이라.……그를 믿는 자는 심판을 받지 아니하는 것이요 믿지 아니하는 자는 하나님의 독생자의 이름을 믿지 아니하므로 벌써 심판을 받은 것"입니다요 3:16, 18. 우리 모두는 믿기 전에는 율법의 정죄 아래 있지만, 믿는 순간 더 이상 정죄 아래 있지 않습니다. 우리는 더 이상 피고석에 있지 않습니다. 우리는 해방되었습니다. 우리는 하나님 나라와 그분의 자녀들의 영광스러운 자유로 인도되었습니다. 그러므로 그리스도인은 이렇게 말해야 합니다. "나는 구원받았다."

그러나 이것은 내가 완전하다는 뜻이 아닙니다. 절대 아닙니다. 나의 신분이 완전히 바뀐 후에는 내 안에서 하나의 과정이 시작됩니다. 나는 구원받아야 합니다. 무엇으로부터 구원받아야 합니까? 나의 악한 본성으로부터 구원받아야 하고, 나의 악한 성향으로부터 구원받아야 하고, 나의 유한한 몸에 남아 있는 죄의 흔적과 찌꺼기로부터 구원받아야 합니다. 그러므로 나는 지금 구원받는 중입니다. 성경은 이 과정을 성화聖化, sanctification라고 하며, 첫번째 과정을 칭의稱義, justification라고 합니다. 그리스도인들은 완전하지 않지만 점차적으로 천천히 완전해져 갑니다. 오르막과 내리막이 있겠지만, 그리스도인들은 자신들이 향하고 있는 영광을 위해 천천히 준비되어 갑니다.

그러므로 그리스도인들은 구원받았고, 구원받고 있으며, 완전히 구원받을 날이 올 것입니다. 성경은 이 마지막 것을 영화榮化, glorification라고 부릅니다. 이것은 율법의 정죄와 죄의 책임으로부터의 자유뿐만 아니라 죄의 권세와 오염으로부터의 완전한 해방을 의미합니다. 믿는 자들이 죄 없게 되는 날이 올 것입니다. 그날이 되면 믿는 자들은 완전해질 것입니다. 이 일은 이 세상에서는 일어나지 않겠지만, 우리는 다가오는 영광 속에서 이런 상태에 이르게 될 것입니다.

그러므로 "구원받다"saved라는 단어는 세 시제로 사용됩니다. "나는 구원받았다"(완료), "나는 구원받고 있다"(진행), "나는 구원받을 것이다"(미래). 여러분은 세 시제가 신약성경에서 지속적으로 사용되는 것을 발견하게 될 것입니다. 사도행전에 나오는 사람들의 전체적인 상태는 이들이 구원받았다는 것입니다. 이들은 한 나라에서 다른 나라로 옮겨졌습니다. 이것이 첫번째 일입니다.

우리가 이들에 관해 주목해야 할 두번째 요소—이것은 너무나 중요합니다!—는 기독교가 이들 삶의 중심이었다는 사실입니다. 기독교가 이들의 삶에서 지배적인 요소였습니다. 기독교는 이들에게 전부였습니다. 이것은 모든 그리스도인의 모습이었습니다. 우리는 여기서 제가 처리하려고 애쓴 대중적 기독교관과 진정한 기독교의 극명한 대조를 볼 수 있습니다. 대중적인 기독교관은, 기독교가 우리 자신의 삶에 덧붙이는 그 무엇이라는 것입니다. 우리 삶의 주요 방식은 세상 모든 사람들의 것과 거의 같지만 다른 것이 한 가지 있습니다. 우리는 주일 아침이면 간단한 예배를 위해 교회를 찾는다는 것입니다.

제가 지금 공정하지 못하게 말하고 있습니까? 과장하고 있는 것입니까? 하나님께서 아시지만 그렇지 않습니다. 소위 그리스도인이라는 사람들의 삶을 보십시오. 그들의 관심사를 보십시오. 그들을 흥분시키는 것들을 보십시오. 이들은 세상 모든 사람들과 조금도 다르지 않습니다. 그러나 일주일에 한 번씩, 어쩌면 겨우 1년에 한 번씩 정한 때가 되면 이상한 짓을 합니다. 이들의 삶의 중심은 믿음이 아닙니다. 믿음은 이들에게 부가물일 뿐입니다. 그것은 어떤 사람이 가방을 골라 드는 것과 같습니다. 그에게는 가방이 여럿 있는데, 주일 아침에 교회에 갈 때 그 가운데 하나를 들고 갈 뿐입니다. 예배를 마치고 와서는, 재빨리 가방을 제자리에 놓고 이전 삶으로 돌아가 다른 사람들과 똑같이 살아갑니다. 또는 그의 기독교는 이 특별한 경우에만 입었다가 벗어 버리는 옷과 같습니다. 그러나 이것은 기독교가 아닙니다.

거짓 개념은 기독교를 항상 주변에 머물게 합니다. 중심에 머물지 못하고, 생명력이 없으며, 아무것도 다스리지 못합니다. 중심에서 멀리 벗어나 삶의 언저리에서 맴돌 뿐입니다. 그렇지 않을 경우 사람들은 자신들에게 일어날 수 있는 일을 두려워하기 때문입니다. 사람들은 가능한 한 세상 가까이 살아가면서도, 궁극적으로는 자신이 세상에 속하지 않았다고 느끼고 싶어합니다.

사도행전의 사람들이 우리를 놀라게 하는 것은, 이들의 모든 삶과 관점이 바뀌었다는 사실입니다. 이들은 이제 완전히 새로운 것의 다스림을 받게 되었습니다. 이들을 보십시오. 이들은 폭도였습니다. "없이 하소서, 그를 십자가에 못박게 하소서"라고 외치던 사람들이었습니다. 이런 무리들이 이제는 제자들, 갈릴리 사람 예수를 따르는 자들의 일부가 되었습니다. 이들은 완전히 달라졌습니다. 이것은 외적인 변화가 아니라 내적인 변화, 철저하고 깊은 변화였습니다. 이제 이들은 자신들이 욕하던 바로 그 사람들과 함께하기 위해 어떤 위험도 감수할 준비가 되어 있었습니다.

이들은 신자들의 모임에 속하는 것이 위험하다는 것을 알았습니다. 그 모임의 지도자는 불과 몇 주전 십자가형을 당하지 않았습니까? 그러나 이들은 이제 그들에게 속하며, 계속해서 그들과 함께할 준비가 되어 있었습니다. 이들은 꾸준히 그들과 함께했습니다. 이들을 떠나려 하지 않았습니다. 이들은 모든 것을 각오하고 있었습니다. 가족들이 괴로움을 당하고 소중한 모든 사람들로부터 배척당하게 될 것을 알고 있었습니다. 그러나 이것은 문제가 되지 않았습니다. 이들은 공개적으로 세례를 받았고, 멸시받는 사람들과 하나가 되었습니다. 무슨 일이 일어나더라도 제자들과 함께했습니다.

이것이 기독교입니다! 기독교는 여러분이 하나의 의무로 취했다가 누군가 사무실에서 "어이, 자네 어젯밤에 교회 갔었다며?"라고 빈정거릴 때는 가능한 한 숨기려고 애쓰는 것이 아닙니다. 의심스러우며 불확실하고 불행한 그 무엇이 아닙니다.

그리스도인이라는 것이 무슨 뜻인지에 관한 아주 철저하게 잘못된 개념이 거짓임을 밝히기 위해 그다음 요점을 반드시 강조해야겠습니다. 여기 사도행전의 사람들에 관해 가장 확실한 사실은, 이들의 전인全人이 관련되었다는 것입니다. 이보다 더 강하게 강조되어야 할 것은 없습니다. 우리는 한 사람의 신앙을 결정짓는 것은 오직 지성뿐이라는 사람과 감성뿐이라고 말하는 사람, 그리고 의지의 문제일 뿐이라고 말하는 사람들을 보았습니다. 그러나 진정한 기독교 신앙의 절정은 그 신앙이 전인全人을 취한다는 것입니다. 진정한 기독교 신앙은 이토록 크고 위대하며 영광스럽습니다. 전인이 해방되고 사로잡히며 제어당합니다. 전 인격이 관계됩니다.

제가 이것을 어떻게 알겠습니까? 여기서 사용되는 단어들을 보십시오. "그 말을 받은 사람들은 세례를 받으매." 이들은 베드로의 말을 믿었습니다. 이들은 지성知性으로 그의 말을 받아들였습니다. 그다음 44절을 이어서 읽겠습니다. "믿는 사람이 다 함께 있어 모든 물건을 서로 통용하고." 첫째, 이들은 믿었습니다.

그렇다면 이들은 무엇을 믿었습니까? 여러분이 이들에게 무엇을 믿느냐고 묻는다면 이들은 아무 말도 못하고 그저 이렇게 대답할 것이라고 생각합니까? "글쎄요, 전 항상 이렇게 하도록 교육받고 자랐거든요. 제 생각에 우리가 이 훌륭한 전통을 이어받는 것은 아주 좋은 일이고, 이 나라의 도덕에도 도움이 될 것 같습니다. 아시다시피, 우리는 이것들을 버려서는 안됩니다. 지금은 상황이 좋지 않습니다. 그러니 붙잡아야 하지 않겠습니까?" 이런 사람들에게 무엇을 붙잡고 있느냐고 물어보십시오. 이들은 대답하지 못할 것입니다. 우리가 여기 사도행전에서 발견하는 모습은 이와는 정반대입니다. 본문은 "그들이 사도의 가르침을 받았다"고 말합니다.

기독교는 지성을 무시하지 않습니다. 그리스도인들은 자신이 왜 그리스도인인지 말할 수 있습니다. 따라서 여러분이 이유를 제시하지 못한다면, "저는 이것과 저것을 믿습니다"라고 말하지 못한다면, 여러분은 그리스도인이 아닙니다. 본문은 "그 말을 받는 사람들은······"입니다. 지성이 개입되므로 우리는 점점 더 많은 것을 받아들이게 됩니다. 우리 지성은 더욱 확대됩니다. 이것은 전율이 느껴지는 감격스러운 일입니다.

제가 알기로 세상에서 복음에 견줄 수 있는 것은 아무것도 없습니다. 저는 이것을 자주 이렇게 표현합니다. 지성이 흘러넘치는 사람이 있습니까? 여러분이 대단한 지성인이므로 그 위대한 지성을 사용하기 원합니까? 그렇다면 저는 여러분이 무엇을 해야 하는지 말씀드릴 수 있습니다. 바울이 에베소에 보낸 편지 연구로 시작해 이것이 끝나면-만일 끝낼 수 있다면-그의 다른 서신들을 연구해 보십시오. 그것들은 그 누구와도 견줄 수 없는 심오한 사상과 놀라운 개념과 심지어 영원과 영원한 영광에까지 확대되는 무한한 진리로 가득합니다. 역사를 이어 오면서 세상이 알고 있는 최고 지성인들의 지평을 넓혀 준 진리입니다.

현대의 지성주의와 과학적 사고가 밀려들기 시작하던 무렵인 19세기의 스코틀랜드에 살았던 한 노교수의 이야기가 생각납니다. 그는 언제나 이런 말로 강의를 시작하곤 했습니다. "제군들, 바울과 어거스틴과 아퀴나스와 루터와 칼빈과 낙스와 파스칼과 웨슬리와 글래드스

톤과 같은 지성인들에게 더없이 훌륭했던 복음과 가르침이라면, 적어도 제군들도 정중하게 살펴볼 가치가 있을 것이라고 생각하네."

어떤 사람들은 "이건 이해가 안가요"라고 말합니다. 그러고는 기독교를 거부합니다. 이들의 지성으로는 이해가 안가는 어떤 특별한 가르침 때문입니다. 잠시라도 여러분은 자신이 이런 문제들을 처음 발견한 사람이라고 생각합니까? 여러분이 겪는 모든 문제는 역사 속의 위대한 지성들이 알고 있었던 것입니다. 감히 말씀드리건대, 가장 어려운 문제들은 이미 성경 어디선가 다뤄졌습니다. 여러분의 문제 가운데 새로운 것은 아무것도 없습니다.

그러므로 이런 방식으로 기독교를 거부하기 전에 스스로에게 물어보십시오. "이렇게 위대한 지성들이 어떻게 기독교를 받아들였을까?" 그 답은 이렇습니다. 현대의 지식이 새로운 이해를 추가했다고 말하는 것은 무의미합니다. 사실은 그렇지 않습니다! 현대의 지식은 아무것도 바꿔 놓지 못했습니다. 현대의 지식은 하나님에 관해서나 인간에 관해서 우리에게 새로운 것을 전혀 말해 주지 못했습니다. 죽음과 영원에 관해서도 새로운 것을 전혀 말해 주지 못했습니다. 여기 성경에서, 우리는 진리를 믿은 사람들의 이야기를 읽습니다. 이들은 전파된 말씀을 받아들였습니다. 온 지성이 개입되었고 이전과는 전혀 다르게 기능하기 시작했습니다. 그러나 기독교는 지성에만 작용하는 것이 아닙니다. 그리스도인들은 먼지처럼 메마른 지성인이나 학자들이 아닙니다. 감성도 관계됩니다. "그들이 그의 말을 기쁘게 받더라" KJV. 46-47절에 귀기울여 보십시오. "집에서 떡을 떼며 기쁨과 순전한 마음으로 음식을 먹고 하나님을 찬미하며 또 온 백성에게 칭송을 받으니." 이것이 참된 행복입니다. 이것을 벗어나서는 진정한 행복이 없습니다. 기독교가 사람들을 비참하고 불행하게 한다는 생각은 마귀가 퍼트린 가장 큰 거짓말입니다. 마귀는 이런 식으로 사람들을 속입니다. 사람들은 이렇게 말합니다. "아, 당신은 종교인이 되셨군요. 비참해질 겁니다. 모든 즐거움을 버리고 지루하고 따분하기 이를 데 없는 것들을 해야 할 겁니다. 종교는 결국 당신의 삶을 망치고 말 겁니다.

평생 불행할 거예요. 우리와 함께 세상과 어울려 행복하게 사는 것이 어떻습니까?"

이보다 더 잘못된 생각이 있습니까? 세상에 행복이 있습니까? 그러면 어디에 행복이 있습니까? 사람들은 이혼 법정을 드나듭니다. 이들에게서 행복한 기색을 찾을 수 없습니다. 술을 마시는 것으로도 부족해서 점점 많은 사람들이 마약에 손을 대고 있습니다. 이 세상에서 사람들을 정말 행복하게 해줄 수 있는 것은 오직 하나뿐입니다. 그것은 이 예루살렘 사람들이 믿은 진리입니다. 이들은 이 진리를 지성으로 받아들였을 뿐 아니라 이 진리에 감동했습니다. 행복했고 해방을 느꼈고 기뻐했습니다. 그리스도인이 믿는 성령의 특징은 사랑과 기쁨과 행복-세상이 그렇게도 원하는 것-입니다. 세상은 너무나 모릅니다. 그러나 이 사람들은 알았습니다. 이들은 박해와 죽음의 가능성에 직면해서도 기쁨이 넘쳤습니다. 이후 모든 시대 모든 지역에서, 이것은 진정한 그리스도인의 표시였습니다. 생각하는 사람들이 폭탄과 죄와 수치로 가득한 세상에서 진정으로 행복할 수 있습니까? 그럴 수 없습니다. 행복을 찾는 길은 하나뿐입니다. 그것은 이 세상에서 분리되어 다른 삶으로 옮겨 가는 것입니다. 그 다른 세상에서 여러분은 세상과 그 너머를 꿰뚫어 보고, 다가올 영광을 알게 될 것입니다.

여러분은 사도 베드로와 함께 이렇게 말할 수 있습니다. "그러므로 너희가 이제 여러 가지 시험으로 말미암아 잠깐 근심하게 되지 않을 수 없으나 오히려 크게 기뻐하는도다"벧전 1:6. 사도 바울과 함께 이렇게 말할 수 있습니다. "이 장막에 있는 우리가 짐진 것같이 탄식하는 것은……"고후 5:4. 그렇습니다. "참으로 우리가 여기 있어 탄식하며 하늘로부터 오는 우리 처소로 덧입기를 간절히 사모하노라"고후 5:2. 기뻐하십시오! 즐거워하십시오! 여러분은 지옥에서 벗어났습니다. 여러분은 더 이상 지옥으로 향하지 않습니다. 여러분은 하나님의 자녀입니다. 여러분의 가슴이 감동되었습니다. 여러분은 크고 영광스러운 삶을 살고 있으며, 그 삶을 누리고 있습니다. 베드로는 그의 편지에서 이렇게 말했습니다. "예수를 너희가 보지 못하였으나 사랑하는

도다. 이제도 보지 못하나 믿고 말할 수 없는 영광스러운 즐거움으로 기뻐하니"벧전 1:8. 그렇습니다. 감성이 개입됩니다. 의지도 개입됩니다. 그러므로 초대교회 그리스도인들은 세례를 받았습니다. 저는 이 말씀을 좋아합니다. "그들이 사도의 가르침을 받아 서로 교제하고 떡을 떼며 오로지 기도하기를 힘쓰니라." 이들의 회심은 한번 스쳐 가는 경험이 아니었습니다. 이것은 단순히 집회가 끝날 때 앞으로 나가 결신하거나 카드에 서명하는 것이 아니었습니다. 제가 이런 것을 요구하지 않는 것은, 믿음은 성령의 역사이며 전인全人이 개입되는 일이라는 것을 알기 때문입니다. 지성은 무슨 일이 일어나고 있는지 이해하며 압니다. 마음은 감동을 받으며 생각을 통해서는 표현될 수 없는 이유들을 지니고 있습니다. 그리고 의지가 작용하게 됩니다. 이것이 기독교입니다. 이것은 우리가 이 악한 세상으로부터 분리되어, 하나님과 그리스도의 나라로 옮겨지는 것을 의미합니다.

여러분은 그리스도인입니까? 저는 지금 여러분이 착한 일을 많이 하고 있는지를 묻고 있는 것이 아닙니다. 여러분이 교인인지를 묻고 있는 것이 아닙니다. 여러분의 부모님이 그리스도인이지 여러분이 소위 기독교 국가에서 태어났는지 묻고 있는 것이 아닙니다. 여러분이 유아세례를 받았는지, 아니면 어른이 되어서 세례를 받았는지 묻고 있는 것이 아닙니다. 저는 다만 이렇게 묻고 있을 뿐입니다. 여러분은 사도행전 2장 말미에 나오는 이 본문에 묘사된 사람들과 같습니까? 이들은 자신의 신앙을 위해 죽을 준비가 되어 있었고 이들 가운데 많은 사람들이 신앙을 지키다 죽었습니다. 오랜 역사 속에서 많은 그리스도인들이 죽어야 했듯이 말입니다. 그러나 이들은 자신들이 단번에 영원히 율법의 정죄로부터 해방되었다는 것을 알았습니다. 이들에게 무슨 일이 일어나든, 하나님과 함께하는 이들의 위치에는 변함이 없습니다. 하나님은 이들을 용서하셨고 이들의 죄는 용서되었습니다. 이들은 믿음을 통해 하나님에 의해 의롭게 되었습니다. 하나님께서는 이들에게 자유를 선포하셨습니다. 이들은 이것을 압니다. 이들의 마음은 진리를 보았고 이들은 진리를 받아들였습니다. 그것도 기쁘게 받아들였습니다.

　그리고 이들은 자신이 속한 세상을 떠나 교회에 참여해 "더해짐"으로 자신의 믿음을 실제로 나타내 보였습니다. 이 교회는 삶의 의미에 대해, 자신에 대해, 역사의 의미와 현재 상황에 대해, 죽음에 대해, 영원에 대해, 하나님에 대해, 하나님의 아들이며 자신의 영혼의 구원자이신 나사렛 예수에 대해 전혀 새로운 시각을 갖고 있는 사람들로 구성되어 있습니다. 이들은 완전히 새로워졌습니다. 이들은 이제 새로운 진리의 다스림을 받고, 이 진리는 이들의 삶의 중심이 되었습니다. 이제 이들이 행하는 모든 일은 이 경계 안에서 이루어집니다. 진정으로 "거듭난" 이들은 하나님의 자녀들입니다.

06

세상으로부터의 분리

그들이 이 말을 듣고 마음에 찔려 베드로와 다른 사도들에게 물어 이르되 형제들아, 우리가 어찌할꼬 하거늘 베드로가 이르되 너희가 회개하여 각각 예수 그리스도의 이름으로 세례를 받고 죄사함을 받으라. 그리하면 성령의 선물을 받으리니 이 약속은 너희와 너희 자녀와 모든 먼 데 사람 곧 주 우리 하나님이 얼마든지 부르시는 자들에게 하신 것이라 하고 또 여러 말로 확증하며 권하여 이르되 너희가 이 패역한 세대에서 구원을 받으라 하니 그 말을 받은 사람들은 세례를 받으매 이날에 신도의 수가 삼천이나 더하더라. 그들이 사도의 가르침을 받아 서로 교제하고 떡을 떼며 오로지 기도하기를 힘쓰니라.

사도행전 2:37-42

왜 우리는, 그리스도인이라는 것이 무엇을 의미하느냐는 문제를 다루고 있습니까? 현대세계에서 이런 문제를 다룬다는 것이 시대착오적이지 않습니까? 우리가 이런 문제를 다루는 것은 낡은 전통을 고수한 채 그 전통을 버릴 생각조차 해보지 않았기 때문입니까? 그렇습니까? 아닙니다. 우리가 이 문제를 다루는 이유는 전혀 다른 데 있습니다. 오늘날 이 메시지 외에는 인간에게 희망을 줄 수 있는 것이 전혀 없기 때문입니다. 참으로 이 메시지는 스스로도 말하듯이 "어두운 데를 비추는 등불"입니다^{벧후 1:19}. 세상은 동굴이며 등불은 하나뿐입니다. 제가 알기로 각자의 주장들이 있으며, 인간은 각자의 작은 성냥을 켭니다. 그러나 이것들은 그리 오래 가지 못해 다음 세대의 비난을 받습니다. 사상들은 생겨났다 사라지며 언제나 변하고 있습니다. 아주 이상할 뿐 아니라 많은 면에서 가장 비극적인 사실은, 세상이 자신의 진보를 자랑하지만 사실 세상의 사상은 진보하는 것이 아니라 한순간 유행하다가 다음 순간 버려지고 웃음거리가 되는 패션처럼 돌고 돌 뿐이라는 것입니다. 잠시 기다려 보십시오. 유행은 다시 돌아올 것입니다.

현대인들은 더 이상 기존의 도덕을 인정하지 않습니다. 현대인들은 "우리에게는 새로운 도덕이 있다"고 말합니다. 그러나 이것은 마귀가 예전에 내놓았던 것을 다시 내놓는 것일 뿐입니다. 마귀가 하나의 사상을 찬장에 넣고 다른 것을 꺼내면 모든 사람들은 이전의 사상은 까맣게 잊어버립니다. 한두 세기가 지난 후, 마귀는 찬장에 넣어 두었던 사상을 다시 꺼냅니다. 그러면 사람들은 이렇게 말합니다. "완전히 새로운 거잖아! 새로운 도덕이야!" 그러나 이것은 아담의 죄만큼이나 오래된 것입니다! 새로운 것은 전혀 없으며, 어떤 의미에서도 최초의 것이란 없습니다. 모든 악행과 타락은 세속사의 페이지뿐만 아니라 여기 성경에도 묘사되어 있습니다.

성경은 이미 오래전에 "해 아래에는 새 것이 없나니"라고 말씀했는데전 1:9, 정말 그렇습니다. 기독교와 기독교 신앙, 그리고 기독교의 삶의 방식에 반대하는 모든 주장들은 이전에도 수없이 제기되었습니다. 그러므로 우리가 할 일은 과거로 돌아가 그리스도인이라는 것이 무엇을 의미하는지에 관해, 사실상 우리가 가진 유일하게 권위 있는 기사를 살펴보는 것뿐입니다.

우리는 사람들이 그리스도인이 되는 것은 하나님의 행동 때문이며, 그 결과 사람들은 지성과 감성과 의지의 깊은 변화를 경험한다는 것을 살펴보았습니다. 우리는 이 사실을 이곳 사도행전에서 보며 주님의 가르침과 사도들의 가르침에서 같은 일을 확인합니다. 주님께서는 자신이 이미 가진 것에 무엇인가를 덧붙이려 한 유대관리 니고데모에게 유명한 말씀을 하셨습니다. 선생이었던 니고데모는 자신이 갖지 못한 것을 예수께서 갖고 계시다고 생각했습니다. 그는 이렇게 생각했습니다. "나는 이스라엘의 선생이야. 하지만 이 사람이 기적을 행하는 걸 보면 나보다 지혜가 깊은 것 같아! 그를 만나 보고 내게 필요한 것이 뭔지 알아봐야겠어."

그러나 니고데모가 받은 답은 주님께서 의도하신 대로 그의 기초를 흔들어 놓았습니다. "진실로 진실로 네게 이르노니 사람이 거듭나지 아니하면 하나님의 나라를 볼 수 없느니라"요 3:3. 하나님의 나라를 볼 수조차 없다는 것입니다! "거듭난다." 이것은 한 사람을 완전히 새로운 피조물이 되게 하는 깊고도 철저한 변화입니다. 사도 바울은 이것을 이렇게 표현합니다. "누구든지 그리스도 안에 있으면 새로운 피조물이라"–단지 다듬어지거나 개량된 피조물이 아니라 새로운 피조물, 새로운 창조입니다–"이전 것은 지나갔으니 보라, 새것이 되었도다"고후 5:17.

다른 그 무엇도 기독교가 아닙니다. 다른 것은 모두 종교일 뿐, 저는 종교를 전파하려고 이 자리에 선 것이 아닙니다. 여러분은 스스로 종교인이 될 수 있지만 스스로 그리스도인이 될 수는 없습니다. 여러분을 그리스도인 되게 하는 것은 영혼을 재창조하시는 창조주 하나님의 행동입니다. 사람들을 취하시고 그들로 죄를 깨닫게 하시며 그들을 깨뜨려 새로운 형상으로, 하나님 아들의 형상으로 빚으시는 분은 바로 성령이십니다. 200년 전 조지 휫필드$^{George\ Whitefield}$, 존 웨슬리와 찰스 웨슬리 형제에게 큰 영향을 미친 유명한 책 제목에 따르면, 그리스도인들은 자신의 영혼에 하나님의 생명을 가진 자들입니다. 『인간의 영혼 속에 있는 하나님의 생명』$^{The\ Life\ of\ God\ in\ the\ Soul\ of\ Man}$, 이것이 기독교입니다. 이것은 하나님께서 교회에 더하게 하신 최초의 그리스도인들에 관한 기사에 아주 분명하게 나타나 있습니다.

저는 이것이 진정한 기독교임을 더욱 확고히 하고 싶습니다. 한 사람의 전체적인 관점의 변화는 행동으로 나타난다는 것을 여러분에게 보여줌으로써, 이것이 진정한 기독교라는 것을 증명하겠습니다. 만약 행동으로 나타나지 않는다면 그 변화는 아무런 가치도 없을 것입니다. "이와 같이 행함이 없는 믿음은 그 자체가 죽은 것이라"$^{약\ 2:17}$. 그러나 참된 믿음, 곧 믿음으로 이어지는 변화는 언제나 겉으로 드러납니다.

참된 믿음이 어떻게 드러납니까? 여기 사도행전에서 가장 먼저 주목해야 할 것은, 진정한 믿음은 큰 분리로 이어진다는 사실입니다. 진정한 믿음은 사람들을 세상으로부터 분리하여 교회로 옮깁니다. 이런 모습은 신약 어디서나 볼 수 있습니다. 신약의 서신서 중에 세상 사람들에게 쓴 것은 하나도 없습니다. 서신서는 모두가 교회, 곧 세상에서 나와 함께 모임으로 새로운 공동체를 형성한 사람들에게 쓴 것입니다. 이들은 "교회에 더해졌으며", "사도의 가르침을 받아 서로 교제하며 떡을 떼며 오로지 기도하기를 힘썼습니다." 이들 속에서 엄청난 변화가 일어나고 있었고, 이 변화는 이들이 한 곳에서 다른 곳으로 옮겨 간다는 사실을 통해 겉으로 드러났습니다.

이것이야말로 이 시점에서 강조해야 할 가장 중요한 것 가운데 하나입니다. 교회의 삶에서 이러한 분리가 분명해질 때까지 교회는 전혀 쓸모없을 것입니다. 신약성경에는 국가교회라는 것이 없습니다. 이런 접근조차 없습니다! 신약성경에는 분리가 있습니다. 한 사람이 세상으로부터 취해지고 교회로 옮겨집니다. 교회와 국가, 세상과 기독교의 혼합은 진정한 기독교에 치명적입니다. 이것은 잘못된 것이며, 교회를 그릇된 길로 인도하고 교회의 모든 일을 방해합니다. 개혁과 영적 부흥의 순간마다 이러한 분리, 이러한 구별이 분명해집니다.

이제 "세상"이라는 말의 의미를 분명히 하도록 합시다. 성경에서 사용될 때 "세상"은 언제나 하나님 없는 인간의 마음과 전망을 의미합니다. 세상은 물리적 우주를 의미하는 것도-물리적 우주에는 아무런 잘못도 없습니다-동물세계를 의미하는 것도 아닙니다. "세상"은 하나님 없이 자신과 자신의 삶을 체계화하려는 인간을 의미합니다. 저의 주장은 사람들이 그리스도인이 될 때 그들은 여전히 세상 속에 살고 있지만 세상으로부터 분리되어 가장 본질적인 면에서 자신들과 닮은 사람들로 이루어진 다른 모임, 곧 교회로 옮겨진다는 것입니다.

이것은 우리의 복된 주님이시고 구원자이신 그분의 가르침에서 분명하게 나타납니다. 예를 들어 마태복음 10장을 읽어 봅시다. 주님께서 동시대 사람들을 얼마나 놀라게 하셨는지 보십시오. 사실과 달리 예수 그리스도에 대한 일반적인 생각은 그분이 평화를 주러 이 땅에 오신 분, 곧 평화의 사도라는 것입니다. 그러므로 기독교는 전쟁과 폭탄을 거부하는 가르침이라는 것입니다. 그러나 주님께서는 이렇게 말씀하셨습니다. "내가 세상에 화평을 주러 온 줄로 생각지 말라. 화평이 아니요 검을 주러 왔노라."마 10:34.

냉정하게 생각해 봅시다. 주님께서 이렇게 말씀하셨을 때, 그것은 나라들이 서로 싸우도록 하기 위해 당신이 이 세상에 오셨다는 뜻은 아니었습니다. 그럼에도 불구하고 그분은 자신이 "가냘픈 갈릴리인"이거나 "온화한 책략가"일 뿐이라는 생각을 아주 강력하게 부정하셨습니다. 그분은 단순히 사람들을 화해시키고 벽을 허물며 평화를 촉구하러 온 유미주의자나 도덕 철학자가 아니셨습니다. 그분은 이런 개념을 거부하셨습니다.

기독교의 메시지가 단순히 서로에게 친절하고 다정해야 한다는 메시지일 뿐이라는 개념은, 진정한 복음의 졸렬한 모조품일 뿐입니다. 그렇게 되기에는 기독교의 메시지가 너무나 심오하고, 너무나 철저하며, 너무나 강하고, 너무나 근원적입니다. 기독교의 메시지에는 엉성한 감상주의 같은 것은 전혀 없습니다. 기독교의 메시지는 검을 가진 메시지이며, 우리는 이 메시지가 처음부터, 즉 오순절 날부터 역사하는 것을 봅니다. 제가 이 점을 증명하고 싶은 마음이 간절한 것은, 교회가 특별한 때에 와서 마음을 흔들어 놓고 가는 처녀 이모와 같다고 주장하는 사상이 여전히 있기 때문입니다. 저는 교회와 기독교의 이름으로 이러한 사상을 거부합니다! 기독교의 메시지에는 힘과 능력이 있습니다. 거듭 말하지만, 여기에는 검이 있습니다.

어느 날 다메섹으로 가는 길에서, 주님은 다소의 사울에게 사명을 맡기시면서 이렇게 말씀하셨습니다.

일어나 너의 발로 서라. 내가 네게 나타난 것은 곧 네가 나를 본 일과 장차 내가 네게 나타날 일에 너로 종과 증인을 삼으려 함이니 이스라엘과 이방인들에게서 내가 너를 구원하여 그들에게 보내어.

목적이 무엇입니까?

그 눈을 뜨게 하여 어둠에서 빛으로, 사탄의 권세에서 하나님께로 돌아오게 하고 죄사함과 나를 믿어 거룩하게 된 무리 가운데서 기업을 얻게 하리라행 26:16-18.

이것이 바울에게 주어진 사명이었습니다. 바울은 이방인들을 분리할 것입니다. 그들을 어둠에서 불러내 빛의 자리로 옮길 것입니다. 이것은 세상으로부터 분리되어 하나님 나라로 옮겨지는 것입니다.

우리는 이 일이 도처에서 일어나는 것을 봅니다. 사도 바울은 후에 "너희는 그들 중에서 나와서 따로 있고"라고 말합니다^{고후 6:17}. 바로 전에 그는 "빛과 어둠이 어찌 사귀며 그리스도와 벨리알이 어찌 조화되며"라고 했습니다^{14-15절}. 여러분은 빛과 어둠을 섞을 수 없으며 그리스도와 벨리알을 혼합할 수 없습니다. 그리스도인과 세상의 차이는 빛과 어둠의 차이입니다. 이 둘은 영원히 반대됩니다. 이 둘은 하나님과 마귀, 천국과 지옥만큼이나 다릅니다. 이 둘은 너무나 대조됩니다.

또 바울이 갈라디아인들에게 보낸 편지 서두에 했던 구체적인 말을 다시 한번 살펴보십시오. "우리 하나님 아버지와 주 예수 그리스도로부터 은혜와 평강이 있기를 원하노라. 그리스도께서 하나님 곧 우리 아버지의 뜻을 따라 이 악한 세대에서 우리를 건지시려고 우리 죄를 대속하기 위하여 자기 몸을 주셨으니"^{갈 1:3-4}. 곧 그리스도께서 십자가에서 죽으신 것은 우리를 현재의 악한 세상으로부터 분리하시고 구원하시기 위해서였습니다.

다시 사도 바울은 에베소 교인들에게 말합니다. "그러므로 내가 이것을 말하며 주 안에서 증언하노니 이제부터 너희는 이방인이 그 마음의 허망한 것으로 행함같이 행하지 말라. 그들의 총명이 어두워지고……오직 너희는 그리스도를 그같이 배우지 아니하였느니라"^{엡 4:17-18, 20}. 이들은 이전같이, 자신들이 어울리던 다른 이방인처럼 그렇게 살아서는 결코 안되었습니다. 이들은 변화되었고 "그리스도를 배웠습니다." 상황은 완전히 달라졌습니다.

바울은 다음 장에서 훨씬 더 구체적으로 말합니다.

누구든지 헛된 말로 너희를 속이지 못하게 하라. 이로 말미암아 하나님의 진노가 불순종의 아들들에게 임하나니 그러므로 그들과 함께하는 자가 되지 말라. 너희가 전에는 어둠이더니 이제는 주 안에서 빛이라. 빛의 자녀들처럼 행하라.……주를 기쁘시게 할 것이 무엇인가 시험하여 보라. 너희는 열매 없는 어둠의 일에 참여하지 말고 도리어 책망하라^{엡 5:6-11}.

바울은 빌립보의 그리스도인들에게도 간곡하게 권합니다. "흠이 없고 순전하여 어그러지고 거스르는 세대 가운데서 하나님의 흠 없는 자녀로 세상에서 그들 가운데 빛들로 나타내며"빌 2:15. 이보다 어떻게 더 힘 있게 말할 수 있겠습니까? 그는 이렇게 말한 것입니다. "그리스도인과 비그리스도인의 차이는, 그리스도인은 어두운 밤하늘에 빛나는 별과 같다는 것입니다. 그리스도인들은 하늘에서, 모든 어둠 속에서 별처럼 빛납니다." 이것이 그리스도인에 대한 바울의 정의입니다.

그다음 골로새 교인들에게 편지하면서 이렇게 말합니다. "우리로 하여금 빛 가운데서 성도의 기업의 부분을 얻기에 합당하게 하신 아버지께 감사하게 하시기를 원하노라. 그가 우리를 흑암의 권세에서 건져 내사 그의 사랑의 아들의 나라로 옮기셨으니 그 아들 안에서 우리가 속량 곧 죄사함을 얻었도다"골 1:12-14. 큰 전환과 사람들의 이동이, 한 영역에서 다른 영역으로의 이동이 일어났습니다.

바울은 또 이렇게 말합니다. 그가 데살로니가 교인들에게 보낸 편지를 들어 보십시오.

> 형제들아, 너희는 어둠에 있지 아니하매 그날이 도둑같이 너희에게 임하지 못하리니 너희는 다 빛의 아들이요 낮의 아들이라. 우리가 밤이나 어둠에 속하지 아니하나니 [과거에는 속했으나 이제 더 이상 속하지 않습니다] 그러므로 우리는 다른 이들과 같이 자지 말고 오직 깨어 정신을 차릴지라. 자는 자들은 밤에 자고 취하는 자들은 밤에 취하되 우리는 낮에 속하였으니 정신을 차리고 믿음과 사랑의 호심경을 붙이고 구원의 소망의 투구를 쓰자살전 5:4-8.

사도 베드로도 이와 똑같은 메시지를 전했습니다. 어리석고 무지한 사람들이 우리에게 믿게 하려는 것과는 달리, 이것은 단지 바울의 신학만이 아니라 신약성경에 나오는 모든 선생들의 가르침입니다. 베드로는 그의 편지에서 이렇게 말합니다.

> 그러나 너희는 택하신 족속이요 왕 같은 제사장들이요 거룩한 나라요 그의 소유가 된 백성이니 이는 너희를 어두운 데서 불러내어 그의 기이한 빛에 들어가게 하신 이의 아름다운 덕을 선포하게 하려 하심이라. 너희가 전에는 백성이 아니더니 이제는 하나님의 백성이요 전에는 긍휼을 얻지 못하였더니 이제는 긍휼을 얻은 자니라. 사랑하는 자들아, 거류민과 나그네 같은 너희를 권하노니 영혼을 거슬러 싸우는 육체의 정욕을 제어하라. 너희가 이방인 중에서 행실을 선하게 가져 너희를 악행한다고 비방하는 자들로 하여금 너희 선한 일을 보고 오시는 날에 하나님께 영광을 돌리게 하려 함이라 벧전 2:9-12.

사도 요한 또한 빼놓을 수 없습니다. 이것은 사도들의 보편적인 메시지입니다. 요한은 이것을 이렇게 표현했습니다.

> 이 세상이나 세상에 있는 것들을 사랑하지 말라. 누구든지 세상을 사랑하면 아버지의 사랑이 그 안에 있지 아니하니 이는 세상에 있는 모든 것이 육신의 정욕과 안목의 정욕과 이생의 자랑이니 다 아버지께로부터 온 것이 아니요 세상으로부터 온 것이라. 이 세상도, 그 정욕도 지나가되 요일 2:15-17.

이 정도면 충분하지 않습니까? 요한은 요한일서 끝머리에서 이렇게 말합니다. "세상을 이기는 승리는 이것이니 우리의 믿음이니라" 요일 5:4. 그러고는 마침내 이렇게 말합니다. "하나님께로부터 난 자는 다 범죄하지 아니하는 줄을 우리가 아노라. 하나님께로부터 나신 자가 그를 지키시매 악한 자가 그를 만지지도 못하느니라. 또 아는 것은 우리는 하나님께 속하고 온 세상은 악한 자 안에 처한 것이며" 18-19절.

이와 같이 신약성경에 나타나는 모든 가르침에는 너무나도 분명하고 확실한 진술이 하나 있습니다. 사람들이 전파된 말씀을 통해 성령을 받으면 완전히 변화된다는 것과, 그 변화는 경건치 못한 세상으로부터의 분리로 나타난다는 것입니다.

그러나 우리는 여기서 한 걸음 더 나아가야만 합니다. 제가 이렇게 하는 것은 그리스도인이 되는 것이 인간에게 일어날 수 있는 가장 심오한 변화라는 사실을 단번에 그리고 영원토록 확고히 하기 위해서입니다. 주님께서 제자들에게 하신 말씀을 다시 한번 생각해 보십시오. "내가 세상에 화평을 주러 온 줄로 생각하지 말라. 화평이 아니요 검을 주러 왔노라. 내가 온 것은 사람이 그 아버지와, 딸이 어머니와, 며느리가 시어머니와 불화하게 하려 함이니 사람의 원수가 자기 집안 식구리라. 아버지나 어머니를 나보다 더 사랑하는 자는 내게 합당하지 아니하고……또 자기 십자가를 지고 나를 따르지 않는 자도"-어떤 희생을 치르고 어떤 분리를 겪더라도-"내게 합당하지 아니하니라."마 10:34-38.

이것은 우리 주님의 말씀입니다. 그러나 사람들은 그분을 단지 달콤한 말만 하는 분으로, 감상적이기만 한 분으로 생각합니다. 절대 그렇지 않습니다. 여기 영웅들을 낳는 복음이 있습니다. 여기 순교자들을 낳는 복음이 있습니다. 여기 세상에서 가장 강력한 것이 있습니다. 그러나 이 복음이 어떻게 역사하는지 아십니까? "장차 형제가 형제를, 아버지가 자식을 죽는 데에 내주며 자식들이 부모를 대적하여 죽게 하리라. 또 너희가 내 이름으로 말미암아 모든 사람에게 미움을 받을 것이나 끝까지 견디는 자는 구원을 얻으리라"마 10:21-22.

이 모든 구절이 확증해 주는 것은, 사람들이 그리스도인이 될 때 무언가 심오한 일이 이들 속에 일어난다는 사실입니다. 이것은 이들을 일반적인 세상으로부터 분리시킬 뿐 아니라, 가장 가깝고 사랑하는 사람들이라도 그리스도인이 아니라면 그들과도 분리시킵니다. 오해하지 마십시오. 이 말은 남편이 아내를, 아내가 남편을, 아버지가 자식을 떠나야 한다는 뜻이 아닙니다. 이 말은 지금까지는 어느 정도 조화롭게 같은 삶을 살아온 가족이라 하더라도, 한 사람이 그리스도인이 되는 순간에는 불가피한 분리가 일어나며 모두가 이것을 안다는 뜻입니다. 자신에게 이 일이 일어난 사람도 알며 다른 사람들도 압니다. 그러나 나머지 사람들은 분개합니다. 이들 사이에 무엇인가가 들어섭니다. 남편과 아내 사이에, 아버지와 아들 사이에, 어머니와 딸 사이에 무엇인가가 들어서며, 그것이 가장 가깝고 친밀한 관계를 갈라놓습니다. 한 사람이 그리스도인이 된다는 것은, 가장 애정어린 세상적인 연합들도 갈라놓습니다. "내가 세상에 화평을 주러 온 줄로 생각지 말라. 화평이 아니요 검을 주러 왔노라." 우리 주님의 말씀은 이 변화가 얼마나 철저하며 얼마나 심오한지 보여줍니다. 어느 누구도 이 이상으로 말할 수 없습니다. 이것은 주님께서 직접 하신 말씀이며 그분의 말씀은 역사 속에서 이루어져 왔습니다.

그러나 왜 이런 변화가 있어야 합니까? 이것은 중요한 질문입니다. 그 답은 바로 우리 앞에 펼쳐진 본문에 있습니다. 본문의 가르침은, 우리 모두가 본질상 세상에 속한다는 것입니다. 인류는 하나입니다. 인류에게는 연대감 같은 것이 있습니다. 인류는 죄에서 하나이며, 악에서 하나입니다. 인류는 하나님으로부터의 분리에서도 하나입니다. 이것은 세상에 태어난 모든 사람에게 적용되는 진리입니다. 이 분리는 세상 다른 어떤 분리보다 깊습니다. 오늘날 인종 차별과 피부색 등에 관해 오가는 대화를 보십시오. 왜 사람들은 "우리의 한 가지 공통된 성질이 온 세계를 친척으로 만든다"(이것은 셰익스피어의 희곡 Troilus and Cressida 3막 3장에 나오는 대사다-옮긴이)는 것을 보지 못합니까? 세상 모든 사람들은 피부색에 관계없이 죄인입니다. 모든 인간은 "죄악 중에서 출생하였습니다"시 51:5. 죄는 모든 대륙, 모든 나라, 모든 문화에서 나타납니다. 우리는 모든 인종 분열의 현장에서 똑같은 일들이 일어나고 똑같은 문제가 발생하는 것을 봅니다. 이것이 성경의 가르침입니다.

본질상 인간은 자신이 죄인이라는 것을 깨닫지 못합니다. 모든 분리와 분열이 있는 것도 바로 이 때문입니다. 우리는 자신이 우월하다고 생각하거나 열등하다고 느끼며 충돌을 일으킵니다. 그러나 세상이 알든 모르든, 인간이 죄인이라는 것은 아주 단순한 사실입니다. 그리고 사람들이 그리스도인이 될 때 성령께서 말씀을 사용하셔서 그들의 마음을 여시고 그들을 깨우침으로 이 엄청난 진리를 깨닫게 하시는 것입니다. 이것이 베드로가 설교 마지막에서 간곡하게 권하며 말한 것입니다. 베드로는 "여러 말로"–여러 비슷한 말로–"확증하며 권하여 이르되 너희가 이 패역한 세대에서 구원을 받으라"고 했습니다.행 2:40

그렇다면 여러분은 이 패역한 세대에서 어떻게 "구원을 받습니까?" 사람들이 성령을 받고 복음의 메시지를 이해하기 시작하면 그들의 지성과 이해의 눈이 열려 온 인류가 죄에서 하나라는 엄청난 진리를 깨닫게 됩니다. 처음에 예루살렘 사람들은 "너희가 이 패역한 세대에서 구원을 받으라[자신을 분리하라]"는 베드로의 말을 이해하지 못했습니다.

이들은 이렇게 말합니다. "저는 세상에 있는데, 어떻게 제 자신을 세상에서 구원할 수 있습니까? 베드로의 말은 제가 수사나 은자隱者나 수행자가 되라는 뜻입니까? 사회와 관계를 끊으라는 뜻입니까?"

아닙니다. 그가 여러분에게 자신을 분리하라고 요구하는 것은, 모두 성경적 의미에서 세상에 관한 것입니다. 이러한 분리는 어떻게 이루어집니까? 앞에서 언급했듯이, 성령께서 사람들 속에서 역사하기 시작하실 때 사람들은 처음으로 생각하기 시작하며, 하나님과 반대되는 "세상의 마음"이라는 것이 있음을 알게 됩니다. 이들은 전에는 이것을 몰랐습니다. 이들은 자신들이 처음으로 이같은 생각을 하는 줄 알았습니다! 이들은 자신들에게는 자신들만의 사상이 있으며 자신들의 관점은 절대적으로 자신들만의 것인 줄 알았습니다. 그러나 이들은 이것이 당치도 않은 일이며 자신들은 세상 사고방식의 희생자일 뿐이라는 사실을 깨달았습니다. 벤틀리E. C. Bentley(1875-1956, 영국의 저널리스트로 현대 추리소설의 대부로 불린다. 체스터튼과 절친한 사이였다-옮긴이)는 이것을 친구 체스터튼에게 보낸 짧은 시에서 이렇게 표현했습니다.

당신과 내가 젊었을 때,
세상은 정말 나이가 많았네.

그의 말은 말 그대로 진리입니다.

우리 모두는 선입견과 사고방식들을 물려받았습니다. 우리 모두는 되풀이하고, 되풀이하고, 되풀이하는 모방이고 레코드판이며 거의 로봇이나 다름없는 자들입니다. 왜 우리는 이런저런 일들을 합니까? 다른 사람들이 하기 때문입니다! 우리는 최첨단을 걸으며 시대에 뒤지고 싶어하지 않습니다. 우리는 "해야 할 일"을 하고 싶어합니다. 우리는 신문과 텔레비전과 라디오와 게시판의 광고와 선전의 희생자들입니다. 지금의 우리를 만들어 낸 "세상의 마음"은 하나님과 대립됩니다.

신약에는 여기에 대한 흥미로운 가르침이 있습니다. 사람들은 하나님의 성령을 받을 때 이 가르침을 점점 더 분명하게 깨닫기 시작합니다. 사도 바울은 에베소 교인들에게 이 가르침을 분명하게 제시합니다. "그는 허물과 죄로 죽었던 너희를 살리셨도다"엡 2:1.

여러분은 이렇게 말합니다. "하지만 그 사람들은 살아있었는데요."

물론 이들은 살아있었지만 "허물과 죄로 죽어있었습니다." 사람들은 육체적으로는 살아있으면서 영적으로는 죽어있을 수 있습니다. 우리가 보았듯이, 이것이 모든 인간의 문제입니다. 우리는 모두 영적으로 죽어있습니다. 우리는 영적인 부분을 깨닫지 못합니다. 우리는 영적으로 생각하지 않습니다. 바울은 계속해서 이렇게 말합니다.

그때에 너희는 그 가운데서 행하여 이 세상 풍조를 따르고 공중의 권세 잡은 자를 따랐으니 곧 지금 불순종의 아들들 가운데서 역사하는 영이라. 전에는 우리도 다 그 가운데서 우리 육체의 욕심을 따라 지내며 육체와 마음의 원하는 것을 하여 다른 이들과 같이 본질상 진노의 자녀이었더니엡 2:2-3.

마음의 자유라는 것은 없습니다. 우리는 모두 하나님과 반대되는 선입견을 물려받습니다. 우리는 모두 이 세상의 전망을 갖고 있습니다.

소년이 나이 들면 이렇게 말합니다. "지금까지는 부모님이 주일학교에 가라고 해서 억지로 다녔지만 더 이상은 싫어! 이제부터는 나 스스로 생각하고 행동할 거야!" 그러고는 자기 생각에 완전히 새롭고 절대적으로 독창적인 것들을 말하기 시작합니다. 그러나 그의 아버지도 할아버지도 똑같이 했습니다. 이것은 아담과 하와가 타락한 이후로 지금까지 똑같이 행해진 일입니다.

그러나 문제는 이것입니다. 무엇이 세상의 마음을 지배합니까? 삶과 하나님과 죽음, 자신과 영원에 대한 사람들의 생각을 지배하는 것은 무엇입니까? 사도 바울과 성경 전체에 따르면, 이 모든 것이 마귀의 지배를 받고 있습니다. 그렇습니다. 저는 지금도 마귀가 존재한다고 설교합니다! 제가 이렇게 설교하는 것은, 성경이 이렇게 말하기 때문입니다. 그러나 설령 그렇지 않더라도 저는 마귀가 존재한다고 생각할 것입니다. 세상의 상태를 달리 설명할 수 없기 때문입니다. 무엇이 스스로 바르고자 하는 인간의 노력을 방해합니까? 왜 모든 문명은 몰락합니까? 왜 세상은 기록된 역사 내내 그랬던 것처럼, 지금도 스스로를 구원하려고 몸부림치지만 실패합니까?

답은 하나뿐입니다. 마귀, 곧 "세상의 신"고후 4:4, "공중의 권세 잡은 자······곧 지금 불순종의 아들들 가운데서 역사하는 영"입니다엡 2:2. 세상이 이 사실을 알지 못하기 때문에 세상은 지금과 같은 것입니다. 우리의 모든 노력이 허사가 되며 그 무엇도 우리를 구해 내지 못하는 것은 마귀 때문입니다. 보이지 않는 엄청난 영적 권세가 인간의 마음을 마비시키며 가리고 있습니다. 사도 바울은 말합니다. "만일 우리의 복음이 가리었으면 망하는 자들에게 가리어진 것이라. 그중에 이 세상의 신이 믿지 아니하는 자들의 마음을 혼미하게 하여 그리스도의 영광의 복음의 광채가 비치지 못하게 함이니"고후 4:3-4.

그러나 이제 사람들은 성령의 능력과 이러한 가르침으로 인해 깨닫기 시작합니다.

사람들은 갑자기 무서운 편견, 영적인 폭군을 봅니다. 사람들은 "자유로운 사고자"free thinker 같은 것은 없다는 것을 알게 됩니다. 그러고 나서 묻습니다. "이 모든 것이 어떻게 된 일이야? 언제부터 이렇게 되었지?" 적절한 대답은 하나뿐입니다. 이 모든 것은 인간이 어리석게도 하나님을 거역했기 때문입니다. 인간은 하나님과의 교제를 누렸고 하나님은 인간에게 복을 주셨습니다. 그런데 변화가 일어났습니다. 먼저 마귀가 물었습니다. "하나님이 말씀하시더냐? 왜 하나님이 그렇게 말씀하셨지? 하나님은 너를 억누르고 네게서 인간의 권리를 빼앗기 위해서 그렇게 말씀하신 거야. 네 권리를 주장해 봐! 그럼 너는 하나님처럼 될 거야."

이것이 세상의 견해입니다. 이 전망의 주범은 마귀입니다. 세상적인 것은 아담의 첫 거역과 타락과 죄에서 시작되었습니다. 사람들은 이러한 것들을 깨달으면서 자신들이 희생자라는 것을 알기 시작합니다. 희생자가 되지 않으려고 애써 보지만, 결국에는 불가능하다는 것을 알게 됩니다. 사람들은 결심하지만 그 결심은 오래가지 못합니다. 사람들은 언제나 좌절해 있습니다. 그때 성령께서 이 모든 것은 세상이 마귀의 지배를 받기 때문이며, 인간은 거기서 자유로울 수 없다는 것을 보여주십니다.

사도 베드로는 이렇게 말합니다. "이 패역한 세대에서 구원을 받으라." "패역한"untoward이라는 단어는 죄에 빠진 인간에 대한 성경적인 표현입니다. 이 말은 비뚤어지고 고집불통이며 통제 불능이라는 뜻입니다. 이 말은 인간의 내면이 구부러지고 꼬였다는 뜻입니다. 세례 요한은 이사야의 "굽은 것이 곧아지고"라는 말을 인용하여 같은 말을 했습니다.눅 3:5 성경에 따르면 사람들은 그리스도인이 되고 죄를 깨닫기 시작할 때 이 사실을 알게 됩니다. 이 세상만 패역한 것이 아닙니다. 인간들도 그렇습니다. 인간과 세상은 모두 구부러지고 꼬였습니다. 곧은 것, 순수한 것, 깨끗한 것은 아무것도 없습니다.

본질상 구부러진 인간과 하나님을 떠난 세상의 모습을 보고 싶다면, 로마서 1장의 무서운 말씀에서 그 모습을 볼 수 있습니다.

하나님을 알되 하나님을 영화롭게도 아니하며 감사하지도 아니하고 오히려 그 생각이 허망하여지며 미련한 마음이 어두워졌나니 스스로 지혜 있다 하나 어리석게 되어 썩어지지 아니하는 하나님의 영광을 썩어질 사람과 새와 짐승과 기어다니는 동물 모양의 우상으로 바꾸었느니라. 그러므로 하나님께서 그들을 마음의 정욕대로 더러움에 내버려두사 그들의 몸을 서로 욕되게 하게 하셨으니 이는 그들이 하나님의 진리를 거짓 것으로 바꾸어 피조물을 조물주보다 더 경배하고 섬김이라. 주는 곧 영원히 찬송할 이시로다. 아멘. 이 때문에 하나님께서 그들을 부끄러운 욕심에 내버려 두셨으니 곧 그들의 여자들도 순리대로 쓸 것을 바꾸어 역리로 쓰며 그와 같이 남자들도 순리대로 여자 쓰기를 버리고 서로 향하여 음욕이 불 일듯 하매 남자가 남자와 더불어 부끄러운 일을 행하여 그들의 그릇됨에 상당한 보응을 그들 자신이 받았느니라롬 1:21-27.

이것은 이렇게도 요약되어 있습니다.

곧 모든 불의, 추악, 탐욕, 악의가 가득한 자요 시기, 살인, 분쟁, 사기, 악독이 가득한 자요 수군수군하는 자요 비방하는 자요 하나님께서 미워하시는 자요 능욕하는 자요 교만한 자요 자랑하는 자요 악을 도모하는 자요 부모를 거역하는 자요 우매한 자요 배약하는 자요 무정한 자요 무자비한 자라. 그들이 이같은 일을 행하는 자는 사형에 해당한다고 하나님께서 정하심을 알고도 자기들만 행할 뿐 아니라 또한 그런 일을 행하는 자들을 옳다 하느니라롬 1:29-32.

이것이 하나님 없는 대도시에 대한 묘사입니다! 이것은 가난한 자들뿐 아니라 부자들의 삶의 모습이기도 합니다. 여기 하나님이 없는 인간들, 더럽고 추악하며 역겹고 비열한 죄와 악의 종들이 있습니다. 이들은 "패역한 세대"입니다! 뒤틀렸습니다! 비뚤어졌습니다!

그런데 성령께서 죄를 깨닫게 하실 때, 사람들은 이러한 것들을 보고 깨닫기 시작합니다. 이들은 자신의 악함과 추함과 더러움─악한 상상과 악한 생각과 악한 행동-을 발견합니다. 사람들은 말합니다. "이게 도대체 어떻게 된 거야? 내가 이렇게 더러운 사람이라니! 이제 어떻게 해야지?" 이것이 예루살렘 사람들에게 일어난 일이며, 이들에게 "형제들아, 우리가 어찌할꼬"라고 탄식하게 한 것입니다.

이어서 복음의 메시지는, 우리는 결코 이렇게 되도록 계획된 존재가 아니며 세상이 지금처럼 되도록 계획된 것도 아니라고 말합니다. 지금의 세상은 하나님께서 지으신 본래 모습이 아닙니다. 이것은 인간의 반역과 더러움과 악이 빚어낸 결과입니다. 저는 하나님이 본래 의도하신 모습, 본래 하나님의 형상으로 지음받았을 때의 모습이 아닙니다. 그러나 저는 또 다른 인간상을 봅니다. 또 다른 가능성을 봅니다. 복음만이 이 가능성을 저에게 제시합니다. 저는 이것만을 확신합니다.

복음은 하나님이 없는 세상, 그분께 대적하는 세상을 기다리는 운명을 제게 보여주는데, 너무나도 무서운 운명입니다. 베드로가 오순절에 "너희는 이 패역한 세대에서 구원을 받으라"고 외친 것도 바로 이 때문입니다. 베드로는 어떤 의미로 이렇게 말했습니까? 사도 요한은 이것을 이렇게 표현합니다. "이 세상이나 세상에 있는 것들을 사랑하지 말라"-왜 그렇습니까?-"이 세상도, 그 정욕도 지나가되 오직 하나님의 뜻을 행하는 자는 영원히 거하느니라"요일 2:15, 17.

오순절에 예루살렘 사람들에게 사무친 메시지가 바로 이것이었습니다. 이들은 하나님께 죄를 지은 세상의 한 부분이었고, 하나님의 진노가 그 위에 임했습니다. 하나님께서는 세상에 대한 심판을 선언하셨습니다. 하나님 아들의 예언에 따르면, 세상은 나아지기는커녕 오히려 점점 악해질 것입니다. 그분은 우리가 "난리와 난리 소문"을 듣겠다고 하셨습니다.마 24:6. 오늘날 많은 사람들이 장밋빛 안경을 끼고는 전 세계적인 평화의 시대를 약속하지만, 이들의 말은 사탄의 속임수이자 덫입니다. 세상은 싸우며 전쟁을 일으킬 것입니다. 현대문명에도 불구하고, 하나님의 아들이 다시 오셔서 권능으로 심판을 하실 때까지는 악과 죄, 정욕과 더러움이 더할 것입니다.

하나님께서는 인류 역사 내내 다가올 심판을 계시하셨습니다. 그분은 노아 홍수에서 이 심판을 계시하셨습니다. 바벨탑의 붕괴에서 계시하셨습니다. 소돔과 고모라의 멸망에서 계시하셨습니다. AD 70년 예루살렘의 멸망에서 계시하셨습니다. 그리고 저는 그분이 20세기의 전쟁들 가운데서도 다가올 심판을 계시하고 계신다고 믿습니다. 우리의 문명과 우리의 위대한 진보는 조롱거리가 되고 있습니다. 세상의 상태는 하나님의 진노를 나타냅니다. 그분은 우리를 악에게 넘겨주셨습니다. 그분은 우리가 제멋대로 하도록 내버려두고 계십니다. 그분은 우리에게 이 패역한 세대에서 구원받을 것을 경고하시고 "임박한 진노를 피하라"고 경고하시려고마 3:7 당신의 인내를 거두어 가고 계십니다.

사도행전 2장에서 사람들은 이 경고를 들었습니다. 베드로는 "구원을 받으라"고 설교했으며, 이들은 "우리가 어찌할꼬" 하고 물었습니다. 베드로가 이들에게 준 대답은 하나님께서 그분의 독생자를 이 세상에 보내셨다는 것이었습니다. 무엇을 위해서였습니까? 새로운 인간, 새로운 인류를 시작하시기 위해서였습니다. 아담은 실패했고 타락했으며, 우리는 그 열매를 거두고 있습니다. 그러나 하나님께서는 당신의 아들, 두번째이자 마지막 아담을 보내셨습니다. 그분은 "많은 형제 중에서 맏아들"이십니다롬 8:29.

우리는 용서받을 수 있습니다. 우리는 구원받을 수 있습니다. 우리는 이 세상에 살면서 이 세상에 속하지 않을 수 있습니다. 우리는 새로운 생명, 새로운 본성을 얻고 새롭게 출발할 수 있습니다. 우리는 하나님의 자녀가 되며 영원한 영광을 고대할 수 있습니다. 이것이 기독교의 메시지입니다. 우리 모두에게 요구되는 것은, 이것을 믿고 주 예수 그리스도를 믿으며 어떤 희생이 따르더라도 그분을 따르는 것입니다. 세상을 버리고 십자가를 지고 어디든지 그분이 인도하시는 대로 따라가는 것입니다.

이로 인해 가족 간의 오해가 있을 수 있습니다. 하지만 그것이 무슨 상관이겠습니까? 나의 영혼이 위험에 처해 있습니다. 나는 한때 그들과 함께 죄 가운데 있었지만, 하나님은 내 영혼이 중요하다는 것을 제게 보여주셨습니다. 그들은 죽을 것이며 저도 죽을 것입니다. 그렇다면 내 영혼은 어떻게 됩니까? 여러분의 영혼이 잃어버린 바 되어 여러분은 하나님께 모르는 사람이며 여러분이 영원한 비극과 멸망과 고통과 상실에 빠진다면, 여러분의 가족이나 국가의 멋진 의견이 무슨 소용이며 국장國葬이나 멋진 절차나 멋진 조사弔辭가 무슨 소용이겠습니까?

"사람이 만일 온 천하를 얻고도 자기 목숨을 잃으면 무엇이 유익하리요."막 8:36. 이 메시지는 우리가 분리되어야 하며, 검이 와서 우리를 갈라놓아야 한다는 것을 말해 줍니다. 또한 그분이 검을 사용하여 우리를 자유롭게 하시도록 우리가 그분께 구해야 한다는 것을 말합니다. 그분은 이 일을 하시기 위해 세상에 오셨습니다. 그분은 "그러므로 아들이 너희를 자유롭게 하면 너희가 참으로 자유로우리라"고 말씀하셨습니다요 8:36. 여기 성령의 능력으로 임하는 진리, 우리를 어둠의 세상으로부터 분리하여 하나님의 사랑하는 아들의 나라로 옮기는 진리의 메시지가 있습니다. 세상과 세상의 모든 것을 버리고 하나님의 사람들과 연합하며 계속해서 그들 가운데 거할 때, 사람들은 자신들이 그리스도인이 되었다는 사실을 보여주는 것입니다. 이것은 단순히 지적인 변화가 아닙니다. 이 진리를 깨달았으므로, 이들은 세상을 미워합니다.

> 당신을 슬프게 하며
> 당신을 제 가슴에서 몰아내는
> 죄를 미워하나이다.
> —윌리엄 쿠퍼William Cowper

이들은 해방되기를 원합니다. 그리스도 닮기를 원합니다. 지성만이 아니라 감성과 의지도 그렇게 되기를 원합니다. 처음에 말씀드렸듯이, 그리스도인이 된다는 것은 인간에게 일어날 수 있는 가장 심오하고 가장 근본적인 변화입니다.

그러므로 이제 오래된 질문을 던짐으로 설교를 마치겠습니다. 하나님 아들의 검이 여러분에게 사용되었습니까? 그 검이 여러분을 세상으로부터 나누고 분리시켰습니까? 여러분의 지성과 전망과 바람은 세상의 것과 다릅니까? 세상의 비열함과 거짓과 겉치레와 극한 공허를 보았습니까? 여러분이 지금 상태로 죽으면 하나님의 심판을 받는다는 것을 아십니까? 자신을 세상으로부터 분리시켜 하나님의 아들에게 드리고 그분의 백성의 삶과 교제에 참여함으로써, 자신이 이것을 안다는 증거를 보여주었습니까? 여러분은 이들 첫 신자들의 삶에 찾아온 "기쁨"과 "말할 수 없고 영광으로 가득한 즐거움"을 아십니까?

하나님, 당신의 성령으로 지금까지 이 진리에 무지하던 모든 자들이 진리를 깨닫고 적용하게 하소서!

07

오로지 힘쓰니라

그 말을 받은 사람들은 세례를 받으매 이날에 신도의 수가 삼천이나 더하더라. 그들이 사도의 가르침을 받아 서로 교제하고 떡을 떼며 오로지 기도하기를 힘쓰니라. 사람마다 두려워하는데 사도들로 말미암아 기사와 표적이 많이 나타나니 믿는 사람이 다 함께 있어 모든 물건을 서로 통용하고 또 재산과 소유를 팔아 각 사람의 필요를 따라 나눠 주며 날마다 마음을 같이하여 성전에 모이기를 힘쓰고 집에서 떡을 떼며 기쁨과 순전한 마음으로 음식을 먹고 하나님을 찬미하며 또 온 백성에게 칭송을 받으니 주께서 구원받는 사람을 날마다 더하게 하시니라.

사도행전 2:41-47

사도행전을 살펴보면서 우리 모두는 본질상 하나님의 진노 아래 있으며, 현재의 세상도 그러하다는 것을 보았습니다. 한 맹인이 주님의 대적들에게 "하나님이 죄인의 말을 듣지 아니하시고"라는 매우 분명한 진리를 말한 적이 있습니다요 9:31. 하나님께서 의도적으로 그분을 우롱하고 대적하며 그분의 거룩하신 이름을 모독하는 자들을 복주시리라 기대하는 것은 소용없는 짓입니다. 의심할 여지 없이, 세상이 현재와 같은 것은 "하나님의 진노가 불의로 진리를 막는 사람들의 모든 경건하지 않음과 불의에 대하여 하늘로부터 나타나기" 때문입니다롬 1:18. 하나님께서는 당신의 인내를 거두어 가십니다. 때때로 그분은 세상이 그들의 악한 생각대로 행하도록 내버려두십니다. 그분은 인간이 자신의 어리석은 생각의 열매를 스스로 거두게 하십니다. 인간은, 하나님은 없으며 자신들은 신 없이도 살 수 있고 스스로 세상을 꾸려 갈 수 있다고 말합니다. 하나님께서는 인간이 이렇게 할 때 무슨 일이 일어나는지 인간들 스스로 확인하게 하십니다. 이것은 하나님께서 인간의 반역과 오만에 대한 당신의 진노를 나타내시는 한 방법입니다.

그러나 우리는 한편으로 오늘날 모든 개인과 세상의 유일한 희망은 우리 구주 예수 그리스도의 복음뿐이며, 주님께서 교회를 세우신 것은 당신의 메시지를 전하고 선전하기 위해서라는 것을 믿고 전합니다. 그래서 우리는 지금까지 초대교회의 기사를 살펴보고 있으며, 인간이 어떻게 그리스도인이 되고 어떻게 철저히 변화되어 그 영혼에 하나님의 생명을 지닌 새로운 피조물이 되는지 살펴보았습니다.

또한 이 새 생명이 즉시 자신을 드러낸다는 것도 보았습니다. 실제로 생명은 자신을 표현합니다. 그럴 수밖에 없습니다. 아기는 태어나는 순간 자신이 살아있다는 것을 표현합니다. 움직이며 먹을 것을 찾습니다. 죽은 아기는 이렇게 하지 않지만 살아있는 아기는 이렇게 합니다. 생명에는 활기가 있습니다. 이미 보았듯이, 우리 주 예수 그리스도 안에 있는 새 생명도 마찬가지입니다. 그러므로 그리스도인들의 모습과 행동은 모두 그들 안에 있는 새 생명의 표현입니다. 제 말은 이들의 모든 행동 하나하나가 그렇다는 것이 아니라, 이들 삶의 주된 성향이나 특징이 그렇다는 것입니다. 이것을 달리 표현하면, 그리스도인들은 그 안에 새 생명을 가졌고, 그 안에 하나님의 생명을 가졌다고밖에는 설명할 수 없는 사람들입니다. 우리 주님께서는 이렇게 말씀하지 않으셨습니까? "내가 온 것은 양으로 생명을 얻게 하고 더 풍성히 얻게 하려는 것이라"요 10:10. 그분이 없다면, 우리에게는 생명이 없습니다. 더 이상 존재하지도 않습니다. 오직 그분만이 생명을 주십니다.

우리는 지금 새 생명이 나타나는 방법들을 살펴보고 있습니다. 지금까지는 새 생명의 일부분만 살펴보았는데, 그것도 소극적인 면이었습니다. 다시 말해, 사람들이 그리스도인이 될 때 가장 먼저 하는 일은 자신을 세상으로부터 분리한다는 것입니다. 여기에 대한 이유도 몇 가지 살펴보았습니다. 그러면 새 생명은 적극적인 방법으로는 어떻게 나타납니까? 이것은 사람들이 상상하는 것과는 정반대로 이루어집니다. 왜 사람들은 성경책을 펴서 오늘 우리가 살펴보는 사도행전 본문을 보면서도, 본능적으로 그리스도인과 기독교와 교회에 관해 우리가 여기서 발견하는 것과 정반대로 생각합니까? 이것에 대해서는 한 가지 답밖에 없습니다. 바로 죄 때문입니다. 앞에서 보았듯이 성경은 죄가 우리의 **눈을 멀게 한다**고 말합니다. 죄가 분별력을 떨어뜨려서 여러분이 사람들에게 진리를 제시하더라도 그들은 그 진리를 보지 못하는 것입니다. 다른 설명은 없습니다.

이제 여기 사도행전에 나타나는 적극적인 믿음의 표현을 살펴보겠습니다. 다시 말씀드리지만, 저는 이 본문이 우리 모두에게 매우 실제적인 테스트가 될 것이 분명하다고 믿습니다. 우리는 본문이 제시하는 모습과 일치합니까? 이것이 우리에게도 해당합니까? 우리는 본문이 말하는 것을 하고 있습니까? 이것들은 절대적인 것들입니다. 이것을 피할 수 없습니다. 우리는 그리스도인이거나 그리스도인이 아니거나 둘 중 하나이며, 본문의 진리에 비춰 보면 어느 쪽인지 알게 될 것입니다. 몇 구절을 제시하겠습니다.

> 42절: "그들이 사도의 가르침을 받아 서로 교제하고 떡을 떼며 오로지 기도하기를 힘쓰니라."
>
> 44절: "믿는 사람이 다 함께 있어 모든 물건을 서로 통용하고."
>
> 45절: "또 재산과 소유를 팔아 각 사람의 필요를 따라 나눠 주며."
>
> 46절: "날마다 마음을 같이하여 성전에 모이기를 힘쓰고 집에서 떡을 떼며 기쁨과 순전한 마음으로 음식을 먹고."

특히 42절과 46절을 강조하고 싶습니다. 이들은 그리스도인이 되었습니다. 이들은 이 사실을 어떻게 보여주었습니까? 소극적인 면에서 볼 때, 이들은 자신들을 과거의 자신으로부터 분리시켰습니다. 적극적인 면에서 볼 때, 이들은 교회에 합류하고 계속 교회 안에 있었습니다. 이것을 나눠 생각해 보겠습니다. 첫째, "저희가……오로지……힘쓰니라." "날마다……힘쓰고"라는 말씀에서 보듯이, 이들은 지속적으로 모였습니다. 모든 믿는 자들이 이렇게 했으며, 모든 그리스도인들이 지속적으로 힘써 모였습니다. 그러므로 저의 첫번째 주장은 이것입니다. 여러분 자신이든 다른 누구든, 어떤 사람이 그리스도인인지 아닌지를 알아보기 위한 첫번째 테스트는 이렇게 물어보는 것입니다. 당신은 다른 그리스도인들과 함께 모이고 싶어합니까? 여러분에게 이런 바람이 없다면 결론은 하나밖에 없습니다. 여러분은 그리스도인이 아닌 것입니다. 어떤 사람은 이렇게까지 말할 필요는 없다고 생각하겠지만, 슬프게도 이런 경고는 필요합니다.

지금과 같이 시리즈 설교를 하는 동안, 신문이 제게 필요한 예화를 제공할 때가 너무도 많다는 것은 언제나 흥미로운 일입니다. 확신컨대, 교인 중에는 이렇게 중얼거리는 사람들도 있을 것입니다. "이 사람 이런 얘기는 왜 하는 거야? 이건 너무나 당연한 거 아냐? 이 사람 혹시 누굴 넘어뜨리려고 공격대상을 찾고 있는 거 아니야?" 이렇게 생각하는 사람이 있다면, 제가 최근 신문에서 읽은 기사를 읽어 드리겠습니다. 여기 굵은 기사제목이 있고 그 밑에 어떤 목사의 사진이 그 아래 브룩스라는 사람의 인터뷰 기사와 함께 실려 있습니다. 브룩스 씨와 그의 아내는 교회에 다니지는 않지만 아기에게 유아세례를 받게 하고 싶었습니다. 그러나 목사는 이를 거절했습니다. 그는 브룩스 씨 부부와 대부모^{godparents}가 세례의 목적을 공부하는 교육과정에 참여하겠다고 약속해야만 유아세례를 주겠다고 했습니다. 그 목사는 브룩스 씨 부부에게 그들이 지금 무엇을 하고 있는지 분명히 일깨워 주고 싶다고 했습니다.

브룩스 씨는 「이브닝 스탠다드」$^{Evening\ Standard}$ 기자에게 이렇게 말했습니다. "저는 그리스도인이지만 교회에는 절대 가지 않고 믿는 타입입니다!" 그러나 그의 말은 여기서 끝나지 않았습니다. "저는 대부분의 교인들은 위선자이며 습관적으로 교회에 다닐 뿐이라고 믿습니다."

기자는 이렇게 덧붙였습니다. "기자가 보기에 사람들이 이러한 교육과정에 참여해야 한다는 바람과 요구는 최근에 일어난 쇄신의 하나로, 목사의 호의를 사람들을 교회로 인도하려는 것과 맞바꾸려는 마지막 시도를 나타낸다." 기사는 이렇게 끝납니다. "브룩스 씨의 제안은 목사에 의해 단호히 거부당했고, 브룩스 씨는 자신은 교회에 출석하지 않는 사람이 정기적으로 출석하는 사람만큼이나 훌륭한 그리스도인이라고 생각한다고 했다."

제가 앞에서 몇 구절을 제시한 것도 바로 이 때문입니다. 여러분이 "절대 교회에 출석하지 않는 타입"일 때에도 그리스도인일 수 있다고 말하는 사람이 여기 있습니다. 실제로 그는 자신이 교회에 출석하는 사람들보다 더 나은 그리스도인이라고 말하고 있습니다. 그는 교회에 가는 사람들은 위선자에 불과하며 전통에 따라 습관적으로 갈 뿐이라고 말합니다. 그는 이렇게 말합니다. "나는 훌륭한 그리스도인이지만 교회에는 안 갑니다. 난 그런 타입이 아니거든요."

사도행전에 따르면, 이런 사람은-저는 이 사람을 모르지만 그에 관해 여러분에게 말씀드릴 수는 있습니다-그리스도인이 아닙니다. 제가 이렇게 말하는 것은, 그가 예배당에 나오는 사람들에 대해 모욕적 언사를 했기 때문이 아닙니다. 우리 모두 브룩스 씨의 말에 가능한 한 솔직한 태도를 취하고 교회에 다니는 사람들 가운데 많은 수가 위선자라는 사실을 인정해야 합니다. 저는 이런 사람들을 옹호하려고 여기 선 것이 아닙니다. 교회 안에는, 자신이 왜 교회에 나오는지 그리스도인이라는 것이 무슨 의미인지도 모르면서 습관적으로 교회를 오가는 사람들이 있다는 것을 저는 압니다. 그렇습니다. 브룩스 씨의 말이 모든 교인에게 해당한다는 데는 동의하지 않지만, 그의 말을 인정합니다. 저는 그가 신약성경에 나오는 것과는 정반대로 행동하기 때문에 그리스도인이 아니라고 말하는 것입니다. 그는 초대교회 그리스도인들이 했던 일, 다른 진정한 그리스도인들이 항상 해온 일을 노골적으로 부정하고 그와는 모순되게 행동하고 있습니다.

하나님이 주시는 새 생명을 가졌다는 첫번째 증거는, 이 생명을 가진 사람들과 함께 모이는 것입니다. 여러분이 보시다시피, 이것은 목회자들이 자신들의 생계에만 신경 쓰면서 어떻게든 교인들을 끌어모으려고 애쓰는 우리 시대의 모습과는 너무나 다릅니다. 앞에서 인터뷰한 그 사람은 목회자들이 교회에 출석하지 않는 사람들의 자녀에게 유아세례 주기를 계속 거부한다면 결국 교인을 다 잃게 될 것이라고까지 말합니다! 그에 따르면 기독교는 사회적 형식에 불과합니다. 그러나 말씀을 전하던 사도 베드로는 사람들을 모으는 데 관심이 없었습니다. 그의 관심은 영혼을 구원하는 것이었습니다. 이것이 교회의 일입니다. 교회의 일은 사람들에게 진리를 선포하는 것입니다.

여러분에게 보여드리겠지만, 저의 어려움은 교회가 자신의 존재 원리를 스스로 깨고서 브룩스 씨의 말을 정당화하는 행동을 할 때가 너무나 많다는 것입니다. 그러나 신약성경에는 이런 모습이 보이지 않습니다. 저는 이처럼 제도화된 교회에 관심이 없습니다. 제 관심은 오로지 살아계신 하나님의 교회, 곧 신약성경의 교회뿐입니다. 저는 다른 것은 인정하지 않습니다. 저는 그런 제도를 옹호하려고 여기 있는 것이 아닙니다. 제가 이 자리에 선 것은, 진정한 교회란 무엇이며 진정한 복음이란 무엇인지 보여드리기 위해서입니다. 예배당에 한번도 와본 적 없는 사람들은 정의定義상으로 그리스도인이 아닙니다. 왜냐하면 이들은 자신들 속에 하나님의 생명이 없다는 것을 보여주고 있기 때문입니다.

둘째로는, 이따금씩 교회에 가는 사람들은 엄밀히 말해 매우 의심스러운 그리스도인이라는 것을 말씀드리고 싶습니다. 가물에 콩 나듯이 교회에 출석하는 사람들이 많습니다. 이들은 더 좋은 일이 없을 때 예배당을 찾습니다. 이런 모습을 우리가 여기서 읽은 본문내용과 일치시킬 수 있습니까? 그러므로 이것이 유일한 기준입니다. 우리에게는 사람들을 가늠할 다른 방법은 없습니다. 여러분이나 저 또는 브룩스 씨가 생각하는 그 무엇이 사람들을 그리스도인 되게 하는 것이 아닙니다. 브룩스 씨가 생각하는 그리스도인의 개념을 보면 흥미롭습니다. 그는 아마도 그리스도인은 착하고 도덕적인 사람, 따라서 교회에 가는 위선자들보다 훨씬 나은 사람이라고 생각하는 것 같습니다. 여러분도 아시다시피, 이 불쌍한 사람은 기독교에 대해 아무것도 모릅니다. 그는 자신이 안다고 생각하지만, 그의 영혼, 더 나아가 그의 행동은 그가 알지 못한다는 것을 증명해 줍니다.

제가 말씀드렸듯이, 이것은 비단 브룩스 씨와 같은 사람만이 아니라 이따금씩 교회에 가는 사람들에게도 적용됩니다. 이들은 교인 명부에 계속 남아 있습니다. 말하자면 1년에 한 번 헌금을 하고는 자신이 교인이라고 생각합니다. 스스로 그리스도인이라고 생각합니다. 이들은 자신이 진정한 교회에 속했다고 생각합니다. 이런 모습을 우리가 사도행전에서 읽은 내용과 일치시킬 수 있겠습니까?

세번째 경우도 보여드리겠습니다. 단순히 신분의 상징으로 교회를 다니는 사람들은 어떻습니까? 교회 출석이 사회활동의 일부분에 불과할 수 있습니다. 이런 경우는 자주 듣는 일입니다. 사람들은 아침 예배에 참석하고 간단한 포도주 파티를 마친 다음 점심을 먹으러 돌아갑니다. 사회적 관습이랍니다! 그러나 사도행전 2장을 보면, 사람들이 그리스도인이 되고 거듭나고 내면에 새 생명을 소유할 때, 다른 그리스도인들과의 연합이 가장 큰일이며 삶의 중심이라는 것이 너무나 분명하지 않습니까? "날마다 마음을 같이하여 성전에 모이기를 힘쓰고 집에서 떡을 떼며……." 이런 사귐이 없는 곳에 기독교의 증거가 있다고 말할 수 있겠습니까?

저의 두번째 주장은, 이들이 정기적으로 모였을 뿐 아니라 즐겁게 모였다는 것입니다. 이들은 마지못해 모이거나 두려움 때문에 모인 것이 아니었습니다. 그저 의무를 이행하려고 모인 것이 아니었습니다. 저는 분명한 그리스도인이 아니었을 때 예배당에 갔다가, 모든 예배시간에 참석하지 않는 교인들을 비난하는 설교를 꽤 자주 들었던 기억이 납니다. 당시에는 이런 설교가 아주 싫었습니다. 그때 이러한 비난이 잘못된 것이라고 느꼈고 도저히 이해할 수 없었습니다. 저는 설교를 들으면서 속으로는 설교자에게 이렇게 대꾸하고 있었습니다. "글쎄, 왜 사람들이 교회에 오지 않는지는 자신에게 물어봐야 할 걸. 이 질문을 곰곰이 생각해 보면 문제는 사람들이 아니라 바로 당신에게 있다는 걸 알게 되겠지."

이것은 비그리스도인이 대답하는 방법이었습니다. 그때 이후로, 감사하게도 저는 이런 일들에 대해 조금의 통찰력을 갖게 되었고, 바로 이 때문에 절대로 사람들에게 예배 참석을 강요하지 않습니다. 여러분 기억에, 사람들이 공적 예배에 참석하지 않는다고 제가 질책한 적이 있습니까? 여러분은 그런 경우를 찾을 수 없을 것입니다. 저는 어느 누구에게도 제가 사역하던 이 교회나 저 교회에 다니라고 한 적이 단 한 번도 없습니다.

왜 그렇게 하지 않습니까? 사도행전을 믿기 때문입니다. 저는 예배 끝에 사람들에게 강단으로 나오라고 함으로써 "집회를 시험하는" 일도 하지 않습니다. 왜 그렇게 하지 않겠습니까? 사람들이 설교를 듣고 "형제들아, 우리가 어찌할꼬" 하며 울부짖게 하는 성령의 역사가 있다고 믿기 때문입니다. 저는 사람들이 어떤 강제력 때문에 결단하거나 예배에 참석하는 것이 아니라고 생각합니다. 기쁜 마음으로 그리스도인의 모임에 나가지 않는다면 여러분이 정말 그리스도인이겠습니까? 제가 말하려는 것은 이것입니다. 사도행전 2장의 사람들은 거듭났으며 "오로지 힘씀"으로 자신들이 거듭났다는 것을 보여주었습니다. 이들은 주위를 둘러보거나 주변 사람들을 지켜보면서 비난하는 어투로 "지난 모임에 안 나오셨죠!"라고 말할 필요가 없었습니다. 예루살렘의 그리스도인들은 날마다 지속적으로 "힘써" 모였습니다. 이들은 서로 떨어져 있을 수 없었습니다.

처음이 이와 같았고 모든 개혁과 부흥의 시대도 이와 같았습니다. 위대한 부흥기마다 있었던 이러한 모습을 얼마든지 제시할 수 있습니다. 2백 년 전에 일어났던 복음주의 감리교의 각성운동을 생각해 보십시오. 초기 감리교인들은 언제나 함께 모였습니다. 이들은 모이기를 열망했습니다. 예배가 되도록이면 빨리 끝나기를 원하지도 않았습니다. 이들은 매일 모였으며 모임은 몇 시간씩 계속되었습니다. 이들은 하루 일과를 끝낸 후 서로의 집에서 소그룹으로 성경을 공부하고 기도했습니다.

이 모든 것들이 기독교에 관한 일반적인 개념이나 많은 나라에서 관습화되어 버린 것들과는 너무나 다르지 않습니까? 사람들은 주일 아침이면 마지못해 교회에 가서 예배, 특히 설교가 너무 길지 않기를 기도합니다. 기도라는 것을 한다면 말입니다. 요즘에는 설교하러 온 불쌍한 사람에게 "11시-묵도, 12시-축도" 식으로 정해진 프로그램을 제시하는 교회들이 있다는 말을 들었습니다. 보시다시피 설교자에게는 어떤 선택도 없습니다. 12시까지는 무슨 일이 있어도 예배를 끝내야 합니다. 예배는 절대 길어서는 안됩니다. 이것을 사도행전의 모습과 일치시킬 수 있습니까? 모이는 일은 그리스도인들의 삶에서 가장 큰 기쁨이 아니었습니까? 이들은 본능적으로 항상 모였으며, 그 무엇도 이들을 떼어 놓을 수 없었습니다. 이것이 새 생명의 표현입니다.

본문에서 나타나는 셋째 원리는 온갖 유형의 사람들이 다 모였다는 것입니다. 이 점이 가장 중요합니다. 교회 출석은 특정한 사람, 종교적인 사람, 종교적 콤플렉스를 가진 사람들에게나 어울린다고 생각하는 현대사상이 있습니다. 어떤 심리학자는 이렇게 말합니다. "아주 간단합니다. 당연히 종교적 경험은 특정한 유형에게만 일어나니까요." 이들은 진심으로 자신들에게 하고 싶은 일을 할 자유가 주어진다면, 우리가 이런 종류의 것을 하고 싶어하는 것을 굳이 반대하지 않겠다고 말할 준비가 되어 있습니다.

그러나 이 위대한 오순절에 예루살렘에 모인 사람들은 세계 각지에서 왔습니다. "그때에 경건한 유대인들이 천하 각국으로부터 와서 예루살렘에 머물러 있더니……바대인과 메대인과 엘람인과 또 메소보다미아, 유대와 갑바도기아, 본도와 아시아, 브루기아와 밤빌리아, 애굽과 및 구레네에 가까운 리비야 여러 지방에 사는 사람들과 로마로부터 온 나그네 곧 유대인과 유대교에 들어온 사람들과 그레데인과 아라비아인들이라……." 이처럼 전 세계적인 모임은 일찍이 없었습니다! 그러나 성령의 능력으로 행한 베드로의 설교로 인해 무슨 일이 일어났습니까? 서로 국적이 다르고 신분도 다른 사람들이 모두 하나가 되었으며 힘써 모이기를 원했습니다.

바꿔 말하면-이것은 가장 중요하고 근본적인 원리입니다-여러 면에서 이러한 다양성은 새로운 탄생, 곧 거듭남의 실재를 보여주는 가장 중요한 증거 가운데 하나입니다. 그것은 이렇게 증명됩니다. 여기 본질적으로 전혀 다른 사람들이 있습니다. 이들은 국적이 다르고 사회적 신분도 다릅니다. 어떤 사람들은 고용주이고 어떤 사람들은 노동자이며, 어떤 사람들은 전문직에 종사하고 어떤 사람들은 좀더 단순한 일을 하고 있습니다. 그뿐 아니라 기질과 지적인 능력도 엄청나게 다릅니다. 예수님의 제자들이 서로 얼마나 달랐는지를 보는 것은 언제나 재미있습니다. 예를 들어 요한과 같은 사람이 있는가 하면 베드로와 같은 사람도 있습니다. 사도 바울도 전혀 달랐습니다. 우리가 여기서, 실제로 신약성경 어디서나 듣는 놀라운 사실은 배경과 기질과 능력이 전혀 다른 사람들이 한데 모여 하나가 된다는 것입니다. 특별한 연합이 있습니다. 이 연합은 피상적인 구분이나 차이보다 깊을 뿐 아니라 교회 역사에서 오늘날까지 이어져 내려오고 있습니다.

제가 보기에 이러한 연합은 새로운 탄생, 곧 거듭남의 실재를 보여주는 절대적인 증거입니다.

이에 대한 훌륭한 예가 고린도전서에 있습니다. 사도 바울은 그의 편지를 받는 사람들에게 이렇게 써서 보냈습니다. "형제들아, 너희를 부르심을 보라. 육체를 따라 지혜로운 자가 많지 아니하며 능한 자가 많지 아니하며 문벌 좋은 자가 많지 아니하도다"고전 1:26. 고린도교회 교인들 가운데 다수가 지적인 면에서 그다지 뛰어나지 않았던 것이 분명합니다. 이들은 위대한 철학자가 아니었습니다. 단순한 사람들이었습니다. 세상은 이들을 가리켜 "미련하다"고 했으며, 철학자들도 이들을 그렇게 불렀습니다. 그러나 놀랍고도 신기한 일은 인간으로서 가장 놀라운 두뇌를 가진 사도 바울이 이들과 가장 아름다운 교제를 누릴 수 있었다는 것입니다.

바울이 로마교회에 보낸 편지에서도 같은 모습을 발견할 수 있습니다. 로마교회 교인들은 대부분 가이사 왕실의 종이었던 것으로 보입니다. 그러나 사도 바울은 이들에게 이렇게 편지할 수 있었습니다. "내가 너희 보기를 간절히 원하는 것은 어떤 신령한 은사를 너희에게 나누어 주어 너희를 견고하게 하려 함이니 이는 곧 내가 너희 가운데서 너희와 나의 믿음으로 말미암아 피차 안위함을 얻으려 함이라"롬 1:11-12. 여기 위대한 인물이 있습니다. 그는 훈련받은 바리새인일 뿐 아니라 헬라의 시와 문학에 능통하며 로마법에 대해서도 상당한 지식이 있었습니다. 그런 그가 자신과 같은 박식함을 전혀 갖추지 못한 종들과 무지한 사람들 사이에 앉아 아주 친밀하게 교제를 나눌 수 있었습니다. 왜입니까? 답은 하나뿐입니다. 이들에게는 공통점이 있었습니다. 그것은 바로 거듭남이었습니다.

여러분이 본질적으로 어떤 사람인지는 중요하지 않습니다. 제가 항상 의사와는 달리 복음 전파자는 사람들의 세세한 부분까지 알 필요가 없다고 말하는 것도 바로 이 때문입니다. 여러분이 의사라면 환자에 대해 아는 것이 아주 중요합니다. 환자의 내력을 알아야 합니다. 무엇이 문제인지 정확히 알아야 합니다. 그래서 환자에게 어디가 아프냐고 묻습니다. 환자는 자신의 상태를 이야기하고 여러분은 이것저것 물으면서 상세한 상황을 파악합니다. 그리고 나서 여러분은 "유전 때문이 아닌지 의심스럽습니다"라고 말합니다. 이제는 환자의 가족 내력을 알아야 합니다. 이러한 것들을 자세하게 살피지 않고는 확실한 진단을 내릴 수 없습니다. 부모님이 아직 살아계시느냐, 아니면 어떻게 돌아가셨느냐 등 여러분은 환자의 아버지와 어머니에 대해 묻습니다. 때로는 환자의 할머니, 할아버지에게까지 거슬러 올라갑니다. 그리고는 생각해 봅니다. '혹시 과로해서 그런 건 아닌가? 현대생활의 스트레스로 인한 질병이 아닌가? 직업병은 아닌가?' 여러분은 이 모든 것들을 알아야 합니다. 이것들을 알지 못하고는 정확한 진단을 내릴 수 없습니다.

그러나 설교자의 경우는 전혀 다릅니다. 이런 것들 가운데 설교자에게 중요한 것은 하나도 없습니다. 설교자는 증상보다는 질병에 관심이 있습니다. 무엇보다 우리가 관심 있는 것은 질병들이 아니라 **하나의** 질병입니다. 질병은 하나뿐이며, 그것은 바로 죄입니다. 한 인간이 어떤 사람이냐는 중요하지 않습니다. 그가 대단한 지성인인지 무식한 사람인지도 중요하지 않습니다. 어느 쪽이든 달라질 것은 전혀 없습니다. 저는 개인적으로는 여러분을 알지 못합니다. 그러나 여러분이 죄인이라는 것은 압니다. 여러분이 죄인인 것은, 제가 죄인이고 우리 모두가 죄인이기 때문입니다.

그러므로 제게는 여러분의 긴 내력이 필요 없습니다. 저는 여러분의 부모님에 대해 알고 싶지 않습니다. 그분들 역시 죄인이었다는 것을 알기 때문입니다. "의인은 없나니 하나도 없습니다"롬 3:10. 모든 차이와 구분에도 불구하고 달라지는 것은 아무것도 없음을 알고 있습니다. 지성은 부도덕을 막아 주는 항체가 아닙니다. 이타주의는 실패와 연약함을 막아 주는 항체가 아닙니다. 여러분 자신에 관한 모든 것을 제게 말씀해 주십시오. 이것은 중요하지도 않을뿐더러 상황을 조금도 바꾸지 못합니다. "우리의 한 가지 공통된 성질이 온 세계를 친척으로 만듭니다." 모든 민족, 모든 인종, 생각할 수 있는 모든 기질과 성격의 사람들이 하나의 공통분모를 갖는 것은 바로 이 때문입니다. 모든 사람들은 똑같은 것이 필요하며 이들에게는 똑같은 것이 주어집니다. 이들은 모두 같은 생명을 받았으며, 이 새 생명은 이들 안에서 자기를 나타냅니다. 이 생명은 지성보다 깊고 국적보다 깊으며 기질보다 깊고 재능과 소유보다도 깊습니다. 이 생명이 한 사람의 삶과 전망 전체를 주관합니다.

네번째 원리는, 이렇게 다양한 사람들이 예루살렘에 함께 모인 이유와 관련이 있습니다. 어느 누구도 이들을 갈라놓을 수 없었던 이유는 무엇입니까? 왜 이들은 모이기를 기뻐했습니까? 그 답이 우리 앞에 아주 간단히 제시되어 있습니다. 세상이 답을 갖고 있습니다. 이것은 "유유상종"類類相從이라는 말로 설명될 수 있습니다. 이것은 영적인 영역에도 적절합니다. 사도 바울은 에베소교회에 보내는 편지에서 "평안의 매는 줄로 성령이 하나되게 하신 것"에 대해 썼으며엡 4:3, 유다는 자신의 편지에서 "일반으로 받은 구원"the common salvation(함께 가진 구원)에 관해 언급합니다유 1:3.

고린도전서 1장에는 이 위대한 원리가 부정문으로 표현되어 있습니다. 그리스도인은 즉시 완전해지지 않습니다. 우리가 완전해지는 데는 시간이 걸리며, 우리 가운데 그 누구도 이 세상에서는 완전할 수 없습니다. 그러나 우리는 완전해지고 있습니다. 고린도의 그리스도인들은 거듭났습니다. 그러나 마귀는 바빴습니다. 마귀가 들어왔고, 마귀의 술책을 눈치채지 못한 몇몇 어리석은 자들이 그의 도구가 되어 교회를 분열시키고 있었습니다. 그래서 사도 바울은 1장에서 고린도교회 교인들을 꾸짖은 것입니다. 그는 이렇게 말했습니다. "여러분은 자신이 교회인 것을 깨닫지 못합니까? 그리스도 오직 그분만이 여러분을 위해 십자가에 달리신 것을 깨닫지 못합니까? 여러분은 바울이나 아볼로나 게바에게는 관심이 있으면서, 그리스도인이 무엇이며 어떤 것이 교회를 이루는지는 잊어버렸습니까?"

왜 예루살렘 사람들은 사도의 가르침을 받아 서로 교제하며 떡을 떼며 기도하기를 오로지 힘썼습니까? 답은 간단합니다. 이들이 한 가족이기 때문입니다. 이들은 같은 생명을 가졌습니다. 성령으로 거듭 났으며 하나님의 생명이 이들의 영혼에 들어왔습니다. 이들은 하나된 가족의 구성원으로 함께 모인 사람들이었습니다.

여기에 대해서는 뭔가 불가사의한 것이 있습니다. 말로 분석하고 규정하기는 쉽지 않지만, 우리는 "피는 물보다 진하다"고 말하지 않습니까? 가정에 분란이 있을 수 있지만 외부의 공격이 시작되면 가족은 즉시 하나가 됩니다! 피는 물보다 진합니다. 그렇습니다! 그런데 영혼 속에 있는 하나님의 생명은 이 피보다 진합니다. 여러분에게 보여 드렸듯이, 여기에는 가족생활에까지 파고드는 무엇인가가 있습니다. 이것이 한 사람을 한 가족에서 이끌어 내고, 다른 사람을 다른 가족에서 이끌어 내어, 둘이 형제자매로 하나되게 합니다.

이 모든 것은 한 사람의 영혼에 들어온 새 생명의 자기 표현일 뿐입니다. 그리스도인들은 다른 사람들과 같은 세상에 살고 있지만, 그들과는 다른 전망을 갖고 있습니다. 그리스도인들은 스스로를 다르게 봅니다. 세상 사람들은 이 세상만을, 돈과 성공과 음식과 술과 의복과 섹스와 오락과 쾌락만을 생각합니다. 이것이 세상 사람들의 전망입니다. 그렇지 않습니까? 그러나 그리스도인의 전망은 전혀 다릅니다. 모든 그리스도인은 이 세상에서의 삶과 세상의 상태와 역사에 관해 근본적으로 같은 견해를 갖고 있습니다. 죽음에 관해서도 마찬가지입니다. 그리스도인들은 눈으로 볼 수 없는 세상이 이 세상보다 훨씬 더 중요하다는 것을 압니다. 물론 그리스도인들도 이 세상에서 살아야 합니다. 어떤 사람들은 어리석게도 그리스도인이면서 이 세상에서 살아가는 것은 불가능하다고 생각합니다. 그래서 수도사나 은둔자가 됩니다. 그러나 그리스도인들은 이 세상에서 벗어나지는 않지만, 이전에 관심을 끌었던 것들이 이제는 더 이상 그들의 마음을 사로잡지 못합니다.

여러분은 그리스도인이 될 때 자신이 하나님의 모양과 형상으로 지음받았고 그분을 만날 것이며, 인생은 짧고 잠시 지나가는 것이라는 엄청난 진리에서부터 시작합니다. 이제는 이 진리를 반드시 생각해야 합니다. 여러분은 전에는 이것을 생각하지 않으려 했습니다. 라디오를 켰습니다. 술잔을 기울였습니다. 마약에 손을 댔습니다. 생각하지 않으려고 무엇이든 했습니다. 그러나 이제는 이렇게 말합니다. "이제는 생각해야 돼. 생각하지 않는 건 미친 짓이야. 내 인생은 흘러가고, 나도 멈추지 못하지! 하나님이 계시고 영원이 있으며, 심판과 나의 영원한 상태가 있어!" 여러분의 모든 전망은 이러한 생각의 지배를 받습니다. 그렇다면 여러분은 이 세상에서 같은 전망을 가진 사람들과 시간을 함께하고 싶은 생각이 드는 것이 지극히 당연하지 않습니까? 여러분이 이러한 놀라운 사실들에 대해 좀더 알고 싶어하며 이것들에 대해 말하고 싶어하는 것이 당연합니다. 여러분은 자신이 다른 사람들과 다르며 예전처럼 그들과 어울릴 수 없다는 것을 압니다. 지극히 당연합니다. 새로운 전망과 새로운 이해와 새로운 방향을 가진 생명 때문입니다.

그뿐 아니라 그리스도인들은 모두가 근본적으로 완전히 같은 경험을 합니다. 모든 그리스도인들이 모든 세세한 부분에서까지 똑같은 유형의 경험을 해왔다는 뜻이 아닙니다. 그렇지 않습니다. 그러나 그리스도인들은 근본적으로는 같은 경험을 했습니다. 제가 지금까지 여러분에게 말한 엄청난 진리들을 깨닫지 않고서는 그리스도인이 될 수 없습니다. 과거에 세상적인 삶을 살았던 그리스도인들은 삶이 고되다는 것을 압니다. 이들은 실패가 무엇이며 비참함이 어떤 것인지도 압니다. 그러기에 이렇게 말했습니다. "여기서 벗어날 길은 없는가? 새롭게 시작할 수는 없는가? 새로운 삶을 살 수는 없는가?" 하지만 이런 고민은 언제나 아무런 성과 없이 끝났습니다. 그러나 이제 이들은 자신들이 새 생명을 가졌다는 것을 압니다. 이들은 해방되었습니다. 이들의 삶이 근본적으로 달라졌습니다. 앞에서 말씀드렸듯이 이들은 완전하지 않으며 완전히 이해하지도 못하지만, 자신들 속에 전에 없던 무엇인가가 있다는 것을 압니다. 사람들마다 극적인 정도는 다르지만, 이것은 모든 그리스도인의 공통된 경험입니다. 그리스도인들은 더 이상 소망 없는 사람들이 아니며 더 이상 혼자 버려진 사람들이 아닙니다. 이들은 다른 분을 알고 있습니다. 우리가 보았듯이, 이러한 사실 때문에 이들은 같은 바람과 같은 관심을 갖게 됩니다.

이것은 많은 찬송에서 표현되고 있습니다.

의심과 슬픔의 밤을 지나
순례자의 행렬은 전진하네.

무엇 때문입니까? 이들은 하나이기 때문입니다. 찬송은 계속됩니다.

여정의 목적지 향해 하나이며,
결코 지치지 않는 믿음으로 하나이기에.
―배링 굴드 S. Baring-Gould

예루살렘의 그리스도인들이 "날마다 마음을 같이할" 수 있었던 것은 이 세상 너머의 것, 이 세상보다 큰 것을 바라보고 있었기 때문입니다.

그리스도인들은 이 세상을 있는 그대로 평가하게 되었습니다. 그리스도인들은 이 세상이 절대 완전해지지 못하리라는 것을 압니다. 한때는 그렇게 되리라고 생각했습니다. 그래서 어떤 이들은 정치가가 되었고, 국법으로 세상과 삶을 바꾸고 하나님 나라를 앞당기며 그 나라의 법을 만들 수 있다고 생각했습니다. 그러나 이제 이들은 자신들이 그렇게 할 수 없다는 것을 알게 되었습니다. 그렇다고 그리스도인들이 더 이상 정치를 할 필요가 없다는 뜻은 아닙니다. 이제 그리스도인들은 정치적 행동은 단순히 악의 표출을 제어하고 삶을 감내할 수 있게 만드는 것일 뿐이라 생각합니다.

그리스도인들은 같은 소망을 가지고 있습니다. 그리스도인들은 말합니다. "우리는 이 세상에서 나그네요 순례자일 뿐입니다. 우리는 한때 이 세상에 정착했다고 생각했습니다. 이 세상에서 잘살려고 최선을 다했고 이생의 삶과 이 세상 말고는 아무것도 생각하지 않았습니다." 그러나 이제는 그렇지 않습니다. 그리스도인들은 자신들이 나그네요 체류자이며 여행자라는 사실을 항상 인식하고 있는 사람들입니다. 그리스도인들은 영원과 실재, 참 생명과 영원한 영광을 향해 나아가고 있습니다! 그리스도인들은 오직 이것만을 바라보고 있습니다. 같은 곳을 바라보고 있는 사람들은 함께 모일 수밖에 없습니다. 이들은 함께 여행하고 있는 것입니다.

그러나 무엇보다도 그리스도인들은 같은 구원자로 인해 기뻐합니다. 바로 이 사실이 궁극적으로 그리스도인들을 한데 모으며 이들을 하나되게 합니다. 그리스도인들은 기질을 비롯해 여전히 많은 부분에서 서로 다릅니다. 그러나 이들을 언제나 하나되게 하는 부분이 있는데, 바로 그분에 대한 태도와 관계입니다. 그리스도인들은 "내가 나된 것은 하나님의 은혜"라고 고백합니다. 다른 것은 없습니다. "저는 비참한 패배자였습니다. 맹인이었습니다. 바보였습니다. 영적으로 죽은 자였습니다. 완전히 무너져 내렸습니다. 그러나 하나님의 아들 그리스도께서 저를 사랑하셨고, 저를 위해 자신을 내주셨습니다. 제가 아직 하나님의 원수이고 그분을 거역할 때, 심지어 그분을 거슬러 말하고 행동할 때에도, 제가 신랄하게 그분을 반대할 때에도, 그분은 저를 사랑하셨습니다. 그분은 세상에 오셔서 저의 죄를 지셨습니다. 저를 대신해서 형벌을 받으셨습니다. 제 대신 죽으셨습니다. 그분은 부활하셨고, 하늘에 계시며, 하나님 우편에 앉아 계시고, 지금도 저를 위해 간구하고 계십니다. 저는 자랑할 것이 아무것도 없는 사람입니다."

사도 바울은 고린도전서 1장을 끝내면서 이렇게 말합니다. "자랑하는 자는 주 안에서 자랑하라 함과 같게 하려 함이라." 왜입니까? "너희는 하나님으로부터 나서 그리스도 예수 안에 있고 예수는 하나님으로부터 나와서 우리에게 지혜와 의로움과 거룩함과 구원함이 되셨기" 때문입니다.고전 1:30 그리스도인들은 자신은 아무것도 아니며 전혀 자랑할 것이 없다는 사실을 깨달은 사람들입니다. 그리스도인들도 전에는 여느 사람들처럼 자랑했습니다. 어떤 사람은 외모를, 어떤 사람은 두뇌를, 어떤 사람은 글 쓰는 재주를, 어떤 사람은 말하는 재주를, 어떤 사람은 멋진 목소리를, 어떤 사람은 철학적 식견을, 어떤 사람은 정치적 통찰력을 자랑했습니다. 우리의 소유를 자랑했습니다. 우리는 모두 교만했습니다. 사도 바울은 자신도 회심 전에는 이와 같았다고 말합니다. 그러나 그리스도인이 될 때, 이 모든 것은 산산조각 납니다. 그리스도인들은 바울과 함께 이렇게 말합니다.

> 그러나 무엇이든지 내게 유익하던 것을 내가 그리스도를 위하여 다 해로 여길뿐더러 또한 모든 것을 해로 여김은 내 주 그리스도 예수를 아는 지식이 가장 고상하기 때문이라. 내가 그를 위하여 모든 것을 잃어버리고 배설물로 여김은 그리스도를 얻고 그 안에서 발견되려 함이니 내가 가진 의는 율법에서 난 것이 아니요 오직 그리스도를 믿음으로 말미암은 것이니 곧 믿음으로 하나님께로부터 난 의라 빌 3:7-9.

그리스도인들은 말합니다. "내 속 곧 내 육신에 선한 것이 거하지 아니하는 줄을 아노니 원함은 내게 있으나 선을 행하는 것은 없노라" 롬 7:18. 그리고 내가 가진 모든 것은 썩어 없어질 것입니다. 그러므로 나의 나된 것은 예수 그리스도 안에 있는 하나님의 은혜입니다. "이제는 내가 사는 것이 아니요 오직 내 안에 그리스도께서 사시는 것이라. 이제 내가 육체 가운데 사는 것은 나를 사랑하사 나를 위하여 자기 자신을 버리신 하나님의 아들을 믿는 믿음 안에서 사는 것이라" 갈 2:20.

그리스도인들이 하나인 것은 그들 모두 이와 같고, 모두가 같은 것을 말하기 때문입니다. 분열은 사라졌으며, 그리스도인들은 하나입니다. 그리스도 안에서 하나이며, 그분께 영광과 찬양을 돌리는 데서 하나이며, 그분만이 구원하셨으며 구원하시고 구원하실 분이라고 말하는 데서 하나입니다. 그리스도인들은 소망을 오직 그분께만 둡니다. 모두 그분을 바라보며 그분을 따르기를 갈망하고 그분을 기쁘시게 하고 싶어합니다. 그러므로 그리스도인들은 그분에 대한 사도들의 가르침을 따르고, 그분을 중심으로 교제하며, 그분을 생각하면서 함께 떡을 떼고 그분과 아버지와 성령께 기도하는 데 오로지 힘씁니다.

좀더 개인적인 이야기를 해보겠습니다. 저는 왜 주일마다 이 강단에 섭니까? 이해하고 들어주시기 바랍니다. 제 자신에 관해 말하고 싶지는 않지만, 제가 목회를 시작한 것은 돈을 벌기 위해서가 아니었습니다. 저는 목회를 시작하기 전에 훨씬 많은 돈을 벌었습니다. 우리가 사람들에게 헌금하도록 하기 위해 이 자리에 섰다는 생각은 아주 우스운 것입니다. 절대 그렇지 않습니다. 제가 이 자리에 서 있는 이유는 단 하나뿐입니다. 그것은 사람들에게 하나님의 그리스도, 복되신 구원자, 이 세상뿐 아니라 죽음 너머 영원까지 계속되는 그분이 주시는 새 생명을 전하기 위해서입니다. 이것이 유일한 이유입니다. 제가 이 자리에 있는 것도 복음을 전하는 것도 다 우리 모두가 다가오는 영광을 준비할 수 있게 하기 위해서입니다. "마음이 청결한 자는 복이 있나니 저희가 하나님을 볼 것임이요"마 5:8. 제 눈은 천국과 하나님께 고정되어 있습니다. 얼마나 영광스럽습니까! 얼마나 정결합니까! 얼마나 거룩합니까!

시간은 짧습니다. 시간은 날아갑니다. 시간은 지나갑니다. 저는 준비하고 싶습니다. "주를 향하여 이 소망을 가진 자마다 그의 깨끗하심과 같이 자기를 깨끗하게 하느니라"요일 3:3. 한순간도 허비할 수 없습니다. "그들이 사도의 가르침을 받아 서로 교제하고 떡을 떼며 오로지 기도하기를 힘쓴" 이유가 바로 여기에 있습니다. 이들은 마침내 이 세상에는 이 소망 외에는 그 무엇도 중요하지 않다는 것을 깨달았습니다. 그리고 자신들이 이 소망을 위해 할 수 있는 것은 모두 알고 싶었습니다.

진정한 그리스도인이라면 이렇게 되지 않을 수 없습니다. 자신이 죄인임을 깨닫고 하나님을 믿으면서, 심판과 지옥과 영광을 믿으면서, 어떻게 그저 주일에 한 번, 1년에 한 번 교회에 나가는 데 만족합니까? 아주 이따금씩 교회에 나가거나 전혀 나가지 않는 데 만족할 수 있습니까? 교회에 나가지 않더라도 교회에 나가는 위선자들보다 착하기 때문에 자신은 훌륭한 그리스도인이라고 어떻게 생각할 수 있습니까? 이것은 불가능합니다. 이것은 부자연스럽습니다. 이것은 새 생명의 표현이 아닙니다. 하나님이 주신 새 생명은 오순절 직후에 나타나고 참된 그리스도인들에게서 계속적으로 나타난 것처럼 표현되어야 합니다.

그렇다면 여러분은 이러한 테스트를 어떻게 통과하시겠습니까? 아주 간단합니다. 저는 여러분의 의견에 관심 있는 것이 아니라, 여러분에게 묻고 있는 것입니다. 여러분 마음속에는 주 예수 그리스도와 영원한 영광만을 바라보는 사람들과 교제하고 싶은 그 무엇이 있습니까? 이것이 테스트입니다. 생명은 자신을 드러냅니다. 이것은 처음부터 자신을 드러냈고 드러낼 수밖에 없었던, 그리스도인의 생명과 영적인 생명과 영혼 속에 있는 하나님의 생명의 방법입니다. 여러분은 이런 생명을 가졌습니까? 갖지 못했다면, 하나님께 사실대로 아뢰십시오. 그분께 이런 생명을 구하면 그분은 주실 것입니다. 여러분이 할 일은 이것뿐입니다. 회개하고 자신이 죽었음을 인정하고 고백하면서, 그분께 새로운 생명을 구하십시오. 이 영광스러운 재창조를 이루어 달라고 구하십시오. 하나님의 생명을 여러분께 달라고 구하십시오. 진정으로 구하면, 여러분에게 이루어 주실 것입니다. 그러면 여러분도 틀림없이 오순절 최초의 그리스도인들처럼, 그렇게 행동하게 될 것입니다.

08

사도들의 가르침

또 여러 말로 확증하며 권하여 이르되 너희가 이 패역한 세대에서 구원을 받으라 하니 그 말을 받은 사람들은 세례를 받으매 이날에 신도의 수가 삼천이나 더하더라. 그들이 사도의 가르침을 받아 서로 교제하고 떡을 떼며 오로지 기도하기를 힘쓰니라.

사도행전 2:40-42

우리는 지금까지 그리스도인은 본질적으로 완전히 변화된 사람이라는 것을 살펴보았습니다. 이제 이러한 새 생명, 그리스도인들이 받은 새로운 본성이 나타나는 방법들을 살펴보고 있습니다. 여러분에게 다시 상기시키고 싶습니다. 제가 사도들의 가르침을 전하는 것은 신학적 관심이나 학문적 관심 때문이 아니라 우리 모두가 자신을 이 가르침에 비춰 보아야 한다고 믿기 때문입니다. 오늘날의 세상은 그리스도인들이 필요합니다. 삶은 불확실합니다. 우리는 나이를 먹어 가고 있으며 생명이 언제 끝날지 알 수 없습니다. 어느 누구도 자신이 이 세상에 얼마나 더 살게 될지 알지 못합니다. 설령 전쟁의 공포가 없더라도 말입니다. 우리는 죽음과 영원을 맞을 준비가 되어 있습니까? 이 주제가 그렇게 중요한 것도 바로 이 때문입니다. 우리는 스스로 그리스도인이라고 말합니다. 좋습니다. 그렇다면 우리 자신을 사도행전에 나오는 사람들에 비춰 보면서 점검해 보겠습니다. 우리는 이들과 같습니까? 여기 최초의 그리스도인들이 있습니다. 우리는 이들의 모범을 따르고 있습니까?

우리는 이 최초의 그리스도인들이 특별한 방법으로 자신들의 새 생명을 나타냈다는 것을 살펴보았습니다. 이들은 먼저 세상으로부터 떠났고, 그런 다음 적극적으로 사도들과 사도들의 모임에 들어갔습니다. 바꿔 말하면, 이들은 교회의 일원이 되었으며 교회는 곧바로 이들의 삶에서 가장 중요한 부분이 되었습니다.

그다음으로 살펴보아야 할 질문이 있습니다. 이들은 무엇을 위해 모였습니까? 이들은 제자들이라 불리던 사람들의 모임에 들어가려고 세상을 나왔고, 최초의 교회를 이루었습니다. 그러면 교회는 무엇을 위한 것입니까? 교회는 무엇을 합니까? 교회는 무엇을 줍니까? 그리스도인들이 모이는 것은 사교社交나 조용한 드라이브, 춤이나 제비뽑기나 극적인 일, 또는 정치나 문학이나 사회학에 관한 강연을 위해 모입니까? 여러분은 부정否定의 중요성을 알지 않습니까? 초대교회에는 이런 것들이 없었습니다. 저의 목표는 이런 것들을 비난하려는 것이 아닙니다. 그러나 이것들이 교회와 얼마나 거리가 먼지 보여드리고 싶습니다. 이 모든 것은 세상에서, 그것도 훨씬 쉽게 얻을 수 있습니다. 교회가 이러한 것들을 시도한다면 스스로를 웃음거리로 만드는 것입니다. 교회는 이런 것들에 너무나 서툽니다. 만약 이러한 활동들을 원한다면, 가서 이를 위한 전문모임들을 만드십시오.

그러나 이것은 교회가 아닙니다. 졸렬한 모조품일 뿐입니다. 저는 기독교계를 변호하거나 교회의 특정 영역, 특정 지역교회를 옹호하고 싶은 마음은 없습니다. 그저 여러분에게 신약교회의 모습을 보여드리고 싶을 뿐입니다. 이것이 제가 인정하는 유일한 교회입니다. 이들은 이런 것들을 하려고 교회에 나온 것이 아니었습니다. 참된 부흥이 일어날 때, 이런 것들이 가장 먼저 사라집니다. 사람들은 이것들에 대한 관심을 잃습니다. 이것들에 의존해야 존재할 수 있는 교회는 신약성경의 교회와는 전혀 다릅니다. "그들이 사도의 가르침을 받아 서로 교제하고 떡을 떼며 오로지 기도하기를 힘쓰니라." 순전히 영적인 활동만 있습니다. 이것이 모든 시대의 교회를 위한 모범입니다.

이제 그 활동들을 살펴보겠습니다. 첫째는 가르침^{doctrine}('여기에는 '교리'라는 의미가 함께 내포되어 있으며, 저자는 '가르침'과 '교리' 둘을 모두 염두에 두고 있다–옮긴이)입니다. 사도들의 가르침이 맨 먼저 제시됩니다. 우리가 사도들의 가르침을 가장 먼저 살펴보아야 하는 것도 바로 이 때문입니다. 또한 이 일이 중요한 것은, 오늘날 우리가 여기서 읽는 내용을 강하게 반대하는 사람들이 있기 때문입니다. 그리스도인들이 가장 갈망했던 것은 사도들의 가르침을 더 많이 받는 것이었습니다. 이들은 사도들의 가르침을 전심으로 원했습니다. 자세히 살펴보기 전에, 우리 자신에게 간단한 질문을 해봅시다. 우리는 사도들의 가르침을 갈망합니까? 하나님께서는 우리가 그러기를 원하십니다.

사도들의 가르침에 대한 이러한 갈망은 우리에게 엄청나게 중요한 것을 말해 줍니다. 기독교는 단순히 체험에 불과한 것이 아니라는 사실입니다. 지금까지 저는, 기독교는 체험이지 지적 견해에 불과한 것이 아님을 강조했습니다. 사람들은 그리스도인이 될 때 지금껏 알지 못한 가장 심오한 변화를 경험했습니다. 그것은 참으로 심오한 체험입니다. 그러나 기독교는 체험에 불과한 것이 아닙니다. 제가 이것을 반드시 강조해야 하는 것은, 세상에는 사람들에게 체험을 줄 수 있는 다른 수단들도 있기 때문입니다.

여러분은 그리스도인이 되는 것과 그 밖의 체험, 곧 감정적인 경험이나 정신요법이나 그 비슷한 것들로 인해 생기는 변화를 어떻게 구별합니까? 사교^{邪敎}의 가르침도 변화를 낳을 수 있습니다. 한 사교 신봉자들은 자신들의 삶이 변했다고 말합니다. 그렇다면 여러분은 기독교적인 체험과 그 밖의 체험을 어떻게 구별합니까? 그 답은 하나뿐입니다. 바로 체험의 **원인**입니다. 그리스도인들은 예수 그리스도에 관한 진리를 믿음으로 변화를 체험합니다. "저는 지금 매우 행복합니다"라고 말하는 두 사람이 있습니다. 두 사람 모두 "예전에는 그런 일을 했지만 이제는 안합니다. 저는 거기서 해방되었습니다"라고 말합니다. 그렇다고 둘 다 그리스도인인 것은 아닙니다. 그렇다면 누가 그리스도인인지 어떻게 압니까? 거듭 말씀드리지만 유일하게 확인해 볼 것은, 체험의 근원입니다.

앞에서 보았듯이, 사도행전의 사람들이 모인 것은 같은 체험을 했기 때문입니다. 그러나 이들에 관해 우리에게 가장 강한 인상으로 다가오는 것은, 이들은 같은 가르침, 같은 메시지를 믿었기 때문에 같은 체험을 했다는 것입니다. "그 말을 받은 사람들은 세례를 받으매 이날에 신도의 수가 삼천이나 더하더라." 특별한 가르침이 없었다면 초대 교회도 존재하지 않았을 것입니다. 이처럼 회심과 변화를 낳은 것이 바로 가르침이었기 때문에, 우리는 가르침이 첫번째라는 사실을 강조해야 합니다. 이들을 모이게 한 것은 베드로의 설교, 곧 그의 가르침이었습니다. 이들은 "그의 말을 기쁘게 받고"^{KJV} 세례를 받았습니다.

44절은 "믿는 사람이 다 함께 있어"라고 말합니다. 이들은 무엇을 믿었습니까? 같은 가르침을 믿었습니다.

그러면 두번째 질문을 해보겠습니다. 이들은 왜 가르침을 원했습니까? 왜 날마다 자신들에게 허락된 성전 한곳에 모여 사도들의 입에서 나오는 진리의 말씀에 귀를 기울였습니까? 이것 또한 매우 중요합니다. 우리는 사람들이 설교와 가르침은 폐기해 버리고, 그 자리를 대화로 대체시켜야 한다고 말하는 시대에 살고 있습니다. 대화란 두 사람이 함께 이야기하는 것을 의미할 뿐이지만, '대화'라고 하면 훨씬 더 그럴듯하게 들리지 않습니까? 토론은 어떻습니까? 25분 동안 질문과 답변이 오갑니다. 마치 어떤 결론에라도 이를 수 있는 것처럼 말입니다!

그러나 초대교회는 그렇지 않았습니다. 사람들은 매일 모이는 일에 온전히 힘썼습니다. 이들은 무엇 때문에 사도들의 가르침을 원했습니까? 답은 많지만 몇 가지만 살펴보겠습니다. 사도 베드로는 나중에 그리스도인들에게 편지하면서 이렇게 말했습니다. "갓난아기들같이 순전하고 신령한 젖을 사모하라. 이는 그로 말미암아 너희로 구원에 이르도록 자라게 하려 함이라"벧전 2:2. 바꿔 말하면, 사람들이 거듭나고 그리스도인이 될 때 말씀을 듣고 싶은 마음이 생기는 것은 피할 수 없는 결과입니다. 아기는 이해하지 못해도 젖에 대한 본능이 있습니다. 아기는 젖을 원하며 젖을 요구합니다! 물론 이것은 그가 아기이며 어른이 아니라는 증거입니다. 아기는 살아있으므로 엄마 젖을 찾는 것입니다. 이것은 당연한 일입니다. 그리스도인도 마찬가지입니다. 진리에 대한 지적 갈망이 없으면 그 사람은 그리스도인일 수 없습니다. 이것은 불가능합니다.

이것을 달리 표현해 보겠습니다. 지금까지 알지 못했던 놀라운 이야기를 갑자기 들은 사람들이 있습니다. 지금껏 들어 본 것 가운데 가장 놀라운 이야기였습니다. 설교자들은 이렇게 말했습니다. "이것이 다가 아닙니다. 지금 여러분에게 모두 말씀드릴 수는 없습니다." 그래서 사람들은 모였습니다. 이들은 하나라도 놓칠까 두려웠습니다. 저는 최소한의 가르침만을 원하는 그리스도인들을 이해할 수 없습니다. 여러분이 하나님의 집에 없을 때 그곳에서 엄청난 일이 일어날 수도 있다는 생각에 두려운 적은 없습니까? 하나님의 집에 머문다는 것은 멋진 일입니다. 전파되는 복음을 듣는 일은 멋진 일입니다. 그것이 하나님의 진리이기 때문입니다. 성령께서 그곳에 계시기에, 여러분은 어떤 일이 일어날지 전혀 알 수 없습니다. 성령께서 갑자기 권능으로 임하실 때 여러분이 그 자리에 없다면 어떻겠습니까? 사도행전의 사람들은 이런 위험을 감수하지 않았습니다. 이들은 얻을 수 있는 것은 모두 얻고 싶어했습니다. 이들은 그 귀중한 것을 놓칠까 봐 두려웠습니다. 이것이 그리스도인의 본능입니다.

그렇다면 이들은 무엇 때문에 점점 더 많은 가르침을 원했습니까? 하나의 답은, 이들이 자신들의 무지를 깨닫게 되었다는 것입니다. 여기에 대해서는 이미 다루었지만, 이것을 달리 표현해 보겠습니다. 여기 "없이 하소서, 그를 십자가에 못박게 하소서"라고 외치던 사람들이 있습니다. 이들은 자신들이 나사렛 예수에 관해 전부 알고 있다고 생각했습니다. 이들은 이렇게 말했습니다. "이 사람이 누구야? 나사렛 목수 주제에 자신이 하나님의 아들, 구원자라고 주장하다니! 이런 터무니없는 일이 어디 있어? 저자를 없애 버려! 십자가에 못박아! 제거해 버려!" 이들은 자신들이 똑똑하다고 생각했습니다. 요즈음 사람들이 여전히 기독교를 부인하고 교회의 메시지를 조롱하는 것이 현명하다고 생각하는 것처럼 말입니다.

그러나 이들은 갑자기 정신이 들었습니다. 이들은 "마음에 찔렸습니다." 죄를 깨달았습니다. 그리고 자신들이 지독하게 무지하다는 것을 발견했습니다. 그들은 아주 많이 알고 있다고 생각했지만, 사실은 아무것도 모르고 있었습니다. 이들은 사람이 할 수 있는 가장 큰 실수, 가장 비극적인 실수를 저질렀습니다. 이들은 눈이 멀었다가 갑자기 눈이 열렸습니다.

낮아지지 않고는 그리스도인이 될 수 없습니다. 주님께서는 말씀하셨습니다. "너희가 돌이켜 어린아이들과 같이 되지 아니하면 결단코 천국에 들어가지 못하리라"마 18:3. 사도 바울은 이렇게 말했습니다. "아무도 자신을 속이지 말라. 너희 중에 누구든지 이 세상에서 지혜 있는 줄로 생각하거든 어리석은 자가 되라. 그리하여야 지혜로운 자가 되리라"고전 3:18. 그리스도인이 되는 사람들에게 가장 먼저 일어나는 일은 자신들의 무지를 깨닫는 것입니다. 일단 이것을 깨달으면, 그들은 중요한 일들에 대해 더 이상 무지하지 않으려고 애씁니다. 그래서 이들은 말합니다. "이걸 들어야 해. 더 많이 알고 싶어! 더 이상 무지하고 싶지 않아! 난 생명을 원해." 그래서 이들은 가르침을 갈망합니다.

여러분은 자신에 대해 무지하다는 것을 깨달았습니까? 자신이 대단하다고 생각하는 사람들은 누구나 무지할 뿐입니다. 우리가 자기 자신을 안다는 것이 얼마나 어렵습니까! 우리의 무지를 몰아낼 수 있는 것은 오직 이 복음뿐입니다. 여러분은 하나님에 대해 무엇을 알고 있습니까? 생명에 대해 무엇을 알고 있습니까? 우리는 너무나 거만하고 유창하게 말합니다. 하지만 우리가 무엇을 알고 있습니까? 복음은 우리로 하여금 무지를 깨닫게 합니다. 자신이 무지하다는 것을 깨달은 사람들은 지식에 목말라하고 배고파 합니다. 이들은 더 이상 무지의 속박과 어둠에 매여 있기를 원치 않습니다. 그래서 예루살렘의 그리스도인들은 날마다 모인 것입니다.

그다음 세번째로는, 이들은 자신들에게 일어난 이 엄청난 일에 관해 점점 더 많이 알고 싶어했습니다. 여기서 자연스럽게 이런 질문이 생깁니다. 이것이 무엇인가, 내게 무슨 일이 일어났는가? 이들은 갓난아기와 같아서 이해하고 싶어했으며 설명 듣기를 원했습니다. 이 새로운 영역, 이 놀라운 삶 속으로 들어온 이들이 더욱더 많은 것을 알고 싶어한 것은 아주 자연스럽고 본능적인 일이 아니겠습니까? 사람들은 정말 좋은 것을 가졌을 때 그것을 더 많이 갖고 싶어합니다. 이들은 말했습니다. "이건 시작에 불과하다는 걸 알아. 더 많이 들어야겠어!" 갓난아기들처럼, 이들은 자라며 성장하고 싶어했습니다.

그러나 아직 훨씬 더 훌륭한 이유가 있습니다. 이들이 진리를 더 많이 배우고 싶어한 것은, 다른 사람들을 도울 수 있기 때문이었습니다. 이들은 우리처럼 평범한 사람들이었고, 아버지나 어머니, 남편이나 아내나 자식들이 있었습니다. 이들은 눈이 열렸습니다. 자신들이 위험한 처지에, 어둠 속에 있었지만 이제는 너무나 놀랍고 영광스러운 새 영역에 있음을 깨달았습니다. 하지만 이들이 사랑하는 사람들은 여전히 바깥에 있었습니다. 그들 때문에 걱정되고 고민되었습니다. 그들을 돕고 싶었지만 어떻게 도울 수 있었겠습니까? 무슨 말을 해야 했겠습니까? "나는 놀라운 체험을 했습니다"라는 말은 아무 소용이 없습니다. "당신에게 무슨 일이 있었습니까? 어떻게 그런 체험을 했습니까?"라고 되물을 사람들에게 그런 말은 아무 도움도 되지 않을 것입니다. 갓난아기들처럼, 이들은 답할 만한 위치에 있지 못했습니다. 이렇듯 이들이 사도들이 주는 가르침과 교훈과 정보를 갈망한 것은 다른 사람들을 도울 수 있기 위해서였습니다.

바로 이 베드로가 첫번째 편지에서 이렇게 말합니다. "너희 마음에 그리스도를 주로 삼아 거룩하게 하고 너희 속에 있는 소망에 관한 이유를 묻는 자에게는 대답할 것을 항상 준비하되"벧전 3:15. 예를 들어 어떤 사람이 여러분에게 "지난 일요일에 뭘 했습니까?"라고 묻는다고 해봅시다. 여러분은 "교회에 갔습니다" 하고 대답합니다.

응답이 옵니다. "그래요, 왜 교회에 갔나요?"

"그렇게 자랐으니까요."

"그러세요, 저는 그렇지 않았거든요." 다른 이가 말합니다.

"그래요, 저도 사실은 별로 생각해 보지 않고 그저 다니기만 했습니다. 교회에는 제가 좋아하는 뭔가가 있거든요."

그는 계속 묻습니다. "그게 뭡니까? 교회에서 뭘 합니까? 왜 교회에 갑니까? 그게 다 뭡니까?"

이 질문들에 답할 수 없다면 여러분은 참으로 불쌍한 그리스도인입니다! 너무나 좋은 기회를 놓치고 있는 것입니다! 아시다시피, 그리스도인들은 알고 있는 사람들입니다. 그리스도인들은 왜 자신들이 지금과 같은지 배웠으며, 무엇을 해야 하는지 다른 사람들에게 말해 줄 수 있습니다. 사도행전의 사람들은 베드로가 설교할 때 "형제들아,

우리가 어찌할꼬"라고 외쳤습니다. 베드로가 이들을 향해 "글쎄요, 저도 잘 모르겠습니다. 저도 놀라운 체험을 했지만 그게 뭔지는 잘 모르겠습니다"라고 했다면 이들의 처지는 어떻게 됐겠습니까? 아니면 "저는 이런 식으로 교육받고 자랐는데, 이게 제 성격이 되었고 우연히도 이런 것을 좋아하게 되었습니다"라고 대답했다면 어떻게 됐겠습니까! 아무짝에도 쓸모없는 대답이었을 것입니다. 그러나 베드로는 구체적인 대답을 할 수 있었고, 우리도 그렇게 할 수 있어야 합니다.

여러분의 이웃이 큰 어려움을 겪고 있을 수 있습니다. 결혼생활이 파탄에 이르렀거나 사랑하는 사람을 잃은 슬픔이나 낙심될 만한 일을 겪고 있을 수도 있습니다. 삶이 풍비박산 나고 있지만 어떻게 해야 할지, 누구에게 도움을 구해야 할지 모르고 있을 수도 있습니다. 세상은 그들을 비웃습니다. 파티와 음악은 계속되고 텔레비전도 그대로지만, 그들은 비참한 상황에 빠져 도움의 손길을 기다리고 있습니다. 예루살렘 사람들이 알기를 원했던 것은, 다른 사람들을 돕고 그들에게 구원과 자유의 길을 보여주기 위해서였습니다. 이들이 사도들의 가르침을 받는 데 오로지 힘쓴 것은 이러한 이유들 때문이었습니다.

그러나 이제 이 문제의 다른 면을 보여드리겠습니다. 분명한 가르침이 있습니다. "그들이 사도의 가르침을 받아……오로지……힘쓰니라." 사도들의 가르침이 있습니다. 제가 설교자가 된 것은 오직 한 가지 이유 때문입니다. 바로 사도들의 가르침을 믿기 때문입니다. 제게는 다른 어떤 가르침도 없습니다. 제가 이 자리에 서 있는 것은 제가 생각하는 것을 말하기 위해서가 아닙니다. 다만 제가 여기서 발견하는 것을 되풀이하고 있을 뿐입니다. 저는 성경과 사도들의 가르침을 해석하고 있을 뿐입니다. 그러나 오늘날 이 일의 중요성에 대해 심각한 의문이 제기되고 있습니다. 실제로 이 일은 논쟁거리가 되고 있을 뿐 아니라 조소와 무시를 당하고 있습니다. 그러므로 저로서는 이러한 비판을 다루지 않을 수 없습니다.

최근에 『신조가 아니라 생활방식』*Not So Much a Creed, More a Way of Life*이라는 작은 책을 받았습니다. 저자는 서론에서 이렇게 말합니다.

예수는 신학을 거의 가르치지 않았다. 그의 삶과 메시지에 대한 네 개의 기록은 인간의 타락이나 하나님의 구원 계획을 전혀 말하지 않는다. 그는 제자들에게 어떤 신조의 수용도 요구하지 않았다. 죄의 대속에 대한 어떤 암시도 없다. 그는 용서란, 회개와 다른 사람들과의 관계에서 용서의 정신을 보여주는 데 달려 있다고 분명하게 말한다. 그는 새로운 생활방식, 의 곧 서기관과 바리새인의 의를 능가하는 의의 길을 선포한다.……삶의 한 방식으로서 이것은 엄청난 가치를 가지며, 세상의 복지와 세상 사람들의 행복에 크게 기여할 수 있다.

여기에 대해서는 하나님이 뜻하시면 다음 설교에서 다루겠습니다. 저자는 계속해서 이렇게 말합니다.

현대의 지질학과 천문학과 역사와 간단한 논리학 때문에 오늘날 대부분의 사람들은 낡은 신념들을 믿을 수 없게 되었다. 이러한 현대 학문이 이것들을 진리로 받아들일 수 없는 심적 태도를 낳았다. 이것은 기독교의 최후를 의미하는가? 우리는 탈기독교시대에 돌입할 것인가?

저자는 이 질문에 대해, 기독교는 "신학으로서는 죽고 삶의 방식으로 부활할 것이다"라고 답합니다.

우리가 사도행전 2장뿐 아니라 신약성경 전체에서 배우고 있는 것을 이처럼 짧은 말로, 이처럼 완전하게 부인하는 경우를 찾기는 매우 어려울 것입니다. 그러나 여러분 가운데는 이 말에 동의하는 사람들도 있을 것입니다. 이렇게 말할지도 모르겠습니다. "우리는 교리doctrine를 원치 않습니다. 가르침을 원치 않습니다. 신학을 원치 않습니다. 우리는 살아가는 데 도움이 되는 것만 원합니다." 그러나 여기에 대한 답은, 사도의 가르침 외에는 그 어떤 것도 여러분이 살아가는 데 도움이 되지 않는다는 것입니다! 그러므로 여러분의 마음을 깨우치고 여러분이 깨닫게 하는 것이 저의 의무입니다.

무엇보다도, 사도들은 가르침doctrine으로 충만합니다. 앞에서 인용한 책의 저자에 따르면, 가르침은 없어져야 합니다. 따라서 사도들은 잘못되었고 주 예수 그리스도와 모순됩니다. 이에 대한 답은 하나뿐입니다. 사도들을 부르신 분은 예수 그리스도이십니다. 사도들을 가르치신 분은 예수 그리스도이십니다. 사도들에게 성령을 보내셔서 그들로 전파할 수 있게 하신 분도 그리스도이십니다. 바로 이러한 반대에 대응하기 위해 거의 의도적으로 기록된 것 같은 부분이 요한복음 16장에 있습니다. 사람들은 너무 멋지게 들리기까지 하는 말을 합니다! "바울이란 사람의 말을 듣지 마십시오. 사도들의 말에 귀기울이지 마십시오. 다만 예수의 간단한 복음에만 귀기울이십시오. 거기에는 어떤 신학도 없습니다." 그러나 요한복음 16:12에 귀를 기울여 보십시오. "내가 아직도 너희에게 이를 것이 많으나 지금은 너희가 감당하지 못하리라."

물론 서신서보다 복음서에 교리적인 가르침이 적다는 말은 전적으로 옳습니다. 그러나 복음서 자체가 여러분에게 그 이유를 말해 줍니다. 사복음서를 읽어 보면, 주님께서 당신의 죽음과 부활을 계속해서 말씀하시지만 제자들이 그 말씀을 결코 받아들이지 못하는 것을 볼 수 있을 것입니다. 사도들은 이 가르침에 걸려 넘어졌습니다. 베드로는 주님께 따지고 들었습니다. "주님, 도대체 왜 죽음을 이야기하십니까? 그런 일은 절대로 있을 수 없습니다!" 제자들은 부활의 진리를 전혀 깨닫지 못했습니다. 그래서 제자들은 주님께서 십자가에 달리실 때 깊은 절망에 빠졌습니다.

무엇이 문제였습니까? 주님께서 말씀하셨듯이, 문제는 "지금은 너희가 감당하지 못하리라"는 것이었습니다. 주님께서 자신의 죽음과 부활을 말씀하셨지만 제자들은 이해하지 못했습니다. 제자들은 어리벙벙했습니다. 제자들은 주님의 말씀을 받아들일 수 없었습니다. 그러나 주님께서는 계속해서 말씀하셨습니다. "그러나 진리의 성령이 오시면 그가 너희를 모든 진리 가운데로 인도하시리니 그가 스스로 말하지 않고 오직 들은 것을 말하며 장래 일을 너희에게 알리시리라. 그가 내 영광을 나타내리니 내 것을 가지고 너희에게 알리시겠음이라."요 16:13-14.

그뿐 아니라 우리에게는 훨씬 더 강력한 증거가 있습니다. 누가복음 마지막 장을 읽어 보면, 주님께서 부활 후에 당신을 따르는 자들과 제자들에게 주신 가르침을 볼 수 있습니다. 깊은 슬픔에 잠겨 있는 이들에게 주님께서는 이렇게 말씀하셨습니다. "미련하고 선지자들이 말한 모든 것을 마음에 더디 믿는 자들이여, 그리스도가 이런 고난을 받고 자기의 영광에 들어가야 할 것이 아니냐 하시고 이에 모세와 모든 선지자의 글로 시작하여 모든 성경에 쓴 바 자기에 관한 것을 자세히 설명하시니라"눅 24:25-27. 예수께서는 죽음과 부활 이후 이것을 이들에게 자세히 설명해 주셨습니다. 이제 이들은 그분의 설명을 받아들일 수 있었습니다. 뿐만 아니라 성령께서 임하시자, 이들은 훨씬 많은 것을 이해할 수 있었습니다.

그러므로 『신조가 아니라 생활방식』이라는 소책자의 말은 완전히 잘못된 것입니다. 이 책은 주님께서 인간의 타락에 대해 아무것도 가르치지 않았다고 말합니다. 그러나 주님은 "[네가] 거듭나야 하겠다"고 직접 가르치지 않으셨습니까?요 3:7 왜 사람은 거듭나야 합니까? "육으로 난 것은 육이요 영으로 난 것은 영이기" 때문입니다요 3:6. 주님께서는 말씀하셨습니다. "너희는 너희 아비 마귀에게서 났으니 너희 아비의 욕심대로 너희도 행하고자 하느니라"요 8:44. 그분은 "인자의 온 것은 잃어버린 자를 찾아 구원하려 함이니라"고 말씀하셨습니다눅 19:10. "잃어버린 자"를 말입니다! 이 모든 것은 인간의 타락을 가르쳐 주고 있습니다.

그런데 소책자의 저자는, 주님께서 우리에게 구원 계획에 대해서 아무것도 가르치지 않았다고 했습니다. 정말 그렇습니까? 요한복음 12장을 읽어 보십시오. "인자가 영광을 얻을 때가 왔도다.……무슨 말을 하리요. 아버지여, 나를 구원하여 이때를 면하게 하여 주옵소서"-아닙니다!-"그러나 내가 이를 위하여 이때에 왔나이다.……내가 땅에서 들리면 모든 사람을 내게로 이끌겠노라"요 12:23, 27, 32. 이것이 그분의 가르침입니다. 그분은 말씀하셨습니다. "모세가 광야에서 뱀을 든 것같이 인자도 들려야 하리니 이는 그를 믿는 자마다 영생을 얻게 하려 하심이니라"요 3:14-15. 그분의 말씀에 귀기울여 보십시오. "인자가 온 것은 섬김을 받으려 함이 아니라 도리어 섬기려 하고 자기 목숨을 많은 사람의 대속물로 주려 함이니라"막 10:45. 이것이 무엇입니까? 하나님의 구원 계획, 하나님의 대속 계획입니다. 소책자의 저자는 "교리는 없다"고 말합니다. 많은 사람들이 그에게 동의합니다. 그러나 이 말씀은 순전한 신조이며, 순전한 교리입니다.

일찍이 주님은 자신을 믿는 사람들에게 이렇게 말씀하셨습니다. "너희가 내 말에 거하면 참으로 내 제자가 되고 진리를 알지니 진리가 너희를 자유롭게 하리라"요 8:31-32. 요한복음 17장에 나오는 그분의 대제사장적 기도를 들어 보십시오. "나는 아버지께서 내게 주신 말씀들을 그들에게 주었사오며 그들은 이것을 받고 내가 아버지께로부터 나온 줄을 참으로 아오며 아버지께서 나를 보내신 줄도 믿었사옵나이다."요 17:8.

바꿔 말하면, 우리는 가장 본질적인 교리를 복음서에서도 모두 다 배웠습니다. 그러나 주님께서 말씀하셨듯이, 그분은 제자들이 아직 받을 위치에 있지 않았기 때문에 완전히 가르쳐 주실 수는 없었습니다. 주님께서 자신의 임박한 죽음을 말씀하시자 제자들은 동요했습니다. 그러나 부활의 빛에서 그 말씀을 되돌아보면서 이해하기 시작했습니다. 부활은 그분이 하나님의 아들이심을 증명합니다. 성령께서는 그분의 삶과 죽음의 의미를 더욱 분명하게 하셨으며, 그분을 따르는 자들에게 그 의미를 가르치고 선포할 능력을 주셨습니다. 이것이 지질학과 과학 등에 관한 지식을 가진 20세기 인간에게는 교리가 필요 없다는 터무니없는 주장에 대한 짧은 답입니다. 사랑하는 여러분, 복음에 대한 거부는 새삼스러운 것이 아닙니다. 복음은 1세기에도 거부 당했습니다. 현대의 지식은 복음의 거부와 아무런 상관이 없습니다. 사람들로 하여금 복음을 거부하는 것들을 쓰고 말하게 하는 것은 무지라는 죄입니다.

그러나 제가 여러분 앞에 제시할 수 있는 것은 이 밖에도 얼마든지 있습니다. "그들이 사도의 가르침을 받아……오로지……힘쓰니라." 이 사도들은 모두 같은 것을 가르쳤습니다. 사도행전을 끝까지 읽어 보십시오. 사도들은 계속해서 같은 것을 가르쳤습니다. 때로 사도들의 가르침이 서로 달라 보일 때는 공회를 열어 가르침을 일치시켰습니다. 사도행전 11장과 15장을 읽어 보십시오. 사도들은 모두 한마음 한뜻이었고, 차이가 무엇이든 그 차이를 해결했습니다. 사도들은 모두 같은 진리를 믿었습니다. 실제로 이러한 취지의 구체적인 언급들이 있습니다. 사도 바울은 고린도에서 그가 정말 사도인가 하는 질문을 받았을 때 이렇게 답했습니다. "형제들아, 내가 너희에게 전한 복음을 너희에게 알게 하노니 이는 너희가 받은 것이요 또 그 가운데 선 것이라. 너희가 만일 내가 전한 그 말을 굳게 지키고 헛되이 믿지 아니하였으면 그로 말미암아 구원을 받으리라"고전 15:1-2. 이어서 바울은 독자들에게 복음의 내용을 상기시키고 계속해서 이렇게 선언합니다. "나는 사도 중에 가장 작은 자라. 나는 하나님의 교회를 박해하였으므로 사도라 칭함받기를 감당하지 못할 자니라. 그러나 내가 나된 것은 하나님의 은혜로 된 것이니 내게 주신 그의 은혜가 헛되지 아니하여 내가 모든 사도보다 더 많이 수고하였으나 내가 한 것이 아니요 오직 나와 함께하신 하나님의 은혜로라"9-10절. 이들은 모두 같은 메시지를 전했습니다. 바울은 갈라디아서 1장과 2장에서 다시 똑같은 것을 분명하게 말합니다. 우리는 사도 베드로가 바울의 글을 "성경"이라고 말함으로써 그의 말의 가치를 증거하는 것을 볼 수 있습니다벧후 3:16.

바울은 교회가 "사도들과 선지자들의 터 위에 세우심을 입었다"고 말합니다엡 2:20. 다른 기초는 없습니다. 이것은 흔들리지 않는 기초입니다. "그리스도 예수께서 친히 모퉁잇돌이 되셨기" 때문입니다. 다시 강조해서 말씀드리지만, 사도들의 메시지, 사도들의 가르침, 사도들의 교훈이 있습니다.

교회가 생겨나고 처음 몇 세기 동안, 교부들은 공회와 종교회의로 모였습니다. 거짓 가르침이 교회에 들어왔을 때, 이들은 이것을 어떻게 가려냈습니까? 이들은 이것을 사도의 교리와 가르침에 비춰 보았습니다. 그리고 자신들의 신조들-사도신경(실제로 사도들이 기록한 것은 아니지만 그들의 가르침을 나타냅니다), 니케아신조, 아다나시우스 신조-을 만들었습니다. 교회의 이러한 위대한 신조들은 모두 교리의 일치를 나타냅니다. 우리는 영국 국교회의 39개 강령이든 웨스트민스터 신앙고백이든, 종교개혁시대의 위대한 신앙고백들에서 정확히 똑같은 교리를 발견합니다. 이것들은 크고 본질적인 기독교의 모든 가르침에서 일치합니다.

그러므로 제가 분명히 하고 싶은 요점은, 최초의 예루살렘 신자들은 특별한 가르침을 듣기 위해 모였다는 사실입니다. 이들이 모인 것은, 공론空論이나 한 사람이 "나는 이렇게 주장합니다"라고 말하면 다른 사람이 일어나 "아닙니다, 나는 이렇게 생각합니다. 현대의 지식이 내게 이렇게 가르쳤습니다!"라고 말하는 것을 듣기 위해서가 아니었습니다. 이들은 부활하신 주님께서 사도들에게 주신 적극적인 메시지에 귀를 기울였습니다. 주님께서는 다메섹 도상道上에서 다소의 사울을 만나지 않으셨습니까? 그분은 사울에게 나타나지 않으셨습니까? 그분은 "내가 네게 나타난 것은……너로 종과 증인을 삼으려 함이니"라고 말씀하지 않으셨습니까?행 26:16 그분은 사울에게 그가 해야 할 말, 곧 다른 모든 사도들에게 주신 바로 그 메시지를 주지 않으셨습니까?

이 메시지, 이 가르침은 무엇입니까? 여기 중요한 질문이 있습니다. "그들이 사도의 가르침을 받아……오로지……힘쓰니라." 그렇다면 사도들은 무엇을 가르쳤습니까? 여러분은 사도들의 가르침이 무엇인지 알고 있습니까? 그 가르침을 믿습니까? 그 가르침을 받아들였습니까? 그 가르침을 좀더 알기를 원합니까? 제가 여러분에게 기독교의 가르침은 어떤 것이라고 말하는 것이 가능합니까? 이 가르침은 모호하고 막연한 것입니까? 우리가 지질학과 그 밖의 과학들을 이제 알고 있으니, 이 가르침은 바뀌어야 하는 것입니까? 이 가르침은 1세기 때와는 다른 것입니까? 아닙니다! 메시지는 여전히 동일합니다. 다른 어떤 메시지도 없습니다.

이 메시지는 신약성경의 여러 곳에 요약되어 있습니다. 베드로는 이미 앞에서 이 메시지를 이렇게 요약했습니다. "너희가 회개하여 각각 예수 그리스도의 이름으로 세례를 받고 죄사함을 받으라"행 2:38. 그는 이미 십자가의 죽음을 사람들에게 설명했습니다.

이스라엘 사람들아, 이 말을 들으라. 너희도 아는 바와 같이 하나님께서 나사렛 예수로 큰 권능과 기사와 표적을 너희 가운데서 베푸사 너희 앞에서 그를 증언하셨느니라. 그가 하나님께서 정하신 뜻과 미리 아신 대로 내준 바 되었거늘 너희가 법 없는 자들의 손을 빌려 못박아 죽였으나 하나님께서 그를 사망의 고통에서 풀어 살리셨으니 이는 그가 사망에 매여 있을 수 없었음이라행 2:22-24.

이러한 사도들의 가르침은 고린도전서 15장과 데살로니가전서 1:9-10에 다시 요약되어 있습니다. "……너희가 어떻게 우상을 버리고 하나님께로 돌아와서 살아계시고 참되신 하나님을 섬기는지와 또 죽은 자들 가운데서 다시 살리신 그의 아들이 하늘로부터 강림하실 것을 너희가 어떻게 기다리는지를 말하니 이는 장래의 노하심에서 우리를 건지시는 예수시니라." 이것이 사도들의 가르침입니다. 이것이 기독교의 가르침입니다. 이 가르침은 하나님께로부터 시작합니다. 이 가르침은 현대인이나 첨단지식에서 시작하지 않습니다. 이 가르침은 생물학이나 지질학에서 시작하지 않습니다. 이 가르침은 "태초에 하나님이"라는 말로 시작합니다. 곧 온 우주의 창조자, 온 우주를 지탱하시는 분, 거룩하신 하나님, 의와 영광과 영원한 빛이신 하나님께로부터 시작합니다. 하나님에게서 말입니다! 그분은 세상과 인간을 창조하셨습니다. 인간은 하나님의 형상으로 지음받았습니다! 인간은 마치 들판의 짐승들처럼 그저 먹고 마시고 성에 탐닉하면서 살아가는 가없은 피조물이 아니었습니다. 절대 그렇지 않았습니다. 인간은 하나님의 영광을 드러내는 의로운 존재였습니다. 하나님이 계십니다! 인간이 있습니다! 우주가 있습니다! 그러나 타락이 있었습니다. 아담과 하와는 하나님을 거역했고, 죄와 수치와 황폐와 비극과 불행이 닥쳤으며, 인간은 구원이 필요하게 되었습니다. 하나님의 심판은 만물 위에 임했습니다. 이것이 사도들의 가르침입니다.

그러나 현대인들은 사도들의 가르침을 좋아하지 않습니다. 현대인들은 "교리보다는 생활방식"이라고 말합니다. 그러나 여러분은 그럴 수 없습니다. 사도들의 가르침은 진리입니다. 하나님의 메시지입니다. 하나님의 아들은 사도들의 가르침에 대한 증거입니다. 왜 그분은 세상에 오셨습니까? 여기 그 답이 있습니다. 그 구절을 다시 한번 인용하겠습니다. "하나님이 세상을 이처럼 사랑하사 독생자를 주셨으니 이는 그를 믿는 자마다 멸망하지 않고 영생을 얻게 하려 하심이라".요 3:16. 하나님의 아들을 믿지 않는 사람들은 "멸망합니다." 이들에게는 하나님의 심판이 있습니다. 사람들은 요한복음 3:16을 성경에서 가장 멋진 구절이라고 말합니다. 좋습니다. 여러분도 그렇게 말한다면 그 말씀을 믿으십시오! 하나님, 인간, 타락, 그다음은 심판입니다! 심판을 면하는 유일한 방법은 하나님의 아들 예수 그리스도, 베들레헴에서 아기로 태어나신 분, 성육신하신 복된 이분뿐입니다. "때가 차매 하나님이 그 아들을 보내사 여자에게서 나게 하시고 율법 아래에 나게 하신 것은 율법 아래에 있는 자들을 속량하시고 우리로 아들의 명분을 얻게 하려 하심이라".갈 4:4-5. 이것이 순전한 가르침입니다. 하나님께서 당신의 백성을 구속하시기 위해 찾아오셨습니다. 그분의 아들이 오셨습니다. 무엇을 위해서입니까? 우리를 구원하기 위해서입니다! 어떻게 말입니까? 우리의 죄를 직접 지시고 우리가 받아야 할 형벌을 대신 받으시며, 우리가 맞아야 할 채찍을 대신 맞으시고 우리 대신 죽으심으로 말입니다. "친히 나무에 달려 그 몸으로 우리 죄를 담당하셨으니 이는 우리로 죄에 대하여 죽고 의에 대하여 살게 하려 하심이라".벧전 2:24. 이것이 사도들의 가르침입니다.

그런 후 성령 안에서 새 생명의 선물, 새로운 출발의 가능성이 주어졌습니다. 나의 죄가 용서되었을 뿐 아니라 내가 하나님의 자녀가 되었습니다. 나는 새로운 본성을 가졌습니다. 나는 거듭났습니다. 나는 새사람입니다. 내 안에 계신 하나님의 영이 내게 능력 주시고 힘을 주시며, 점차적으로 나를 거룩하게 하십니다. 무엇을 위해서입니까? 그리스도 안에서 나를 기다리고 있는 "영원한 영광"에 나를 준비시키기 위해서입니다. 이것이 사도들의 가르침입니다. 이것이 이 사람들이 더욱더 듣고 싶어했던 것입니다. 이들은 자신들이 새 생명을 가졌다는 것을 알았지만 이렇게 말했습니다. "우리에게는 더 많은 가르침이 필요합니다. 우리는 아직도 세상 가운데 있습니다. 세상과 육적인 것과 마귀는 강하지만 우리는 약합니다. 우리에게 좀더 가르쳐 주십시오." 이들은 "그리스도 안에" 있는 것과 "너희 안에 계신 그리스도, 곧 영광의 소망"이 무엇을 의미하는지 알고 싶었습니다골 1:27. 이들은 사람들을 변화시키고 그들에게 능력을 주실 수 있는 복된 성령을 더욱 알고 싶었습니다. 이들은 지나가는 악한 이 세상이 아니라 오는 세상, 미래의 세상과 그 세상의 즐거움과 기쁨에 관해 좀더 알고 싶었습니다. 사도들 외에 누가 이 모든 것을 가르쳐 줄 수 있었겠습니까? 사도들은 이 모든 것을 어떻게 알았습니까? 그리스도께서 사도들에게 계시해 주셨기 때문입니다. 그렇기 때문에 "그들이 사도의 가르침을 받아 서로 교제하며 떡을 떼며 오로지 기도하기를 힘쓴" 것입니다.

중요한 것은 이것뿐입니다. 저는 정치에는 전문가가 아닙니다. 저는 이 세상의 미래를 알지 못합니다. 저는 배후에서 어떤 일이 일어나고 있는지 알지 못합니다. 그러므로 여러분에게 정치나 이야기하면서 여러분의 시간을 허비할 수 없습니다. 제가 이 자리에 선 것은, 여러분에게 이런저런 것에 반대하는 캠페인을 벌이도록 하기 위해서가 아닙니다. 제가 이 자리에 선 것은 사도들, 곧 제게 있는 유일한 권위를 통해 제게 전달된 것을 여러분에게 말씀드리기 위해서입니다. 사도들의 메시지는 여러분과 저를 비롯해 온 인류가 하나님의 심판대에 서야 하며, 우리 모두는 본질상 그 심판을 견딜 수 없다는 것입니다. "그러므로 악인들은 심판을 견디지 못하며"시 1:5. 시편 기자가 말하듯이, 여러분은 바람에 나는 겨와 같을 것입니다. 정치적 미래가 어떠하든,

중요한 것은 바로 이것입니다. 어떤 정부가 등장하고 사라지든, 우리는 살아있는 영혼이며 하나님과 영원을 마주하고 있습니다.

이 세상은 기껏해야 지나가는 세상입니다. 우리 모두는 죽을 수밖에 없으며 우리의 시간은 짧습니다. 인생은 한 호흡, 잠깐 보이다 사라지는 안개와 같습니다. 가장 중요한 문제는 "인생이 어찌 하나님 앞에 의로우랴"는 것입니다욥 9:2. 어떻게 해야 나의 죄를 용서받을 수 있습니까? 어떻게 해야 새 생명을 얻고 가치 있는 삶을 시작할 수 있습니까? 어떻게 해야 죽음과 무덤에 대한 두려움을 이길 수 있습니까? 어떻게 해야 다가오는 영원을 준비할 수 있습니까? 감사하게도, 사도들의 가르침은 이러한 문제들을 다루고 여기에 답합니다. 이렇게 할 수 있는 것은 오직 사도들의 가르침밖에 없습니다. 철학자들은 알지 못합니다. 철학자들은 지혜롭게 말할 수 있지만, 이들은 그렇게 살지 못합니다. 많은 수가 그렇습니다. 해 아래 우리의 근본적이고 본질적 문제와 질문을 다루는 것은, 사도들의 가르침밖에 없습니다.

이에 대해 하나님께 감사하십시오! 사도들의 가르침이 쉬운 것에 대해 하나님께 감사하십시오. 사도들의 가르침이 분명한 것에 대해 하나님께 감사하십시오. 사도들의 가르침이 긴 역사를 거쳐 지금까지 전파된 것에 대해 하나님께 감사하십시오. 사도들의 가르침이 1900년 전이나 지금이나 진리인 것에 대해 하나님께 감사하십시오. 사도들의 가르침이 영원한 복음인 것에 대해 하나님께 감사하십시오.

다른 가르침은 결코 없습니다. 이 가르침은 하나님께서 우리의 구원을 위해 당신의 독생자 가운데서 행하신 일에 관한 것이기 때문입니다.

사랑하는 여러분, 여러분은 이것을 믿습니까? 이러한 사도들의 가르침을 받아들였습니까? 저는 여러분을 간단하게 시험해 볼 수 있습니다. 이것을 믿고 받아들였다면 여러분에게는 새 생명, 곧 영적인 생명이 있습니다. 그 생명은 바로 여러분이 이 가르침에 점점 더 주리고 목말라 하는 방식으로 나타날 것입니다. 이 가르침은 여러분의 삶에서 가장 큰 관심사가 될 것입니다. 여러분은 다른 책에도 관심을 갖게 되겠지만, 읽고 싶은 책은 많아도 그럴 시간이 없다는 것을 발견하게 될 것입니다. 제가 이렇게 말하는 것은 하나님의 영광을 위해서입니다. 저는 성경과 성경을 이해하는 데 도움이 되는 책들을 읽는 것만으로도 시간이 모자랍니다.

저는 지금 다른 책들을 비판하고 있는 것이 아닙니다. 저는 역사와 관련된 책들을 읽고 싶습니다. 저는 생물학에 관한 책을 읽기 좋아합니다. 음악에 관한 책도 좋아합니다. 의학, 과학, 심리학, 철학 등에 관한 책을 읽기 좋아합니다. 그러나 문제는 시간을 내기 어렵다는 것입니다. 왜냐하면 저는 바로 이 책 성경에서 생명을 발견하기 때문입니다. 이 책은 저를 감동시킵니다. 이 책은 제 마음을 녹입니다. 이 책은 저를 의로 채웁니다. 이 책은 제 약한 의지를 강하게 합니다. 저는 이 책을 원합니다. 자신 안에 영적 생명, 곧 자신의 영혼에 하나님의 생명을 가진 사람들은 갓난아기들처럼 자신을 성장하게 하는 "말씀의 신령한 젖"을 사모할 것입니다벧전 2:2, KJV. 이런 열망이 없다면, 여러분은 죽은 것입니다. 저는 여러분이 교인이냐 아니냐에 관심 있는 것이 아닙니다. 만약 성경이 여전히 지루하며 기도가 어렵거나 하나의 일이라고 느껴진다면, 여러분은 죽은 것입니다. 그러므로 여러분이 해야 할 일은 한 가지뿐입니다. 하나님께 나아가 회개하고 자신의 죄를 자백해야 합니다. 자신이 죽은 것을 깨달았다고 그분께 아뢰며, 새로운 삶과 성령과 죽은 자 가운데서 부활하는 새 생명을 달라고 구하십시오.

그분은 여러분을 거절하지 않으실 것입니다. 제가 이렇게 말할 수 있는 것은, 그분께서 "내게 오는 자는 내가 결코 내쫓지 아니하리라"고 말씀하셨기 때문입니다요 6:37. 그분만이 주실 수 있는 생명의 물, "그 속에서 영생하도록 솟아나는 샘물이 될" 물을 얻으십시오요 4:14. 감사하게도, 이것이 기독교입니다. 이것이 하나님의 구원 방법입니다.

09

첫째는 가르침

그 말을 받은 사람들은 세례를 받으매 이날에 신도의 수가 삼천이나 더하더라. 그들이 사도의 가르침을 받아 서로 교제하고 떡을 떼며 오로지 기도하기를 힘쓰니라.

사도행전 2:41-42

앞에서 보았듯이, 여기에 묘사된 초대교회 그리스도인들은 무엇보다도 기독교의 가르침과 사도들의 가르침을 더 많이 알기를 갈망했습니다. 이것은 우리 시대의 일반적인 모습과는 정반대입니다. 현대인들은 기독교의 가르침과 교리와 신조를 철저히 반대합니다. 이것은 매우 심각한 문제입니다.

세상에는 기독교의 가르침을 싫어하는 사람들이 있지만, 어떤 의미에서 저는 이들을 비난하지 않습니다. 저는 세상 사람들이 기독교의 가르침을 좋아할 것이라고 기대하지 않습니다. 세상 사람들이 기독교의 가르침을 좋아한다면 지금과 같은 처지에 있지는 않을 것입니다. 여러분이 세상에 기대할 수 있는 것은 기독교의 가르침에 대한 배척밖에 없습니다. 이것은 새삼스러운 것이 아닙니다. 세상은 과거에도 주 예수 그리스도와 그분의 가르침을 거부했습니다. 세상은 사도들의 가르침도 거부했습니다. 그러나 오늘날에 와서 새로운 것이 있다면-이것은 놀랍고도 비극적인 일입니다-기독교의 가르침에 대한 반대가 세상에만 국한되지 않고 교회 자체의 가르침에서도, 그 중심에까지 파고들었다는 사실입니다. 교회는 지금, 기독교의 가르침에 반反하는 것을 말하고 있습니다. 교회는, 교리는 필요한 것이 아니며 더 이상 어떤 가치도 없다고 말하고 있습니다.

우리가 정확히 어떤 상황에 있는지 알기 위해 『신조가 아니라 생활방식』이라는 소책자를 다시 한번 인용하겠습니다. 이 책의 저자는 이렇게 말합니다. "교회는 사람들에게 기독교적 생활방식을 가르치고, 그들을 그 방식대로 살도록 설득하고 돕는 점에서는 여전히 유익한 역할을 수행하고 있는 것 같다." 저자는 이 말 바로 전에는 이렇게 언급하고 있습니다.

지금까지 기독교는 하나의 신학으로, 하나님과 그의 인간 다루기에 대한 신념체계로 가르쳐졌다. 기독교는 창조와 인간의 타락과 그 무서운 결과에 관심이 있었고, 하나님의 구원 계획에 관심이 있었다. 이 구원 계획에 따라 하나님은 인간으로 이 세상에 오셨고, 십자가에 달리셨고, 죽은 자 가운데서 다시 살아나셔서 하늘로 올라가셨다. 세상 죄를 위한 자신의 놀라운 희생을 믿음으로 받아들이는 자들에게 죄용서와 영생의 선물을 주시기 위함이었다. 종교회의들은 이러한 주제들을 논의하여 신조를 만들어 냈다.

그다음에 특별한 말이 이어집니다.

현대의 지질학과 천문학과 역사와 간단한 논리학 때문에 오늘날 대부분의 사람들은 이러한 낡은 신념들을 믿을 수 없게 되었다. 이러한 교육은 이것들을 진리로 받아들이지 못하게 하는 심적 태도를 낳았다.

마치 이전 세대까지는 모두가 이것들을 믿고 기독교의 가르침에 전혀 반대가 없었던 것 같습니다!
    저자는 "이것은 기독교의 최후를 의미하는가? 우리는 탈기독교시대에 돌입할 것인가?"라고 묻습니다.
    그는 친절하게도 교회는 여전히 사람들에게 기독교적 생활방식을 가르치며, 그들을 그 방식대로 살도록 설득하고 돕는 점에서는 유익한 역할을 수행하고 있는 것 같다고 말합니다.

기독교 정신이 교회 밖에서 매우 광범위하게 적용되고 있다는 사실에 기뻐하는 것은 당연하다. 그러나 우리가 알아야 할 것은, 아직 기독교 정신이 우리들 대부분의 삶을 지배하고 있지는 못하다는 것이다.

이것이 현대적인 견해의 전형적인 예입니다.

또 한 가지 예로, 최근의 서평 하나를 읽어 보겠습니다. "교회의 역할이 의심스러워 보이며, 교회의 생존까지도 의심스러워 보이는 현대사회에서……"라고 한 다음, 서평자는 저자의 글을 인용하며 서평을 이어 갑니다.

현대인이 기독교를 믿는 것은 조상들 때보다 어렵다. 과학적·사회적 혁명은 지식과 힘을 가진 사람들이 자신의 세상을 만들 수 있다는 생각을 낳았다. 삶은 '스스로 하는 일'이 되었으며, 섭리의 의미는 약화되었다. 전에는 비를 내려 달라고 기도했지만, 이제는 저수지를 만든다.

마지막 문장에 대해서는 설교를 꼭 하겠지만 오늘은 아닙니다. 바로 지난 여름 저수지 수위가 너무 낮아진 탓에 몇몇 도시에서 제한 급수를 해야 했습니다. 이것이 스스로 해결한 것입니다!

이상은 세상의 신문에서 인용한 것이지만, 저는 "기독교" 신문이 더 걱정스럽습니다. 기독교 신문은 도덕적 타락과 외설잡지[1]였다.의 출간을 경고하지만, 그와 동시에 사도들의 가르침을 공격하는가 하면, 이 가르침을 부인하기 위해 총력을 기울이는 로빈슨 주교^{Bishop Robinson}[2]와 폴 틸리히^{Paul Tilich} 같은 사람들을 칭송합니다. 이것은 매우 심각한 문제입니다. 이것이야말로 가장 절망적인 태도입니다. 여러분이 제 말을 오해할까 봐 염려스럽기는 하지만, 저는 울위치^{Woolwich}의 주교나 폴 틸리히나 그 밖의 이런 부류의 사람들보다 외설잡지를 발행하는 세상 사람들에게 훨씬 더 희망이 있다고 봅니다.

제가 왜 이렇게 말하겠습니까? 제가 보기에, 여기에 우리 시대의 가장 큰 문제가 있습니다. 교회는 현재의 도덕적 상황을 해결할 수 있

---

1 이 잡지는 이 무렵에 출간된 「펜트하우스」^{Penthouse}.
2 『신에게 솔직히』^{Honest to God}의 저자(John A. T. Robinson).

는 유일한 가르침을 스스로 공격하고 있으면서도, 정작 자신은 이 사실을 알지도 못한다는 것입니다. 교회는 눈이 멀었습니다. 교회는 도덕적 상황을 경고하면서도 정작 그 상황을 해결할 수 있는 유일한 메시지를 공격하며 부인하고 있습니다.

그렇다면 우리는 사도행전 2장에서 어떤 해답을 찾을 수 있습니까? 저는 "현대인"의 난센스로 여러분의 시간을 허비하고 싶지는 않습니다. 지질학과 생물학에 관한 터무니없는 이야기가 오갑니다. 마치 사람들이 현대적인 지식 때문에 복음을 부인하고 죄의 삶을 사는 것처럼 말합니다! 그런 터무니없는 난센스를 어떻게 쓸 수 있는지, 아주 흥미로운 심리학적 문제입니다. 진리를 부인하는 일은 진리 자체만큼이나 오래된 것입니다. 여기에 대해서는 그만하고 다음으로 넘어가겠습니다.

이제 두번째 요지를 살펴보겠습니다. 이들과 관련하여 깜짝 놀랄 사실이 있습니다. 이들은 도덕적 문제를 그렇게도 경고하지만, 정작 많은 부분에서 그 문제를 일으킨 것은 바로 자신들의 태도 때문이라는 것을 알지 못합니다. 왜 과거에 도덕적 타락이 있었습니까? 거기에는 분명 근본적 문제가 있습니다. 제가 보기에 답은 하나뿐입니다. 두 차례의 세계대전이 어느 정도 원인이 된 것은 의심할 여지가 없지만, 그렇다고 하더라도 그것 때문은 아닙니다. 지식의 발전 때문도 아닙니다. 우리 가운데는 과학적 훈련을 어느 정도-아마 너무나 솜씨 있게 글을 쓰는 이 사람들보다 더 많이-받았지만 여전히 이 메시지를 믿는 사람들이 있습니다.

저는 이 나라의 도덕과 삶의 수준이 떨어진 주된 요인은 성경의 권위가 상실되었기 때문이라고 주저 없이 말합니다. 그리고 성경의 권위 상실에 가장 큰 책임이 있는 기관은 바로 교회 자신입니다. 지난 100여 년 동안 이른바 "학문"이 성경의 진리를 공격해 왔습니다. 성경은 비판으로 인해 벌집이 되었습니다. 성경은 더 이상 어떤 권위도 없습니다. 현대 신학자들은 그저 자신들의 가설과 이론과 추측을 내세웠습니다. 교회는 소위 고등비평으로 성경에 대한 신뢰를 갉아먹었습니다. 사람들은 성경을 하나님의 권위 있는 말씀으로 받아들여서는 안되고 그럴 수도 없다고 말합니다. 이제 성경은 유사한 많은 책들처럼 인간의 편집물에 불과하다는 것을 알기 때문이라고 말합니다.

이것을 다른 방법으로, 심리학적 연구로서는 아주 재미있어 보이는 방법으로 표현해 보겠습니다. 20세기에는 옛 복음주의 설교와 옛 사도들의 가르침에 대한 대반동이 있었습니다. 그래서 사람들은 "사회복음"이라 불리던 것을 1차 세계대전 전까지 대신 전파했습니다. 설교자들은 "개인구원이라는 옛 복음은 더 이상 유효하지 않으며 우리에게 필요한 것은 사회적 메시지"라고 했습니다. 이들은 윤리적 가르침을 제시하며 이것이 사회를 구속^{救贖}할 유일한 방법이라고 했습니다. 그러나 흥미로운 것은, 이들이 이렇게 할수록 사도들의 가르침을 덜 가르치게 되었고, 부도덕과 악과 윤리적 문제는 점점 더 커져 갔다는 사실입니다. 이들은 자신들이 그렇게도 겁을 내는 문제를 더욱 악화시켰을 뿐입니다.

그러나 이들은 그 사실을 알지 못합니다. 아시다시피 이들은 성경을 읽지 않습니다. 이들이 구약성경만 보더라도 이스라엘이 부도덕에 빠진 것은 하나님께 등을 돌릴 때였다는 사실을 알 수 있을 것입니다. 이스라엘은 하나님과 바른 관계에 있었을 때만 도덕과 십계명으로 돌아올 수 있었습니다. 역사도 같은 것을 증명해 줍니다. 영국 역사에서 가장 도덕적이고 가장 생산적이며 가장 고양된 시대 앞에는 항상 종교적인 부흥과 각성이 있었습니다. 엘리자베스시대 앞에는 종교개혁이 있었으며, 크롬웰시대 앞에는 청교도들이 영향력을 끼치던 시대가 있었습니다. 한 종교신문은 "우리가 익숙해진 도덕"을 말합니다. 그러나 이 도덕은 18세기 감리교 부흥운동과 복음주의 부흥운동의 직접적인 결과였습니다. 현대의 신학자들은 이 둘을 연결시키지 못합니다. 우리에게 익숙해진 도덕은, 이들이 공격하고 있는 이러한 전도와 가르침의 직접적인 결과입니다. 그러기에 여러분은 비극적인 불일치를 보게 되는 것입니다.

이제 터무니없는 견해, 곧 중요한 것은 그리스도의 가르침뿐이라고 주장하면서 교리는 무시하고 윤리적인 생활방식만을 제시하는 견해-이 견해는 그리스도에 대한 궁극적이며 최종적인 부인입니다-가 거부되어야 하는 세번째 요지를 말씀드리겠습니다. 이것은 바리새인과 사두개인과 서기관들의 문제였습니다. 주님께서는 이들을 세리 및 창녀와 대조시킨 적이 있습니다. 주님께서는 이렇게 말씀하셨습니다. "요한이 의의 도로 너희에게 왔거늘 너희는 그를 믿지 아니하였으되 세리와 창녀는 믿었으며 너희는 이것을 보고도 끝내 뉘우쳐 믿지 아니하였도다"마 21:32. 바꿔 말하면, 그분은 이렇게 말씀하신 것입니다. "마지막에 세리와 죄인과 창녀가 너희 바리새인들보다 더 희망이 있다." 주님은 이 사실을 언제나 아주 분명히 하셨습니다.

그러면 바리새인은 어떤 사람들입니까? 바리새인은 그리스도의 가르침에 관심이 있지만, 가장 중요하고 본질적인 부분에서는 그분을 부인한 사람들입니다. 바리새인들이 불쾌해한 것은, 그리스도께서 자신들을 죄인이라고 하셨을 때입니다. 이들은 언제나 세리들을 손가락질하고 있었습니다. 지금의 종교인들도 도색잡지가 출간될 것이라는 말에 흥분하며 편집자들을 손가락질합니다. 그러나 그리스도께서는 이렇게 말씀하십니다. "너희가 저들보다 악하다. 너희는 스스로 의롭다고 하며, 스스로를 구원할 수 있다고 생각하고, 자신의 도덕에 만족해한다. 그리고 내가 너희를 위하여 죽어 구원하려고 왔으며, 이것이 너희가 구원받을 수 있는 유일한 길이라고 말하는데도, 너희는 나를 배척하고 나를 미워한다."

이것은 최종적인 신성모독이며 궁극적으로 그리스도를 부인하는 것입니다. 오늘밤 런던에는 "우리가 원하는 것은 예수 그리스도의 가르침뿐입니다. 우리는 그분을 본받고 그분을 따를 수 있으며 하나님과 바른 관계를 가질 수 있습니다"라고 말하는 사람들보다, 오히려 절망적인 주정꾼들과 창녀들과 죄의 소굴에서 뒹구는 사람들에게 더 소망이 있습니다. 이것은 궁극적인 부인입니다. 그러나 이들은 이 사실을 깨닫지 못합니다. 이들은 한때 감리교 목사였으나 그 자리를 버린 작고한 버켓Birkett 경과 같습니다. 그는 텔레비전과의 인터뷰에서 이런 질문을 받았습니다. "지금 당신의 견해는 무엇입니까?" 그는 웃으면서 대답했습니다. "저는 더 이상 그 가르침을 믿지 않지만 그 윤리는 지금도 붙잡고 있습니다." 이 얼마나 불쌍한 사람입니까?

전체적으로 저의 마지막 요지는, 이들의 멋진 저작들은 전혀 쓸데없기 때문에 모두 거부되어야 한다는 것입니다. 이들의 저작은 도움이 안됩니다. 아무것도 줄 것이 없습니다. "이건 우리의 인생관이오. 당신들은 이게 잘못됐다고 하지만, 당신들이 무슨 권리로 그렇게 말합니까? 우린 이것이 좋고 재미있으며 세상에 행복을 준다고 생각한단 말이오." 이렇게 말하는 외설잡지 발행인들에게, 실제로 아무런 대답도 해줄 수 없습니다.

"그렇게 말하면 안됩니다"라고 말하는 현대 신학자들은 그 이유가 무엇이냐는 물음에 "성경이 그렇게 말하기 때문입니다"라고 대답하지 못합니다. 그들은 고작 "우리가 그렇게 말하기 때문"이라고밖에 답하지 못합니다. 그러나 이것은 답이 아닙니다. 그러므로 이들의 비판은 무익합니다. 성경을 취사선택하고, 예수 그리스도의 죽음을 거부하며, 그분의 가르침만을 강조하는 이 사람들만큼이나 다른 사람들도 개인적인 의견을 주장할 권리가 있지 않겠습니까?

그렇다면 윤리로 가르침을 대신하는 것이 왜 그렇게도 쓸데없는 짓입니까? 왜 사도행전의 사람들은 "사도의 가르침을 받아 서로 교제하며 떡을 떼며 오로지 기도하기를 힘썼습니까?" 왜 우리는 가르침을 최우선 순위로 두어야 합니까? 가르침은 중요하지 않고 필요한 것은 생활방식-"신조가 아니라 생활방식"-이라고 말하는 것이 왜 잘못입니까? 왜 이것은 거부되어야 할 마귀의 시각입니까? 저의 대답은 이렇습니다.

첫번째로, 여기에는 아무런 권위가 없습니다. 우리는 구약의 사사시대와 매우 비슷한 시대에 살고 있습니다. 사사시대는 "그때에는 이스라엘에 왕이 없었으므로 사람마다 자기 소견에 옳은 대로 행하였더라"라는 말로 요약됩니다삿 17:6. 그런데 이런 일이 우리 시대에도 일어나고 있습니다. 우리 시대에는 어떤 권위도 기준도 없습니다. 누군가가 "그렇게 해서는 안됩니다"라고 말합니다. 그러면 다른 사람이 나서서 "왜 안됩니까?"라고 되묻습니다. 아시다시피 여러분의 의견도 옳고 제 의견도 옳다면, 여러분은 여러분 좋은 대로 할 수 있습니다. 모든 것이 완전히 상대적이 됩니다.

이러한 태도에 얼마나 무서운 위험이 따르는지 보여드리겠습니다. 한때 옥스퍼드 대학의 시문학 교수로 있었던 데이 루이스$^{C.\ Day\ Lewis}$라는 사람의 자서전 가운데 한 부분을 인용해 보겠습니다. 그는 그리스도인은 아니지만 자신의 옥스퍼드 시절에 대해 이렇게 말합니다. "플라톤이나 아리스토텔레스, 흄이나 버클리, 스피노자나 칸트에게서 나온 각각의 명제는 내가 반대의 견해를 읽을 때까지는 논박될 수 없는 것처럼 보였다. 모든 것이 참이며 그 반대도 참인 것으로 보였다." 이것이 그가 옥스퍼드에서 배운 것이었습니다. 그다음 그는 친구가 쓴 냉소적인 시를 인용합니다.

> 자네가 내 교육이 헛된 것이라고 생각한다면
> 난 서둘러 설명해야겠네.
> 자네는 한때 옥스퍼드에 있었기에
> 결코 다시는
> 그 누구의 말도 믿을 수 없지만,
> 물론 이것은 재산이라네,
> 이같은 세상에선 말일세.

그러나 데이 루이스는, 자신은 이것이 재산이라는 것을 발견하지 못했다고 말합니다. 그는 자신이 곤경에 빠졌다고 말합니다. 그는 혼란과 고민에 빠졌습니다. 그는 이렇게 고백합니다. "나의 정신적 혼란이 내가 읽고 있는 주제에서 내 주변의 삶으로 퍼져 나가면서, 나는 그 어느 것에도 마음을 정하기 어렵다는 것을 알았다. 이것은 의심과 불확실과 회의주의와 혼란이라는 정신 상태를 낳았고, 그 결과 적극적인 행동이 거의 불가능해졌다. 극한 의심이 마치 짙은 안개와 같았다."

여기 이 나라가 제공할 수 있는 최고의 교육을 받았지만, 그 끝이 어디인지 알고 있는 유능한 사람이 있습니다. 그는 그 무엇에 대해서도 확신을 갖지 못합니다. 여러분은 무엇을 믿을 수 있습니까? 어떤 권위도 없으며 어떤 구속력도 없습니다. 이 사람의 의견이나 저 사람의 의견이나 다 옳습니다. 그뿐 아닙니다. 사상들은 계속 변하고 있습니다. 모든 사람들이 성도착을 비난하던 때가 있었지만 오늘날은 그렇지 않습니다. 거의 자랑처럼 여깁니다. 이것이 도덕에 관한 여론입니다. 여러분은 절대 알지 못합니다. 오늘은 옳은 견해가 내일은 틀릴 수 있습니다. 여러분은 아무것도 확신하지 못합니다. 모든 것이 움직이며 변하고 있습니다. 여러분은 어디에 있습니까? 여러분은 무엇을 해야 합니까? 아무런 기준이 없습니다. 이제 출간될 도색잡지를 비난하는 것이 무슨 소용이 있습니까? 여러분에게 어떤 권위가 있습니까? 내일이면 이 잡지도 아무 문제없는 것으로 여겨질 것입니다. 철학자들도 모두 그쪽 편을 들 것입니다. 여러분은 알지 못하며, 여러분이 의지할 수 있는 것은 아무것도 없습니다.

기준은 하나뿐입니다. 그것은 영원하며 변하지 않는 하나님의 법입니다. 구약시대는 현대세계가 직면하는 문제들을 그대로 겪었습니다. 다윗과 솔로몬은 죄 가운데 뒹굴기 좋아하는 이 시대 많은 사람들에게 죄가 실제로 어떤 것인지 가르쳐 줄 수 있습니다. 영화를 보며 대리적으로 죄를 짓는 이 시대 사람들에게 말입니다! 구약의 사람들은 죄가 무엇인지 알고 있었습니다. 이들은 이 모든 일을 겪은 후 "여호와를 경외하는 것이 지혜의 근본이요"라는 결론에 이르렀습니다잠 9:10. 다른 어떤 근본도 전혀 가치가 없습니다. 여러분도 이와 같은 결론에 이르러야 합니다. 이것이 영원하며 완전합니다. 철학자들은 왔다가 사라집니다. 여론의 판도는 변합니다. 정치뿐 아니라 도덕과 윤리에서도 변화의 바람이 불지만, 여기 유일하게 영원한 것이 있습니다. 궁극적으로, 어느 곳에나 적용되는 하나님의 법 외에는 어떤 기준도 없습니다.

고대세계에서 이스라엘이 두드러졌던 것은, 그들이 하나님의 법을 가졌기 때문입니다. 이스라엘이 모든 나라 가운데 가장 도덕적이었던 것은 한 가지 이유 때문입니다. 그들의 가르침은 공론空論이나 상대적인 것이 아니었습니다. 그들은 그들에게 제시된 대로 하나님의 법을 가졌고, 그것을 자신들의 고유한 특성으로 여겼습니다. 이것이, 제가 사도들의 가르침이 필요 없으며 우리에게는 윤리적 가르침만 필요하다는 현대의 주장을 전염병으로 보고 배척하는 첫번째 이유입니다.

두번째 이유는, 윤리적 가르침만 필요하다는 견해가 우리에게 아무런 삶의 기준을 제시하지 못할 뿐 아니라 우리가 그렇게 살아야 하는 어떤 이유도 제시하지 못한다는 것입니다. 이것도 똑같이 중요합니다. 제게는 기준이 없습니다. 그런데 무엇 때문에 이것저것 걱정해야 합니까? 왜 윤리적인 문제에 신경을 써야 합니까? 왜 이 잡지의 출간신청에 걱정하고, 우리 눈앞에서 너무나 분명하게 나타나는 경향들을 염려해야 합니까? 아무 이유도 제시되지 않습니다. 왜 착하게 살아야 하는지 아무 동기도 제시되지 않습니다. 하지만 동기의 문제는 매우 중요합니다. 저는 이것을 다른 여러 방법으로 설명드릴 수 있습니다. 동기는 산업적으로도 중요합니다. 저는 정치를 설교하려고 이 자리에 선 것이 아니며, 앞으로도 하지 않을 것입니다. 그러나 저는 국가 소유의 공장에서도 더 많은 돈을 벌 기회가 있는 개인회사에서처럼 일을 잘 할 수 있으리라는 예측은 잘못된 것이라고 생각합니다. 이익이라는 동기는 중요합니다. 왜 그렇습니까? 성경의 인간론人間論 때문입니다. 여러분도 아시겠지만, 사람들에게 하나의 이상理想을 제시하면 사람들이 몰려들 것이라는 통념이 있습니다. 정말 그렇습니까?

아닙니다. 그러므로 교리를 배제하고 윤리만을 전하는 가르침은 호소력이 너무 약합니다. 이것은 인간의 행동에만 관심이 있을 뿐, 인간 존재 자체에는 관심이 없습니다. 이것은 시간에만 관심이 있을 뿐, 영원에 대해서는 아무것도 알지 못합니다. 이것은 너무나 우발적입니다. 너무나 작습니다. 그것은 완전히 잘못된 인간관에 근거하고 있기 때문입니다.

사도 바울은 부활 교리를 다룬 유명한 고린도전서 15장에서 이것을 생생하게 표현했습니다. 1900년 전, 고린도에는 그리스도의 육체적 부활을 믿느냐 믿지 않느냐는 것은 그리 중요한 문제가 아니라고 말하는 사람들이 생겨났습니다. 이들은 그리스도의 가르침에서 큰 유익을 얻을 수 있지만, 그분이 무덤의 죽은 자 가운데서 살아나신 것을 문자 그대로 믿을 필요는 없다고 했습니다. 사도 바울은 이런 주장을 논박하기 위해 그 유명한 고린도전서 15장을 썼습니다. 그는 "주의하라"고 말합니다. "속지 말라. 악한 동무들은 선한 행실을 더럽히나니" 고전 15:33. 그가 말하려는 것은, 일단 가르침이 잘못되면 행동도 곧 잘못된다는 뜻입니다. 가르침과 행동을 분리할 수는 없습니다. 바울은 우리가 이 사실을 확고히 붙잡아야 한다고 말합니다.

오늘날 우리는 바울의 경고를 사람들에게 상기시켜야 합니다. 현재의 사회 상황은 가르침을 거부한 결과입니다. 이것은 필연적인 결과입니다. 이른바 사람들이 부적절하고 불필요하다고 말하는 가르침으로 돌아가지 않는 한, 이 문제는 결코 해결되지 않을 것입니다.

제가 인간론에 대한 이해가 중요하다고 말할 때는 이런 것들을 생각하고 있는 것입니다. 현대의 학문은 타락한 인간 본성에 죄가 얼마나 깊이 뿌리내리고 있는지 전혀 관심이 없습니다. 이것은 매우 놀라운 일입니다. 세속 작가의 글을 다시 한번 인용하겠는데, 일부러 이 부분을 선택했습니다. "18-19세기에, 전부는 아니지만 몇몇 해방된 사상가들이……." "18-19세기에" 그리고 "해방된 사상가들이"와 같은 표현에 주목해 주십시오. 그에 따르면 사람들은 18세기 이전까지는 모두 노예였습니다. 18세기의 계몽주의와 19세기의 위대한 과학의 발전이 있기 전까지 모든 사람은 어리석었습니다.

> 18-19세기에 몇몇 해방된 사상가들이 인간 본성에 대한 낙관론을 펼쳤다. 이들은 인간을 기본적으로 사회에 의해 타락한 고상한 야만인noble savage, 순진한 자라고 보았다. 이러한 견해는 지금도 칼 마르크스의 이론 속에 살아있다. 그러나 금세기의 정치적인 경험들이 이런 낙관론에 제동을 걸었다.

너무나 분명한 사실입니다!

또한 금세기에는 과학적 연구로 인간 감정의 근원에 대해 많은 것을 발견했다. 이것은, 다른 것들 가운데서 왜 우리의 파괴 성향이 신학의 비관론이 상상한 것만큼 강한지 그 이유를 설명하기 시작한다.

정말 대단합니다!

그러나 인간의 자기 통제는 인간의 상황과 관련된 다른 어떤 부분보다 미개척된 채 남아 있다.

이 모든 것은 무슨 뜻입니까? 제가 해석해 드리겠습니다. 저자는 지난 세기 말, 사상가들이 매우 낙관적인 인간관을 가졌다고 말하고 있습니다. 이들은 "인간은 고상한 야만인"이라고 했습니다. 인간은 멋진 존재이지만, 인간의 환경이 언제나 인간을 거스른 것입니다. 인간은 사회에 의해 타락해 왔기 때문에 사회만 바꾸면 됩니다. 사회를 바로잡으면 사람들이 자신들의 고상함을 드러낼 것입니다. "그러나 정치적 경험—그는 지금 두 차례의 세계대전을 말하고 있습니다—들은 이런 낙관론에 제동을 걸었다"고 이 저자는 말합니다. 저는 이렇게 생각하지 않습니다!

오늘날에는 낙관론자가 되는 것이 아주 어렵습니다. 그렇지 않습니까? 이 저자의 말 가운데 가장 놀라운 것은 "과학적 연구로 인간 감정의 근원에 대해 많은 것을 발견했다"는 부분입니다. 그는 이것을 "과학적 연구"라고 부릅니다. 그러나 그의 표현은 잘못된 것입니다. 그는 지금 프로이트의 인간관, 곧 우리의 욕구와 행동을 지배하고 통제하는 모든 것들에 대한 연구를 말하고 있습니다. 그는 지금 정신분석 및 그와 같은 것들을 언급하면서도 이렇게 말합니다. "이것은, 다른 것들 가운데서 왜 우리의 파괴 성향이 신학의 비관론이 상상한 것

188

만큼 강한지 그 이유를 설명하기 시작한다." 저자는 어떤 의미에서 프로이트가 옛 신학자들이 옳았다는 것을 증명했다고 말하고 있습니다. 기독교의 가르침이 비관론적 인간관이라는 부분에서는 항상 옳았다는 것을 말입니다. 그러나 현대의 신학자들은 아직도 이것을 모르고 있습니다. 이들은 이것을 알지 못합니다. 이들은 두 차례의 세계대전을 겪으면서도 깨닫지 못했습니다. 이들은 "우리에게 필요한 것은 당신들의 가르침이 아니라 윤리적인 교훈일 뿐"이라고 말합니다. 이들의 저작들은 모두 얼마나 피상적인지 모릅니다! 이들은 왜 자신을 살피지 않습니까? 왜 도덕의 거울 앞에 서서 자신을 비춰 보지 않습니까? 왜 자신의 상상과 생각에 귀기울이지 않습니까? 왜 이 모든 것을 직시하지 않습니까?

이들이 스스로를 살핀다면 다윗처럼 말할 것입니다. "어머니가 죄 중에서 나를 잉태하였나이다"시 51:5. 다윗은 말합니다. "하나님이여, 내 속에 정한 마음을 창조하시고 내 안에 정직한 영을 새롭게 하소서"10절. "내 문제는 내가 이따금씩 잘못을 한다는 것이 아니다. 내가 간음했고 거기다가 살인까지 했다는 것도 아니다. 나를 괴롭히는 것은 내가 항상 하기를 원하는 그 무엇이다! 나의 마음은 부정^{不淨}하고 악하다. 나는 썩었다. '우슬초로 나를 정결하게 하소서'7절. 나는 씻음 받아야 한다."

주님의 말씀을 보십시오. 주님께서 이렇게 말씀하셨습니다. "그 정죄는 이것이니 곧 빛이 세상에 왔으되 사람들이 자기 행위가 악하므로 빛보다 어둠을 더 사랑한 것이니라"요 3:19. 문제는 이것입니다! 우리에게 필요한 것은 빛이 아니라, 빛을 사랑하며 어둠을 미워할 수 있는 본성입니다.

이번에는 주님께서 유대인들에게 하신 말씀을 보겠습니다. 그분은 이들에게 자유롭게 하겠다고 약속하셨습니다. 유대인들이 "우리가 아브라함의 자손이라 남의 종이 된 적이 없거늘 어찌하여 우리가 자유롭게 되리라 하느냐"고 대답하자 예수께서는 "진실로 진실로 너희에게 이르노니 죄를 범하는 자마다 죄의 종이라"고 말씀하셨습니다요 8:33-34. 사랑하는 여러분, 우리는 모두 종입니다. 죄와 악의 종이며 생각과 상상과 행위의 종입니다. 로마서 7장의 사도 바울의 자서전 가운데 최고의 부분을 살펴보겠습니다. 그는 아름다운 글만 쓴 것이 아니고 사실을 직시하고 있습니다.

> 내 속 곧 내 육신에 선한 것이 서하지 아니하는 줄을 아노니 원함은 내게 있으나 선을 행하는 것은 없노라. 내가 원하는 바 선은 행하지 아니하고 도리어 원하지 아니하는 바 악을 행하는도다. 만일 내가 원하지 아니하는 그것을 하면 이를 행하는 자는 내가 아니요 내 속에 거하는 죄니라. 그러므로 내가 한 법을 깨달았노니 곧 선을 행하기 원하는 나에게 악이 함께 있는 것이로다. 내 속사람으로는 하나님의 법을 즐거워하되 내 지체 속에서 한 다른 법이 내 마음의 법과 싸워 내 지체 속에 있는 죄의 법으로 나를 사로잡는 것을 보는도다. 오호라, 나는 곤고한 사람이로다. 이 사망의 몸에서 누가 나를 건져 내랴롬 7:18-24.

이 사람들은 이것을 믿지 않습니다. 이것은 사도들의 가르침입니다. 타락하여 죄악에 빠진 인간에 대한 가르침입니다. 현대의 신학자들은 인간 본성에서 죄가 얼마나 깊이 뿌리내리고 있는지 깨닫지 못합니다. 또한 세상의 정욕이 영혼에 어떤 해를 끼치고 있는지도 깨닫지 못합니다. 이들은 우리가 사도 베드로와 함께 이렇게 말해야 한다는 것도 깨닫지 못합니다. "사랑하는 자들아, 거류민과 나그네 같은 너희를 권하노니 영혼을 거슬러 싸우는 육체의 정욕을 제어하라"벧전 2:11. 주님께서는 말씀하셨습니다. "사람이 만일 온 천하를 얻고도 제 목숨을 잃으면 무엇이 유익하리요. 사람이 무엇을 주고 제 목숨과 바꾸겠느냐"마 16:26. 이것이 제가 육체의 정욕을 따르지 말아야 하는 이유입니다. 여러분도 알듯이 이것이 가르침이요 교리입니다. 그러나 오늘날의 신학자들은 영혼에 대해 말하지 않습니다. 이것은 타락한 상태에 있는 인간의 모습을 암시합니다.

아시다시피, 오늘날 거듭남의 교리는 완전히 배제되었습니다. 에베소서에 나오는 바울의 대논쟁을 읽어 보십시오. 바울은 여러분이 더 이상 다른 이방인들처럼 살아서는 안된다고 말합니다. 여러분 자신이 거듭났으며 하나님의 소중한 자녀라는 사실을 깨닫지 못하느냐고 묻습니다. "너희가 전에는 어둠이더니 이제는 주 안에서 빛이라. 빛의 자녀들처럼 행하라"엡 5:8. 그러나 오늘날의 신학자들은 이런 말을 하지도 않습니다. 왜 그렇습니까? 거듭남의 교리를 믿지 않기 때문입니다.

이 모든 것에 더하여, 심판과 우리의 영원한 운명에 대한 가르침이 있습니다. 이것은 우리를 기다리는 영광을 위해 스스로 준비해야 한다는 필요성에서 나온 위대한 가르침이지만, 오늘날 신학자들은 이러한 것을 완전히 무시합니다. 그러나 사도들의 가르침을 전적으로 믿은 사도 요한은 이렇게 말합니다. "사랑하는 자들아, 우리가 지금은 하나님의 자녀라. 장래에 어떻게 될지는 아직 나타나지 아니하였으나 그가 나타나시면 우리가 그와 같을 줄을 아는 것은 그의 참모습 그대로 볼 것이기 때문이니"요일 3:2. 계속해서 이렇게 말합니다. "주를 향하여 이 소망을 가진 자마다 그의 깨끗하심과 같이 자기를 깨끗하게 하느니라"3절. 현대의 신학자들은 이 소망을 거부합니다. 울위치의 주교는 이 소망을 갖지 못할 것입니다. 그는 우리가 이것을 믿어서는 안된다고 말합니다. 그는 하나님이 인격적인지조차 의심스럽다고 합니다. 폴 틸리히처럼 그저 "존재의 근거"를 말할 뿐, 최후의 심판 같은 것은 없다고 말합니다. 그러므로 이 현대인은 "따라서 내가 무엇을 하느냐는 그리 중요하지 않다"고 말합니다.

그러나 바울은 다시 고린도전서 15장에서 이렇게 말합니다. "그리스도께서 다시 살아나신 일이 없으면 너희의 믿음도 헛되고 너희가 여전히 죄 가운데 있을 것이요"고전 15:17. 인간이 부활하지 않고 심판도 없다면, 먹고 마시고 즐기십시오. 내일이면 죽을 테니 말입니다. 사람들은 그렇게 하고 있습니다. 사도들의 가르침을 내버리고 제가 말하는 거룩한 삶의 동기도 무시해 버리십시오.

현대 신학자들은 거룩하고 윤리적이며 도덕적인 삶을 살아야 하는 가장 큰 이유를 우리에게서 빼앗아 버립니다. 나를 사랑하셨고 나를 위해 자신을 내주신 하나님의 아들에 대한 감사를 빼앗아 버립니다. 아이작 와츠로 대신 그 이유를 제시하겠습니다.

주 달려 죽은 십자가
우리가 생각할 때에
세상에 속한 욕심을
헛된 줄 알고 버리네.

그러므로

온 세상 만물 가져도
주 은혜 못 다 갚겠네.
놀라운 사랑 받은 나
몸으로 제물 삼겠네.

그러나 지금까지 이것이 배제되었습니다. 현대 신학자들은 이런 가르침을 요구하지 않습니다. 이들은 우리에게 거룩한 삶을 살아야 하는 어떤 이유도 제시하지 않습니다.

마지막으로 그리고 가장 실제적인 것은, 저는 현대 신학자들로부터 이런 삶을 살 수 있는 어떤 힘도 제공받지 못한다는 사실입니다. 이들은 산상설교와 그리스도의 윤리적 가르침을 찬양합니다. 이들은 "바로 이겁니다. 이것이 여러분이 살아야 하는 삶입니다"라고 말합니다. 『신조가 아니라 생활방식』이라는 작은 책에서 보듯이, 이들에 따르면 우리는 하나의 본보기를 요구하고 권하며 보여줄 수 있을 뿐입니다. 이것이 무슨 뜻입니까? 좋은 조언이라는 것입니다! 그러나 좋은 조언이 우리에게 무슨 소용이 있습니까? 제가 여러분에게 "더 이상 죄짓지 말고 착하게 사십시오"라는 말 외에 전혀 할 말이 없다면 여러분은 어떻겠습니까? 제가 여러분을 바로 이렇게 버려둔다면 어떻겠습니까? 착하게 사는 것이 쉽습니까? 유혹과 죄를 뿌리치는 것이 쉽습니까? 사람들 앞에 개혁 프로그램을 제시해 보십시오. 구약성경은 그 결과를 이렇게 말합니다. "구스인이 그의 피부를, 표범이 그의 반점을 변하게 할 수 있느냐"렘 13:23. 전도서의 저자인 솔로몬의 말에 귀기울여 보십시오. 그는 지혜로운 사람이며 대단한 경험을 한 세상적 사람입니다. 그는 이런 결론에 이르렀습니다. "구부러진 것도 곧게 할 수 없고 모자란 것도 셀 수 없도다"전 1:15. 할 수 없는 일입니다. 교육은 인간을 곧게 할 수 없습니다. 그렇지 않습니까? 즉결 재판소나 이혼 법정이나 그 밖의 어떤 법정에서든지 진행되는 과정을 보십시오. "구부러진 것은 곧게 할 수 없습니다." 우리에게 어떻게 하라고 말하는 것은 아무 소용이 없습니다. 우리는 할 수 없습니다.

이들은 아름답게 말하고 글을 잘 쓰지만, 제게 아무 능력도 아무 도움도 주지 못합니다. 기준이 있지만 저는 그 기준대로 살면서 그리스도를 본받도록 혼자 내버려집니다! 제가 어떻게 그렇게 할 수 있겠습니까? 이것은 모두 쓸데없습니다. 이들은 마귀의 권세를 전혀 모릅니다. 이들은 이렇게 말합니다. "예, 하지만 그건 사도들의 가르침일 뿐입니다. 오늘날의 사람들은 마귀의 존재를 믿을 수 없습니다. 물론 사도들은 마귀의 존재를 믿었지만, 그들은 1900년 전에 살았던 사람들입니다. 우리는 현대인입니다. 생물학을 알고 지질학을 압니다. 우리는 마귀의 존재를 믿지 않습니다."

여러분도 그렇습니까? 그렇다면 하나님의 이름으로 요구하건대, 여러분이 세상을 어떻게 보는지 말해 보십시오. 프로이트는 큰 영향을 주었지만 충분하지는 않습니다. 성경의 세상의 상태에 대한 설명은 하나뿐입니다. 그것은 마귀와 악의 권세입니다. 그러나 이들은 생명을 알지 못합니다. 이들은 자신을 알지 못합니다. 세상이 지금과 같은 것은 마귀의 권세 때문입니다. 우리는 사탄의 지배 아래 있습니다. 바울은 "이 세상의 신이 믿지 아니하는 자들의 마음을 혼미하게 하였다"고 말합니다고후 4:4. 세상은 속박되어 있습니다. 세상은 결박되어 있습니다. 세상은 자유롭지 못합니다. 정신분석학은 이 모든 것 뒤에 악한 세력이 있음을 보여줄 수 있을 것입니다. 바울은 에베소서 2:2에서 이 악한 세력을 "공중의 권세 잡은 자 곧 지금 불순종의 아들들 가운데서 역사하는 영"으로 묘사합니다. 그러니 좋은 조언이 무슨 소용 있겠습니까? 마귀는 구약의 모든 위대한 성도들을 쓰러뜨렸습니다. 그들 모두를 말입니다. 그는 완전했던 최초의 인간 아담과 하와를 쓰러뜨렸을 뿐 아니라, 가장 위대한 사람들을 포함해 그들의 모든 후손을 쓰러뜨렸습니다. 그러니 여러분이 마귀와 싸우고 있을 때 좋은 조언이 무슨 소용이 있겠습니까?

저는 여러분이 어떤 기분인지 알지 못하지만 이렇게 말하고 싶습니다. "하나님, 사도들의 가르침을 주셔서 감사합니다! 최초의 그리스도인들이 갈망했으며 그 안에서 자라기를 바라던 이 가르침을 주셔서 감사합니다." 어떤 가르침입니까? 바로 이것입니다. "내가 복음을 부끄러워하지 아니하노니"-무엇 때문입니까?-"이 복음은 모든 믿는 자에게 구원을 주시는 하나님의 능력이 됨이라. 먼저는 유대인에게요 그리고 헬라인에게로다"롬 1:16. 이것이 제가 하나님께 감사드리는 사도들의 가르침입니다.

> 이는 그리스도 예수 안에 있는 생명의 성령의 법이 죄와 사망의 법에서 너를 해방하였음이라. 율법이 육신으로 말미암아 연약하여 할 수 없는 그것을 하나님은 하시나니 곧 죄로 말미암아 자기 아들을 죄 있는 육신의 모양으로 보내어 육신에 죄를 정하사 육신을 따르지 않고 그 영을 따라 행하는 우리에게 율법의 요구가 이루어지게 하려 하심이니라롬 8:2-4.

이것은 인간의 유일한 소망은 하나님과 바른 관계를 갖는 것임을 의미합니다. 그러나 저나 여러분은 어떻게 하나님과 바른 관계를 가질 수 있겠습니까? 저는 그분의 법을 어겼습니다. 그분을 대적했습니다. 그분을 비웃었습니다. 그분을 인격체로 인정하지 않고 그분은 다만

"존재의 근거"나 "선"善이나 "사랑"일 뿐이라고 주장했습니다. 이런 제가 어떻게 하나님과 화해할 수 있겠습니까?

답은 하나뿐입니다. "곧 하나님께서 그리스도 안에 계시사 세상을 자기와 화목하게 하시며 그들의 죄를 그들에게 돌리지 아니하시고……하나님이 죄를 알지도 못하신 이를 우리를 대신하여 죄로 삼으신 것은 우리로 하여금 그 안에서 하나님의 의가 되게 하려 하심이라"고후 5:19, 21. 이것이 유일한 소망입니다. 이것이 복음입니다. 이것이 사도들의 가르침입니다. 이것은 하나님의 아들 그리스도께서 우리 죄를 위해 십자가에 죽으시고 장사지낸 바 되셨다가 사흘 만에 부활하시고 승천하셔서 하나님 우편에 앉아 계시면서 성령을 보내신다는 가르침입니다. 이것이 유일한 소망입니다!

어떻게 복음의 메시지가 유일한 소망이 됩니까?

복음의 메시지가 우리의 죄를 다루고 있기 때문입니다. 복음은 그리스도께서 우리 대신 형벌을 받으셨고 우리는 용서받았다고 말합니다. 우리에게는 새로운 마음, 새로운 본성이 주어졌습니다. 우리는 "하나님의 자녀"가 되었습니다. 우리 안에는 새 생명이 있습니다. 우리는 이제 빛을 사랑하고 어둠을 미워하는 본성을 가졌습니다. 우리 안에는 하나님의 성령의 능력이 있습니다. 우리에게는 이렇게 말씀하시는 그리스도가 계십니다. "내가 결코 너희를 버리지 아니하고 너희를 떠나지 아니하리라"히 13:5. 우리 안에는 능력, 곧 하나님의 능력이 있습니다.

바울은 고린도전서에서 이것을 놀라운 언어로 표현했습니다. 고린도교회의 도덕적 문제에 귀기울여 봅시다. 바울은 이렇게 말합니다.

불의한 자가 하나님의 나라를 유업으로 받지 못할 줄을 알지 못하느냐. 미혹을 받지 말라. 음행하는 자나 우상숭배 하는 자나 간음하는 자나 탐색하는 자나 남색하는 자나 도적이나 탐욕을 부리는 자나 술 취하는 자나 모욕하는 자나 속여 빼앗는 자들은 하나님의 나라를 유업으로 받지 못하리라. 너희 중에 이와 같은 자들이 있더니 주 예수 그리스도의 이름과 우리 하나님의 성령 안에서 씻음과 거룩함과 의롭다 하심을 받았느니라"고전 6:9-11.

바꿔 말하면, 이것은 주님께서 바리새인들에게 하신 "그러므로 아들이 너희를 자유롭게 하면 너희가 참으로 자유로우리라"는 말씀과 같습니다요 8:36.

바울은 로마의 그리스도인들에게 이렇게 말합니다. "너희가 본래 죄의 종이더니 너희에게 전하여 준 바 교훈의 본을 마음으로 순종하여"롬 6:17. 이 교훈만이 유일하게 효과가 있는 것은, 이 교훈만이 제게 힘을 주기 때문입니다. 앞에서 보았듯이, 인간이 직면한 문제는 무엇이 옳은지를 아는 것이 아니라 어떻게 그 옳은 바를 행할 수 있는가 하는 것입니다. 그러기에 사도 바울은 "원함은 내게 있으나 선을 행하는 것은 없노라"고 고백했습니다롬 7:18. 그러나 감사하게도 그리스도께 답이 있습니다.

> 내 죄의 권세 깨뜨려
> 그 결박 푸시고
> 이 추한 맘을 피로써
> 곧 정케 하셨네.
> —찰스 웨슬리

우리는 그분을 하나님의 아들로 알기에 그분을 향해 이렇게 말할 수 있습니다.

> 나 주께 왔으니 복주시옵소서.
> 주 함께 계시면 큰 시험 이기네.
> 기쁘고 기쁘도다, 항상 기쁘도다.
> 나 주께 왔사오니 복주옵소서!
> —A. S. 호크스Annie Sherwood Hawks

사도들의 가르침을 주신 하나님 감사합니다! 여기에 「펜트하우스」를 발행하려는 사람들을 위한 소망이 있습니다. 여기에 가장 극악한 죄인을 위한 소망이 있습니다. 그것은 "모든 믿는 자에게 구원을 주시는 하나님의 능력"입니다롬 1:16. 복음은 가장 훌륭한 자들과 가장 고상한 자들과 가장 선한 자들을 위한 소망만큼이나, 마귀에게 종으로 결박되어 있는 가장 무지한 자들과 가장 우둔한 죄인들에게도 소망을 줍니다. "그 백성을 돌보사 속량하신다"눅 1:68고 말하는 "사도들의 가르침"을 주신 하나님께 감사하십시오.

이제 분명히 아시겠습니까? 사도들의 가르침을 거부하고 인간에게 필요한 것은 도덕적 기준뿐이라고 말하는 것만큼 어처구니없고 무익하며 어리석은 것이 어디 있습니까? 여러분은 하나님의 아들을 의지합니까? 사도 베드로가 오순절에 예루살렘 사람들에게 하라고 한 것을 했습니까? 사도들의 가르침을 거부한 것을 회개했습니까? 주 예수 그리스도를 하나님의 아들로, 여러분의 영혼의 구주로 믿습니까? 그분이 여러분을 인도하고 구원하시도록 여러분 자신을 있는 그대로 그분께 드렸습니까?

10

교제하며

그 말을 받은 사람들은 세례를 받으매 이날에 신도의 수가 삼천이나 더하더라. 그들이 사도의 가르침을 받아 서로 교제하고 떡을 떼며 오로지 기도하기를 힘쓰니라. 사람마다 두려워하는데 사도들로 말미암아 기사와 표적이 많이 나타나니 믿는 사람이 다 함께 있어 모든 물건을 서로 통용하고 또 재산과 소유를 팔아 각 사람의 필요를 따라 나눠 주며 날마다 마음을 같이하여 성전에 모이기를 힘쓰고 집에서 떡을 떼며 기쁨과 순전한 마음으로 음식을 먹고 하나님을 찬미하며 또 온 백성에게 칭송을 받으니 주께서 구원받는 사람을 날마다 더하게 하시니라.

사도행전 2:41-47

세상의 상태를 염려하는 많은 사람들에 따르면, 우리에게 필요한 것은 새로운 개혁입니다. 저도 여기에 동의하지만 중요한 질문은 남아 있습니다. 여러분은 "개혁"이라는 말을 어떤 의미로 사용합니까? 저는 이 시리즈 설교에서, 개혁이란 성경 전체를 조각조각 내버리고 자신의 생각이나 이론을 내거는 것이 아니라는 것을 여러분에게 보여드리려고 합니다. 개혁이란 이와는 정반대의 것을 의미합니다. 개혁이란 성경으로 돌아가는 것을 의미합니다.

이제 "개혁"이라는 단어를 사용하려면 솔직해야겠습니다. 16세기에 큰 개혁이 있었고 그 밖에 다른 개혁도 있었지만, 모두 어떤 것들이었습니까? 교회에서 일어난 모든 개혁, 교회에 새로운 생명과 능력과 활력을 가져다 주었고 사람들의 삶에 그에 상응하는 영향을 미친 모든 개혁의 근거는, 신약성경으로 돌아가는 것이었습니다. 제가 개혁이라는 주제로 여러분의 주의를 모으고 있는 것은, 성경으로 돌아가는 것이 우리의 유일한 소망임을 보여주고 싶은 마음이 너무나 간절하기 때문입니다. 우리에게 필요한 것은 이전의 모든 개혁들과 같은 선상의 개혁입니다. 우리에게 필요한 것은 본래의 초기 모범을 복원하고 회복하는 것입니다. 물론 이 모범은 신약성경, 특히 사도행전에 나타나 있습니다.

우리가 사는 세상은 역사가 긴 오래된 세계입니다. 따라서 제 생각에 현대인들이 역사를 조금이라도 읽는다면, 그들의 어리석은 많은 생각과 개념들이 머지않아 바로잡힐 것입니다. 오늘날 사람들이 겪는 문제가 예전 사람들이 겪던 문제와 다르다는 생각은, 많은 가르침 가운데서 가장 우스꽝스러운 것입니다. 정말 다릅니까? 사람들은 전혀 달라지지 않았습니다. 사람들은 언제나 그대로입니다. 로마제국 쇠퇴기의 문제는 오늘날 서구사회가 겪는 문제와 조금도 다르지 않습니다. 물론 조금은 다른 형태로 나타나기도 합니다. 로마 시민들은 마차를 타고 다닌 반면, 요즘 사람들은 비행기를 타고 다닙니다. 그러나 이것은 문제도 아닙니다. 요즘 사람들이 무엇을 하려 하는가? 문제는 이것입니다. 이 문제를 분석해 보면 여러분은 똑같은 점을 발견할 것입니다. 그들은 잔치를 벌이고는 식단과 먹고 마시는 것과 춤추는 것과 섹스에 관심을 두었습니다. 이런 관심은 오늘날 어디에나 있으며 왜곡되기까지 했습니다. 오늘날의 세상은 주님께서 오셨고 사도 바울과 다른 사도들이 살았던 1세기의 세상과 완전히 똑같습니다. 똑같이 타락하고, 똑같이 부도덕하며, 똑같이 악하고, 똑같이 소망 없으며, 똑같이 근심합니다.

이 세상에 유익한 것이 있었다면 그것은 복음의 메시지뿐입니다. 우리가 사도행전에서 읽은 것은 초대교회 교인들, 특히 설교자들이 "천하를 어지럽게 하던 이 사람들"이라 불렸다는 것입니다.행 17:6. 교회만큼 로마제국에 강한 영향을 끼친 것은 없습니다. 헬라에는 위대한 철학자들이 있었습니다. 기억하십시오. 이들은 주 예수 그리스도께서 태어나시기 전에 살았고 활동하다가 죽었습니다. 그러므로 최고의 가르침은 이미 제시되어 있었습니다. 로마인들은 통치술, 특히 지방 통치의 전문가들이었습니다. 오늘날에도 많은 나라의 법체계는 로마법에 기초하고 있습니다. 로마인들은 법, 질서, 통치로 유명했고, 사회를 조직하고 사람들의 삶을 개선하며 일종의 유토피아를 세우기 위해 할 수 있는 일은 무엇이든 다 했습니다. 이들 고대인들은 유토피아에 관심이 아주 많았습니다. 그러나 이들은 완전히 실패했습니다.

그런데 이러한 고대세계에 교회라고 불리는 것이 나타났습니다. 그것은 오순절에 일어난 엄청난 사건에서 시작되었습니다. 그리스도와 함께했던 사도들과 다른 사람들이 다락방에서 함께 기도하고 있을 때 갑자기 성령의 능력이 이들에게 임했습니다. 이것은 이들이 한 일이 아니었습니다. 이들이 계획한 것도 아니었습니다. 이들은 수개월 전에 대규모 캠페인을 갖기로 결정하고 그것을 위해 수많은 소위

원회를 두기로 한 것도 아니었습니다. 전혀 그렇지 않았습니다. 이들은 극도의 무력감과 연약함 속에서 기도하며 기다렸을 뿐입니다. 그러나 이들에게 엄청난 능력이 임했고, 이들은 권세 있게 말하기 시작했습니다. 베드로의 설교 한번에 3천 명이 구원받았습니다. 그리고 "주께서 구원받는 사람을 날마다 더하게 하셨습니다." 이것이 교회였습니다.

그렇다면 우리가 교회에 관해 알고 있는 것은 무엇입니까? 지금까지 저는 교회가 무엇인지 여러분에게 제시해 왔습니다. 첫째는 이 사람들이 무엇보다도 "사도들의 가르침"을 받는 데 "오로지 힘썼다"는 것입니다. 이들이 왜 이 가르침을 원했는지는 이미 살펴보았습니다.

이제 이들이 모인 그다음 이유를 살펴보겠습니다. 이 이유도 우리에게는 매우 중요합니다. "그들이 사도의 가르침을 받아 서로 **교제하고……오로지……힘쓰니라.**" 저는 여러분에게 교회가 무엇이며 기독교 사회가 어떤 것인지 묘사해 드리고 싶습니다. 다시 한번 강조하지만, 세상의 유일한 희망이 바로 여기에 있기 때문입니다. 여러분은 신문을 읽지만 거기서 무슨 희망을 발견합니까? 좋습니다. 정치에 관심을 가지십시오. 하지만 정치에서 사회의 도덕 문제에 대한 해결책을 찾을 수 있습니까? 여러분은 노사 문제를 해결할 수도 있을 것입니다. 모든 사람이 일은 덜 하면서 급여는 더 많이 받으려 한다면 그런 문제조차 해결할 수 없겠지만 말입니다. 로마제국은 바로 이렇게 해서 무너졌습니다. 모든 로마인들이 목욕탕에서 시간을 보내고 싶어했습니다. 물론 여러분 중에도 아주 부자들은 금장 욕조라도 가질 테지만 말입니다! 로마제국은 이 모든 단계를 거치면서 몰락해 갔습니다. 모든 제국이 이런 식으로 무너졌으며 서구사회도 이런 식으로 무너질 것입니다. 이 모든 것을 억제할 방법은 하나밖에 없습니다. 그것은 바로 복음입니다. 제가 지금 설교를 하고 있는 것은 정부 대변인이기 때문이 아닙니다! 제가 이 모든 것을 말하는 이유는 여러분 한 사람 한 사람의 영혼에 관심이 있기 때문입니다. 그러나 동시에 보여드리고 있는 것은, 이것이 개인뿐 아니라 집단에도 적용된다는 것입니다. "묵시vision가 없으면 백성이 방자히 행합니다"잠 29:18. "공의는 나라를 영화롭게 합니다"잠 14:34. 여러분은 그 밖의 다른 것으로는 살아갈 수 없습니다.

우리가 보았듯이 지금은 불행히도 교회가 무엇이며 교회는 무엇을 해야 하는지에 대한 거짓 개념들이 유행하고 있습니다. 그러나 여기 사도행전에 교회의 진정한 모습이 나옵니다. 바로 "교제"입니다. 이들이 어떤 사람들이었는지 다시 한번 기억해 보십시오. 이들은 그리스도를 거부하고 "없이 하소서, 그를 십자가에 못박게 하소서!"라고 외치던 사람들입니다. 그러나 베드로의 설교를 듣고 이들은 곧바로 자신들의 죄를 깨닫고 회개했으며, 3천 명이 교회에 더해졌습니다. 이제 이들은 교제하고 가르침을 듣기 위해 날마다 모였습니다. 그렇다면 "교제"란 무엇입니까? 이 단어는 오늘날 많이 유행하고 있기는 하지만 저는 이 단어가 크게 잘못 사용되고 있다고 생각합니다. 이 단어는 소위 "에큐메니컬 운동" 지지자들에게 큰 인기가 있습니다. 그러나 제가 지금까지 보여드렸듯이, 이들은 교리에는 관심이 없습니다. 이들은 말합니다. "교리는 분열을 일으킨다. 그러니 그것에 대해 말하지 말라. 우리에게는 교리가 필요 없다. 우리에게 필요한 것은 교제다."

오늘날 우리는 교제란 무엇인가에 대한 이상한 개념들을 접하게 됩니다. 앞으로 말씀드리겠지만 교제란 매우 깊은 연합을 의미합니다. 참된 연합unity과 제휴coalition는 전혀 다른 것입니다. 여러분이 제휴했을 때 연합했다고 말하는 것은 잘못입니다. 여러분은 연합한 것이 아닙니다. 모든 정치적 제휴의 역사는 일시적 화해가 있을 뿐, 진정한 연합은 없음을 증명합니다. 그러나 이것은 교제가 아닙니다. 여러분은 이것이 교제라고 확신할 수도 있겠지만, 이것은 피상적인 교제일 뿐입니다. 마음 깊은 곳에는 불일치disunity가 있습니다. 분열이 있습니다.

오늘날의 비극은 사람들이 이렇게 말한다는 것입니다. "우리가 모이기만 한다면 무엇을 믿느냐는 중요하지 않다! 로마 가톨릭이든 개신교든 상관없다. 차이는 중요하지 않다. 우리 모두는 하나다. 모두 함께하자. 세상의 모든 종교에 속한 사람들까지도. 큰 세계 협의회를 만들자. 모든 종교를 아우르자." 세상은 이것을 보고 웃습니다. 저는 이러한 세상의 비웃음이 옳다고 생각됩니다. 이것은 기독교가 아닙니다. 이것은 교제도 아니며 연합도 아닙니다.

교제란 무엇인가에 대한 사람들의 생각은 매우 감상적일 수 있습니다. 어떤 사람들은 순전히 사교적인 측면에서만 생각합니다. 교회에서 자주 발견되는 것도 이런 개념입니다. 저는 이것이 기독교와 전혀 관계없기 때문에 비웃고 싶습니다. 이들은 교제를 단지 차와 다과를 나누는 것이라고 생각하기까지 합니다. 또 어떤 사람들은 교제를 예배 끝이나 예배 중에 목사가 "이제 서로 교제하십시오"라고 말하면 옆 사람과 악수하는 정도로 생각합니다. 정말 놀라운 교제입니다! 사람들은 모든 교제를 이렇게 생각합니다. 그러나 이것은 피상적인 우애와 친절과 즐거움일 뿐입니다. "교제"라는 위대한 단어가 이런 식으로 격하되어 버렸습니다.

전혀 복음주의적이지 않고 아주 자유주의적인 사람에 관해 이야기하던 한 복음주의 설교자가 생각납니다. 그 설교자는 이렇게 말했습니다. "아시다시피, 저는 많은 복음주의자들보다 이 사람과 더 많은 교제를 나눕니다."

저는 이렇게 답했습니다. "그러세요. 그건 전적으로 목사님이 교제를 어떤 의미로 사용하느냐에 달려 있습니다. 목사님이 그가 많은 복음주의자들보다 친절한 사람이라는 뜻으로 말씀하신 거라면 저는 목사님의 말씀에 동의합니다. 하지만 그것은 교제가 아닙니다." 어떤 사람이 밝고 붙임성 있으며 친절하다는 사실이 여러분이 그와 교제를 나눌 수 있다는 뜻은 아닙니다. 여러분은 아무 다툼도 없이 그 사람과 시간을 함께 보낼 수 있지만, 이것은 교제가 아닙니다.

더 나아가, 교제는 제도화와 동일시해서는 안된다는 것을 다시 한 번 강조해야겠습니다. 제가 보기에 지금 그렇게도 많은 사람들이 교회 밖에 있는 것도 바로 이러한 교회의 제도화 때문입니다. 사람들은 교회를 들여다보지만 보이는 것이라고는 큰 제도, 큰 조직밖에 없습니다. 로마 가톨릭만 그런 것이 아니라 개신교회 또한 마찬가지입니다. 이 시대의 로마 가톨릭 교회나 영국 개신교를 보십시오. 사도행전에서 이런 모습을 볼 수 있습니까? 사도행전에서 교황에 해당하는 사람을 볼 수 있습니까? 여러분은 교황과 교제할 수 있습니까? 교황을 알현하려면 수많은 절차를 거쳐야 합니다. 멀리서 교황을 바라보고 그의 반지에 입맞추는 것만으로도 영광으로 생각하는 사람들을 보십시오. 이것이 교제입니까?

아닙니다. 바로 이 때문에 사람들이 교회 밖에 있는 것입니다. 기독교에 귀기울이지 않는 것도 이 때문입니다. 사람들은 이런 제도화를 보지만 이것을 원하지는 않습니다. 저 또한 이런 제도화를 원치 않는다고 말씀드리기 위해 이 자리에 있습니다. 기독교는 누구나 이용할 수 있는 단순한 제도가 아닙니다. 하나님의 이름으로 말씀드리건대, 저는 살아있을 때는 예배당을 한번도 찾지 않다가 자신의 장례식에서는 찬송가를 불러 주기 원하는 사람들에게 신물이 납니다. 하나님의 이름으로 이것을 거부합니다! 이들은 우리를 가리켜 위선자들이라고 말하지만, 이것이야말로 순전히 위선 아닙니까? 왜 이들은 자신들의 장례식에서 찬송가를 불러 주기 원합니까? 왜 이들은 살아있을 때 나와서 찬송하지 않습니까? 교회는 이용당할 정도로 어리석지만, 이것은 신약성경의 기독교가 아닙니다. 절대 아닙니다. 이곳 사도행전에 참된 교제가 있습니다.

그렇다면 어떤 것이 교제입니까? 제가 찾아본 바에 따르면 교제는 "깊은 사귐", "참된 친교", "최고의 예라고 할 수 있는 결혼과 같은 가까운 관계"를 뜻합니다. 때로는 단순하게 "사업상의 파트너십"이란 의미로 사용되기도 합니다. 교제는 교회에서 이따금씩 만나고 예배가 끝날 때나 예배 중에나 집으로 돌아갈 때 고작 악수하는 정도가 아닙니다. 이것은 교회가 아닙니다. 여기에는 어떤 교제도 없습니다. 진정한 교제는 피상적이지 않습니다. 진정한 교제는 깊습니다. 진정한 교제는 생명력이 있습니다. 진정한 교제는 삶에서 중요한 자리를 차지합니다. 사람들은 그리스도인이 될 때 하나가 됩니다. 공동체에 들어

갑니다. 한가족이 됩니다. 결코 끊을 수 없는 끈으로 연합됩니다.

주님께서는 일찍이 이것을 아주 분명하게 설명해 주셨습니다. 주님께서는 자신의 모든 소유를 팔아 가난한 자들에게 주라는 당신의 요구에 순종할 수 없어 "근심하며 간" 젊은 부자 관리에 대해 말씀하셨습니다. 그후에 이어진 대화입니다.

예수께서 그들을 보시며 이르시되 사람으로는 할 수 없으되 하나님으로는 그렇지 아니하니 하나님으로서는 다 하실 수 있느니라. 베드로가 여짜와 이르되 보소서, 우리가 모든 것을 버리고 주를 따랐나이다. 예수께서 이르시되 내가 진실로 너희에게 이르노니 나와 복음을 위하여 집이나 형제나 자매나 어머니나 아버지나 자식이나 전토를 버린 자는 현세에 있어 집과 형제와 자매와 어머니와 자식과 전토를 백 배나 받되 박해를 겸하여 받고 내세에 영생을 받지 못할 자가 없느니라 막 10:27-30.

바로 이것입니다! 그리스도는 이렇게 말씀하시는 것입니다. "너희가 나를 위하여 어미나 아비를 떠나더라도 걱정할 것이 없다. 너희는 이 땅에서 수백 수천의 어미, 아비를 두게 될 것이다. 너희는 새 가정을 갖게 될 것이다." 이것이 교제가 의미하는 것입니다. 교회만이 이런 교제가 가능합니다.

그러므로 초대교회의 원시적인 모범으로 돌아가야 하지 않겠습니까? 여기 고대세계에서 시작된 모습 그대로의 기독교가 있습니다. 여기서 우리는 세상을 뒤엎은 권능과 교회와 메시지를 봅니다. 이 일은 역사 속에서 반복되었습니다. 교회사는 아주 특별합니다. 여러 번 말씀드렸듯이, 제게 성경 다음으로 교훈적인 것은 교회사밖에 없습니다. 교회사만큼 용기를 주고 활력을 주는 것은 없습니다. 여러분은 교회사를 어떻게 생각합니까? 여러분은 이곳 사도행전에서 유아기로 시작한 교회가 계속해서 상승곡선만 그어 오며 발전해 왔다고 생각합니까? 전혀 아닙니다.

교회 역사는 오르막과 내리막이 있습니다. 인간이 초기의 모범을 잊어버리기 때문에 교회는 제도가 되어 버립니다. 교회는 죽어 버리는 것입니다. 교회는 부유해질 수 있고 큰 정치력을 얻을 수도 있습니다. 중세시대 교황들은 정말 엄청난 힘을 가졌습니다. 그러나 이것은 교회와 아무 상관이 없습니다.

그렇다면 어떻게 오늘날 교회가 존재할 수 있습니까? 그 답은 하나뿐입니다. 하나님께서 자비하심으로 교회를 내려다보시고, 교회를 부흥하게 하시며 교회로 하여금 초기의 모범으로 돌아가게 하셨기 때문입니다. 이것이 진정한 개혁입니다. 무엇이 교회인지 알고 싶으십니까? 그렇다면 사도행전 2장을 보십시오. 이 사람들을 보십시오. 이들은 매일 모여 사도들의 가르침을 듣고 사도들과 교제하며 그들과 떡을 떼고 그들과 함께 기도했습니다. 이러한 현상은 확산되어 나갔고 사람들은 깜짝 놀랐습니다. 역동성과 능력이 있었으며 무엇인가 살아있는 것이 있었습니다. 그래서 사람들은 말했습니다. "이게 도대체 뭘까? 나도 알았으면 좋겠군!"

로마시대 카타콤 교회의 이야기를 읽어 본 적 있습니까? 박해가 너무 심했기 때문에 신자들은 달리 모일 수가 없었습니다. 그래서 이들은 지하묘지에서 모였습니다. 이들은 보잘것없고 하찮은 인물들이었습니다. 이들 가운데 대단한 사람은 거의 없었습니다. 그러나 이들은 모였습니다. 카타콤에서 교제하면서도 세력은 확장되었습니다. 이것이 위대한 교회사입니다. 하나님의 이름으로 말씀드리건대, 사물을 지금 보이는 그대로 보지 마십시오! 위대한 역사를 돌아보십시오. 그러면 무엇이 교회인지 알게 될 것입니다.

여러분은 로마 가톨릭이 허식과 힘으로 다스리며 교황이 왕들과 통치자들을 주무르던 어두운 중세시대를 보면서, "이것이 교회야"라고 말할지도 모르겠습니다. 그러나 그것은 교회가 아닙니다! 그것은 "큰 음녀淫女"입니다. 마귀가 만든 모조품입니다. 그것은 기독교와 아무 상관이 없습니다.

그렇다면 그 시대에는 어디에 교회가 있었습니까? 우리는 그 시대의 교회를 북부 이탈리아의 왈도파Waldensians로 알려진 지극히 보잘것없는 사람들에게서 찾아야 합니다. 이들은 서로의 집에서 모였습니다. 이것조차 허락되지 않을 때는 언덕이나 산속 동굴에서 모였습니다. 작은 그룹에 불과했지만 이들은 모였습니다. 이것이 교회였습니다. 후에 체코슬로바키아가 된 곳에서는 존 후스를 따르는 사람들이 있었고, 영국에는 존 위클리프를 따르는 사람들이 있었습니다. 모두 종교개혁 훨씬 전의 일이었습니다. 이것이 교회입니다. 교회는 큰 조직이 아닙니다. 진리를 믿으며 주님을 알고 삶을 변화시키며 가르침을 붙잡고 함께 기도하는 이들 보잘것없는 사람들이 바로 교회입니다.

그후 종교개혁에 이르게 되면 사람들은 다시 작은 규모로 모이기 시작했습니다. 이런 모임은 이후로도 계속됩니다. 우리는 청교도들 사이에서 교회를 발견하고 스코틀랜드 언약자들의 놀라운 이야기에서 교회를 만납니다. 이러한 이야기들을 읽어 보면, 교회가 무엇이며 기독교가 무엇인지 알게 될 것입니다.

언약자들은 대개 깊은 산속에서 모여야 했습니다. 언젠가 스코틀랜드 남부의 덤프리스에서 멀지 않은 곳에 있는 성찬의 돌Communion Stones이라는 곳에 가본 적이 있습니다. 그곳은 제가 가본 곳 중 가장 감동적인 곳이었습니다. 큰길을 따라가다가 작은 길로 접어들어 농장의 오솔길을 따라가면 농장 마당이 나옵니다. 거기서 다시 언덕 쪽으로 올라가야 합니다. 언덕에는 작은 갈라진 틈이 있고 모퉁이를 돌면 거의 작은 원형극장 같은 자연적으로 생겨난 만남의 장소가 있는데, 여기에 커다란 돌 하나가 있습니다. 17세기 스코틀랜드의 그리스도인들은 주일 오후에 성찬을 위해 이곳에 모였습니다. 한두 사람은 틈에서 영국군이 자기들을 잡으로 오는지 망을 보았습니다. 이들은 보잘것없고 알려지지도 않은 사람들이었지만, 이들의 마음에는 하나님의 은혜가 있었습니다. 이렇게 목숨을 걸고 모이면서 이들의 삶은 변화되었고 하나님을 더욱 깊이 만나게 되었습니다.

이것이 교회의 모습입니다. 이것이 교제가 의미하는 것입니다. 신약성경에 따르면, 우리가 그리스도인인지 아닌지 알아보는 가장 좋은 방법 하나가 우리 가운데 이러한 교제가 있는지 보는 것입니다. 자신이 그리스도인인지 아닌지 알고 싶습니까? 이것이 여러분이 알아야 하는 가장 중요한 것입니다. 그리스도인이 아니라면 여러분은 진실되게 살 수 없으며, 확신컨대 진실되게 죽을 수도 없습니다. 그러면 자신이 그리스도인인지 어떻게 압니까? 여기 요한의 대답이 있습니다. "우리는 형제를 사랑함으로 사망에서 옮겨 생명으로 들어간 줄을 알거니와"요일 3:14.

요한의 말은 무슨 뜻입니까? 그의 말은 우리가 그리스도인의 교제를 좋아한다는 뜻입니다. 이 3천 명은 회심한 후에 그리스도의 교제에 참여했습니다. 그 무엇도 이들을 떼어 놓을 수 없었습니다. 형제를 향한 사랑은 이들의 삶에서 가장 크고 가장 중요한 것이 되었습니다. 이들에게 형제 사랑은 세상의 그 어떤 유대관계보다 중요해졌습니다. 그리스도인이 되면 사람들은 자신들의 모든 시간을 다른 그리스도인들과 보내고 싶어하고 그들에게 관심을 갖게 됩니다. 기독교의 증거는 사람들을 변화시키고 거듭나게 하며 새 가족에 속하게 합니다. 새 가족의 유대감은 혈육이나 사회나 국가적인 유대보다 깊고 강합니다. 이들은 모여듭니다. 이들은 서로에게서 떨어져 나갈 수 없습니다.

이 순간 여러분 자신이 그리스도인인지 확실하게 알고 싶다면 한 가지를 테스트해 보십시오. 여러분은 아주 비천한 그리스도인들과 시간을 보내고 싶어합니까, 아니면 그리스도인은 아니지만 아주 대단하고 멋진 사람들과 어울리고 싶어합니까? 알아보는 방법은 이처럼 단순합니다. 궁극적으로 이 테스트는 여러분이 지성知性으로 무엇을 믿느냐를 알아보는 것이 아닙니다. 우리는 감성이나 의지는 전혀 영향을 받지 않으면서 지성만 가지고도 무엇인가를 믿을 수 있습니다. 형제 사랑, 이것이 바로 철저한 테스트입니다. 형제 사랑은 가장 비천하고 낮은 자들에 대해 무언가를 느끼는 것입니다. 그들이 그리스도인이기 때문입니다. 그것은 아무리 위대하고 칭송받는 사람이라도 그리스도인이 아닌 자들에게는 느껴지지 않던 것입니다.

이 구절에 주목하셨습니까? "믿는 사람이 다 함께 있어 모든 물건을 서로 통용하고 또 재산과 소유를 팔아 각 사람의 필요를 따라 나눠 주며." 어떤 사람들은 이것을 일종의 원시 공산주의라고 생각합니다. 그러나 이것은 본문이 진정으로 말하려는 바를 오해한 것입니다. 본문은 이들이 모든 것을 팔아 공동금고에 넣었다는 뜻이 아닙니다. 헬라어 원문의 의미는 이렇습니다. 신자들 가운데 하나라도 고통당하도록 놔두지 않을 정도로 서로를 극진히 사랑했으며, 한 사람이 빈궁한 지경에 처하면 풍족한 사람들이 약한 형제를 돕기 위해 자기 소유의 얼마를 팔 준비가 되어 있었다는 뜻입니다. 바꿔 말하면, 이들은 각자의 소유를 그대로 갖고 있었지만 "우리는 모두 궁핍한 자가 생기면 서로를 위해 살 준비가 되어 있습니다"라고 말한 것입니다. 사람들이 어려움에 처한 가족을 위해 무엇인가를 하려고 하듯이, 그리스도인들도 그리스도 안에서 형제자매된 자들을 도우려고 합니다. 여기에 하나됨이 있고 연합이 있습니다. "우리는 형제를 사랑함으로 사망에서 옮겨 생명으로 들어간 줄을 알거니와"요일 3:14. 거듭 말씀드리지만, 이것이 바로 테스트입니다.

무엇이 이러한 교제를 가능하게 합니까? 제가 보기에는 세 가지 요인이 있습니다. 그것이 무엇인지 말씀드리겠습니다. 당연히 이런 교제를 가능하게 하는 것은 일치된 본성입니다. 이것은 거듭남의 결과입니다. 여러분이 이에 대해 알고 있으니 논의는 하지 않겠습니다. 사도 바울은 고린도후서에서 "너희는 믿지 않는 자와 멍에를 함께 메지 말라"고 말합니다. 무엇 때문입니까? "의와 불법이 어찌 함께하겠습니까"고후 6:14. 이처럼 단순합니다. 의와 불의 사이에는 어떤 교제도, 어떤 진정한 사귐도 있을 수 없습니다. 바울은 이어서 "빛과 어둠이 어찌 사귀며"라고 말합니다. 이것은 불가능합니다. 빛과 어둠은 섞을 수 없습니다. "그리스도와 벨리알이 어찌 조화되며 믿는 자와 믿지 않는 자가 어찌 상관하며 하나님의 성전과 우상이 어찌 일치가 되리요"-절대 그럴 수 없습니다-"우리는 살아계신 하나님의 성전이라.

이와 같이 하나님께서 이르시되 내가 그들 가운데 거하며 두루 행하여 나는 그들의 하나님이 되고 그들은 나의 백성이 되리라"15-16절.

　이것이 교제의 첫째 이유입니다. 우리는 똑같은 본성을 가졌습니다. 우리는 동일한 생명을 가졌습니다. 다른 사람에게서 동일한 생명을 발견하는 순간, 여러분은 그 사람과 교제합니다. 이것은 정말 놀라운 일입니다! 제가 거의 27년을 웨스트민스터 채플에서 목회하면서 누린 특권이, 특히 전쟁[1] 중에 많은 사람들과 이러한 교제를 나눈 것입니다. 캐나다, 미국, 네덜란드, 노르웨이 등 거의 세계 모든 나라에서 온 군대가 영국에 주둔했습니다. 이들은 잠시 런던에 머물렀습니다. 이들은 예배에 참석했으며 예배가 끝난 후에는 저를 찾아왔습니다. 전에는 한번도 본 적이 없는 사람들이었지만 저는 이들을 알았습니다. 제가 이들을 알았고 이들은 저를 알았습니다. 우리는 만난 적도 없으며 대화한 적도 없었습니다. 그러나 단번에 형제를 알아보고 즉시 하나가 되었습니다. 피부색은 중요하지 않으며 어떤 옷을 입었느냐도 중요하지 않습니다. 그것들은 중요하지 않습니다. 이것은 본능입니다. 여러분은 동일한 언어로 말합니다. 여러분은 교제합니다. 교제는 이렇게 시작하지만 여기서 끝나지는 않습니다.

　교제를 낳는 또 하나의 요인은 공통된 가르침입니다. 사도 유다는 "일반으로 받는 구원"common salvation에 대해 말합니다유 1:3. 구원은 "일반으로 받는 구원" 하나뿐입니다. 제 사무실로 남양군도 사람들이 찾아온 적이 있습니다. 그때 우리는 서로가 형제임을 즉시 알아차렸습니다. 어떻게 알았습니까? 우리가 동일한 구원을 받았기 때문입니다. 우리는 기본적인 것들에서 근본적으로 일치했습니다. 우리 모두는 하나님을 알았습니다. 우리 모두는 자신이 죄인이라는 것을 알았습니다. 우리 모두 구원자를 알았습니다. 우리 모두 새 생명을 알았습니다. 우리는 하나이며 서로를 알았습니다. 모든 것에서 일치하지는 않았지만 우리 사이에는 근본적인 일치가 있었습니다. 이것이 없다면 교제는

[1] 제2차 세계대전

불가능합니다. 여러분이 다른 언어를 사용하고 있더라도 복음이 관련된 곳에서는 같은 언어를 사용하고 있는 것입니다.

또한 강조하고 싶은 것은 신뢰감과 자유입니다. 조금이라도 의심한다면 교제할 수 없습니다. 서로 자유롭게 말할 수 있으려면 상호신뢰와 이해가 필요합니다. 여러분도 가슴을 열고 상대방도 가슴을 열 때 두 사람은 교제와 이 자유를 누리게 됩니다. 서로 간에 멋진 교감이 이루어집니다. 서로는 가장 훌륭한 가족과도 같습니다.

이러한 교제의 기본적 특성들은 이렇게 작용합니다. "그들이 사도의 가르침을 받아 서로 교제하고……오로지……힘쓰니라." 이들 새 신자들은 전망과 관심사가 같았습니다. 이들이 받은 새 생명이 가장 중요한 것이 되었습니다. 이전에는 그렇지 않았습니다. 관심사가 제각각이었습니다. 유대인들 대부분이 그렇듯이, 이 유대인들도 주로 정치적인 문제-어떻게 로마의 멍에를 벗어 버릴까? 어떻게 불의를 제거할까?-에 관심이 있었습니다. 이런 관심사에 반대하려는 것이 아닙니다. 이런 관심은 전혀 잘못된 것이 아닙니다. 여러분은 정치에 관심을 가질 수 있으며, 실제로 이런 관심을 갖는 것은 여러분의 의무입니다. 하나님께서는 정부로 하여금 이 악한 세상의 악과 죄를 제어하도록 명하셨습니다. 그러므로 여러분은 정치에 관심을 가져야만 합니다. 그러나 정치가 그리스도인의 주된 관심사는 아닙니다. 그리스도인의 주된 관심사는 새 생명입니다! 이들이 함께 모여 교제한 것도 바로 이 때문입니다. 이들은 새 생명에 대해 더욱더 알고 싶어했습니다. 이전까지는 새 생명에 대해 들어 본 적이 전혀 없었지만 이제는 새 생명을 가졌고, 새 생명이 놀라운 것이며 모든 것을 변화시키는 것임을 알았습니다.

많은 면에서 볼 때, 신약성경 전체에서 이 새로운 전망을 가장 잘 요약한 것은 베드로-오순절에 설교했던 바로 그 베드로-입니다. 그는 이렇게 쓰고 있습니다.

사랑하는 자들아, 거류민과 나그네 같은 너희를 권하노니 영혼을 거슬러 싸우는 육체의 정욕을 제어하라. 너희가 이방인 중에서 행실을 선하게 가져 너희를 악행한다고 비방하는 자들로 하여금 너희 선한 일을 보고 오시는 날에 하나님께 영광을 돌리게 하려 함이라.^{벧전 2:11-12}.

베드로는 이렇게 말한 것입니다. "제 말 좀 들어 보십시오. 여러분은 그리스도인이기 때문에 이제 이 세상에서는 나그네요 순례자라는 것을 알아야 합니다." 이것은 그리스도인이 가장 먼저 깨닫는 것이기도 합니다. 다른 모든 사람들은 이 세상에서 편하게 사는 것이 목표입니다. 이들은 이렇게 말합니다. "이 세상이 전부야. 그러니 이 세상에서 맘껏 누려야 돼. 죽음은 생각하지 말아. 순식간에 찾아올 테니까. 이런 것들은 걱정하지 말아. 그냥 순간을 위해 사는 거야. 그냥 즐기는 거야." 그러나 사람들이 그리스도인이 될 때 그들은 자신들이 이 세상에서 나그네요 순례자일 뿐이라는 것을 깨닫습니다. 지나가는 여행자일 뿐입니다. 그러므로 이들은 이렇게 말합니다. "이 세상에 몰두해서는 안돼. 이 세상은 '허영의 시장'(『천로역정』에 나오는 곳)일 뿐이야. 내일이면 이 세상도 끝나고 나도 끝날 거야. 그다음에는 어떻게 되지?" 이들은 바울과 함께 이렇게 고백합니다. "그러나 우리의 시민권은 하늘에 있는지라"^{빌 3:20}.

이 세상과 이 세상의 삶을 보는 그리스도인의 전체적인 관점에 일대 변혁이 일어납니다. 한때 그리스도인들은 이 세상을 위해서 살았으며 이 세상에 속했습니다. 그러나 이제는 아닙니다. 그리스도인들은 분리되었습니다. 베드로는 계속해서 멋진 표현들을 사용합니다. "그러나 너희는 택하신 족속이요 왕 같은 제사장들이요 거룩한 나라요 그의 소유가 된 백성이니 이는 너희를 어두운 데서 불러내어 그의 기이한 빛에 들어가게 하신 이의 아름다운 덕을 선포하게 하려 하심이라"^{벧전 2:9}. 여러분은 어둠 가운데 있었고, 말하자면 어둠의 사람들과 사귀며 교제했지만 이제는 빛으로 인도되었으며 빛의 사람들을 원합니다. 여러분은 자신이 새사람이며 더 이상 이 어둠에 속하지 않는다는 것을 압니다. 여러분은 새로운 영역에 속합니다. 베드로가 말한 대로 "전에는 백성이 아니더니 이제는 하나님의 백성입니다"10절. 여러분은 무책임하고 이해하지 못하며 알지 못하고 짐승처럼 살던 반역자였습니다. 그러나 이제는 거기서 벗어났습니다. 당연히 이 사실을 깨달은 사람들은 모이며 하나가 됩니다. 여러분은 더 이상 영적인 황무지에 살 수 없습니다. 여러분이 완전하다거나 죄에 빠지는 적이 전혀 없다는 뜻이 아니라 죄 가운데서 살지 않는다는 뜻입니다.

그러나 이것은 소극적인 모습입니다. 저는 그리스도인들이 여기서 멈추기를 원치 않습니다. 적극적으로 표현하면, 이들이 모인 것은 더 이상 어둠에 속하지 않기 때문만이 아니라 자신들이 얻은 새 생명의 존엄과 가치를 깨달았기 때문입니다. 다시 베드로에게 귀기울여 보십시오. "그러나 너희는 택하신 족속이요 왕 같은 제사장들이요 거룩한 나라요 그의 소유가 된 백성이니." 여러분은 새롭게 태어난 결과 바로 이런 존재가 되었습니다. 여러분에게 임하신 성령의 역사로 여러분은 이제 새로운 삶을 삽니다. 바로 왕 같은 삶입니다. 여러분은 하나님의 자녀입니다. 여러분은 하나님의 가족입니다. 여러분은 왕가의 일원입니다!

이 사실을 깨달은 여러분은 왕족들과 시간을 함께하기 원합니다. 이제 여러분은 전에 없이 자신이 존엄한 존재라는 것을 인식합니다. 이 위대한 이름과 지금 여러분이 속한 이 위대한 가정을 어둠의 영역으로 몰아넣지 않습니다. 여러분은 한 단계 높아졌습니다. 여러분은 높임을 받습니다. 여러분은 자신이 누구인지 깨닫습니다. 여러분은 자신의 새 삶을 비하하거나 더럽힐 수 없습니다. 여러분은 정결과 영광과 경이와 특별한 존귀가 있는 이 새로운 영역에 있고 싶어합니다. 이것이 베드로가 자신이 모르는 그리스도인들에게 편지한 내용입니다.

베드로가 마지막으로 언급하는 것은 이것입니다. 하나님은 왜 여러분을 "택하신 족속"이요 "왕 같은 제사장"으로 삼으셨습니까? 여기 그 답이 있습니다. "이는 너희를 어두운 데서 불러내어 그의 기이한 빛에 들어가게 하신 이의 아름다운 덕을 선포하게 하려 하심이라." 이것이 가장 중요합니다. 제가 왜 교회에 관해 설교하고 있습니까? 제가 왜 교회가 무엇이며 교회의 메시지가 무엇인지를 바로 알아야 한다고 외칩니까? 저의 궁극적인 답은 하나님의 영광과 사람들의 영혼입니다. 제가 이 자리에 선 것은 여러분에게 하나님을 전하기 위해서입니다. 여러분에게 하나님을 전하는 것은 여러분 속에는 여러분이 지금까지 알지 못했고 무시해 온 영혼이 있다는 것을 알기 때문입니다. 저는 여러분이 이 악한 세상과 어둠과 죄를 위해 살고 있는 것을 볼 수 있습니다. 여러분이 지금 상태로 죽는다면 영원히 이렇게 살게 될 것을 압니다. 그 비참함은 지금보다 훨씬 더 클 것입니다. 여러분이 자신의 어리석음을 깨닫고 고통스러워하더라도 상황을 바꿀 시간이 전혀 없습니다. 여러분은 여기에 대해 아무것도 할 수 없습니다. 제가 설교하는 것도 바로 이 때문입니다.

그러나 제가 말씀드리고 싶은 것은, 여러분은 하나님의 자녀가 될 수 있다는 것입니다. 여러분은 "택하신 족속"의 일원이 될 수 있습니다. 그 나라의 제사장이 될 수 있습니다. "거룩한 나라"의 백성이 될 수 있습니다. 하나님의 보살핌과 사랑을 받는 그분의 특별한 소유가 될 수 있습니다. 그분은 여러분의 머리털까지 세시는 하나님이십니다. 그분은 여러분에게 새 생명과 새 능력과 새 힘을 주실 것입니다. 이 모든 것이 여러분에게 가능합니다. 여러분에게는 고귀한 사람으로 죽어 영원한 기업에 들어갈 수 있는 가능성이 열려 있습니다.

예루살렘 최초의 신자들이 지속적으로 모여 교제한 중요한 이유 가운데 하나는, 이들이 이렇게 생각했기 때문입니다. "놀라운 일이 우리에게 일어났습니다. 하지만 우리의 친지들은 어떻게 합니까? 우리의 친구들은 어떻게 합니까? 우리의 이웃은 어떻게 합니까? 그들은 이것을 모릅니다. 그들에게 전해 주고 싶지만 우리는 아는 것이 없습니다. 우리는 배워야 합니다. 사도들의 가르침을 들어야 하고 사도들과 함께 시간을 보내야 합니다. 우리는 물어보고 싶고 도움과 조언을 듣고 싶습니다. '그분을 찬양하는 법'을 배우고 싶습니다." 예루살렘의 그리스도인들은 이렇게 말했습니다. "우리는 하나입니다. 우리는 동역자이며 하나님의 대사이며 하나님의 대리자들입니다. 세상은 비참합니다. 세상은 죄 가운데 죽어가고 있는데 사람들은 귀를 막고 있기에 이것을 알지 못합니다. 저들에게 보여줍시다. 다른 삶이 있다는 것을 보여줍시다."

이들 예루살렘의 그리스도인들은 사도 바울이 빌립보 교인들에게 행하라고 권한 것을 하고 있었습니다. 제가 생각하기에, 이것은 하나님께서 바로 지금 우리에게 하라고 요구하고 계시는 것입니다. "모든 일을 원망과 시비가 없이 하라. 이는 너희가 흠이 없고 순전하여 어그러지고 거스르는 세대 가운데서 하나님의 흠 없는 자녀로 세상에서 그들 가운데 빛들로 나타내며 생명의 말씀을 밝혀"빌 2:14-16. 이들은 이렇게 말한 것입니다. "우리는 하늘의 빛과 같으므로 밝게 비춰야 합니다. 사람들은 어둠 속에 있습니다. 그들은 자신들이 어디에 있는지, 어디로 가고 있는지 모르고 있습니다. 그들에게 말해 줍시다. 그들에게 보여줍시다."

이것이 교회입니다! 교회는 대단한 사람들에게 언제나 자신을 팔 준비가 되어 있는 화려한 제도가 아닙니다. 절대 아닙니다. 교회는 보잘것없고 알려지지 않은 사람들입니다. 그러나 이들은 하나님의 백성입니다. 이들의 소망은 인간에게 아첨하는 자나 궁정의 목사가 되는 것이 아닙니다. 이들의 소망은 자신들을 어둠에서 불러내어 그분의 놀라운 빛으로 인도하신 분을 찬양하는 것입니다. 여러분도 그렇습니까? 이러한 교제의 기쁨을 누리고 있습니까? 이러한 것들에 대해 더욱더 알기 원합니까? 이러한 것들을 생각하는 사이 멋진 텔레비전 프로그램을 놓치지나 않을까 걱정합니까? 이것들은 우리가 그리스도인인지 아닌지를 말해 주는 질문들입니다. 무엇이 먼저입니까? 우리는 무엇을 위해 살고 있습니까? 무엇을 의지하고 있습니까? 삶을 어떻게 대합니까? 죽음을 어떻게 맞을 것입니까? 하나님을 어떻게 뵐 것입니까? 이것들이 가장 중요한 질문들입니다.

무엇이 더 중요합니까? 여러분은 나라의 상황에 책임을 느낍니까? 죄가 점점 커져 가는 것을 보고 그저 불쾌하게만 느낍니까, 아니면 여러분의 마음이 그 죄의 희생자인 불쌍한 사람들 때문에 안타까움과 슬픔으로 가득합니까? 불쌍한 청소년들이 그저 불쾌하게만 느껴집니까, 아니면 이들이 아무것도 모른 채 하나님과 그리스도와 하나님의 자녀가 될 수 있다는 사실을 전혀 들어 보지 못했다는 것에 대해 슬픔과 안타까움을 느낍니까? 이들 때문에 짜증이 납니까, 아니면 이들로 인해 마음이 찢어집니까? 이들에게 이 "기이한 빛"을 보여주기 원합니까? 이들에게 생명의 말씀을 제시하기를 원합니까? 사람들이 모여서 교제하는 것은, 자신들이 속한 이 악한 세대에게 그들이 알지 못하는 길, 하나님의 길, 그리스도의 길, 영혼을 살리는 하나님의 생명의 길, 영원한 구원의 길이 있다는 것을 더 밝게, 더 환하게 보여주기 위해서입니다.

"우리는 형제를 사랑함으로 사망에서 옮겨 생명으로 들어간 줄을 알거니와"요일 3:14. 여러분에게 성경이 이 세상에서 가장 중요한 책입니까? 그들이 누구이든 상관없이, 여러분에게는 하나님의 자녀들이 그 누구보다도 우선입니까? 정직하게 우리 자신을 살펴보십시오. 이것이 기독교입니다. 이것이 교회입니다. 이것이 참된 생명이 있는 삶입니다. 이것이 살아가는 방법입니다. 이것이 우리가 영광스럽게 죽을 수 있도록 준비시켜 줄 유일한 가르침입니다.

여러분은 이런 "교제"에 참여합니까? 그렇다면 하나님께 감사하십시오. 그렇지 않다면 하나님께 아뢰십시오. 여러분이 이런 교제를 갖고 있지 못한 것 같다고 그분께 아뢰십시오. 여러분은 이런 것들을 이해하지 못하며 이런 것들이 낯설기만 하다고 그분께 아뢰십시오. 알기 원한다고 아뢰십시오. 그분의 성령과 뜻으로 나의 어두운 눈을 밝혀 달라고 기도하십시오. 여러분이 정직하게 진정으로 이 생명을 원한다면, 그분께 구하십시오. 그러면 주실 것입니다. 일단 이 생명을 가지면, 여러분은 형제를 사랑하고 세상 그 무엇보다도 이러한 교제를 갈망하게 될 것입니다.

11

떡을 떼며

그 말을 받은 사람들은 세례를 받으매 이날에 신도의 수가 삼천이나 더하더라. 그들이 사도의 가르침을 받아 서로 교제하고 떡을 떼며 오로지 기도하기를 힘쓰니라.

사도행전 2:41-42

우리는 사도행전을 살펴보면서, 이 세상 삶에 깊은 영향을 미쳐 온 것은 오직 교회의 메시지 하나뿐이라는 사실을 계속해서 강조했습니다. 이것은 단지 저의 견해가 아니라 역사의 판단이기도 합니다. 역사는 세상이 지금까지 알고 있는 가장 강력한 문명화의 힘은 바로 교회였다는 것을 증언할 것입니다. 오늘날 우리가 자랑하는 것들은 대부분 교회라는 매개를 통해 처음 나타났습니다. 교회는 궁핍하고 고통당하는 사람들을 돌보고 돕기 시작했습니다. 예를 들면, 병원은 직접적으로 교회의 사역을 통해 생겨났고, 19세기 인간에게 자유를 가져다 준 대부분의 법률은 그리스도인이 된 사람들이 제안한 것들입니다.

그러므로 우리가 사도행전 2장을 살펴보고 있는 것은 교회가 진정으로 무엇인지를 알기 위해서입니다. 지금까지 초대교회 그리스도인들이 사도들의 가르침과 신도들의 교제에 오로지 힘썼다는 것을 보았습니다. 이제 그다음 구절을 살펴보아야 합니다. 저희가 "떡을 떼기"에 힘썼다는 구절입니다. 여기 또 하나의 교회의 특징이 나타납니다. 물론 우리는 이 특징을 편견 없이 살펴볼 것이며, 더불어 우리 자신의 모습도 살펴보게 될 것입니다. 이들은 모이기를 원했고, 사도들의 가르침에 지속적으로 귀를 기울였으며, 비슷한 사람들과 교제하고 떡을 떼는 일에 힘썼습니다. 우리의 모습은 어떻습니까? 기독교는 이렇게 시작되었습니다. 이것이 진정한 기독교의 모습입니다.

아시다시피, 여러분은 기독교의 개념들을 취할 수는 있습니다. 그러나 그것이 여러분이 그리스도인임을 증명해 주지는 않습니다. 앞에서 본 것처럼 기독교는 하나의 개념에 불과한 것이 아닙니다. 기독교는 마음에 작용하며, 한 인간을 철저히 변화시켜 가르침과 교제에 목마르게 합니다. 그리고 떡을 떼기 위해 모이기를 바라는 마음도 생겨나게 합니다.

우리가 사도행전에서 살펴본 가르침과 교제는, 오늘날 이 시대가 가르치는 것과 완전히 반대된다는 사실을 이미 말씀드렸습니다. 이것은 떡을 떼는 일에서도 마찬가지입니다. 오늘날의 대중적인 가르침은 우리가 현대적 지식을 가졌기 때문에 교회의 전통적 가르침과 전례가 필요 없다고 말합니다. 그러므로 저는 사도행전의 이 구절들이 너무나 많은 사람들을 현혹하는 현대의 가르침에 대응하는 데 적절하다는 것을 여러분이 알았으면 합니다.

가장 먼저 말씀드리고 싶은 것은, 인간이 하나님을 믿지 않는다는 사실은 전혀 새로울 게 없다는 것입니다. 사람들은 이것을 현대성의 특질hallmark of modernity이라고 말하지만, 여러분은 시편 14편을 읽어 보셨습니까? 첫 절은 이렇습니다. "어리석은 자는 그의 마음에 이르기를 하나님이 없다 하는도다." 이것은 기원전 1000년경, 그러니까 지금부터 거의 3천 년 전에 다윗이 쓴 것입니다. 그러므로 현대인들은 다소 다르다는 생각은 전혀 잘못된 것입니다. 무신론자는 어느 시대에나 있었습니다.

둘째, 현대인들은 그들이 현대적이며 학식이 있기 때문에 하나님이 없다고 말하는 것이 아닙니다. 어리석어서 그렇게 말하는 것입니다. 사람들은 이 사실을 전혀 이해하지 못하는 것 같습니다. "**어리석은 자**는 그의 마음에 이르기를 하나님이 없다" 합니다. 이들은 무지합니다. 이들은 눈에 보이는 것 때문에 "보이지 아니하는 자를 보지" 못합니다히 11:27. 이들은 자신이 똑똑하다고 생각하지만, 그들의 세계를 설명조차 못합니다. 이들은 설명하는 것보다 설명하지 못하는 것이 더 많습니다. 이들은 어리석은 자들입니다. 그러므로 무신론은 현대성과 아무 관련이 없습니다. 학식과도 관련 없습니다. 하나님이 없다고 말하는 사람을 길모퉁이 어디에서나 발견할 수 있습니다. 그가 위대한 철학자라서 이렇게 말합니까? 아닙니다. "어리석은 자는 그의 마음에 이르기를 하나님이 없다" 합니다.

이 모든 것에 대한 답은 이것입니다. 과거에도 그러했던 것처럼 현대인들에게 가장 필요한 것은 은혜로운 하나님을 알고 그분에게 복 받는 일입니다. 현대인들의 모든 문제는 하나님을 알지 못하는 데서 생겨납니다. 이것이 개인과 개인, 집단과 집단, 계층과 계층, 국가와 국가 등 삶에서 일어나는 모든 문제의 전체적인 원인입니다. 그러므로 우리는 뭔가 새로운 것, 좀더 과학적인 발견을 찾거나 다음 주에는 새로운 통찰력을 제시하는 책이 나오리라고 기대해서는 안됩니다. 이런 것은 없습니다! 우리는 사도행전 2장을 다시 살펴보아야 합니다. 여기서 우리는 "떡을 떼는 일", 즉 떡을 먹으며 포도주를 마시는 일에 대해 읽게 됩니다. 성찬식입니다! 이것은 교회가 바로 시행하기 시작해 역사 속에서 이어져 온 일입니다.

신약성경을 읽어 보면, 초대 그리스도인들이 했던 일들을 볼 수 있습니다. 처음에는 교회건물이 없었으므로 이들은 각자의 집에서 모였습니다. 이들은 함께 식사를 했고 식사 끝무렵에 이 특별한 순서를 가졌습니다. 한 사람이 떡을 떼어 사람들에게 나누어 주었습니다. 그리고 포도주를 잔에 부어 똑같이 사람들에게 돌렸습니다. 주님께서 죽으시기 전날, 제자들에게 바로 이렇게 하셨습니다.

11 떡을 떼며

이르시되 내가 고난을 받기 전에 너희와 함께 이 유월절 먹기를 원하고 원하였노라. 내가 너희에게 이르노니 이 유월절이 하나님의 나라에서 이루기까지 다시 먹지 아니하리라 하시고 이에 잔을 받으사 감사 기도 하시고 이르시되 이것을 갖다가 너희끼리 나누라. 내가 너희에게 이르노니 내가 이제부터 하나님의 나라가 임할 때까지 포도나무에서 난 것을 다시 마시지 아니하리라 하시고 또 떡을 가져 감사 기도 하시고 떼어 그들에게 주시며 이르시되 이것은 너희를 위하여 주는 내 몸이라. 너희가 이를 행하여 나를 기념하라 하시고 저녁 먹은 후에 잔도 그와 같이 하여 이르시되 이 잔은 내 피로 세우는 새 언약이니 곧 너희를 위하여 붓는 것이라 눅 22:15-20.

초대 그리스도인들은 무엇 때문에 함께 떡을 떼었으며, 우리는 또 왜 그렇게 해야 합니까? 가장 중요한 이유는 주님께서 이것을 명하셨다는 사실입니다. 그분은 "이것을 행하여 마실 때마다 나를 기념하라"고 말씀하셨습니다고전 11:25. 그분은 죽으시기 바로 전, 배신당하시던 바로 그날 밤에 이 엄숙한 명령을 주셨습니다.

이것이 가장 중요합니다. 초대교회 그리스도인들이 이렇게 하기로 결정한 것이 아니었습니다. 그리스도께서 이들에게 이렇게 명하신 것입니다. 나중에 교회의 일원이 된 사도 바울은 "내가 너희에게 전한 것은 주께 받은 것이니"라고 했습니다고전 11:23. 그는 부활하신 주님께 직접 배웠습니다. 사도행전 초반에 바울이 그리스도인들을 박해한 것을 기억하실 것입니다. 다소의 사울일 때 그는 교회를 무력으로 박해했고 교회를 무너뜨리려 했습니다. 그러나 다메섹으로 가는 도상에서 회심하였고, 주님께서는 그에게 나타나 사명을 주셨습니다. 바울은 계속해서 이렇게 말합니다. "이것은 내 생각이 아닙니다. '내가 너희에게 전한 것은 주께 받은 것이니.'" 주께서 죽으시기 직전에 다른 사도들에게 행하신 것처럼 이 의식을 사도 바울에게 보여주셨습니다.

그러므로 주의 만찬은 사도들의 생각도 아니고 교회가 만들어 낸 것도 아니었습니다. 그것은 주님의 엄숙한 명령이었습니다. 주님은 무엇 때문에 이들에게 성찬을 지켜 행하라고 명하셨습니까? 여기 가장 깊은 의미가 있습니다. 저는 주께서 이 명령을 주신 것은 가르침을 보존하기 위해서였다고 믿습니다. 아시다시피, 성찬은 가르침의 시행이요 진리의 표현입니다. 주님께서는 진리가 이 세상 끝 날까지 보존되기를 원하셨던 것입니다.

이 얼마나 놀라운 일입니까! 떡과 포도주로 차려진 이 식탁이 강단에서 끔찍하게 더럽혀질 때가 얼마나 많았는지 모릅니다. 사람들은 강단에 올라가 말했습니다. "예수님은 인간이었을 뿐이다. 그는 도덕적 본보기요 선한 선생에 지나지 않는다." 사람들은 그의 죽음은 평화주의자의 죽음이자 큰 비극이라고 했습니다. 우리는 그분의 정신을 본받아 그분처럼 살아야 한다고 했습니다. 사람들은 강단에서 이렇게 설교한 후에 성찬식을 행했지만, 이들의 설교와 성찬식의 메시지 사이에는 아무런 관계도 없었습니다. 그러나 성찬의 식탁, 곧 떼어진 떡과 부어진 포도주는 그 자체가 하나의 메시지였습니다.

이처럼 인간과 잘못될 수 있는 인간의 가능성 때문에 – 우리는 모두 잘못하기 쉽습니다 – 주님께서는 진리, 곧 가르침을 보존할 조치를 취하셨습니다. 현대의 가르침과 설교를 점검하는 방법을 알고 싶다면 여기 한 가지 테스트가 있습니다. 현대의 가르침과 설교가 떡과 포도주와 어떤 관련이 있습니까? 가르침과 설교가 떡과 포도주로 이어집니까? 성찬식이 설교의 메시지를 증명해 줍니까? 그렇지 않다면 그 메시지는 잘못된 것입니다. 여기 주님께서 직접 하신 명령이 있습니다. 주님은 가르침을 보존하기 위해 그것을 명하셨습니다.

저는 또한 주님이 이것을 명하신 것은 교회의 연합을 유지하려는 목적도 있었다고 믿습니다. 사도 바울은 너무나 심한 분열을 겪고 있는 고린도교회에 보낸 편지에서 이렇게 말합니다. "우리가 축복하는 바 축복의 잔은 그리스도의 피에 참여함이 아니며 우리가 떼는 떡은 그리스도의 몸에 참여함이 아니냐. 떡이 하나요 많은 우리가 한몸이니 이는 우리가 다 한 떡에 참여함이라"고전 10:16-17. 우리가 이미 살펴본 교제, 곧 "평안의 매는 줄로 성령이 하나되게 하신 것"엡 4:3을 보존할 수 있는 가장 좋은 방법은 성찬의 식탁에서 나오는 것입니다.

고린도교회 교인들은 분열되었습니다. 어떤 사람들은 "우리는 바울의 제자들이다"라고 자랑했습니다.

어떤 사람들은 "아니다, 우리는 아볼로의 제자들이다. 아볼로는 훨씬 철학적이다"라고 했습니다.

또 어떤 사람들은 게바를 지지한다고 했습니다. 이렇게 이들은 여러 편으로 나뉘었습니다. 그러나 바울은 "그리스도께서 어찌 나뉘었느냐. 바울이 너희를 위하여 십자가에 못박혔느냐"라고 물었습니다고전 1:13. 그렇지 않습니다. 여러분은 성찬에 임할 때 바울이든 아볼로든 게바든 저든 말씀을 전한 사람이 그 누구든 다 잊어버리고 그리스도만 바라보아야 합니다. 성찬에서 여러분은 연합을 유지합니다. 떡도 하나요 성찬도 하나요 그리스도도 하나입니다. 그분이 십자가에 못박히셨습니다. 다른 누구도 아닙니다.

연합은 이 식탁에서 다른 방법으로도 유지됩니다. 성찬에 참여하는 것만큼 우리를 겸손하게 하는 것은 없습니다. 여러분은 자신을 다른 사람들과 분리시켜 생각하는 경향이 있습니다. 그러나 성찬에 참여할 때 여러분은 겸손해집니다. 여러분은 그분과 그분이 행하신 일과 견디신 것을 생각하게 됩니다. 그리고 아이작 와츠와 함께 이렇게 찬양합니다.

주 달려 죽은 십자가
우리가 생각할 때에
세상에 속한 욕심을
헛된 줄 알고 버리네.

주여, 나로 자랑하지 못하게 하시며
나의 하나님이여,
그리스도의 죽음으로 나를 구원하소서.

진정으로 성찬에 참여할 때 사람들은 겸손해지며 함께 그분을 바라보면서 하나가 됩니다.

둘째, 제자들은 주님과 그분이 말씀하신 모든 것을 기억하기 위해서 주의 만찬을 지켰습니다. 주님께서는 "이것을 행하여 마실 때마다 나를 기념하라"고 말씀하셨습니다. 그래서 이들은 함께 모였습니다. 우리 또한 우리에게 행하신 은혜로운 하나님을 기억하기 위해 성찬에 참여합니다. 우리는 성찬에서 그분을 발견하는 것입니다.

우리는 무엇을 기억합니까? 하나님의 행하심입니다! 이 죄악된 세상에 살고 있는 우리에게 유일한 희망의 메시지, 유일한 격려의 말씀이 여기 있습니다. "하나님이 세상을 이처럼 사랑하사 독생자를 주셨으니……"요 3:16. 여기 신약성경의 메시지가 있습니다. 이것이 기독교의 구원입니다. 내가 나가서 도움이 필요한 이웃을 찾거나, 내가 어떤 이해를 구하려고 나의 과학적 지식을 철학화하거나 사용하려고 노력하는 것이 아닙니다. 결코 그렇지 않습니다! 뒤를 돌아보십시오! 이미 일어났습니다! 위대한 일이 이미 이루어졌습니다! "때가 차매 하나님이 그 아들을 보내사 여자에게서 나게 하시고 율법 아래에 나게 하신 것은 율법 아래에 있는 자들을 속량하시고 우리로 아들의 명분을 얻게 하려 하심이라"갈 4:4-5.

예수께서는 "이를 행하여 나를 기념하라"고 말씀하셨습니다. 기독교는 단지 감정적인 느낌이 아닙니다. 기독교는 나사렛 예수가 하나님의 아들이시라는 위대한 선언입니다. 하나님께서 독생자를 세상에 보내셔서 곤경에 처해 너무나 낙심하고 너무나 무기력해 있는 우리를 위해 무엇인가를 하셨다는 위대한 선언입니다. 그러므로 성찬은 우리에게 그분을 상기시킵니다. 우리는 언제나 여기서 시작해야 합니다. "태초에 말씀이 계시니라. 이 말씀이 하나님과 함께 계셨으니 이 말씀은 곧 하나님이시니라.……말씀이 육신이 되어 우리 가운데 거하시매"요 1:1, 14. 이 말씀이 메시지의 중심에 있지 않다면, 스스로 무엇이라고 부르든지 그것은 기독교의 메시지가 아닙니다. 기독교의 핵심은, 인간이 어리석어 그분께 등을 돌리고 하나님이 없다고 말했을지라도 하나님께서 세상을 사랑하시고 불쌍히 여기셔서 당신의 독생자를 세상에 보내셨다는 사실입니다. 성찬이 상기시키는 것은, 구원은 그리스도 안에서 그리스도를 통해서만 가능하다는 사실입니다.

이것이 교회가 지금까지 돌아본 것이며, 이것이 현대세계를 향한 기독교의 메시지입니다. 세상이 현재나 미래에 할 수 있는 그 무엇에서 도움을 찾는다면, 여러분은 깊은 환멸을 느끼게 될 것입니다. 세상은 언제나 우리에게 뭔가 더 나은 것을 약속해 왔지만, 한번도 그 약속을 지키지 못했습니다. 인간은 언제나 낙관적이었습니다. "인간의 가슴에는 영원히 희망이 샘솟도다." 그러나 역사를 보면 세상의 희망은 매우 어리석어 보이지 않습니까? 모든 세대는 자신만이 명철과 지식과 진리를 가졌다고 생각하면서 과거를 비웃습니다. 자기 세대만이 옳다는 것입니다. 그러나 다음 세대가 등장하면서 곧 앞 세대를 짓밟아 버립니다.

그러므로 떡과 포도주의 메시지에 귀기울이십시오. 이 메시지는 여러분에게 이렇게 말합니다. "뒤돌아보라! 이미 일어났다! 놀라운 일이 이미 이루어졌다!" 우리를 도울 수 있는 일이 이미 일어났습니다. 하나님의 아들이 유일한 구원자이십니다! "천하 사람 중에 구원을 받을 만한 다른 이름을 우리에게 주신 일이 없음이라"행 4:12. 이것은 오늘날 크게 인기를 끄는 모든 것들과는 완전히 반대됩니다. 이처럼 최초의 그리스도인들이 함께 떡을 뗀 것은 주께서 그렇게 하도록 명하셨기 때문이며, 이들이 주님을 기억하기 원했기 때문입니다.

셋째는 사도 바울이 말했습니다. "너희가 이 떡을 먹으며 이 잔을 마실 때마다 주의 죽으심을 그가 오실 때까지 전하는 것이니라"고전 11:26. 바울은 이들 초대 그리스도인들이 주님의 죽으심을 선포하고 있었다고 말합니다.

이 사실은 몇 가지를 의미합니다. 첫째, 이들은 주님의 죽음을 숨기지 않았습니다. 이들은 그분의 죽음을 부끄러워하지 않았고, 그 죽음을 최악의 재난으로 여기지도 않았습니다. 복음서는 주님께서 십자가에 달리실 때 모든 제자들이 심히 낙심했다고 아주 솔직하게 말합니다. 제자들은 이렇게 말했습니다. "이제 끝났어. 그분이 우리를 인도하실 거라고 생각했는데, 그분은 죽임을 당하고 말았어!"

제자들은 소망이 완전히 사라졌습니다. 그때 갑자기 주님께서 이들에게 나타나셔서 자신이 하신 일을 설명해 주셨습니다. 그분은 제자들의 우매함을 꾸짖으시고 이들이 모르는 것을 모두 가르쳐 주셨습니다. 그 결과 제자들은 더 이상 부끄러워하거나 낙심하지 않았습니다. 제자들은 더 이상 그분의 죽음을 숨겨야 할 것이라고 생각하지 않았습니다. 이제 이들은 그 반대 태도를 취했습니다. 이들은 그분의 죽음을 선언하고 선포하기 위해 함께 떡을 떼었습니다. 실제로, 사도 바울은 고린도로 처음 설교하러 갔을 때 이렇게까지 말합니다. "내가 너희 중에서 예수 그리스도와 그가 십자가에 못박히신 것 외에는 아무것도 알지 아니하기로 작정하였음이라"고전 2:2. 그는 또한 갈라디아의 그리스도인들에게 이렇게 말했습니다. "예수 그리스도께서 십자가에 못박히신 것이 너희 눈앞에 밝히 보이거늘"갈 3:1. 이것은 바울이 그분을 내세웠다는 뜻입니다. 말하자면, 그는 "그리스도께서 십자가에 못박히셨다"고 쓴 포스터를 걸고 다닌 것입니다.

바울은 갈라디아 교인들에게 말합니다. "그러나 내게는 우리 주 예수 그리스도의 십자가 외에 결코 자랑할 것이 없으니 그리스도로 말미암아 세상이 나를 대하여 십자가에 못박히고 내가 또한 세상을 대하여 그러하니라"갈 6:14. 바울의 설교는 우리 주님의 가르침에 대한 것도, 그분이 보이신 본에 대한 것도 아니었습니다. 그의 설교는 그분의 죽음에 대한 것이었습니다. 중요한 것은 그리스도의 죽음입니다. 우리가 세상의 유일한 희망이라고 선포하는 것은, 바로 그분의 죽음입니다.

왜 그렇습니까? 그분의 죽음으로, 오직 그분의 죽음으로만 우리는 구원받기 때문입니다. 이것이 핵심입니다. 현대인들은 이것에 반대합니다. 그러나 이것이 기독교의 가르침입니다. 떡을 떼는 것은 구원의 길이 오직 하나님 아들의 찢기신 몸과 그분이 흘리신 피뿐이라고 선언하는 것입니다. 그분의 가르침도 아니며 그분이 보이신 본도 아니며 그분의 격려도 아닙니다.

11 떡을 떼며

무엇 때문입니까? 여기서 우리는 복음의 핵심에 이르게 되는데, 바로 성찬이 선포하는 것입니다. 이미 살펴보았듯이, 인간의 모든 문제는 하나님으로부터 분리된 데서 기인합니다. 사람들이 좋아하든 그렇지 않든 상관없이 이 세상은 하나님의 세상입니다. 이것을 인식하지 못하는 한, 사람들은 "무익한 반항"을 할 것입니다. 머리로 벽을 칠 것이고 어리석은 바다처럼 헛되이 바위를 칠 것입니다. 하나님과 맞서 싸운다면, 사람들은 언제나 패배와 재난과 절망에 빠지게 될 것입니다. 이들에게 가장 필요한 것은 하나님을 알고 그분과 화목하며 그분의 복을 받는 것입니다.

그런데 왜 사람들은 그분의 복을 받지 못합니까? 하나님은 거룩하시고 공의로우시며 의로우시기 때문입니다. 하나님께서는 구약성경에서 이것을 우리에게 분명하게 말씀하셨습니다. 이것은 선지자들의 위대한 메시지이기도 합니다. 성경 전체가 이것을 선포합니다. 그러나 어리석게도 인간들은 그분을 거역했습니다. 그분과의 교제를 깨뜨렸습니다. 하나님의 진노를 불러일으켰고, 그 진노가 인간들 위에 임했습니다. 현대세계를 이해하고 싶다면 여기 해답이 있습니다. "하나님의 진노가 불의로 진리를 막는 사람들의 모든 경건하지 않음과 불의에 대하여 하늘로부터 나타나나니"롬 1:18. 모든 문제는 이것입니다. 우리는 하나님의 심판과 진노 아래 있는 죄인입니다.

우리는 여기에 대해 무엇을 할 수 있습니까? 아무것도 할 수 없습니다. "인생이 어찌 하나님 앞에 의로우랴"욥 9:2. "하나님, 제가 한 일에 대해 용서를 구합니다"라고 말하면 되겠습니까? 이것으로는 충분치 않습니다. "더 이상 죄를 짓지 않고 당신을 섬기며 살겠습니다"라고 말하면 되겠습니까? 여러분은 그렇게 살 수 없습니다. 그렇게 하려고 노력해 보지 않았습니까? 우리 모두는 노력해 보았지만 실패했습니다.

> 내 손의 수고가
> 주의 법의 요구를 채울 수 없고,
> 쉼 없는 나의 열심,
> 늘 흐르는 나의 눈물도
> 죄를 사할 수 없도다.
> 주여, 구원하소서,
> 주께만 구원이 있나이다.
> —오거스터스 탑레이디 Augustus Toplady

우리는 아무리 노력해도 우리 자신을 구원할 수 없습니다. 그러나 놀라운 메시지는 우리 주님께서 우리 죄를 친히 담당하셨다는 사실입니다. 그분은 말씀하셨습니다. "인자가 온 것은 섬김을 받으려 함이 아니라 도리어 섬기려 하고 자기 목숨을 많은 사람의 대속물로 주려 함이니라"마 20:28. 누가복음은 이렇게 말합니다. "예수께서 승천하실 기약이 차가매 예루살렘을 향하여 올라가기로 굳게 결심하시고"눅 9:51. 그 다음으로 보게 되는 것은 예수께서 다가오는 이 끔찍한 일로 인해 겟세마네 동산에서 움츠리고 계신 모습입니다. 그분은 하나님께 채찍질 당하며 맞아야 했고 아버지께 외면당해야 했습니다. 이것은 그분이 바라시는 일이 아니었습니다. 그러므로 그분은 세 번씩이나 "아빠 아버지여, 아버지께서는 모든 것이 가능하오니 이 잔을 내게서 옮기시옵소서. 그러나 나의 원대로 마시옵고 아버지의 원대로 하옵소서" 하고 기도하셨습니다막 14:36. 그러고는 도살장으로 끌려가는 어린양처럼 끌려가셨습니다.

성경은 이런 내용으로 가득합니다. "곧 하나님께서 그리스도 안에 계시사 세상을 자기와 화목하게 하시며 그들의 죄를 그들에게 돌리지 아니하시고 화목하게 하는 말씀을 우리에게 부탁하셨느니라.…… 하나님이 죄를 알지도 못하신 이를 우리를 대신하여 죄로 삼으신 것은 우리로 하여금 그 안에서 하나님의 의가 되게 하려 하심이라"고후 5:19, 21. 바울은 이렇게도 말합니다. "율법이 육신으로 말미암아 연약하여 할 수 없는 그것을 하나님은 하시나니 곧 죄로 말미암아 자기 아들을 죄 있는 육신의 모양으로 보내어 육신에 죄를 정하사 육신을 따르지 않고 그 영을 따라 행하는 우리에게 율법의 요구가 이루어지게 하려 하심이니라"롬 8:3-4. 이것은 선포입니다! "이 예수를 하나님이 그의 피로써 믿음으로 말미암는 화목제물로 세우셨으니 이는 하나님께서 길이 참으시는 중에 전에 지은 죄를 간과하심으로 자기의 의로우심을 나타내려 하심이니"롬 3:25. 위대한 선언입니다. "곧 이때에 자기의 의로우심을 나타내사 자기도 의로우시며 또한 예수 믿는 자를 의롭다 하려 하심이라"26절.

신약성경의 모든 저자들이 이것을 말합니다. 요한에게 귀기울여 보십시오. "만일 누가 죄를 범하여도 아버지 앞에서 우리에게 대언자가 있으니 곧 의로우신 예수 그리스도시라. 그는 우리 죄를 위한 화목

제물이니 우리만 위할 뿐 아니요 온 세상의 죄를 위하심이라"요일 2:1-2. 이 모든 것은 하나님께서 우리 죄를 그 아들에게 담당시키시고는 아들을 치셨다는 뜻입니다. 하나님께서는 아들에게서 우리 죄를 벌하셨습니다. 하나님은 아들의 몸을 찢으셨습니다. 하나님은 아들의 피를 흘리셨습니다. 우리가 떡을 떼고 포도주를 마시는 것은 바로 이 때문입니다. 떡은 찢겨진 몸을 상징하며, 포도주는 그분이 흘리신 피를 상징합니다.

베드로는 자신도 여기에 동참해야 한다고 말합니다. "친히 나무에 달려 그 몸으로 우리 죄를 담당하셨으니 이는 우리로 죄에 대하여 죽고 의에 대하여 살게 하려 하심이라. 그가 채찍에 맞음으로 너희는 나음을 얻었나니"벧전 2:24. 베드로의 말을 다시 상기시켜 드립니다. "너희가 알거니와 너희 조상이 물려준 헛된 행실에서 대속함을 받은 것은 은이나 금같이 없어질 것으로 된 것이 아니요 오직 흠 없고 점 없는 어린양 같은 그리스도의 보배로운 피로 된 것이니라"벧전 1:18-19.

초대교회가 떡을 떼는 일에 오로지 힘쓴 것은 그분의 죽음을 선포하기 위해서입니다. 그분의 죽음이 하나님의 용서의 방법임을 선포하기 위해, 공의로우신 하나님께서 우리 죄를 못 본 체하실 수 없다는 것을 선포하기 위해서였습니다. 하나님께서는 우리 죄를 눈감아 주시면서 "괜찮아. 내가 다 잊을 테니까"라고 말씀하실 수 없습니다. 그분은 그렇게 말씀하실 수 없습니다! 그분은 거룩하십니다. 의로우십니다. 죄를 벌하셔야만 하며, 그렇게 하겠다고 말씀하신 대로 아들에게서 죄를 벌하셨습니다. 우리가 떡을 떼고 포도주를 마시는 것도 바로 이 때문입니다. 우리는 그리스도께서 우리를 위해 고난받으시고 죽으셨기 때문에 하나님께서 우리를 용서하셨고 우리 죄를 사하시고 우리 죄악을 씻으셨다고 선언하는 것입니다.

초대 그리스도인들은 당연히 여기서 그치지 않았습니다. 이들은 주님의 죽으심으로 자신들에게 무엇이 가능해졌는지를 스스로 상기하고 싶었습니다. 그래서 사도 바울은 주님의 말씀을 반복합니다. "이 잔은 내 피로 세운 새 언약이니"고전 11:25. 세상의 문제는 세상이 이런 것들을 알지 못한다는 것입니다. 새 언약이 있습니다! 하나님께서는 그리스도 안에서 인간과 새 언약을 세우셨으며, 그리스도께서 흘리신 피로 그 언약을 비준하셨습니다. 구약성경에서 언약은 언제나 희생제물의 피로 비준되었습니다. 하나님께서 당신의 백성과 맺으신 모든 언약은 항상 피로 비준되었습니다.

이것은 일종의 봉인이자 도장입니다. 사도 바울은 포도주가 상징하는 그리스도의 피는 새 언약의 피라고 말합니다. 성경에는 이러한 새 언약에 관한 묘사가 많이 있지만, 최고의 요약은 히브리서 8장입니다.

> 주께서 이르시되 볼지어다, 날이 이르리니 내가 이스라엘 집과 유다 집과 더불어 새 언약을 맺으리라. 또 주께서 이르시기를 이 언약은 내가 그들의 열조의 손을 잡고 애굽 땅에서 인도하여 내던 날에 그들과 맺은 언약과 같지 아니하도다. 그들은 내 언약 안에 머물러 있지 아니하므로 내가 그들을 돌보지 아니하였노라. 또 주께서 이르시되 그날 후에 내가 이스라엘 집과 맺을 언약은 이것이니.

여러분은 이 언약을 아십니까? 패배한 현대인들이여, 들어 보십시오. 죄로 패배하고 삶을 두려워하며 미래를 두려워하고 죽음을 두려워하며 심판을 두려워하는 현대인들이여, 여기 그리스도 안에 새 언약이 있습니다.

> 내 법을 그들의 생각에 두고 그들의 마음에 이것을 기록하리라. 나는 그들에게 하나님이 되고 그들은 내게 백성이 되리라. 또 각각 자기 나라 사람과 각각 자기 형제를 가르쳐 이르기를 주를 알라 하지 아니할 것은 그들이 작은 자로부터 큰 자까지 다 나를 앎이라. 내가 그들의 불의를 긍휼히 여기고 그들의 죄를 다시 기억하지 아니하리라 하셨느니라.^{히 8:8-12}

여러분은 세상에서 가장 더러운 죄인이며 지금까지 죄의 삶을 살아왔을지도 모릅니다. 그러나 저는 여러분을 위한 새 언약이 있다고 말씀드릴 수 있습니다. 하나님의 아들 그리스도께서 여러분의 벌을 대신 받으시고 여러분의 죄를 위해 죽으셨음을 믿기만 하면, 하나님께서는 여러분에게 이렇게 말씀하십니다. "너희 죄와 허물을 다시 기억하지 아니하리라." 여러분의 죄는 사라졌고 씻겨졌으며, 결코 다시 보이지 않을 것입니다. 그뿐 아닙니다. 하나님께서는 친히 여러분의 하나님이 되시며, 여러분은 그분을 알기 시작할 것이라고 말씀하실 것입니다. 하나님께서는 여러분을 그분의 가족으로 입양하셨으며, 여러분은 그분의 자녀가 되었다고 말씀해 주실 것입니다.

그런 후에 하나님은 여러분에게 새 생명을 주실 것입니다. 그분은 여러분에게 새로운 힘을 주시고 여러분 안에서 그분의 성령을 통해 역사하실 것입니다. 그분은 여러분으로 하여금 당신의 말씀을 깨닫게 하실 것입니다. 여러분에게 삶 전체를 보는 완전히 새로운 전망을 주실 것입니다. 여러분은 새로운 천지만물의 새사람처럼 될 것입니다. 이 모든 것은 여러분이 이것을 믿었기 때문입니다. 여러분은 이 복된 새 언약에 들어가며, 전혀 새로운 방법으로 죽음과 심판과 영원을 맞게 될 것입니다.

"주님의 죽음을 선포하라!" 이것이 주께서 자신의 죽음으로 행하신 일입니다. 그분의 피가 언약에 뿌려졌습니다. 하나님께서는 여러분에게 이 언약을 값없이 주고 계십니다. 믿기만 하십시오!

믿기만 하라,
그러면 알리라.
그리스도가 네게 전부의 전부이심을.
— 몬셀 J. S. B. Monsell

이들이 만나서 떡을 뗀 것은 주님의 죽으심과 그 죽음이 의미하는 모든 것을 선포하기 위해서였습니다.

사도 바울의 결정적인 말은 이것입니다. "너희가 이 떡을 먹으며 이 잔을 마실 때마다 주의 죽으심을 그가 오실 때까지 전하는 것이니라"고전 11:26. 이것을 잊지 마십시오! 이들은, 죽었으나 부활하셨고 승천하신 분을 기억하고 있었습니다. 그분이 하나님 우편에 앉아 계시다는 것을 상기했습니다. 천국으로 되돌아가셨다고 해서 세상을 잊으신 것이 아니라 오히려 세상을 내려다보고 계신다는 것을 상기했습니다. 그분은 세상을 보고 계십니다. 그분은 당신의 원수들이 자신의 발등상이 될 때까지 기다리고 계십니다. 만물을 다스리고 계십니다. 그분은 "모든 권세를 내게 주셨다"라고 말씀하셨습니다마 28:18. 그분은 당신의 백성을 내려다보고 계십니다. 그분은 지금도 우리를 긍휼히 여기시는 대제사장이십니다. "모든 일에 우리와 똑같이 시험을 받으신 이로되 죄는 없으시니라"히 4:15.

그러므로 우리는 하나님께 기도할 때 그분이 거기 계시며, "항상 살아계셔서 그들을 위하여 간구하심"을 압니다히 7:25. 그분은 여러분의 대언자이십니다. 여러분은 그분이 하늘 구름을 타고 그분의 거룩한 천사들에 둘러싸여 영광 중에 전능의 승리자로 세상에 다시 오실 그날까지 여러분의 대언자가 되시리라는 것을 압니다. 그분은 세상을 의로 심판하실 것입니다. 그분은 죄와 악과 마귀와 지옥과 그분을 대적하는 모든 것들을 멸하시고 그분의 영광스러운 의와 거룩과 평강의 나라—"의가 있는 곳인 새 하늘과 새 땅"벧후 3:13—를 세우실 것입니다.

너무나 놀랍지 않습니까? 초대교회에서, 서로의 집에 모여 떡을 떼며 주님의 죽으심을 선포하는 보잘것없는 사람들을 보십시오. 이들 가운데 많은 사람들이 노예였습니다. 힘들게 살아가면서 박해와 학대를 당하던 아주 평범한 사람들이었습니다. 몸이 병들고 어떤 경우에는 마음까지 병든 자신들을 대적하는 세상적인 것과 육적인 것과 마귀와 싸우면서 악한 세상을 헤쳐 나가고 있었습니다. 그러나 이들은 떡을 떼면서 그분이 하신 일만이 아니라 그분이 하실 일까지 기념했습니다. 이들은 머리를 들어 이렇게 말했습니다. "우리는 장차 영광 가운데 거하게 될 것입니다. 우리는 하나님의 자녀입니다. 우리는 그리스도와 함께할 상속자들입니다. 우리에게는 '썩지 않고 더럽지 않고 쇠하지 아니하는 유업'이 있습니다^{벧전 1:4}. 중요한 것은 사람들이 우리를 죽이거나 욕하거나 온 세상이 멸망하더라도 결코 옮겨질 수 없는 유업이 있다는 사실입니다. 그 유업은 우리의 것입니다. 그분이 오실 때 그 유업은 우리 몫이 될 것입니다. 그분은 우리를 데려가시며 우리는 그분의 영광 가운데 영원히 그분과 함께 살 것입니다."

이렇듯, 이들은 그분을 기억하고 그분의 죽으심과 다시오심을 선포하기 위해 떡을 떼는 일에 오로지 힘썼습니다. 물론 이들이 이렇게 한 최종적인 목적은, 그분을 찬양하며 그분께 감사하기 위해서였습니다. 저 역시 이것을 기억하고 떡을 떼며 포도주를 마실 때, 저의 죄가 사해졌다는 것을 압니다. 하나님께서 저를 너무나 사랑하셔서 당신의 독생자를 이 세상에 보내시고 저의 죄를 대신해 형벌을 받으시도록 하셨다는 것 – "나를 사랑하사 나를 위하여 자기 자신을 버리신 하나님의 아들"^{갈 2:20} – 을 압니다. 저는 이것을 선포하며, 이것을 압니다. 그렇기 때문에 그분께 감사하며 제 자신을 그분께 드림으로 마칩니다.

> 온 세상 만물 가져도
> 주 은혜 못 다 갚겠네.
> 놀라운 사랑 받은 나
> 몸으로 제물 삼겠네.
> – 아이작 와츠

진정으로 믿는 자들은 계속해서 이것을 선포하고 상기하며, 이것에 대해 하나님께 감사드릴 것입니다. 성찬에 참여하라고 이들을 설득할 필요가 없습니다. 이들에게 모이라고 강요할 필요도 없습니다. 그 누구도 이들을 떼어 놓을 수 없을 것입니다. 무엇보다도 이들은 자기 자신을, 자신의 모든 것과 자신의 소유 전부를, 당신의 모든 것을 내주신 그분께 감사제물로 드리고 싶어할 것입니다. 이들은 십자가에 달리신 예수님의 그림을 보면서 "내가 널 위해 이렇게 했건만 넌 날 위해 무엇을 했느냐?"는 메시지를 들은 위대한 그리스도인 친첸도르프 백작Nikolas Ludwig Zinzendorf(1700-1760, 독일 경건주의 운동에서 중요한 인물로, 개인적 경건과 종교생활의 감정적 요소를 강조했다-옮긴이)처럼 반응하게 될 것입니다.

여러분은 초대 그리스도인들처럼 떡을 떼기 위해 모입니까? 여러분은 떡을 떼기를 기뻐합니까? 감동이 됩니까? 그것에 전율합니까? 떡을 떼는 일은 여러분에게 가장 놀랍고 멋진 일입니까? 그렇다면 여러분은 그들처럼 그리스도인입니다. 떡을 떼는 일은 그리스도인들이 언제나 해온 것입니다. 그리스도인들은 기계적으로 모이지 않습니다. 그리스도인들은 떡을 떼는 일이 한 제사장에 의해 이루어진 한번의 기적이라고 생각지 않습니다. 이것은 언제나 계속되어 왔습니다.

이 지나친 단순함 속에 너무나 놀라운 복음이 있습니다. 하나님의 아들이 우리 죄를 지시고 우리의 죄값을 지불하셨습니다. 몸이 찢기고 피흘려 죽으셨습니다. 우리가 믿을 때에 우리가 행하기 원하는 한 가지는, 그분을 찬양하며 그분께 감사하고 모든 사람에게 그분을 전하는 것입니다.

12

기도

그 말을 받은 사람들은 세례를 받으매 이날에 신도의 수가 삼천이나 더하더라. 그들이 사도의 가르침을 받아 서로 교제하고 떡을 떼며 오로지 기도하기를 힘쓰니라.

사도행전 2:41-42

확신컨대, 사람들은 모두 자신들이 거대한 세상 속에 있음을 절감합니다. 세상은 거의 매주 확장되고 있는 듯 보입니다. 우리는 과학자들에게 귀기울이며 그들의 글과 연구결과를 읽고는, 우리가 이해할 수 없는 광대한 우주 속에 있다는 것을 깨닫습니다. 그러고는 고독과 상실과 소외를 느끼기 시작합니다. 우리는 모든 것이 부패하고 죽어가는 것을 보며, 시시각각 변하고 있는 세상에 살고 있습니다. 다툼과 유혈과 전쟁과 끝없는 분쟁도 목격합니다. 우리 자신에게 그리고 자신과 다른 사람들과의 관계에 문제가 있다는 것도 인식합니다. 우리는 이러한 것들과 맞서 싸워 보기도 했으며, 문제를 해결하려고 필사적으로 노력하기도 했습니다. 그러나 실패했습니다. 그러고 나서야 복음의 메시지에 눈을 돌립니다. 여전히 세상 가운데 있는 교회는 "여기에 답이 있습니다. 하나님의 답이기 때문에 그렇습니다" 하고 외치며 사람들에게 도전합니다. 이것이 사실이라면, 우리가 알아야 할 가장 중요한 것은 이 메시지가 무엇인가 하는 것입니다.

지금 우리가 직면하는 모든 문제 – 전쟁, 핵무기 등 – 는 확실한 것들이 아니라 가능한 것들입니다. 3차 세계대전이 있을 수도 있습니다. 하나님, 막아 주소서! 그러나 다른 한편으로, 없을 수도 있습니다. 우리는 확신하지 못합니다. 핵무기 사용도 마찬가지입니다. 이것들은 가능한 일들이고, 우리는 여기에 대비해야 합니다. 가능한 것들에 대비하는 것이 마땅하다면, 확실한 것들을 준비하는 것은 얼마나 더 옳은 일이겠습니까? 절대로 확실한 것 하나는 우리 모두가 이 세상을 떠나리라는 사실입니다. 전쟁으로 인해 죽을 수도 있고 폭탄에 죽을 수도 있습니다. 그러나 전쟁이 있든 없든 폭탄이 사용되든 안되든, 우리 모두는 종국을 맞을 수밖에 없습니다.

이 문제가 무엇보다 긴급하다고 말하는 것도 바로 이 때문입니다. 우리는 죽음이라는 피할 수 없이 확실한 것과 마주하고 있을 뿐 아니라 불확실한 것들과도 맞닥뜨립니다. 그것이 무엇입니까? 바로 죽음의 순간입니다. 우리는 언제 죽을지 모릅니다.

여러분은 "하지만 저는 아직 젊은데요"라고 말합니다.

그러나 죽음은 나이와 상관없습니다. 늙은 사람들과 마찬가지로 젊은 사람들도 무서운 질병에 노출되어 있습니다. 바이러스는 나이를 가리지 않습니다. 젊다는 사실은 확실히 몇 년을 더 살 수 있다는 보증이 될 수 없습니다. "우리 삶 가운데 죽음이 있습니다." 그러므로 현명한 일은 하나밖에 없습니다. 죽음을 준비해야 합니다. 죽음을 대비해야 합니다. 제가 이 복음의 메시지가 가장 중요하다고 말하는 것도 바로 이 때문입니다.

복음은 우리가 죽음이라는 피할 수 없는 사실을 직시하도록 도와줍니다. 그뿐 아니라 이 복음만이 우리로 하여금 이 세상에 있는 동안 살아갈 수 있게 합니다. 무엇보다 우리가 죽음을 준비해야 하는 것은, 죽음은 어느 순간에나 찾아올 수 있기 때문입니다. 죽은 다음에는 아무것도 할 수 없습니다. 그러나 이 문제가 해결되더라도 우리는 또 다른 문제와 마주칩니다. 죽음에 이를 때까지 어떻게 사느냐 하는 것입니다. 다시 한번 말씀드립니다. 우리로 하여금 마땅히 살아야 할 대로 살 수 있게 하는 것은 복음의 메시지 외에는 아무것도 없습니다.

그러므로 우리가 사도행전을 살펴보는 것은, 복음이 무엇이며 교회가 무엇인지, 교회는 무엇을 전파해야 하는지 정확히 알기 위해서입니다. 사도행전 2장에는 교회의 큰 특징들이 나옵니다. 우리는 사도들의 가르침, 성도들, 곧 세상에서 분리된 사람들의 교제, 성찬식에서 떡을 떼며 포도주를 마시는 일에 대해 살펴보았습니다. 이제 우리는 기도를 살펴보려고 합니다. 초대교회뿐만 아니라 그 이후의 모든 교회사에서 보듯이, 진정한 그리스도인들과 참된 교회의 한 가지 특징은 언제나 기도였습니다. 우리에게 너무나 중요한 것이 여기 있습니다.

먼저 몇 가지를 총괄해서 말씀드리겠습니다. 첫째, 이러한 것들이 제시된 순서가 매우 중요합니다. 본문은 "저희가 기도하며, 떡을 떼며, 교제하고, 사도의 가르침 받기를 오로지 힘쓰니라"고 말하지 않습니다. 오히려 그 반대입니다. 이것은 우연이 아닙니다. 사도행전은 하나님의 영감으로 기록된 말씀입니다. 이 주제들의 순서는 역사가이기도 한 누가에 의해 제시되었습니다. 어떤 다른 순서로 제시되어서는 안됩니다. 이것은 하나님이 정하신 순서이며, 우리는 좋든 싫든 이것을 인정해야 합니다.

여러분은 첫번째가 무엇인지 아실 것입니다. 사도들의 가르침입니다. 이것이 다른 모든 것을 결정합니다. 교제의 성격은 그 가르침에 의해 결정됩니다. 극단적 보수주의자와 극단적 사회주의자가 같은 연단에서 자신들이 같은 당에 속했다고 외친다면, 세상은 이것을 희대의 웃음거리라고 생각할 것입니다. 그러나 이것이 바로 이 시대의 교회 모습입니다. 여러분이 교제를 가르침 앞에 둔다면, 바로 이런 비웃음을 살 것입니다. 반드시 가르침에서 시작해야 합니다. 가르침이 교제를 주관합니다. 교제는 같은 마음을 가진 사람, 같은 대상을 믿는 사람들의 것입니다.

그다음으로 우리가 떡을 뗄 때는 앞에서 보았듯이 어떤 감정을 조장하려는 것이 아닙니다. 오히려 우리는 가르침 때문에 우리가 무엇을 하는지 정확하게 압니다. 가르침은 뗀 떡과 부은 포도주의 의미를 말해 줍니다. 가르침이 없다면, 이것은 아무 의미도 없습니다. 누구나 이런 경험을 하지 않았습니까? 저는 여러 해 동안 어떤 일이 일어나고 있는지, 어떤 일이 일어날지 전혀 모른 채 성찬에 참여했습니다. 저는 나이 든 분들이 떡을 먹고 포도주를 마시면서 우는 것을 보았습니다. 그래서 저도 울어 보려고 했지만 되지 않았습니다. 떡과 포도주의 의미를 알지 못했기 때문입니다. 그것은 아무 내용도 없는 껍데기뿐인 의식이었습니다. 여러분은 사도들의 가르침에서 시작해야 합니다. 그렇지 않으면 주의 만찬을 이해하지 못합니다. 기도의 문제도 바로 이와 같습니다.

제가 사도행전에 제시된 이 순서를 지켜야 한다고 강조하는 것은, 이것이 현대의 저널이나 책에서 보는 대중적 가르침과는 너무나 다르기 때문입니다. 사람들은 무엇인가 다른 말을 들으면서도 그것이 교회의 이름으로 제시된다는 이유로 기꺼이 믿으려 합니다. 하지만 교회는 언제나 말씀, 곧 성경의 판단을 받아야 합니다. 지난 역사 속에서도 자주 그러했듯이, 교회는 사탄의 회당이 될 수 있습니다. 그러나 저는 여기서 여러분에게 신약성경의 모범을 제시하려 합니다. 여기서 우리는 유일하게 참된 교회를 봅니다.

이것이 제가 말하려는 것과는 어떻게 대조되는지 아십니까? 이제 설명해 드리겠습니다. 최근에 저는 한 젊은 목사에게서 불행하고 비극적인 이야기를 들었습니다. 이제 막 목회를 시작한 그는 집사들로부터 사임 요청을 받았습니다. 그에게 이유를 물어보았습니다. 그는 몇 가지 이유를 말해 주었습니다. 그 가운데 하나는, 그가 아직도 주중 기도회와 성경공부를 믿고 있다는 것 때문이었습니다. 이들은 그것이 모두 잘못된 것이며, 목사는 시대의 흐름에 뒤쳐지지 말아야 한다고 했습니다. 이들은 기도회는 더 이상 시대에 맞지 않는다고 했습니다. 이들은 목사가 아직도 기도회를 믿는다는 이유로 그에게 교회를 떠날 것을 요구한 것입니다!

그 집사들은 자신들이 교회에 속한다고 말합니다. 그러나 초대교회는 "오로지 기도하기를 힘썼습니다." 그것도 매일 말입니다! 이 불쌍한 젊은 목사는 일주일에 겨우 하루 저녁밖에 기도회를 하지 않았습니다. 그런데 그가 이것을 고수하려 한다는 이유로 교인들로부터 사임 요청을 받은 것입니다. 이들은 말했습니다. "기도회 말입니까? 현대인은 기도회를 이해하지 못합니다. 기도회는 낡은 구닥다리입니다. 주중 모임을 원한다면 사교모임으로 하십시오. 기도회나 성경공부가 아니라 현대인들의 마음을 끌 수 있는 것을 하십시오."

또 다른 면에서 사도행전 기사記事는 현재 가르쳐지고 있는 것과 극명하게 대조됩니다. 우리는 계속해서 이런 말을 듣습니다. "세상에서 가장 큰 비극은 교회의 분열입니다. 우리는 하나가 되어야 합니다.

그러므로 교리에서 시작하지 맙시다. 그럴 경우 분열될 수밖에 없습니다. 그러나 우리가 할 수 있는 일이 하나 있습니다. 우리는 교리에 대해서는 하나가 될 수 없겠지만 언제나 함께 기도할 수는 있습니다. 그렇지 않습니까? 그러니 기도에서 시작합시다. 우리는 기도에서 하나이기 때문입니다."

그러나 여러분은 그렇게 할 수 없습니다. 이것은 기도를 마지막 대신 맨 앞에 두는 것입니다. 가르침에 관해 일치에 이르기를 바라면서 기도를 맨 앞에 두는 것입니다. 그러나 초대교회의 그리스도인들이 함께 기도할 수 있었던 것은 가르침에서 하나였기 때문입니다. 가르침이 기도로 이어집니다. 현대의 생각은 성경의 가르침을 완전히 뒤집어 놓습니다. 이 때문에 현대의 생각은 실패할 뿐 아니라 언제나 실패할 것입니다. 성경에 제시된 하나님의 순서를 바꾼다면, 여러분은 복을 받지 못할 것입니다. 여기 갓 태어났지만 성령의 능력으로 충만한 교회가 있습니다. 이들은 하나님의 순서를 지켰습니다. 오늘날의 사람들은 똑똑한 체하면서 현대의 생각과 조직으로 이 순서를 뒤바꾸고 있습니다. 그러나 이들은 성공하지 못할 것입니다. 성공할 수 없습니다.

제가 종합해서 마지막으로 말씀드리고 싶은 것은, 기도는 앞에서 본 교회의 다른 모든 특징들과 함께 그리스도인이라는 우리의 고백을 철저하게 시험하는 척도라는 사실입니다. 언제나 우리를 괴롭히는 위험 가운데 하나는, 지적인 신념에 만족하는 것입니다. 많은 사람들이 그리스도인이 아니면서 기독교에 대한 지적인 신념을 갖고 있습니다. 여러분은 사람들이 진짜 그리스도인인지 아닌지 어떻게 압니까? 이들의 삶에서 기도의 자리를 들여다보는 것보다 더 좋은 방법은 없습니다. 어떤 사람들은 "저는 이것과 저것을 믿습니다"라고 말할 것입니다. 여러분은 그 사람이 진짜인지 어떻게 압니까? 이것을 점검하십시오. 그가 모든 것을 기도 가운데 행합니까?

기도는 개인은 물론 교회에 대한 최고의 테스트입니다. 교회는 성장할 수 있습니다. 조직면에서 성공적일 수 있고, 엄청나게 활동적이면서 번성하는 것으로 보일 수 있습니다. 그러나 그 교회가 진정한 교회인지 아닌지 알고 싶다면, 기도가 어느 정도의 자리를 차지하는지 살펴보십시오. 기도는 진정한 가르침에 뒤따르는 피할 수 없는 결과입니다. 초대 그리스도인들은 사도들의 가르침에서 시작했으며, 이 가르침은 기도로 이어졌습니다!

그러므로 여러분에게 묻겠습니다. 여러분은 얼마나 기도합니까? 여러분의 삶에 기도의 증거가 있습니까? 이것이 우리가 진정한 그리스도인인지 아닌지 알아보는 방법입니다. 기도를 말하기는 쉽습니다. 어떤 의미에서, 설교도 쉽습니다. 어떤 설교자라도 기도하는 것보다 설교하는 것이 쉽다고 말할 것입니다. 그러나 회심자들, 초대교회 신자들은 공동체 안에서 기도에 오로지 힘썼습니다.

이제 두번째 질문을 드리겠습니다. 기도란 무엇을 의미합니까? 어떤 사람들은 이렇게 말합니다. "그러니까, 우리의 믿음을 테스트하는 가장 좋은 방법 가운데 하나가 얼마나 많이 기도하느냐를 보면 된다는 말씀이죠? 그런데 기도라는 것이 뭔가요?"

매우 좋은 질문입니다. 우리는 신약성경에서 아주 확실하고도 분명한 답을 얻었습니다. 먼저, 무엇이 기도가 아닌지부터 말씀드리겠습니다. 기도는 단순히 "여러분의 기도를 아뢰는 것"saying prayers을 뜻하지 않습니다. 너무나 많은 사람들이 무릎을 꿇고 황급히 몇 마디 하고는 기도를 했다고 생각합니다. 저는 지금 주님이 가르쳐 주신 기도를 여러분이 더 이상 해서는 안된다고 말하는 것이 아닙니다. 제 말은 여러분이 무릎을 꿇고 주기도문을 정확하게 외웠더라도, 그것은 전혀 기도하지 않은 것일 수 있다는 것입니다.

어떤 사람은 말합니다. "맞습니다. 제가 100퍼센트 완벽하다고 주장하는 것은 아닙니다. 당연히 저는 항상 기도드립니다. 너무 힘들 때마다 언제나 기도드리지요."

"내 기도를 아뢴다." 이 말이 계속해서 떠오릅니다. 대도시에 간 한 남자에 대한 기사가 기억납니다. 그는 지치고 피곤했다고 했습니다. 그는 이렇게 말했습니다. "그때 큰 교회가 보였습니다. 그곳에 들어가 기도를 아뢰었더니 기분이 한결 나아졌습니다." "기도를 아뢴다." 그러나 이것은 기도가 아닙니다.

그런가 하면, 기도란 기도문을 읽는 것reading prayers이라고 생각하는 사람들이 있습니다. 저는 인쇄되거나 기록된 기도문으로 기도가 가능하다는 것을 인정합니다. 그러나 여러분이 그저 기도문을 읽는다고 해서 이것이 기도하고 있다는 뜻은 아닙니다. 여러분은 기도문을 빠르게 읽어 나갈 수 있습니다. 그러나 이것은 기도가 아닙니다. 단순히 어떤 형식의 말로 옮기는 것이 기도는 아닙니다. 여러분이 어떻게 옮기느냐에 달려 있습니다. 이것은 "기도를 아뢰는 것"만큼이나 쓸데없을 수 있습니다.

또 어떤 사람은 기도를 편한 의자에 앉아 하나님께 귀를 기울이기 시작하는 것이라고 생각합니다. 그러나 이것 또한 기도가 아니라는 것을 보여드리고 싶습니다.

그렇다면 무엇이 기도입니까? 사도행전 여러 곳에 아주 분명하게 제시되어 있습니다. 사도행전의 사람들이 모인 것은 기록된 기도문을 읽기 위해서가 아니었습니다. 이들에게는 그런 것이 전혀 없었습니다. 이들은 성령이 충만했으며, 즉석에서 기도했습니다. 의지적으로, 자유롭게, 차례로 한 사람씩 기도했습니다. 어려움이 있다면 차례를 정하는 것이었습니다.

사도행전에는 기도의 의미를 아주 분명하게 말해 주는 몇 가지 예가 있습니다. 4장의 예를 하나 살펴보기로 하겠습니다. 사도 베드로와 요한은 체포되어 법정에서 심문을 받았습니다. 법정은 이번에는 이들을 석방하기로 결정했지만, 더 이상 예수 그리스도의 이름으로 설교하거나 기적을 행하지 말라는 조건을 달았습니다. 이것은 매우 엄중한 경고였습니다. 관리들은 교회를 완전히 제거해 버리기로 작정하고 있었습니다. 유대 지도자들은 교회가 생겨나기 전에 교회를 끝장내 버리려고 했습니다. 교회는 언제나 싸워야 했지만, 초대교회는 자신의 생존을 위해 싸우고 있었습니다.

그렇다면 초대교인들은 어떻게 했습니까? 한번 보겠습니다. "사도들[베드로와 요한]이 놓이매 그 동료에게 가서 제사장들과 장로들의 말을 다 알리니 그들이[교회가] 듣고"-무엇을 했습니까?-"한마음으로 하나님께 소리를 높여 이르되……"행 4:23-24. 바꿔 말하면, 이들은 기도했습니다.

무엇이 기도입니까? 들어 보십시오.

대주재여, 천지와 바다와 그 가운데 만물을 지은 이시오 또 주의 종 우리 조상 다윗의 입을 통하여 성령으로 말씀하시기를 어찌하여 열방이 분노하며 족속들이 허사를 경영하였는고. 세상의 군왕들이 나서며 관리들이 함께 모여 주와 그의 그리스도를 대적하도다 하신 이로소이다. 과연 헤롯과 본디오 빌라도는 이방인과 이스라엘 백성과 합세하여 하나님께서 기름부으신 거룩한 종 예수를 거슬러 하나님의 권능과 뜻대로 이루려고 예정하신 그것을 행하려고 이 성에 모였나이다. 주여, 이제도 그들의 위협함을 굽어보시옵고 또 종들로 하여금 담대히 하나님의 말씀을 전하게 하여 주시오며 손을 내밀어 병을 낫게 하시옵고 표적과 기사가 거룩한 종 예수의 이름으로 이루어지게 하옵소서행 4:24-30.

이것이 기도입니다!

사도 바울은 빌립보서에서 기도에 대한 또 하나의 멋진 정의를 제시합니다. "아무것도 염려하지 말고 다만 모든 일에 기도와 간구로, 너희 구할 것을 감사함으로 하나님께 아뢰라. 그리하면 모든 지각에 뛰어난 하나님의 평강이 그리스도 예수 안에서 너희 마음과 생각을 지키시리라"빌 4:6-7. 또한 히브리서 기자는 이렇게 말합니다.

그러므로 형제들아, 우리가 예수의 피를 힘입어 성소에 들어갈 담력을 얻었나니 그 길은 우리를 위하여 휘장 가운데로 열어 놓으신 새로운 살 길이요 휘장은 곧 그의 육체니라. 또 하나님의 집 다스리는 큰 제사장이 계시매 우리가 마음에 뿌림을 받아 악한 양심으로부터 벗어나고 몸은 맑은 물로 씻음을 받았으니 참 마음과 온전한 믿음으로 하나님께 나아가자"히 10:19-22.

그다음에는 어떤 말씀이 이어집니까? "우리가 믿는 도리의 소망을 움직이지 말고 굳게 잡고." 곧 사도들의 가르침입니다.

기도가 대화의 주제일 때가 많습니다. 사람들은 기도에 대해 너무나 가볍고 유창하게 말합니다. "로마 가톨릭과 개신교의 가르침에는 근본적인 차이가 있습니다만 최소한 함께 기도할 수는 있습니다." 우리가 함께 기도할 수 있습니까? 여러분은 기도가 무엇을 의미하는지 아십니까? 히브리서 기자는 기도란 "지성소에 들어가는 것"KJV이라고 말합니다. 그는 그리스도인이 된 유대인들에게 편지하면서, 구약에 나와 있는 그들의 옛 예배방법을 예로 들고 있습니다. 이스라엘 자녀들에게는 성막이 있었고, 후에는 성전이 있었습니다. 둘 다 여러 부분으로 나뉘어져 있었습니다. 이방인들을 포함해 누구나 들어갈 수 있는 큰 바깥뜰이 있었고, 그다음에 유대 여자들이 들어갈 수 있는 뜰이 있었습니다. 더 안쪽에는 유대 남자들이 들어갈 수 있는 특별한 뜰이 있었고, 그 안쪽에는 제사장들만이 들어가 제물을 드릴 수 있는 뜰이 있었습니다. 성전 건물 안에 있는 "성소"the holy place는 제사장들만이 들어가 향을 사를 수 있는 곳이었습니다. 마지막으로, 휘장과 그 휘장 뒤쪽에는 "지성소"the holiest of all라 불리는 곳이 있었습니다. 이곳에는 단 한 사람만이, 그것도 1년에 한 번 출입이 허락되었습니다. 바로 대제사장이었습니다. 그만이 홀로 그곳에 들어갔습니다. 무엇 때문입니까? 하나님께서 그곳에 거하셨기 때문이었습니다. 그곳은 하나님께서 당신의 백성을 만나시는 곳이었습니다.

기도는 여러분과 제가 하나님 앞에 나아간다는 것, 우리가 그분과 교제한다는 것을 의미합니다. 기도란 단순히 무릎을 꿇고 몇 가지 경건한 소망들과 두려움과 열망과 자기 생각들을 쏟아 내는 것이 아닙니다. 우리는 살아계신 하나님과 교제하려는 것입니다! 우리는 그분의 임재 앞에 나아가고 있는 것입니다. 기도에서 가장 중요한 것은 바로 이 사실을 깨닫는 것입니다.

제가 여러분에게 쉽게 설명드리려고 인용한 신약의 기도들에서처럼, 우리는 기도할 때 곧바로 우리 문제나 우리가 원하는 것이나 필요한 것으로 시작하지 않습니다. 우리는 하나님을 예배하고 경배함으로 시작합니다. 주기도문을 보십시오. 이것이 얼마나 완벽하게 나타나 있습니까? "하늘에 계신 우리 아버지여, 이름이 거룩히 여김을 받으시오며 나라가 임하시오며 뜻이 하늘에서 이루어진 것같이 땅에서도 이루어지이다." 이것이 경배입니다! 예배입니다! 찬양입니다! 하나님의 아들이신 우리 주님이 기도하시는 모습을 보고 그분의 기도에 귀기울여 보십시오. 그분은 "거룩하신 아버지여"라고 기도하십니다요 17:11. 이것은 "기도를 아뢰는 것"도 아니요 단지 "기도를 드리는 것"도 아닙니다. "거룩하신 아버지여!" 이것이 기도가 의미하는 것입니다.

바로 이와 같은 일이 사도행전 4장에 나옵니다. 이 사람들은 극한 곤경에 처했지만 이렇게 기도했습니다. "천지와 바다와 그 가운데 만물을 지은 이시오."

그리고 감사가 있습니다. 우리가 하나님이 누구시며 어떤 일을 행하셨는지 깨닫는다면, 감사는 우리의 기도에서 매우 두드러진 부분이 될 것입니다. 여러분은 하나님께 얼마나 자주 감사하십니까? 생명을 주신 그분께 얼마나 자주 감사하십니까? 여러분은 건강과 능력을 주신 그분께, 양식과 의복과 이생의 모든 복을 주신 그분께 얼마나 자주 감사하십니까? 이것이 기도입니다. 감사가 기도입니다!

그다음에 간구가 나옵니다. 간구에서 시작하지 마십시오. 자기중심적이 되지 마십시오. 단지 하나님께 무엇인가를 구하지만 마십시오. 절대 그러지 마십시오! 여러분은 하나님의 광대하심과 영광과 여러분이 가진 특권을 압니다. 영원하신 하나님께서 여러분의 기도를 듣고 계심을 압니다! 여러분과 하나님은 교제하고 있습니다. 그러므로 여러분은 간구로 끝을 맺습니다. "기도와 간구로, 너희 구할 것을 감사함으로 하나님께 아뢰라"빌 4:6. 이것이 기도입니다!

여러분은 이 모든 것에 확신과 신뢰를 갖고 합니다. 히브리서 기자는 "그러므로 형제들아, 우리가 예수의 피를 힘입어 성소에 들어갈 담력-신뢰와 확신-을 얻었나니……참 마음과 온전한 믿음으로 하나님께 나아가자"라고 말합니다히 10:19, 22. 여러분은 무릎을 꿇고는 하나님이 계실까, 여러분에게 기도할 권리가 있을까, 그분이 들으실까 염려하지 않으며 여러분 자신 및 자신의 의심과 싸우면서 시간을 허비하지 않습니다. 여러분은 "예수의 피를 힘입어" 성소에 들어갈 "담력을" 얻었으며, 그러기에 "온전한 믿음으로" 그분께 나아갑니다. 이것이 이들이 하고 있던 것입니다. 우리는 이것을 사도행전 4장에서 봅니다. 그러나 이들은 오순절에 회심한 이후 줄곧 이렇게 해왔습니다. 이것이 기도이며, 이것만이 기도입니다!

한 가지 질문을 더 드리겠습니다. 그렇다면 무엇 때문에 이들은 이렇게 기도했습니까? 바로 이 부분에서 제가 말씀드린 테스트가 아주 분명해집니다. 이들이 사도들의 가르침과 설교를 들으러 가는 것으로 그치지 않은 것은 무엇 때문입니까? 왜 교제와 성찬식을 즐기는 것으로 그치지 않았습니까? 이들은 왜 기도했습니까? 이 부분을 여러분과 제가 점검해 봐야 합니다. 우리는 교회나 종교적인 환경에서 자라났을 수 있습니다. 아니면 어느 순간에 교인이 되었을 수 있습니다. 저는 여러분이 어떻게 교인이 되었는지는 관심이 없습니다. 여러분은 유아세례를 받았을 수도 있고, 어른이 되어 세례를 받았을 수도 있습니다. 그러나 세례를 받았다고 그리스도인이 되는 것은 아닙니다. 전혀 그렇지 않습니다. 여러분은 기도의 필요성을 깨닫습니까? 이것을 점검해 보아야 합니다.

이들은 왜 기도했습니까? 기도의 필요성을 깨달았기 때문입니다. 사람들은 그리스도인이 될 때 겸손해집니다. 여기에 대해서는 이미 앞에서 말씀드렸습니다. "마음에 찔렸을" 때 이들은 겸손해졌습니다. 이전까지 이들은 확신에 차 있었습니다. 군중은 언제나 확신에 차 있습니다. "없이 하소서, 그를 십자가에 못박게 하소서." 이들은 이 상황을 모두 알고 있었습니다. 그러나 베드로의 설교를 듣고서야 이들은 낮아졌고, 자신들이 지금까지 얼마나 어리석었는지를 깨달았습니다.

얼마나 눈이 멀어 있었습니까! 무지했습니다! 어리석었습니다! 전에 이들은 자신들의 보잘것없는 생각으로 하나님을 대적하여 하나님의 아들, 세상의 구원자를 십자가에 못박았습니다. 그런데 이제 이들은 자신들이 아무것도 알지 못한다는 것을 깨달았습니다. 이들은 겸손해졌습니다. 겸손해지지 않는다면 그 누구도 그리스도인이 될 수 없습니다. 주님께서는 "너희가 돌이켜 어린아이들과 같이 되지 아니하면 결단코 천국에 들어가지 못하리라"고 말씀하셨습니다^{마 18:3}. 그분의 산상수훈을 들어 보십시오! "심령이 가난한 자는 복이 있나니 천국이 그들의 것임이요"^{마 5:3}.

겸손은 자신만만한 현대인들과 정확히 반대됩니다. 이들은 독립적이고 자신들이 무슨 일을 하는지 아는 자들입니다. 이들은 기도하지 않습니다. 왜 그렇습니까? 이들은 어떤 도움도 필요하지 않습니다. 이들은 모든 것을 혼자서 할 수 있습니다! 그러므로 기도는 우리의 신앙고백을 점검해 보는 것이 됩니다. 사람들은 거듭날 때 자신의 무지를 깨닫고 그것을 두려워합니다. 사람들은 자신의 무가치와 더러움을 깨닫습니다. 히브리서 기자는 다시 말합니다. "그러므로 우리에게 큰 대제사장이 계시니 승천하신 이 곧 하나님의 아들 예수시라. 우리가 믿는 도리를 굳게 잡을지어다. 우리에게 있는 대제사장은 우리의 연약함을 동정하지 못하실 이가 아니요 모든 일에 우리와 똑같이 시험을 받으신 이로되 죄는 없으시니라. 그러므로 우리는 **긍휼하심**을 받고 때를 따라 돕는 은혜를 얻기 위하여 은혜의 보좌 앞에 담대히 나아갈 것이니라"^{히 4:14-16}.

그리스도인은 자신에게 긍휼과 용서가 필요하다는 것을 깨닫습니다. 그리스도인은 자신이 죄인이며, 실패자라는 것을 압니다. 자신이 더럽다는 것을 느낍니다. 그리스도인은 자신이 그 누구도 깨끗하게 할 수 없는 사람이라는 것을 압니다. 그리스도인만이 자기 자신을 압니다. 다른 모든 사람들은 스스로를 속이고 있습니다. 이들은 자신들이 안다고 생각합니다. 하지만 무엇을 압니까? 여러분은 생명에 대해 무엇을 알고 있습니까? 자신에 대해 무엇을 알고 있습니까? 하나님에 대해 무엇을 알고 있습니까? 죽음에 대해 무엇을 알고 있습니까? 영혼에 대해 무엇을 알고 있습니까? 여러분은 아무것도 모릅니다! 우리는 무지합니다. 그러나 이 사실을 깨닫는 것은 그리스도인뿐입니다.

어떤 사람은 이렇게 말합니다. "나는 당신의 가르침이 싫습니다. 내가 죄악으로 가득하단 말입니까? 난 아닙니다! 난 새 직장을 찾아볼 때 그렇게 말하지 않습니다. 나는 괜찮은 사람입니다. 완벽하지는 않지만 괜찮은 사람입니다."

정말 그렇습니까? 자신이 괜찮다고 생각하는 사람은 기도하지 않습니다. 그러나 사도행전의 사람들은 자신들에게 긍휼과 용서와 씻음이 절실하게 필요하다는 것을 깨닫게 되었습니다.

초대 그리스도인들이 기도했던 또 다른 이유는, 자신들에게 도움과 능력이 필요하다는 것을 깨달았기 때문입니다. 이들은 "돕는 은혜를 얻기 위하여"히 4:16 기도했습니다. 이들에게는 때를 따라 돕는 은혜가 필요했습니다. 비그리스도인들은 젊을 때는 종종 인생의 어떤 어려움도 헤쳐 나갈 수 있다고 생각합니다. 그러나 이것은 불가능합니다. 이들도 이것을 알게 됩니다. 이들은 곧 지쳐서 절룩거립니다. 이들에게는 자기들을 도울 갖가지 영적·도덕적 목발이 필요합니다. 그러나 이들은 여전히 실패하고 넘어집니다. 인생은 엄청난 것이며 전투입니다. 세상과 육과 마귀가 항상 우리를 대적합니다. 이 세상에서 언제나 바르고 순수하며 깨끗하기란 쉽지 않습니다. 광고판, 신문, 텔레비전, 이 모든 것들이 우리를 유혹합니다. 책과 모든 똑똑한 사람들이 우리를 대적합니다. 인생은 정말 어렵습니다! 우리는 자신이 연약하고 무기력하다는 것, 따라서 "때를 따라 돕는 은혜를 얻는 것"이 필요하다는 것을 깨닫습니다.

초대교회 그리스도인들이 기도했던 것은 바로 이 때문입니다. 그리스도인들이 항상 기도하는 것도 바로 이 때문입니다. 그리스도인들은 하나님을 떠나서는 멸망받을 수밖에 없음을 깨닫습니다. 그리스도께서는 "나를 떠나서는 너희가 아무것도 할 수 없다"고 말씀하셨습니다.요 15:5 그리스도인이 된 사람들은 이것을 깨닫습니다. 자신들이 얼마나 끊임없이 패배하는지 압니다. 그리스도인이 되기 전 우리 역시 "이런 거짓말이 어디 있어!" 하고 중얼거립니다. 우리는 자신의 실패를 직시하지 않습니다. 우리는 정직하지 않습니다. 거짓말쟁이입니다. "장부를 조작합니다." 그러나 그리스도인이 될 때 사실과 진리를 직시합니다. 우리는 자신이 씻음받고, 깨끗해지며, 정결케 되고, 새로워지며, 힘과 능력을 받아야 한다는 것을 압니다. 우리에게는 우리 손을 잡고 이끌며, 어떤 장애물과 원수들에도 불구하고 우리에게 맡겨진 일들을 해낼 힘을 주실 수 있는 우리보다 크신 분이 필요합니다.

지금까지 말씀드리지 않았지만, 기도해야 하는 가장 큰 이유가 있습니다. 하나님을 조금이라도 아는 사람이면 누구나 그분께 말하고 싶어합니다. 어린아이는 아버지에게 말하고 싶어합니다. 여러분은 여러분을 잘 대해 주는 사람들, 여러분이 사랑하는 사람들과 이야기하고 싶어합니다. 하나님께서 그분의 사랑으로 자신에게 베푸신 모든 일을 깨달아 아는 그리스도인들은 그분께 이야기하고 싶어하며, 그분을 계속 만나고 싶어합니다. 그러나 우리의 모습은 어떻습니까? 우리는 중요한 사람들, 우리에게 유익을 줄 수 있는 사람들, 우리가 좋아하는 사람들과 "관계를 유지합니다." 이런 이유들을 무한히 확대해 보십시오. 그리스도인들은 이 때문에 기도하고 싶어하는 것입니다. 그러므로 그리스도인들은 이렇게 말합니다.

내게 전능하신 보호자 있도다.
보이지 않으나 늘 곁에 계시며,
그 구원하심이 변함 없이 성실하시며
그 다스림이 전능하시도다.
그분이 웃으실 때 내게 위로가 넘치도다.
그 은혜 이슬같이 내리고
구원의 벽이 나를 두르니
내 영혼 지키시길 기뻐하시도다.
주는 나의 목자 나의 인도자시니

나로 기도케 하시며 내 기도를 들으시도다.

내가 전심으로 주의 언약을 지키니

내가 편안히 자고 깨는도다.

주는 나의 방패 나의 태양이시니

밤도 내게는 어둠이 아니로다.

나의 날들이 빨리 달아나니

나를 주께 가까이 인도하도다.

―오거스터스 탑레이디

이렇듯, 그리스도인들은 기도 가운데 하나님께 가까이 나아갑니다. 성경은 기도를 "하나님께 가까이 감", "그분 앞에 나아감", "그분 임재 안으로 들어감"으로 표현합니다. S. F. 애덤스$^{S.\ F.\ Adams}$는 "주께 더 나가기 원합니다"라고 찬송했습니다. 이것이 그리스도인들이 바라는 것입니다. 그래서 그리스도인들은 기도합니다.

여러분은 기도하십니까? 기독교의 시험은 명확하게 말할 줄 아는 능력이나 정치나 최근 헤드라인 뉴스에 대한 견해를 제시하는 능력을 보는 것이 아닙니다. 절대 아닙니다. 여러분은 그분에 주리고 목마릅니까? 이것이 시험입니다. 여러분은 그분을 알기 원합니까? 여러분이 그분의 얼굴을 구하는 것은, 그분이 하나님이시며 "기도케 하시고 기도를 들으시는 분"이시기 때문입니까?

어떤 사람은 이렇게 대답할 것입니다. "참 좋은 애깁니다만 저는 아무것도 아는 것이 없습니다. 들어 본 적이 없습니다. 저도 기도하고 싶습니다. 어떻게 기도할 수 있나요? 어떻게 아무나 기도할 수 있나요?"

이것은 매우 중요한 질문입니다. 제가 지금까지 "우리는 최소한 함께 기도할 수 있습니다"라는 현대인의 주장이 잘못되었다고 말하는 것도 바로 이 때문입니다. 이것은 마치 기도가 세상에서 가장 쉬운 것처럼 말합니다. 그러나 기도는 세상에서 가장 어려운 일입니다. 우리에게는 가르침이 필요합니다. 감사하게도 우리에게는 사도들의 가르침이 있습니다. 그러므로 여러분은 사도들의 가르침에서 시작해야 합니다.

구약성경에는 기도에 관한 매우 좋은 가르침도 있습니다. 여러분은 성막과 성전 건축에 대한 그 모든 세부묘사의 핵심이 무엇일까 궁금했던 적은 없습니까? 모든 치수, 휘장과 장식들에 대한 자세한 묘사, 번제와 곡물제사와 희생제사에 대한 모든 정보를 말입니다. 답은 간단합니다. 이것은 하나님께 나아가는 법을 사람들에게 가르치기 위한 것이었습니다. 이것이 전부입니다. 의식과 상징을 통해 이들은 하나님과 만나는 법, 그 만남을 유지하는 법을 배웠습니다. 이들은 광야를 여행하고 있었습니다. 광야에서는 그분을 주목하고, 그분을 알며, 그분이 여러분과 함께 계시다는 사실을 아는 것이 중요합니다. 여기서 이들은 기도하는 법을 배웠습니다. 이것이 구약의 의식이 갖는 의미입니다.

이것은 제가 이미 언급한 것, 곧 우리는 하나님이 정하신 특정한 방법으로 그분께 나아가야 한다는 사실을 가르쳐 줍니다. 욥은 문제를 알고 있었습니다. "내가 어찌하면 하나님을 발견하고"^{욥 23:3}. 여러분은 어디에서 하나님을 발견하는지 아십니까? 모른다면 여러분은 기독교를 전혀 모르는 것입니다. 하나님을 아는 것이 중요합니다. 하나님이 저기 계시며 내 기도를 들으신다는 것을 알고 나와 나의 모든 문제를 그분께 맡길 수 있는 것, 이것이 기독교입니다. 기도는 어떻게 할 수 있습니까? 역사를 내려온 피할 수 없는 문제가 여기 있습니다. 바로 하나님의 거룩하심 때문입니다! 민수기 23:19은 "하나님은 사람이 아니시니"라고 말합니다. 이 세상에는 접근하기 어려운 사람들이 있습니다. 대단한 사람일수록 그들과 만나기는 더 어렵습니다. 그러나 지금 우리는 영원하신 하나님께 나아가고 있습니다! "하나님은 빛이시라. 그에게는 어둠이 조금도 없으시다"^{요일 1:5}. 우리는 지금 빛과 순전함과 영광으로 가득한 지성소로 들어가고 있습니다.

하나님의 거룩하심과 영광이 구약의 의식에 표현되어 있습니다. 지성소에는 세키나 글로리^{shekinah glory}라는 것이 있었습니다. 땅과 바다 어디에도 없는, 형용하기 어려운 일종의 빛이었습니다. 무엇이었습니까? 그것은 하나님의 옷자락이었으며, 영원한 영광의 광채였습니다. 바로 세키나입니다. "나를 보고 살 자가 없음이니라"고 하나님은 모세에게 말씀하셨지만[출 33:20] 이 세키나는 반사광에 불과했습니다. 여러분은 바로 이곳에서 기도하고 있는 것입니다!

> 썩지 아니하시고 보이지 아니하시고 홀로 지혜로우신 하나님,
> 우리 눈 닿지 못할 빛 가운데 거하시며
> 지극히 복되시며 지극히 영화로우시며 옛적부터 항상 계신 이시니
> 영광과 찬양이 당신을 둘렀나이다.
> —월터 차머즈 스미스 Walter Chalmers Smith

여러분은 자신이 하나님 앞에 서 있다고 생각해 본 적이 있습니까? 기도의 문제는 바로 여기에서 시작됩니다. 여러분은 황급히 달려가 "기도를 말하지" 않습니다. 여러분은 "적어도 우리는 기도할 수 있어요"라고 말하지 않습니다. 기도는 그분 앞에 나아가는 것입니다. 그렇다면 "여호와의 산에 오를 자가 누구며 그의 거룩한 곳에 설 자가 누구인가"[시 24:3]. 대다수 사람들의 문제는 기도와 관련된 문제를 한번도 본 적이 없다는 것입니다. 이들은 어려움이 무엇인지 알지도 못합니다.

그런데 우리는 하나님에 관해 뭔가를 깨닫고 나면 자신에 관한 이 모든 진실을 깨닫습니다. 자신의 죄, 자신의 부정함을 깨닫습니다. 다윗도 이것을 깨달았습니다. 그는 곤경에 처했습니다. 그는 무서운 죄를 범했습니다. 그러나 그는 하나님께로 돌이켰습니다. 그 밖의 어디로도 갈 수 없었습니다. 바로 이것이 그가 하나님의 자녀였다는 사실을 증명합니다. 그는 간음하고 살인까지 했지만 하나님께로 돌아가야 했습니다. 다른 그 누구도 그를 도와줄 수 없었기 때문입니다. 그의 영혼은 고통 가운데 있었습니다. 그는 자신을 어떻게 해야 할지 몰랐습니다. 그는 하나님만이 자신을 도우실 수 있다는 것을 알았습니

다. 그러나 그가 어떻게 하나님께 나아갈 수 있겠습니까? 다윗은 "중심이 진실함을 원하시오니"라고 했습니다.[시 51:6] 그는 자신이 더럽다는 것을 알고 있었습니다. "내가 죄악 중에서 출생하였음이여, 어머니가 죄 중에서 나를 잉태하였나이다"[시 51:5]. 이런 피조물이 어떻게 하나님께 기도할 수 있겠습니까? 우리가 지은 죄뿐 아니라 우리의 타고난 사악함과 부패함 때문에 우리는 기도하기에 적절치 못합니다. 사람들이 죄를 범하는 것도 이런 이유 때문입니다. 문제의 원인은 외부의 악이 아니라 악에 반응하고, 악을 갈망하며, 악을 기뻐하는 내적인 부패입니다.

기도할 때 나는 어떻게 해야 합니까? 하나님은 하늘에서 그분의 영원한 영광 중에 거하시고, 나는 이곳 땅 위에 있습니다. 작고도 유한하며, 사라질 수밖에 없고, 연약하고, 이해도 부족하고, 악하고, 타락한 존재로 살아가고 있습니다. 정말 악하고 추한 존재입니다! 그런 내가 어떻게 하나님께 다가갈 수 있습니까? 욥은 자신의 해답을 제시합니다. "우리 사이에 손을 얹을 판결자도 없구나"[욥 9:33]. 우리 사이에 들어와 내 손과 그분의 손을 함께 잡을 수 있는 누군가가 필요합니다! "판결자"가 필요합니다! 신약의 용어로 말하면 우리에게는 중보자가 필요합니다. 우리를 이해하고 우리와 공감하면서도 거룩하신 하나님 앞에 설 수 있고 그분을 알 수 있는 사람을 찾을 수만 있다면 얼마나 좋겠습니까!

이것을 다른 방향에서 살펴보기로 합시다. 여기, 나는 땅 위에 있고 하나님은 하늘에 계십니다. 땅에서 하늘에 이르는 길이 있습니까? 인간이 하나님께 이르는 길이 있습니까? 죄에서 거룩함에 이르는 길이 있습니까? 대학과 철학자들의 지도를 살펴보지만 여기에는 그 길이 나와 있지 않습니다. "네가 하나님의 오묘함을 어찌 능히 측량하며 전능자를 어찌 능히 완전히 알겠느냐"[욥 11:7]. "이 세상이 자기 지혜로 하나님을 알지 못하므로"[고전 1:21]. 길은 없습니다. 허허벌판, 광야입니다. 나는 결코 하나님을 찾을 수 없습니다. 나는 극한 패배와 절망에 던져졌습니다. 나는 그저 부르짖을 수밖에 없습니다.

영원한 빛이시여! 영원한 빛이시여!
당신의 빛 가운데 거할 때
영혼이 얼마나 깨끗해지는지,
움츠리지 않으며, 고요한 기쁨을 누리며
당신만 바랄 수 있나이다.

당신의 보좌를 두른 영들이
더없이 복되겠지만
거기서일 뿐입니다.
그들은 이 타락한 세상을
결코 알지 못하기 때문입니다.

어두운 땅에서 태어나
마음마저 우둔한 내가
어찌 말로 표현할 수 없는 분 앞에 서며
내 벌거벗은 영혼이 어찌
창조되지 않은 빛을 품으리이까?
―토마스 비니^{Thomas Binney}

나는 어떻게 해야 합니까? 할 수 없습니다! 나는 혼자입니다. 나는 어찌할 수 없습니다. 나는 내 죄와 허물과 악 때문에 영원히 벌을 받을 것입니다. 이것이 기도에 관계된 것입니다. 하나님이 누구시며 자신이 누구인지 깨달을 때, 버려진 채 혼자 기도하는 것은 불가능하다는 것을 깨닫습니다.

그러나 저는, 문제에는 해결책이 있고 우리의 모든 질문에는 해답이 있다는 것을 여러분에게 말씀드릴 수 있습니다. "그러므로 형제들아, 우리가 예수의 피를 힘입어 성소에 들어갈 담력을 얻었나니 그 길은 우리를 위하여 휘장 가운데로 열어 놓으신 새로운 살 길이요 휘장은 곧 그의 육체니라"히 10:19-20. 우리는 새로운 고속도로와 직선로가 뚫리는 시대에 살고 있습니다. 복음의 메시지는 하나님이 계획하셨고 그분의 아들이 닦고 여신 새로운 길, "새로운 살 길"이 있다는 것입니다. 그 길은 멋지고 놀라운 길입니다. 그 길의 기초는 튼튼합니다. 그 길은 영원히 지속될 것입니다. 그렇다면 그 길은 무엇으로 만들어졌습니까? 그 길은 하나님 아들의 찢긴 몸으로 만들어졌습니다. "휘장 가운데로 열어 놓으신……그의 육체", 이것이 그 길의 기초입니다.

이것이 신약의 전체적인 메시지입니다. 이것이 베드로가 오순절에 설교한 것입니다. 이들이 죽음으로 내몬 예수가 바로 하나님이 보내신 그리스도였다는 것입니다. 이들은 자신의 구원자, 구속자를 십자가에 못박았습니다! 베드로는 이렇게 말했습니다. "여러분은 모르고 그렇게 했습니다. 그러나 여러분이 그렇게 했음에도 불구하고, 하나님께서는 인간에게서 당신께로, 땅에서 하늘로, 죄에서 구원으로 이어지는 길을 놓고 계셨습니다."

우리가 하나님 앞에 나아갈 수 있는 길은 하나뿐입니다. 그것은 십자가에 못박히신 주 예수 그리스도를 통하는 것입니다. 바울은 에베소의 그리스도인들에게 "우리 둘이 한 성령 안에서 아버지께 나아감을 얻게 하려 하심이라"고 말합니다엡 2:18. 여러분은 혼자서 하나님을 찾을 수 없습니다. 사도행전의 사람들은 사도들의 가르침, 사도들의 교리가 이것을 가르쳐 주었다는 사실을 발견했습니다. 그분은 욥이 그렇게도 원하던 중재자입니다. 바울은 말합니다. "하나님은 한분이시요 또 하나님과 사람 사이에 중보자도 한분이시니 곧 사람이신 그리스도 예수라. 그가 모든 사람을 위하여 자기를 대속물로 주셨으니"딤전 2:5-6.

초대교인들은 바로 이렇게 기도했으며, 누구든지 이렇게 기도할 수 있습니다. 그러나 가르침을 믿기 전에는 이렇게 기도할 수 없습니다. 여러분은 그저 하나님께 나오는 것이 아닙니다. 여러분은 "그리스도를 통해", "그리스도 때문에", "그리스도의 이름으로" 그분께 나아가는 것입니다. 앞에서 토마스 비니의 위대한 찬송의 앞부분을 인용했습니다. 이제 그 뒷부분을 마저 소개하겠습니다.

인간이 지극히 높은 처소에
이를 방법이 있으니,
번제와 제물
성령의 역사
하나님의 대언자로다.
이를 통해 우리가
거룩한 그곳을 보도록 준비되도다.
무지와 밤의 자녀들이
영원한 빛에 거하게 되리라.
영원한 사랑을 통해!

이것이 기도의 방법입니다. 이것이 유일한 기도의 방법입니다. 우리는 그리스도께서 우리를 위해 죽으셨으며, 부활하셔서 하나님 우편에서 우리를 위해 간구하시며, "아버지 앞에서 우리에게 대언자"^{요일 2:1}가 되신다는 것을 알기 때문에 그리스도의 이름으로 기도합니다. 그래서 여러분은 무릎 꿇을 때 담대함으로 지성소에 나아갑니다. 마귀는 말할 것입니다. "너는 누구냐? 네가 이렇게 한 것을 기억하라. 네가 저렇게 생각한 것을 기억하라. 네가 지난 40년간 지은 죄를 기억하라." 그는 여러분이 지은 죄를 여러분 앞에 내놓을 것입니다. 그러나 여러분은 주 예수 그리스도를 통해 그에게 당당히 맞설 수 있습니다.

주여, 내 방패 나의 피난처 되소서.
내가 주의 곁에서 피하나이다.
내가 고소자를 노려보며
주께서 죽으셨다 말하나이다.
―필립 도드리지^{Philip Doddridge}

이것은 마귀와 양심과 지옥의 모든 고소까지 침묵하게 합니다.
여러분은 그 모습 그대로 예수 그리스도의 피를 의지하여 지성소에 들어갈 수 있으며, 영광스런 아버지를 예배하고 찬양할 수 있습니다. 여러분은 하나님께 그리스도 안에 있는 그분의 은혜에 감사할 수 있습니다. 여러분의 눈을 여셨고 여러분에게 새로운 생명을 주셨을 뿐만 아니라 여러분의 죄를 씻으셨고 여러분에게 힘과 능력을 주셨으며, 영원한 영광 속에 여러분을 기다리는 "복된 소망"을 주신 하나님께 감사할 수 있습니다. 여러분이 이런 것들을 믿고 보는 순간, 여러분은 계속해서 이 일들을 하고 싶을 것입니다. 그렇기 때문에 "그들이 사도의 가르침을 받아 서로 교제하고 [사도들과 다른 사람들과] 떡을 떼며 오로지-날마다-기도하기를 힘썼습니다."

13

기쁨

날마다 마음을 같이하여 성전에 모이기를 힘쓰고 집에서 떡을 떼며 기쁨과 순전한 마음으로 음식을 먹고 하나님을 찬미하며 또 온 백성에게 칭송을 받으니 주께서 구원받는 사람을 날마다 더하게 하시니라.

사도행전 2:46-47

13

기쁨

사람들은 우리가 살고 있는 세상이 아주 오래되었다는 것을 자주 잊어버립니다. 사람들은 마치 세상이 20세기에 생겨난 것처럼, 인간이 새로운 능력과 재능과 문제를 가진 새로운 피조물인 것처럼 말합니다. 물론 모두 다 완전히 난센스입니다. 인간은 정말 오래된 존재입니다. 위대한 문명의 이야기와 인류의 역사는, 어떤 의미에서 자신의 문제를 해결하려는 인간의 노력에 관한 이야기일 뿐입니다. 비참해지고 싶은 사람은 아무도 없습니다. 인간은 언제나 행복을 추구해 왔습니다. 사람들은 행복을 찾기 위해 가능한 할 수 있는 일은 다 했습니다. 인류의 창의력과 재능은 평안과 쉼과 행복과 기쁨을 찾으려는 노력 가운데 대부분 소진되어 버렸습니다. 이 대단한 추구를 때로는 "고요한 마음의 추구"라 불렀습니다. 그러나 오늘날은 이러한 추구가 그어느 때보다 성공적인 결과를 낳지 못하는 것이 분명합니다. 세상 사람들은 여전히 찾고 구하며 어떻게 해야 행복을 찾을 수 있을까 하고 묻습니다. 그러나 답은 여전히 그들을 피해 가고 있습니다.

그러나 초대교회 그리스도인들은 자신들이 행복을 찾았다는 것을 알았습니다. 진리를 보고 믿게 되면서 이들은 세상을 떠나 교회로 들어왔습니다. 우리는 앞에서 초대교회 삶의 면면들을 살펴보았습니다만, 또 한 가지 특징을 보여드리고자 합니다. 그것은 바로 "기쁨과 환희"입니다. "이들은 기쁨과 순전한 마음으로 음식을 먹고 하나님을 찬미했습니다." 거듭 말씀드리지만, 제가 여러분에게 초대교회의 모습을 제시하는 것은 단순히 기독교와 교회에 대한 정확한 관점을 갖기 위해서가 아닙니다. 더 중요한 것은 우리 자신을 시험해 보기 위해서입니다. 이 모든 경우에 우리는 "나도 이들과 같은가?" 하고 자문해 보아야 합니다.

여기서 우리는 사도행전의 그리스도인들에 대한 특별한 묘사를 보게 됩니다. 기쁨입니다! 하나님께 대한 찬양입니다! 기쁨은 개혁과 부흥의 시대마다 항상 나타난 교회의 특징입니다. 로마 가톨릭 교회-여러분이 로마 가톨릭 교회를 어떻게 생각하든-는 이 사실을 인정합니다. 이들 신학자들이 성인聖人 후보에 오른 모든 사람들에게 적용하는 테스트가 있는데, 그중 하나가 기쁨입니다. 아무리 많이 배운 사람이라도 그 학식만으로는 부족합니다. 그 사람의 삶에 기쁨과 환희의 요소가 있어야 그 사람은 성인으로 추대될 수 있습니다.

그러나 이 기쁨은 일반 사람들의 교회관에서는 나타나지 않습니다. 흔히 사람들은 기독교 신앙이 인생을 망친다고 생각합니다. 사람들은 기독교를 일종의 도덕적 노력과 수고일 뿐이라고 생각합니다. 이들은 교회가 항상 모든 것을 반대한다고 합니다. 교회는 항상 이의를 제기한다는 것입니다. 교회는 음주를 반대하고 흡연을 반대하고 전쟁을 반대합니다. 사람들은 여러분이 교회에 귀를 기울이면 교회가 부정적이라는 것을 항상 알게 되리라고 말합니다. 기독교가 제시하는 철학은 우리에게 "기쁨을 경멸하고 수고의 날들을 살게" 한다고 말합니다. 일반 사람들이 생각하기에 그리스도인들은 주로 무엇을 하지 **말아야** 하느냐로 특징되는 편협하고 속박된 비참한 삶을 사는 사람들입니다. 하나님을 너무 많이 알기에 스스로 비참해하며, 자신이 하는 일에 어떤 즐거움도 찾지 못하는 것처럼 보이는 사람들입니다. 기독교는 이들의 삶에서 일종의 브레이크라는 것입니다. 기독교가 완전하고 자유로우며 기쁘고 행복한 삶과 이들 사이를 가로막고 있다는 것입니다.

청소년들이 왜 기독교에 등을 돌립니까? 이들은 말합니다. "어릴 때는 부모님 때문에 어쩔 수 없이 주일학교에 다녔습니다. 하지만 이제는 컸으니 더 이상 그렇게 하지 않을 겁니다." 간단한 대답은 이렇지 않습니까? 이들은 스스로를 즐기며, 자유와 해방과 참된 행복의 삶을 살려고 뛰쳐나갈 것입니다.

널리 퍼져 있는 생각은, 엄격하고 의지가 강철 같은 그리스도인들은 자신이 옳다고 믿는 의무들을 어떻게든 다하려고 애쓴다는 것입니다. 의무를 다하지 못하면 많은 것을 놓치면서 이 세상을 침울하게 살아가지 않을까 두려워한다는 것입니다. 이것이 사람들이 교회 밖에 있는 이유입니다. 사람들은 교회에 등을 돌렸습니다. 그렇게 하는 가운데 행복을 찾았다고 주장하면서 말입니다.

다시 말하지만, 이것은 우리가 사도행전에서 발견하는 모습과 정확히 반대됩니다. 사도행전에 나오는 초대교회에 대한 설명은 이렇습니다. "떡을 떼며 기쁨과 순전한 마음으로 음식을 먹고 하나님을 찬미하며 또 온 백성에게 칭송을 받으니……." 이것이 신약성경 전체에서 나타나는 교회의 모습입니다. 바울이 빌립보 교인들에게 보낸 편지보다 기쁨이 넘치는 편지가 있다면 찾아보십시오. 사도 바울은 기쁨을 억누를 수 없었습니다. 그는 빌립보서 3장 첫머리에서 "주 안에서 기뻐하라"고 쓴 뒤, 4장에서 "주 안에서 항상 기뻐하라. 내가 다시 말하노니 기뻐하라"고 반복하여 권면합니다[빌 4:4]. 이것이 기독교입니다. 이것이 초대교회 그리스도인들의 삶이었습니다.

저는 사도행전이 가장 큰 격려와 힘을 주는 책이라고 자주 말합니다. 여러분은 사람들의 삶 속에 꿈틀대는 이 기쁨을 느낄 수 있지 않습니까? 사도행전은 세상에서 가장 행복이 넘치는 책 가운데 하나입니다. 사도 베드로는 나중에 자신이 알지도 못하는 그리스도인들에게 편지했습니다. 이들은 "본도, 갈라디아, 갑바도기아, 아시아와 비두니아에 흩어진 나그네"였습니다[벧전 1:1]. 베드로는 이들과 주 예수 그리스도의 관계를 말하면서 "예수를 너희가 보지 못하였으나 사랑하는도다. 이제도 보지 못하나 믿고 말할 수 없는 영광스러운 즐거움으로 기뻐하니"라고 했습니다[8절]. 이것이 진정한 교회의 모습입니다. 교회는 이렇게 시작되었으며, 이것이 모든 개혁과 부흥의 시기에 교회가 가졌던 모습입니다. 우리에게 익숙하거나 국가적인 큰 행사에 동원되는 따분한 조직은 신약성경이 말하는 교회가 아닙니다. 괴로운 일이나 무거운 짐 정도로 기독교를 생각하는 것은 진리를 왜곡하는 것입니다. 이런 생각은 음울하고 변명하는 삶의 방식을 낳습니다. 세상에는 우리를 참으로 행복하게 하며 기쁘게 하는 것이 없습니다. 이 메시지 외에는 없습니다. 저는 이 사실을 여러분에게 보여드리고 싶습니다.

다음으로, 이 사람들이 가졌던 기쁨과 즐거움의 성격을 살펴보겠습니다. 다시 말씀드리지만, 기쁨은 신약성경 전체에서 자주 다뤄지는 주제입니다. 우리는 바로 여기서 기독교가 정말 무엇인지를 발견합니다. 기독교가 사람들이 표현하듯이 정말 부정적이었다면 세상을 뒤집어 놓을 수 있었겠습니까? 물론 아닙니다! 고대세계를 정복한 것은, 이들의 삶에 나타난 이 기쁨, 이 즐거움, 이 활기, 이 형용할 수 없는 특성이었습니다. 오늘날 세상이 가장 필요로 하는 것도 이것입니다.

이 기쁨의 성격을 살펴볼 때 주의해야 합니다. 현대세계는 신성한 것들을 대부분 오용하고 있습니다. 심지어 언어까지도 오용하고 있습니다. 세상이 오늘날처럼 사랑을 많이 말한 때가 없었지만, 실제로는 사랑을 전혀 알지 못합니다. 세상이 사랑이라고 부르는 것이 실제는 정욕일 때가 너무 많습니다! 이혼 법정을 나서는 사람들은 자신들이 한때 "사랑에 빠졌었다"고 말합니다. 그러나 이들은 한번도 사랑에 눈 뜨지 못했습니다. 이들은 사랑을 전혀 모릅니다. 이 모든 영광스러운 용어들이 실추되고 남용되고 있습니다.

그러므로 우리는 기쁨과 즐거움을 말할 때 주의해야 합니다. 세상은 자신이 기쁨에는 전문가라고 생각합니다. 그렇지 않습니까? 세상이 여러분에게 외치는 것을 TV에서 볼 수 있지 않습니까? 이 얼마나 멋진 삶입니까! 술집의 흥겨운 분위기를 보십시오! 행복과 방종과 자유, 교회에 대한 농담들을 보십시오. 그러므로 우리는 우리의 용어들을 명확히 해야 합니다. 용어부터 정의하겠습니다.

우리가 "기쁨과 순전한 마음"에 대해 말할 때는 문맥 속에서 이해해야 합니다. 문맥은 이렇습니다. "그들이 사도의 가르침을 받아 서로 교제하고 떡을 떼며 오로지 기도하기를 힘쓰니라." 그다음은 "사람마다 두려워하는데 사도들로 말미암아 기사와 표적이 많이 나타나니"라고 나와 있습니다. 그러므로 우리는 기쁨과 즐거움을 정의할 때 또 하나의 요소를 염두에 두어야 합니다. 곧 두려움입니다. 무엇에 대한 두려움입니까? 하나님에 대한 두려움입니다! 성령께서 임하셨고 하나님의 강한 능력이 나타났습니다. 사람들은 하나님의 강력한 손길이 느껴지자 두려움에 휩싸였습니다.

성경에는 하나님에 대한 두려움을 보여주는 예가 많습니다. 언젠가 사도 베드로와 몇몇 다른 제자들이 밤새 그물을 던졌지만 아무것도 잡지 못했습니다. 다음날 아침, 주님께서는 "깊은 데로 가서 그물을 내려 고기를 잡으라"고 말씀하셨습니다.눅 5:4. 제자들이 말씀대로 하자 곧 그물이 찢어질 정도로 많은 고기를 잡았습니다. 그다음에 어떤 일이 있었는지 기억하십니까? 베드로는 주님 앞에 엎드려 "주여, 나를 떠나소서. 나는 죄인이로소이다"했습니다8절. 주님께서는 베드로에게 한마디도 하지 않으셨습니다. 주님께서는 베드로를 꾸짖지도 않으셨습니다. 베드로의 죄악된 삶을 정죄하지도 않으셨습니다. 그분은 그저 한 가지 이적만 행하셨습니다. 그분은 당신의 신적인 능력을 나타내 보이셨습니다. 하나님의 강력한 손길을 느낄 때, 거룩하신 하나님 앞에서 두려움을 느낄 때, 여러분은 놀라고 두려워하며 자신을 한없이 작게 느끼게 됩니다.

그러나 현대인들은 이것을 너무나 모릅니다. 3백 년 전에 살았던 한 늙은 청교도의 말이 기억납니다. "나는 죽음 앞에서는 자신을 절대 발견하지 못하지만, 그분의 위엄 앞에서는 항상 머리를 숙인다." 하나님의 손길은 너무나 엄청난 것입니다! 아기의 탄생, 한 영혼의 죽음을 보십시오. 우리의 창조자, 우리의 조성자이신 하나님을 보십시오! 죽음이 찾아올 때, 하나님은 행동하고 계십니다. 여러분은 임종을 지켜보면서 두려움과 하나님의 강력한 임재를 느껴 본 적이 없습니까?

이것이 바로 예루살렘 사람들이 느낀 것입니다. 성령께서 임하셨습니다. 제자들은 권능, 곧 하나님의 권능으로 충만했습니다. 그리고 "사람마다 두려워했습니다"행 2:43. 그렇습니다. 그러나 두려움이 기쁨이나 즐거움과 모순되는 것은 아닙니다. 여기서 우리는 기독교가 말하는 기쁨이 무엇인지를 발견하게 됩니다. 그것은 세상이 말하는 기쁨이나 즐거움과는 너무나 다릅니다.

세상이 소위 기쁨과 즐거움이라고 말하는 것은 인위적입니다. 모조품입니다. 진짜가 아닙니다. 이것이야말로 세상이 말하는 기쁨의 문제입니다. 우리의 눈을 열어 이것을 깨닫게 하시는 하나님께 감사하십시오. 세상의 기쁨은 무엇에 의존합니까? 세상의 기쁨은 언제나 꾸밈에 의존합니다. 세상의 기쁨은 인위적이며 모조품입니다. 세상은 일종의 마약 없이는 기쁨을 찾지 못합니다. 계속해서 술을 마시는 것도 바로 이 때문입니다. 많은 사람들에게는 이 방법만이 행복해질 수 있는 유일한 길입니다. 세상은 여러분이 먼저 높은 기준을 낮춰야 행복해질 수 있다고 말합니다. 직접적으로 이렇게 표현하지는 않지만, 이것이 세상의 철학입니다. 술을 마시지 않으면 행복해질 수 없는 사람들은 자신들이 참으로 비참한 영혼들이라고 고백하는 것입니다. 술! 마약! 사교! 값비싼 옷! 디너파티! 유흥! 이 모든 것이 계속되어야 합니다. 여러분은 여기에 얼마나 많은 돈이 쓰이고 있는지 알고 있습니다. 사람들은 우유를 사는 데는 돈을 조금도 더 쓰려고 하지 않지만 쾌락을 위해서는 그렇지 않습니다. 우리에게는 쾌락이 있어야 한다, 그렇지 않으면 너무 비참해! 이렇게 생각합니다.

세상의 행복이 피상적이라는 것은 당연한 결과입니다. 세상의 행복은 여러분 자신의 문제를 잠시 잊도록 해줄 뿐입니다. 그것은 일종의 수면제나 진정제에 불과합니다. 여러분의 근심을 가라앉혀 줄지는 몰라도 제거하지는 못합니다.

세상은 이처럼 쾌락을 추구하고, 그것을 유지하기 위해 돈을 쏟아부으며 살아가고 있습니다. 세상은 언제나 지나치게 쾌락을 추구합니다. 여기서 두려움이라는 요소는 찾아볼 수 없습니다. 사도 바울이 에베소서 5:18에서 "술 취하지 말라. 이는 방탕한 것이니 오직 성령으로 충만함을 받으라"고 말한 것도 바로 이 때문입니다. 그는 두 형태의 기쁨을 대조시키고 있습니다. 세상의 기쁨은 절제가 없고 제멋대로며, 결국에는 후회하게 된다고 말합니다.

그러나 세상이 주는 기쁨의 궁극적인 문제는, 이 기쁨이 늘 환경에 의존한다는 것입니다. 이것은 그리스도가 없고 기독교의 메시지가 없는 삶의 진짜 비극이 무엇인지 우리에게 보여줍니다. 저는 만날 때마다 놀라는 사람들이 있습니다. 그들이 너무나 행복해 보이기 때문입니다. 저는 그들이 행복하게 살아가는 부부라는 것을 압니다만, 이들의 기쁨은 전적으로 서로의 관계에 의존해 있습니다. 그리스도가 아닙니다. 제가 알기로 둘 가운데 하나가 죽으면, 다른 한 사람은 망연자실하고 비참한 처지가 될 것입니다. 기껏해야 세상이 주는 기쁨은 일시적일 뿐입니다.

그러므로 여러분에게 돈이 없으면, 세상의 기쁨은 상당 부분 사라져 버립니다. 쾌락을 살 여력이 없으면 쾌락도 없고, 따라서 행복도 없습니다. 여러분은 시무룩한 모습으로 구석에 앉아 있거나 즐기는 사람들을 부러워하면서 나도 그랬으면 합니다. 그러나 건강과 부와 다른 사람들을 필요로 하는 기쁨은 진정한 기쁨이 아닙니다. 이런 기쁨을 분석해 보십시오. 그러면 여러분도 제 말에 동의하게 될 것입니다.

그리스도인의 기쁨은 깊은 기쁨, 순전하고 거룩한 기쁨입니다. 성경은 이것을 "성령 안에서 누리는 기쁨"이라고 말합니다.롬 14:17, 표준새번역. 이것은 두려움이 포함된 기쁨입니다. 물론 세상은 두려움과 기쁨을 한데 섞을 수 없다고 말합니다. 그러나 여러분은 할 수 있습니다. 이것이 유일하게 참된 기쁨입니다. 여기에는 절제가 있고, 깊이가 있으며, 거룩함이 있습니다. 이것은 하나님이 주시는 기쁨입니다. 이것은 하나님의 영광과 그분이 예수 그리스도 안에 있는 자들과 함께하시는 천국의 일부이며 맛보기입니다.

앞에서 저는 사도 베드로가 "말할 수 없는 영광스러운" 즐거움에 대해 말했다고 했습니다. 이 말은 너무나 놀라운 기쁨이기에 말로 표현하기가 어렵다는 뜻입니다. 여러분은 표현할 수 없을 정도로 놀라운 기쁨을 경험한 적이 있습니까? 이것이야말로 이들이 가진 기쁨이며, 영광과 순전함으로 가득한 기쁨입니다.

한 걸음 더 나아가, 이 기쁨은 상황에 의존하지 않습니다. 앞에서 보았듯이, 해가 비치고 모든 일이 순조로울 때, 주머니가 두둑하고 주

위에 가족이 있을 때 행복하기란 쉽습니다. 이 얼마나 좋은 일입니까! 그러나 우리가 이 모든 것을 잃는다면 그다음에는 어떻게 되겠습니까? 여러분이 돈을 잃는다면, 세상은 잔인하고 냉정해질 것입니다. 세상은 여러분을 더 이상 원치 않습니다. 세상은 흥겨워하는 사람들만을 원합니다. 여러분에게 세상의 도움이 절실히 필요할 때, 세상은 여러분에게 아무것도 줄 수 없을 뿐 아니라 여러분에게 등을 돌립니다. 말할 가치가 있는 유일한 기쁨, 분명 우리가 추구해야 할 기쁨은 상황에 의존하지 않는 기쁨입니다. 이것이 바로 초대 그리스도인들이 누리던 기쁨에 있는 너무도 놀라운 부분입니다. 이들은 그리스도인이 된 후에 박해와 학대를 당하면서도 여전히 기뻐했습니다.

사도행전에는 박해 한가운데서 이러한 기쁨이 잘 나타나 있습니다. 그 가운데 하나만 소개하겠습니다. 사도 바울과 그의 동역자 실라가 빌립보를 방문했습니다. 훗날 바울이 제가 인용한 바 있는 기쁨에 찬 편지를 보낸 바로 그곳입니다. 바울과 실라는 빌립보에 이르자 강가에서 복음을 전했습니다. 그곳은 사람들이 모여서 기도하는 곳이었습니다. 그런데 "점치는 귀신 들린" 불쌍한 한 소녀가 바울과 실라를 따라다니며 "이 사람들은 지극히 높은 하나님의 종으로서 구원의 길을 너희에게 전하는 자라"고 외치기 시작했습니다.행 16:17. 이런 일이 여러 날 동안 계속되었습니다. 그래서 바울과 실라는 그 소녀에게서 귀신을 쫓아냈습니다. 그러자 그 소녀로 인해 돈을 벌던 주인이 관리들에게 가서 바울과 실라는 모든 것을 뒤집어엎는 범법자라고 고발했습니다. 관리들은 바울과 실라를 체포했습니다. 바울과 실라는 전혀 결백했지만, 재판도 받지 않은 채 채찍질을 당했습니다. 그들의 등은 마구 매질을 당해 상처를 입었습니다. 아주 모진 처벌이었습니다. 그다음에는 양발을 차꼬에 채인 채 지하감옥에 갇혔습니다.

이 사건이 바울과 실라에게 어떤 영향을 미쳤습니까? 성경은 이렇게 말합니다. "한밤중에 바울과 실라가 기도하고 하나님을 찬송하매 죄수들이 듣더라"행 16:25. 감옥에서 뭔가 주목할 만한 일이 일어나고 있었습니다. 그곳에는 두 부류의 사람들이 있었습니다. 그리스도의 종이며 교회의 일원인 바울과 실라가 한 부류요, 또 한 부류는 감옥에서 운명을 저주하며 자신들이 왜 여기 들어왔고 어떻게 해야 나갈 수 있을지 궁리하느라 한밤중까지도 잠들지 못하는 죄인, 불신자, 믿음 없는 자들이었습니다. 이들은 세상이 주는 것과는 상관없는 기쁨을 갖지 못한 사람들의 전형이었습니다.

그러나 이러한 역경 중에도 바울과 실라는 하나님을 찬양했습니다. "죄수들은 이것을 듣고" 놀랐으며, 간수도 마찬가지였습니다. 이것이 환경에 의존하지 않는 기쁨입니다. 이것이 사도 바울이 로마의 그리스도인들에게 "우리가……하나님의 영광을 바라고 즐거워하느니라. 다만 이뿐 아니라 우리가 환난 중에도 즐거워하나니"라고 말하게 된 이유입니다롬 5:2-3. 모든 것이 우리를 거스를 때에도, 우리는 여전히 기뻐합니다.

나중에 다시 감옥에 갇혔을 때 바울은 빌립보 교인들에게 이렇게 편지했습니다. "어떠한 형편에든지 나는 자족하기를 배웠노니 나는 비천에 처할 줄도 알고 풍부에 처할 줄도 알아……내게 능력 주시는 자 안에서 내가 모든 것을 할 수 있느니라"빌 4:11-13. 그는 시련을 당하는 것이 무엇인지 알고 있었고, "곁에서 당신의 힘이 되어 드리겠습니다" 하고는 정작 중요한 순간에 사라져 버리는 사람들을 곁에 두는 것이 어떤 것인지도 알고 있었습니다딤후 4:16-17 참조. 그는 고난 가운데서도 견뎠고 계속해서 기뻐했습니다. 그의 기쁨은 환경과는 무관했습니다. 모든 것이 그를 거스를 수 있었지만, 그는 여전히 기뻐했습니다.

이것만이 참된 기쁨입니다. 우리는 모두 결국, 이 세상에서 의존하는 대부분의 것들이 마침내 우리를 떠나가는 순간을 맞게 될 것입니다. 여기에 인생의 큰 시험이 있습니다. 여러분은 상실과 재난을 어떻게 맞겠습니까? 죽음은 어떻게 맞겠습니까? 여러분은 이것들을 기뻐할 수 있습니까? 물론 세상은 이 시험을 통과할 수 없습니다. 사람들은 임종의 순간에 술을 찾지 않습니다. 재미있는 라디오 프로그램을 찾지도 않습니다. 여러분은 사랑하는 사람을 잃고 슬픔에 잠길 때,

이런 것들에 눈을 돌립니까? 당연히 아닙니다. 이런 것들은 여러분을 조롱합니다. 여러분의 다정한 친구들은 어디에 있습니까? 그들은 여러분에게 아무 가치도 없습니다. 한 영혼이 혼자 남겨져 완전히 홀로 세상을 떠난다는 것은 참으로 끔찍한 일입니다. 여러분은 이때도 기뻐할 수 있습니까? 여러분은 이런 처지에서도 기쁨을 잃지 않을 수 있겠습니까? 이것이 시험입니다. 이 사람들은 이렇게 했습니다. 이것이 기독교가 제공하는 것입니다. 이것이 기독교가 말하는 기쁨과 즐거움의 본질입니다.

그렇다면 이러한 기쁨과 즐거움은 어떻게 설명이 가능합니까? 우리 누구나 이 기쁨을 얻을 수 있습니까? 메시지는 그럴 수 있다고 말합니다. 우리는 바로 이 사람들이 행한 것을 해야 합니다. 이들은 "그의 말을 기쁨으로 받아들였습니다"KJV. 다시 말해, 이들은 베드로의 설교를 기쁨으로 받아들였습니다. 이들이 "형제들아, 우리가 어찌할꼬" 하고 외쳤을 때, 베드로는 이들에게 "너희가 회개하여 각각 예수 그리스도의 이름으로 세례를 받고 죄사함을 받으라. 그리하면 성령의 선물을 받으리니"라고 답했습니다. 이것이 여러분이 해야 하는 전부입니다. 여러분은 이른바 세상이 주는 기쁨은 형편없는 모조품일 뿐이라는 것을 깨달아야 합니다. 이러한 깨달음이 회개입니다. 하나님께 이것을 고백하고, 그분께 가서 그분의 자비와 용서를 구해야 합니다. 여러분은 그럴 자격이 없지만, 그분의 사랑의 말씀을 믿어야 합니다. 그 말씀을 받아들이고 그 말씀에 자신을 내어 맡겨야 합니다. 이들이 이렇게 했습니다. 이것이 이들의 놀라운 기쁨과 행복을 설명해 줍니다.

그 비결은 행복이 다른 그 무언가의 결과라는 것을 이해하는 데 있습니다. 여러분이 사상과 철학의 견지에서 본다면, 이 표현이 가장 적절할 것입니다. 세상은 행복 자체를 목적으로 삼는 매우 큰 실수를 범하고 있으며, 그 때문에 행복을 찾지 못합니다. 행복은 결코 그 자체가 목적이어서는 안됩니다. 주님께서는 이것을 인상적인 구절로 말씀하셨습니다. "의에 주리고 목마른 자는"-행복에 주린 자가 아닙니다―"복이 있나니[행복하니] 그들이 배부를 것임이요."마 5:6.

그렇다면 이 3천 명의 사람들은 무엇 때문에 그렇게 행복했습니까? 이들이 베드로의 설교를 듣고 그것을 믿었기 때문입니다. 그뿐 아니라 날마다 사도들의 가르침에 귀기울이며 교제와 떡을 떼는 것과 기도를 알았기 때문입니다. 이것은 모든 그리스도인의 경험입니다. 그리스도인들이 기뻐하고 즐거워하는 것은, 한때 매였던 데서 해방되었기 때문입니다. 그리스도인들은 하나님과 자신에 대한 지독한 무지에서 해방되었습니다.

더욱 중요한 것은, 그리스도인들이 위험에서 해방되었다는 사실입니다. 최초의 그리스도인들은 "마음이 찔렸습니다." 이들은 자신들이 하나님의 진노 아래 있다는 것을 갑자기 깨달았습니다. 이들은, 인간은 짐승이 아니라 하나님의 형상과 모양으로 지음받은 피조물이며, 자신의 창조자 앞에 서서 이 세상에서 자신이 육체 가운데 산 삶을 밝혀야 하는 책임 있는 존재라는 것을 깨달았습니다. 자신들을 기다리고 있는 것은, 비참하고 견딜 수 없는 지옥과 하나님으로부터의 영원한 단절이라는 것도 깨달았습니다. 이들은 베드로의 설교를 들으면서 이것을 느꼈습니다. 이들은 그리스도를 거부한 자신들의 큰 죄를 깨달았으며, 자신들이 과연 용서받을 수 있을지 걱정했습니다. 그러나 이제는 자신들이 정죄와 다가올 진노에서 해방될 수 있음을 알았습니다.

이 사실을 아는 사람은 누구나 행복합니다. 이런 사람은 마치 불치병으로 고통당하면서 의사를 찾아다녔지만, 오히려 병세만 악화되어 절망에 빠진 사람과 같습니다. 그런데 어느 날 아침, 신문에서 자신의 병을 치료할 수 있는 약이 개발되었다는 기사를 읽습니다. 그는 그 약을 복용하고 나았습니다. 이 사람이 행복한지 기쁜지 굳이 말씀드릴 필요가 있겠습니까? 당연히 그는 행복합니다!

또는 새로운 그리스도인은 바다에 빠져서 허우적거리다 기진맥진한 채 죽어가는 사람과 같습니다. 그는 이제 모든 것이 끝났다고 생각하고는 극한 절망 가운데 자신을 포기합니다. 그때 갑자기 어디선가

손 하나가 그를 붙잡고는 끌어올립니다. 여러분은 갑자기 나타나 자신을 구해 준 친구의 보트에 누워 있는 이 사람의 기분을 상상할 수 있겠습니까?

이 둘을 무한히 확대해 보십시오. 이것이 바로 그리스도인이 되는 사람의 기쁨입니다. 그리스도인은 참으로 해방된 사람입니다!

새로운 그리스도인들을 보십시오. 이들은 자기 속에서 새 생명을 발견합니다. 너무도 다른 생명입니다. 이들은 자기 속에 새 생명을 가졌습니다. 그 생명을 설명할 수는 없지만, 자신이 그 생명을 가졌다는 것은 압니다. 이들은 자신이 새로운 사람이 되었다는 것을 압니다. 이들은 하나님이 자신의 아버지라는 것을 압니다. 이들은 이제 삶 전체를 새롭게 이해합니다. 이것이 무엇을 의미하는지에 대해서는 이미 어느 정도 살펴보았습니다. 세상과 그 방법에 의존하던 데서 해방되는 것보다 더 놀라운 일은 없습니다. 여러분은 최고의 전문직 종사자들이 질투와 시기로 가득한 채 서로의 목을 자를 태세를 취하고 있는 것을 본 적 있습니까? 이러한 태도는 산업사회 전반에서 나타나고 직장인들 사이에서 나타나며, 최고의 학자들이 모인 곳에서도 나타납니다. 이들은 지금 극한 경쟁을 펼치고 있습니다. 이 얼마나 비참하고 가엾은 삶입니까?

이 공허한 세상적 야심, 세상적 성공에서 해방되는 것은 영광스런 일입니다. 성공이 나쁜 것은 아닙니다. 그러나 여러분이 성공을 위해 살고 성공을 삶의 목표로 삼는다면, 참으로 비참한 노예가 되고 맙니다. 그러나 이 새 생명이 사람들을 이 모든 것에서 해방시킵니다. 이제 이들은 새로운 사회, 새로운 나라, 곧 구속받은 자들의 나라에 속합니다. 사도 바울은 "주의 영이 계신 곳에는 자유가 있느니라"고 말합니다.고후 3:17. 이들은 자유입니다. 이들은 세상과 환경과 우연과 사고와는 상관없습니다.

무엇보다도 그리스도인들은 하나님의 계획, 곧 세대를 이어 온 계획과 이 세상에서 역사하시는 하나님의 목적을 봅니다. 그리스도인들은 삶 전체를 봅니다. 이들은 삶을 견실하게 보며 전체적으로 봅니다.

이것은 가슴 떨리는 일입니다. "세상을 이기는 승리는 이것이니 우리의 믿음이니라."요일 5:4.

그러나 더욱 영광스럽고 놀라운 것은 이들이 미래를 보는 시각입니다. 문제는 미래입니다. 인류의 문제도 이것이 아닙니까? 여러분은 지금 이 순간 너무나 행복할 수 있지만, 내일 무슨 일이 일어날지 전혀 알지 못합니다. 옥에는 항상 티가 있지 않습니까? 제가 지금 여러분의 기를 죽이고 있는 것입니까? 아닙니다. 저는 아주 현실적으로 말하고 있습니다.

그러나 여러분은 자신들도 현실적인 사람이라고 말합니다. 좋습니다. 그 말을 받아들이겠습니다. 여러분은 현재의 기쁨에 머물려고 하지 않습니까? 하지만 무슨 일이라도 생기면 어떻게 하겠습니까? 어느 순간에 무슨 일이 일어날지 어떻게 압니까? 여러분은 모릅니다. 삶의 불확실성을 생각해 보십시오. "가혹한 운명의 화살"(햄릿에 나오는 대사-옮긴이)을 생각해 보십시오! 여기에 문제가 있습니다. 사람들이 진정으로 행복하지 못한 것도 바로 이 때문입니다. 두려움은 어느 곳에나 있습니다. "전쟁이 또 터지면 어떻게 하지? 내가 가진 모든 것이 사라져 버리면 어떻게 하지? 내 성이 무너져 내리면? 그러면 나에게 무엇이 남지? 나는 어떻게 되지?" 거기에는 어떤 안식이나 평안도 없습니다.

세상은 말합니다. "그만 생각해! 그냥 아무 데나 맞춰 살면서 잊어버려. 행복해지는 길은 이것밖에 없어." 그러나 이것은 자신을 속이는 것일 뿐입니다. 여기서 우리는 무슨 일을 당하더라도 미래를 직시할 수 있게 해주는 기쁨을 가진 사람들을 봅니다. 그리스도인들은 이 세상에서 너무 많은 것을 기대하지 않습니다. 그리스도인들은 주님께서 "세상에서는 너희가 환난을 당하리라"고 말씀하신 것을 압니다.요 16:33. "[너희가] 난리와 난리 소문을 들으리라"는 말씀도 하셨습니다.마 24:6.

그리스도인들은 이 세상이 죄악된 세상이며, 결국 불행한 곳이 되리라는 것을 압니다. 모든 슬픔과 죽음은 죄의 결과입니다. 죄가 없었다면 죽음은 결코 세상에 들어오지 않았을 것입니다.

그러므로 그리스도인들은 너무 많은 것을 기대하지 않습니다. 그리스도인들은 생명을 맞을 준비가 되어 있습니다. 그리스도인들은 모든 우발적인 사태에 준비되어 있습니다. 그들은 삶을 전체적으로 보며, 다시는 홀로 남겨지지 않을 것을 압니다. 그리스도인들과 항상 함께하실 분이 계십니다. "내가 결코 너희를 버리지 아니하고 너희를 떠나지 아니하리라"고 말씀하신 분입니다히 13:5. 그러므로 그리스도인들은 남은 삶을 기꺼이 맞을 준비가 되어 있습니다. 그리스도인들은 더 이상 이 세상의 삶을 의지하지 않습니다. 영혼 속에 있는 하나님의 생명을 의지할 뿐입니다.

그렇다면 죽음은 어떻습니까? 죽음은 반드시 찾아옵니다. 그러나 그리스도인들은 더 이상 죽음을 두려워하지 않습니다. 죽음의 쏘는 것이 제거되었음을 알기 때문입니다. "사망이 쏘는 것은 죄요 죄의 권능은 율법이라."고전 15:56. 사람들이 죽음을 두려워하는 것은 이 때문입니다. 사람들은 결국 복음이 사실로 드러나, 죽음 후에는 심판이 있을 것이라는 두려움을 갖고 있습니다. 하나님의 율법은 우리를 정죄합니다. 이것이 쏘는 것입니다! 그러나 바울은 고린도 교인들에게 편지하면서, 그 유명한 부활 장에서 이렇게 말합니다. "사망아, 너의 승리가 어디 있느냐. 사망아, 네가 쏘는 것이 어디 있느냐. 사망이 쏘는 것은 죄요 죄의 권능은 율법이라. 우리 주 예수 그리스도로 말미암아 우리에게 승리를 주시는 하나님께 감사하노니"55-57절. 그리스도께서 부활하셨습니다! 그분이 죽음과 무덤을 이기셨습니다. 바울은 말합니다. "이는 내게 사는 것이 그리스도니 죽는 것도 유익함이라.······내가 그 둘 사이에 끼었으니 차라리 세상을 떠나서 그리스도와 함께 있는 것이 훨씬 더 좋은 일이라 그렇게 하고 싶으나"빌 1:21, 23.

사도행전의 사람들이 기뻐했던 것도, 이들의 기쁨이 충만했던 것도 바로 이 때문입니다. 이들은 삶을 꿰뚫어 보았고, 죽음을 꿰뚫어 보았으며, 죽음 너머를 보았습니다. 이들은 자신들을 기다리고 있는 영광을 어렴풋이 보았습니다. 사도 바울은 로마의 그리스도인들을 위로하기 위해 편지하면서 이렇게 말합니다. "생각하건대 현재의 고난은 장차 우리에게 나타날 영광과 비교할 수 없도다"롬 8:18. 얼마나 영광스러운 광경입니까! 그는 다시 이렇게 말합니다. "그러나 우리의 시민권은 하늘에 있는지라. 거기로부터 구원하는 자 곧 주 예수 그리스도를 기다리노니 그는 만물을 자기에게 복종하게 하실 수 있는 자의 역사로 우리의 낮은 몸을 자기 영광의 몸의 형체와 같이 변하게 하시리라"빌 3:20-21.

바로 이것이 사람들을 기쁨과 즐거움으로 충만하게 합니다. "만일 땅에 있는 우리의 장막 집이 무너지면 하나님께서 지으신 집 곧 손으로 지은 것이 아니요 하늘에 있는 영원한 집이 우리에게 있는 줄 아느니라"고후 5:1. 폭탄이 떨어지고 전쟁이 일어나며 질병과 페스트가 온 땅을 뒤덮고, 내가 죽습니다. 그러면 어떻게 됩니까? 나는 변화됩니다! 나는 그분과 함께 있게 됩니다! 나의 낡은 육체, 나의 천한 육체, 불완전한 육체, 병든 육체, 죽을 수밖에 없는 육체가 부활하신 그리스도의 몸처럼 변화되고 바뀌어 영광스런 존재가 됩니다. 그리고 나는 이 새롭고 영광스럽게 된 몸을 입고 그분의 복된 존전에 나아가 영원히 그분과 함께하게 됩니다. 이들이 기쁨이 충만했던 것은, 이러한 사실들을 알고 있었기 때문입니다.

⓭ 기쁨

이것이 복음이 하는 일입니다. 복음은 여러분으로 하여금 위대한 사도처럼 "내가 확신하노니 사망이나 생명이나 천사들이나 권세자들이나 현재 일이나 장래 일이나 능력이나 높음이나 깊음이나 다른 어떤 피조물이라도 우리를 우리 주 그리스도 예수 안에 있는 하나님의 사랑에서 끊을 수 없으리라"고 말할 수 있게 해줍니다롬 8:38-39. 내 영혼은 그분의 보호 안에 있습니다. 나는 하나님의 자녀이며, 하나님께서는 내 안에서 시작하신 일을 그리스도의 날까지 계속하실 것입니다. 세상이 아무리 악해지더라도, 지옥이 열리더라도, 사탄이 최후의 발악을 하더라도, 그 무엇도 무너뜨리지 못하는 영광이 우리를 기다리고 있습니다. 사탄은 우리를 건드릴 수 없습니다. 하나님의 자녀들에게 손댈 수 없습니다. 이 복음의 말씀을 기쁨으로 받아들인 자들에게 끝내 아무 짓도 할 수 없습니다.

바로 이것입니다. 여기 모든 것에 준비되어 있고, 결코 실망시키지 않으며, 결코 부끄러움에 처하도록 하지 않을 인생관이 있습니다. 이것은 우리의 영혼 속에 있는 하나님의 생명입니다! 그러므로 저는 인생의 크나큰 문제와 시련과 고난을 보면서도 다음과 같이 고백할 수 있었던 사도 바울의 감동적이고 영광스러운 말을 인용하면서 마치겠습니다.

우리가 잠시 받는 환난의 경한 것이 지극히 크고 영원한 영광의 중한 것을 우리에게 이루게 함이니 우리가 주목하는 것은 보이는 것이 아니요 보이지 않는 것이니 보이는 것은 잠깐이요 보이지 않는 것은 영원함이라^{고후 4:17-18}.

사랑하는 여러분, "위의 것을 생각하고 땅의 것을 생각하지 마십시오"^{골 3:2}. 그렇게 할 때 여러분은 초대 그리스도인들처럼 기쁨이 충만할 것이며, 여러분을 어둠의 나라에서 건져 내어 당신의 사랑하는 아들의 나라로 옮기신 하나님을 찬양하며 하루하루를 보내게 될 것입니다.

14

순전한 마음

날마다 마음을 같이하여 성전에 모이기를 힘쓰고 집에서 떡을 떼며 기쁨과 순전한 마음으로 음식을 먹고 하나님을 찬미하며 또 온 백성에게 칭송을 받으니 주께서 구원받는 사람을 날마다 더하게 하시니라.

사도행전 2:46-47

현대사상의 결정적인 잘못이 있다면, 그것은 기독교가 무엇인지, 교회가 무엇인지, 교회의 메시지가 무엇인지를 새롭게 결정할 권리가 현대인들에게 있다고 생각한다는 것입니다. 이것은 억측일 뿐 아니라 말도 안되는 어리석은 생각입니다. 왜냐하면 우리는 지금 역사적인 사실을 다루고 있기 때문입니다. 오늘은 종려주일입니다. 왜 오늘을 종려주일이라고 부릅니까? 오늘이 역사의 특정 사실들과 관련 있기 때문입니다. 복음의 메시지는 철학도 아니고, 여러 가르침 가운데 하나에 불과한 것도 아닙니다. 이미 보았듯이, 복음의 메시지는 사실에 근거합니다. 종려주일이라는 사실, 나사렛 예수라는 분이 나귀 새끼를 타셨고, 그분을 둘러선 사람들이 "호산나"라고 외친 사실에 근거합니다! 성금요일의 재판과 채찍질과 십자가의 죽음과 무덤, 여기에 이어지는 부활의 사실에 근거합니다.

이것들은 역사적 사실이며, 교회는 그 결과로 생겨났습니다. 그러므로 기독교가 무엇이며 교회가 무엇인지 진정으로 알고 싶다면, 거듭 말씀드리지만, 솔직히 해야 할 일은 하나뿐입니다. 그것은 바로 사도행전의 기록으로 돌아가는 것입니다.

그래서 우리는 지금까지 사도행전 2장에 기록된 초대교회 그리스도인들의 기사를 살펴본 것입니다. 여기 사용된 단어들과 표현들은 아무렇게나 선택된 것이 아닙니다. 성령의 영감으로 된 것입니다. 참된 그리스도인의 표징과 특징이 여기 있습니다. 사람들은 자신이 그리스도인이 되었다는 것을 바로 이렇게 보여줍니다. 이제 우리는 가장 흥미로운 사실을 접하게 됩니다. 이들이 기쁨으로만이 아니라 "순전한 마음으로"with singleness of heart "음식을 먹었다"는 것입니다.

이 말의 가장 중요한 의미는, 무엇보다도 예루살렘의 그리스도인들이 모두 한마음이었으며 놀라운 연합을 경험하고 있었다는 것입니다. "순전한 마음!" 이들의 마음은, 말하자면, 서로 녹아들었습니다. 이 표현은 이들의 일반적인 교제에 대한 묘사입니다. 주님께서는 자신과 아버지가 하나이듯이 제자들이 하나되기를 기도하셨습니다^{요 17:21 참조}. 그런데 지금 여기서, 제자들은 이러한 하나됨을 보여주고 있습니다. 이들은 기질이 다르고 배경이 다르며 성장환경도 달랐습니다. 이들은 생각할 수 있는 거의 모든 부분에서 서로 달랐습니다. 그러나 이들은 모두 하나가 되어 이처럼 놀라운 연합을 이루었습니다.

신약성경은 이러한 큰 진리를 계속적으로 강조합니다. 사도 바울은 특히 이것을 자랑했습니다. 그는 이방인의 사도로 부르심을 받았습니다. 그는 한때 편협하고 난폭한 유대인이었으나 이제는 이렇게 말합니다. "거기에는 헬라인이나 유대인이나 할례파나 무할례파나 야만인이나 스구디아인이나 종이나 자유인이 차별이 있을 수 없나니 오직 그리스도는 만유시요 만유 안에 계시니라"^{골 3:11}. 그리스도 예수 안에서 모두가 하나입니다. 이것은 놀랍기만 한 사실입니다. 교회가 진정으로 교회의 역할을 다할 때, 교회는 세상이 아는 가장 큰 사건입니다. 사람들을 하나되게 하는 유일한 사건입니다.

세상은 분열되어 있습니다. 집단과 계급과 계층이 보입니다. 그러나 진정한 교회 안에서는 모두가 하나입니다. "순전한 마음!" 그리스도 예수 안에서 하나된 마음입니다. 이것은 참으로 놀라운 일입니다. 여기 사도행전에서 우리는 그리스도께서 다시 오실 때 세상이 장차 어떤 모습일지를 보게 됩니다. 당신의 영광스러운 나라를 세우시려고 모든 원수를 정복하실 때 말입니다. 순전한 마음, 곧 하나되는 마음입니다! 전쟁이 그칠 날이 다가오고 있습니다. 그러나 이것은 인간의 조직이 가져다 줄 결과가 아닙니다. 인간의 조직은 결코 아무것도 이루지 못할 것입니다. 주님께서는 우리가 "난리와 난리 소문"을 들을 것이라고 말씀하셨습니다^{마 24:6}. 정치인과 어리석은 이상주의자들은 자신들이 전쟁이 없는 상태를 이룰 것이라고 계속해서 소리 높이지만, 결코 이루지 못할 것입니다. 그러나 그리스도께서 재림하실 때 전쟁을 끝내실 것입니다. 그분은 땅 끝에서 땅 끝까지 다스리실 것이고, 온 우주만물에는 "평강이 강과 같이" 흐르고 "공의가 바다 물결같이" 흐를 것입니다사 48:18. 여기 사도행전에서 작은 씨앗으로 보이는 것이 온 세상을 덮을 것입니다.

그러나 한 가지 의문이 생깁니다. 이들은 어떻게 이처럼 대단한 연합을 보여주었습니까? 그것은 바로 이들 각자가 순전한 마음을 가졌기 때문입니다. 각자가 하나의 개체가 되어 연합을 이루었습니다. 이것은 복음에서 가장 주목할 만한 일이며, 그리스도인의 삶에서 가장 큰 특징 가운데 하나입니다. 주님께서는 "눈은 몸의 등불이니 그러므로 네 눈이 성하면[single, KJV는 "순전하면"] 온몸이 밝을 것이요 눈이 나쁘면 온몸이 어두울 것이니"라고 말씀하셨습니다마 6:22-23. 주님의 말씀은 무슨 뜻입니까?

큰 원리가 있습니다. 사람들이 복음을 믿을 때 복음은 이들의 삶을 하나되게 하고 이들을 "순전하게" 한다는 것입니다. 그리스도와 떨어져 있으며 하나님의 생명 밖에 있는 사람들은 초점이 둘입니다. 이들은 사물을 바로 보지 못합니다. 통합적으로 보지 못합니다. 사물을 건실하게 전체적으로 보지 못합니다. 그러나 기독교는 복잡함을 제거하고 본질적인 단순함을 낳습니다.

저는 기독교는 언제나 단순화하고 순전하게 하는 것이라는 사실을 일반적으로 뿐 아니라 구체적으로 보여드릴 수 있습니다. 우리는 이것을 교회사에서 볼 수 있습니다. 여기 초대교회의 서정적인 모습이 있습니다. 신자들이 처음에 성전에 간 것은 그렇게 하도록 배우며 자랐기 때문이며, 성전에서 모일 수 있었기 때문입니다. 그러나 이들의 모임은 서로의 집에서 모이는 것으로 대체되었습니다. "집에서 떡을 떼며." 서신서에도 "그들의[브리스가와 아굴라의] 집에 있는 교회"라는 표현 등이 나옵니다롬 16:5, KJV. 이것이 원시교회입니다. 우리는 교회를 건물과 예복을 입은 사람들과 화려한 의식과 절차가 있는 어떤 큰 제도로 생각하는 경향이 있습니다. 그러나 여기 사도행전 2장에서 발견하는 것과는 얼마나 다릅니까!

어떻게 해서 교회는 하나의 제도가 되어 버렸습니까? 여기에는 한 가지 답밖에 없습니다. 사람들이 그렇게 했습니다. 사람들은 언제나 모든 것을 복잡하게 합니다. 이 시대의 비극 가운데 하나도 이것이 아닙니까? 우리에게는 큰 문제들이 있지만, 이것들을 풀려고 애쓰면서 오히려 새로운 문제들을 만들어 냅니다. 여러분은 정부가 점점 더 복잡해지는 것을 보지 않았습니까? 저는 살아오면서 쓸데없이 점점 더 복잡해지는 것을 보았습니다. 어떤 사람이 회사를 하나 차립니다. 그다음에는 회사를 관리하는 또 다른 회사를 차려야 합니다. 그런 다음에는 두번째 회사를 관리할 세번째 회사를 차려야 합니다. 이렇게 해서 우리는 관료조직만 갖게 될 뿐 우리가 어디에 있는지조차 모릅니다.

이런 일이 교회에 일어났습니다. 우리가 사도행전 2장에서 읽은 것과는 모든 것이 거의 맞지 않게 되었습니다. 중세시대 말기에 로마 가톨릭 교회의 모습을 보십시오. 교회는 화려한 의식으로 치장하고 교황은 종교적 권력뿐 아니라 정치적 권력까지 휘두르는 사이에, 바티칸은 하나의 국가가 되어 버렸습니다. 진정한 기독교는 거의 상실되었고, 사람들은 사제들만 이리저리 찾아다닐 뿐이었습니다. 아무도 하나님을 알지 못했습니다. 아무도 구원의 확신이 없었습니다. 축복을 받으려면 누구나 돈을 내야 했습니다. 모든 것이 너무나 뒤얽히고 혼란하고 복잡해져 일반 사람들은 기독교가 무엇인지 전혀 몰랐습니다.

그때 종교개혁이 일어났습니다. 종교개혁은 무엇을 했습니까? 종교개혁은 신약성경으로, 사도행전으로 돌아갔습니다. 기독교는 즉시 아주 단순해졌습니다. 청교도들은 여기서 한발 더 나아갔습니다. 이들은 종교개혁마저도 로마의 요소를 너무 많이 담고 있어 충분치 못하다면서, "이 모든 것들이 신약성경 어디에 있는가?"라고 물었습니다. 어디에도 없었습니다. 그래서 청교도들은 더 나아가야 했습니다. 이것이 기독교를 정결케 하고 순전하게 한 청교도 신앙이었습니다. 2백 년 전에 일어난 복음주의 대각성 운동도 동일한 일을 했습니다.

복음은 언제나 복잡한 것을 제거합니다. 복음은 하나님의 방법은 순전한 마음이며, 순전한 눈이라고 말합니다. 복잡함이 인간의 방법인데 반해, 단순함은 언제나 참된 복음의 특징입니다.

그렇다면 이것을 개개인의 경우에서 한번 보십시오. 불신자의 삶은 복잡합니다. 죄는 항상 복잡함을 초래합니다. 창세기 3장에서 이 모든 것을 볼 수 있습니다. 아담과 하와는 타락해 하나님을 거역하기 전에는 참으로 기쁘고 단순한 삶을 살았습니다. 에덴동산은 낙원이었습니다. 그곳에는 정부가 필요 없었습니다. 문제와 어려움을 다룰 큰 조직이 전혀 필요 없었습니다. 문제와 어려움이 있지도 않았습니다. 한 남자와 한 여자가 하나님이 뜻하신 대로 그분과 교제하며 살았을 때는 본질적으로 단순한 삶이었습니다. 그러나 범죄한 그 순간 이들은 곤란에 빠졌습니다. 하나님께 죄를 짓고는, 하나님의 음성이 들리자 달아나 숨어야 했습니다. 이들은 어떻게 해야 할지 몰랐습니다. 이들은 하나님을 마주 볼 수 없었습니다. 이들에게는 보호가 필요했습니다. 이미 복잡함이 찾아온 것입니다.

결국 이들은 자신의 죄 때문에 에덴동산에서 쫓겨났고 양식을 위해 땀흘려 일해야 했습니다. 가인이 도시를 건설하기 시작했습니다. 이것은 복잡하기 이를 데 없는 문명의 시작이었습니다. 죄는 삶을 복잡하고 어렵게 합니다. 죄가 우리의 삶을 쪼개고 나누기 때문입니다. 우리에게는 더 이상 연합의 원리가 없습니다. 여러분은 오늘날의 삶에서 이런 모습을 보고 있지 않습니까? 인간은 이 땅에서 가장 모순된 피조물입니다. 한편으로 인간들이 성취하는 것을 보면 매우 똑똑해 보이지만, 다른 한편으로 그들 삶을 들여다보면 어리석어 보일 때가 너무나 많습니다. 인간은 분자를 제어하지만 자신을 제어하지는 못합니다. 인간은 우주의 큰 신비를 알고 깨달으면서도 짐승처럼, 어쩌면 그보다 못한 삶을 살 때가 많습니다. 무엇이 문제입니까? 인간 속에 양립할 수 없는 요소들이 있는 것입니다.

우리는 경험으로 이것을 알고 있습니다. 사도 바울은 우리 안에 있는 이러한 이중성의 문제를 로마서 7장에서 완벽하게 표현했습니다. "원함은 내게 있으나 선을 행하는 것은 없노라"롬 7:18. "내 속사람으로는 하나님의 법을 즐거워하되 내 지체 속에서 한 다른 법이 내 마음의 법과 싸워 내 지체 속에 있는 죄의 법으로 나를 사로잡는 것을 보는도다"22-23절. 로마서 7장은 하나님과 그리스도가 없는 인간에 관해 지금까지 기록된 것 중 가장 심오한 심리적 분석입니다.

바울의 말은 사실 다음과 같습니다. "내게는 적어도 두 명의 '나'가 있다. 이것을 원하는 '나'가 있고 저것을 원하는 '나'가 있다." 바울은 이 둘 다에 속하지 않은 것으로 보입니다. 그는 이 적대하는 두 요소가 자신 안에 있는 것을 보지만, 무엇을 해야 할지는 모릅니다. 그래서 절망 가운데 외칩니다. "오호라, 나는 곤고한 사람이로다. 이 사망의 몸에서 누가 나를 건져 내랴"24절. 복잡함, 분열, 적대하는 요소, 이것들이 바로 죄의 결과입니다. 그러나 사람들이 복음을 믿는 그 순간, 단순함이 찾아옵니다. "순전한 마음"이 찾아옵니다. 삶에 질서가 생겨납니다. 모든 것을 다스리는 하나의 원칙이 생겨납니다. 삶이 온전해집니다.

시편 기자는 예언 중에 이와 같은 것을 보았던 것입니다. 시편 84:5을 보겠습니다. "그 마음에 시온의 대로가 있는 자"입니다. 사람들이 그리스도인이 될 때, 그들의 마음에는 "한 길"이 들어섭니다. 연합의 원리가 생겨나며 순전함이 들어서고 복잡함이 사라지기 시작합니다. 이것이 바로 사도행전 2장의 모든 사람들에게 일어난 일입니다.

이것은 주 예수 그리스도께서 우리에게 주신 것입니다. 그분은 이것을 주시려고 오셨습니다. 그분은 "내가 온 것은 양으로 생명을 얻게 하고 더 풍성히 얻게 하려는 것이라"고 말씀하셨습니다요 10:10. 그분은 이렇게 말씀하신 것입니다. "사람들은 그저 살아가고 있을 뿐이다. 그들은 생명이 무엇인지 모른다. 그들은 그저 무리일 뿐이다. 그들은 산다는 것이 무엇인지 모른다. 그들에게는 통일된 인생관도 없으며 하나된 삶도 없다. 내가 온 것은 그들에게 이것을 갖게 하기 위해서다."

그렇다면 주님께서는 어떻게 이 일을 이루십니까? 어떻게 그리스도인의 삶이 단순해지고 순전해집니까? 무엇보다도 먼저, 다음 원리가 마음속으로 들어옵니다. 사람들은 그리스도인이 될 때 궁극적으로 중요한 것은 오직 하나, 바로 자신의 영혼이라는 사실을 가장 먼저 깨닫게 됩니다. 오늘날의 세상을 보십시오. 사상가들을 보십시오. 사회 문제를 다루고 있는 교양지며 책들을 읽어 보십시오. 저는 이것들을 반대하고 싶지 않습니다. 이것들은 절대적으로 필요합니다. 정부와 체제는 하나님이 세우신 것입니다. "모든 권세는 다 하나님께서 정하신 바라"롬 13:1. 그러나 여기서 실수하지 말아야겠습니다. 이들이 하나님께 세움을 받은 것은, 문제를 해결하기 위해서가 아니라 문제를 억제하기 위해서입니다. 그런데 이들은 이것도 못하고 있습니다. 오늘날의 문제는 복음의 메시지로만 풀릴 수 있습니다. 복음의 메시지는 살피고 조사해야 할 것은 단 하나뿐이라고 말합니다.

비그리스도인들의 문제는 이 문제를 조각조각 단편적으로 살피기 시작한다는 것입니다. 어떤 사람은 "나는 저것을 살펴봐야 해"라고 말하고, 다른 사람은 "아니야, 이것을 살펴봐야 해"라고 말합니다. 이들은 조사위원회와 소위원회를 만듭니다. 그러나 문제 해결은커녕 문제를 이해하는 수준에도 이르지 못합니다. 바로 이 부분에서, 복음은 다른 모든 가르침과 너무나도 다릅니다. 복음은 곧바로 핵심을 찌르며 "중요한 것은 오직 하나, 바로 당신의 영혼입니다"라고 말합니다. 저는 바로 이 부분에서 복음의 완벽한 서론이라 할 수 있는 셰익스피어의 문장을 자주 인용합니다.

> 브루터스, 잘못은 성신星辰에 있는 것이 아니라
> 우리 자신에 있는 것이오. 우리가 남의 아래 서는 것도.
> ─셰익스피어, 『줄리어스 시저』에서

그렇다면 내게 무슨 잘못이 있습니까? 그것은 내가 영혼을 깨닫지 못했다는 것입니다. 여기에 모든 것의 열쇠와 핵심이 있습니다.

마르다와 마리아의 집을 찾으신 우리 주님의 이야기가 이것을 잘 설명해 줍니다.

그들이 길 갈 때에 예수께서 한 마을에 들어가시매 마르다 이름하는 한 여자가 자기 집으로 영접하더라. 그에게 마리아라 하는 동생이 있어 주의 발치에 앉아 그의 말씀을 듣더니 마르다는 준비하는 일이 많아 마음이 분주한지라. 예수께 나아가 이르되 주여, 내 동생이 나 혼자 일하게 두는 것을 생각하지 아니하시나이까. 그를 명하사 나를 도와주라 하소서. 주께서 대답하여 이르시되.

복음의 본질이 여기 있습니다. 이것은 고통당하고, 불행하며, 패배한 모든 영혼에게 그분이 하시는 말씀입니다.

마르다야, 마르다야, 네가 많은 일로 염려하고 근심하나 몇 가지만 하든지 혹은 한 가지만이라도 족하니라. 마리아는 이 좋은 편을 택하였으니 빼앗기지 아니하리라 하시니라 눅 10:38-42.

주님께서는 이렇게 말씀하신 것입니다. "마르다야, 네 문제는 네가 마음이 산만하여 이것도 하고 저것도 하려고 애쓰는 데 있다. 너는 나를 집으로 초대해 놓고는 내가 하는 말에 귀기울이는 대신에 음식 대접에만 신경 쓰고 있구나. 마르다야, 네 마음이 나눠져 있다! 하지만 마리아는 생각이 하나다! 필요한 것은 하나, 오직 하나뿐이다."

주님께서는 계속해서 이렇게 말씀하셨습니다. 그분이 다른 상황에서 하시는 말씀을 들어 보십시오. "사람이 만일 온 천하를 얻고도 자기 목숨을 잃으면 무엇이 유익하리요" 막 8:36. 이것이 20세기, 백과사전시대의 비극입니다. 우리는 얼마나 아는 것이 많습니까! 우리 선조들은 너무나 무지했습니다! 그들은 우리가 알고 있는 것을 알지 못했습니다. 우리의 광범위한 과학지식과 학식과 책과 텔레비전과 라디오 프로그램들을 보십시오. 우리는 온갖 정보를 갖춘 놀라운 사람들 아닙니까?

그런데 우리는 왜 실패합니까? 무엇이 문제입니까? 세상에서 지식과 부와 다른 모든 것을 얻고도 자신의 영혼을 잃는다면 무슨 유익이 있겠습니까? 이것이 답입니다. 주님께서는 처음부터 이것을 강조하셨습니다. 산상설교를 보십시오. "좁은 문으로 들어가라. 멸망으로 인도하는 문은 크고 그 길이 넓어 그리로 들어가는 자가 많고"마 7:13.

예수께서는 도덕에 대해서뿐만 아니라 생각에 대해서도 말씀하고 계십니다. 여러분이 "순전한 눈"single-eyed의 삶이 무엇인지 알고 싶다면, 기독교를 특징짓는 이 본질적인 단순함을 원한다면, 여러분은 지성the mind에서 시작해서, 좁은 문으로 들어가야 합니다.

이 말의 의미는, 첫째로는 "너희가 돌이켜 어린아이들과 같이 되지 아니하면 결단코 천국에 들어가지 못하리라"는 주님의 말씀과 같습니다마 18:3. 또한 사도 바울이 말한 것과 같습니다. "형제들아, 너희를 부르심을 보라. 육체를 따라 지혜로운 자가 많지 아니하며 능한 자가 많지 아니하며 문벌 좋은 자가 많지 아니하도다"고전 1:26. 어떻게 살아야 하는지 알고 싶습니까? 그렇다면 그리스도께서 말씀하신 대로 좁은 문으로 들어가십시오. 이것은 영혼 외에는 아무것도 중요하지 않다는 것을 깨닫는다는 뜻입니다. 여러분의 모든 학식을 잊으십시오. 역사를 이어 오면서 쌓인 지식과 여러분이 놀랍게 여기는 모든 것들도 여러분을 도와주지 못할 것입니다. 여러분은 철학에 뛰어나고, 음악과 미술과 그 밖의 많은 부분에서 대단할 수 있습니다. 그러나 여러분의 영혼은 어떤 상태입니까?

이것이 오순절에 베드로의 설교를 듣고 있던 사람들에게 일어난 일입니다. 이들은 각자 관심사가 있었으며, 그 관심사에 대해 이야기했습니다. 그러나 이들은 베드로의 설교를 듣고는 중요한 것이 오직 하나뿐이라는 사실을 깨닫게 되었습니다. 이들은 말했습니다. "내가 로마 당국이나 부나 학식에 대해 생각하는 것이 뭐가 중요하겠습니까? 임종을 맞을 때 하나님과 나, 그리고 둘 사이의 관계 외에는 아무것도 중요하지 않을 것입니다." 바로 이런 방법으로 우리 주님께서는 모든 것을 단순화하시고 순전한 마음이 생겨나게 하십니다.

이것은 지금도 진리입니다. 세상은 배우느라 바쁘지만, 우리가 대면해야 할 궁극적인 질문은 여전히 하나뿐입니다. 내가 어떻게 하나님 앞에 설 수 있는가? 세상과 그 나라들은 사라질 것입니다. "주위를 둘러봐도 변하며 부패하는 것뿐입니다." 나는 날마다 늙어 가면서 내가 홀로 하나님 앞에 서야 할 날이 피할 수 없이 다가오고 있음을 압니다. 이처럼 문제를 단순화하는 것이 복음 아닙니까? 세상 모든 문제의 직접적인 원인은 사람들이 하나님의 낯을 피하였고, 그분 보시기에 죄인들이며, 정죄 아래 있기 때문이라고 복음은 말합니다. 여러분은 이 사실을 알고 계십니까? 알코올 중독자 치료모임, 결혼생활 상담소 등 이런저런 문제를 다루기 위해 너무나 많은 모임과 단체들이 생겨나고 있습니다. 그러나 사람들이 하나님과의 관계만 바르다면, 이 모든 것들이 하나도 필요 없을 것입니다. 모든 문제가 해결될 것입니다. 그 모든 문제가 하나님과의 관계가 잘못되어 생겨난 인간 속의 악에서 비롯되었기 때문입니다. 복음이 순전한 눈과 순전한 마음—이것이 연합의 대원리입니다—을 말하는 것도 바로 이 때문입니다.

사도행전의 사람들은 이것을 깨달았습니다. 그러나 감사하게도, 이것은 한 가지 질문만 남겨 놓은 것은 아닙니다. 그리스도인들이 자신들 앞에 놓인 한 가지 문제만 보게 된 것이 아닙니다. 그들은 하나의, 유일한 해답도 찾았습니다. 저는 가끔씩 다른 무엇보다도 이 해답에 기뻐합니다. 그리스도인들은 더 이상 무엇을 찾고 있는 사람들이 아닙니다. 그리스도인들은 찾은 사람들입니다. 그리스도인들은 더 이상 다른 견해나 사상이나 학파에 휩쓸리지 않습니다. 그리스도인들은 출판사들이 큰 도움이 될 거라고 확신하는, 다음 주에나 나올 책을 고대하고 있지 않습니다. 아닙니다. 그리스인들은 "찾았어, 난 벌써 찾았다고!"라고 말합니다.

그리스도인들은 해답을 찾았습니다. 그 해답은 복되신 분, 예수 그리스도에게 있습니다. 다른 해답은 없습니다. 구하는 자들과 탐구하는 자들과 노력하는 자들과 찾는 자들은 하나의 결론에 이릅니다. 이들은 그리스도가 하나님의 아들이심을 알게 됩니다. 그분만이 우리를 하나님께로 인도하십니다. 우리는 그리스도께서 우리를 어떻게 하나님께로 인도하시는지 이미 살펴보았습니다. 그분은 우리와 거룩하신 하나님을 갈라놓는 죄의 형벌을 직접 지심으로 우리를 하나님께로 인도하셨습니다.

여러분은 이 사실을 발견하셨습니까? 여러분은 순전한 마음을 가졌습니까, 아니면 아직도 다른 종교들을 찾아 헤매며 이런저런 최신 사이비 종교들에 관한 책을 읽고 있습니까? 그리스도께 나오십시오! 그분이 "나는 세상의 빛이니 나를 따르는 자는 어둠에 다니지 아니하고 생명의 빛을 얻으리라"고 말씀하지 않으셨습니까?요 8:12 그러므로 "회개하여 각각 예수 그리스도의 이름으로 세례를 받으십시오"행 2:38. 여러분은 해답을 얻게 될 것입니다. 여러분은 순전한 마음과 깨달음을 얻게 될 것이며, 이러한 지식은 여러분의 전체적인 인생관에서 핵심적인 지배원리가 될 것입니다. 뜻하지 않은 일들을 모두 수용할 수 있는 인생관을 가지면서 모든 질문에 진정한 답을 얻는 것, 그리고 그리스도 예수 안에 있는 신자의 마음에 찾아오는 순전함을 가진다는 것은 얼마나 놀라운 일입니까!

바로 이 순전함이 여러분의 마음에도 영향을 미칩니다. "기쁨과 순전한 마음으로." 오래된 불안, 평안치 못함이 사라집니다. 불안은 참으로 끔찍합니다! 우리 모두 이것을 알고 있지 않습니까? 여러분은 자주 인용되는 어거스틴의 유명한 말을 기억하실 것입니다. 이 말은 아무리 자주 인용해도 지나치지 않습니다. "하나님께서 당신을 위해 우리를 지으셨으므로, 우리의 마음은 당신 안에서 안식을 찾을 때까지 쉬지 못하나이다." 온 우주가 나서도 우리를 만족시킬 수 없습니다. 우리가 풍족한 재산이나 학식을 가질 수 있지만, 이것들이 마음의 평안과 안식을 가져다 주지 않습니다. 존 웨슬리가 번역한 게르하르트 테르슈테겐Gerhard Tersteegen의 찬송가사를 들어 보십시오.

하나님의 숨은 사랑,
높이와 깊이 아는 이 없네.
그 아름다운 불빛 멀리서 보며

내 마음 그 평안 그리워하네.
당신 안에서 안식을 찾기까지
내 마음 고통하며 쉼을 얻지 못하네.

하나님이 자비를 베푸사
내 마음이 당신 안에서 평안 찾게 하셨네.
내가 당신을 찾으나 찾지 못할 때
방황하는 내 영혼은 평안 찾지 못하리니,
내 모든 방황 언제 끝나며
내 모든 발길 언제 당신께 향하리이까?

여러분은 불안이 무엇인지 알지 않습니까? 세상은 우리를 만족시킬 수 없습니다. 왜 그렇습니까? 하나님이 사람에게 "영원을 사모하는 마음"을 주셨기 때문입니다전 3:11. 감사하게도, 인간은 이 세상의 그 무엇으로 만족하기에는 너무 크고 너무 위대한 존재입니다. 그렇기 때문에 사람들이 좋은 집을 갖게 되면 행복해할 것이라고 말하는 이들은 인간의 본성을 모독하고 있는 것입니다. 여러분은 집으로 만족할 수 없습니다. 모든 사람은 버젓한 집을 가질 자격이 있습니다. 그러나 대저택을 갖고도 비참할 수 있습니다. 불안한 마음을 피할 수 있는 그 무엇을 갈망하고 있습니다. 온 세상이 마음의 평안과 안식을 찾고 있습니다. 이 세상이 줄 수도 빼앗아 갈 수도 없는, 참으로 그리스도께서 주시는 평안 말입니다.

사람들이 그리스도께 나아갈 때 불안은 사라집니다. 필립 도드리지가 자신의 경험을 통해 이것을 어떻게 표현했는지 보십시오.

내 찢긴 마음아, 안식하여라.
주의 복된 품에 안겨 쉬어라.
천사들의 잔치에 초대될 때
그 슬픔 사라지지 않으랴.

이것이 초대교회 그리스도인들에게 일어난 일입니다. 모든 것이 사라졌습니다. 오래된 불안, 뭔가 다른 것을 원하던 마음, 다 된 일을 망칠 것 같다는 생각, 완전한 만족과 진정한 평안은 결코 없다는 생각이 사라졌습니다. 이제 이들의 마음은 더 이상 나눠지지 않았습니다. 이들은 궁극적으로 같은 것을 원했습니다. 이제 이들에게는 평안이 있었습니다. 이들은 순전한 마음, 곧 하나된 마음을 가졌기 때문입니다.

우리 주님께서는 산상설교에서 "너희가 하나님과 재물을 겸하여 섬기지 못하느니라"고 아주 분명하게 말씀하셨습니다.마 6:24. 이것은 대다수 사람들의 문제이며, 실제로 그리스도 안에 있지 않은 모든 사람들의 문제입니다. 이들의 마음은 나눠져 있습니다. 이들은 하나님을 섬겨야 한다고 느끼지만 재물mammon을 섬기고 싶어합니다. 그래서 이들은 "무엇을 먹을까 무엇을 마실까 무엇을 입을까" 걱정합니다.마 6:31. 내일 무슨 일이 일어날까 걱정합니다.

이렇듯 마음이 나눠져 있고 산만하므로, 여러분은 잠을 이룰 수 없어 더 많은 수면제를 먹어야 합니다. 또 하루를 살기 위해서는 더 많은 자극이 필요합니다. 여러분은 온통 나뉘어져 있습니다. 여러분은 모순 덩어리입니다. 자신이 무엇을 원하는지조차 모릅니다. 여러분은 자신이 여행을 원한다고 생각합니다. 여러분은 자신에게 필요한 것은 새로운 풍경이라고 느낍니다. 그러나 온 세상을 여행해도, 마음은 집을 떠날 때처럼 불안합니다. 여러분의 마음이 여러 가지를 좇고 있기 때문입니다. 마음 자체가 나눠져 있습니다. 필요한 것이 무엇인지도 모릅니다. 그래서 충돌이 생깁니다. 하나님과 재물, 하늘과 땅, 순간과 영원이 충돌합니다. 나는 무엇을 위해 살 것인가? 우리는 무엇이 가장 중요한지 모릅니다. 일어난 모든 일들이 그리스도와는 거리가 멉니다.

더 나아가, 마음이 불안하고 나눠지는 것은 자아 때문입니다. 마음에서 일어나는 모든 불안은 궁극적으로 자아에 그 원인이 있습니다. 나는 자신을 높입니다. 이것은 누군가를 깎아내린다는 뜻입니다. 여기에 갈등과 질투와 시기와 멸시와 미움과 야망과 욕망이 있습니다. 이 얼마나 끔찍한 일입니까! 그리고 마음이 나눠집니다. 그러나 사람들이 그리스도께 나아오는 순간, 그들은 순전한 마음을 갖게 됩니다. 이 모두가 그리스도 안에서 이뤄집니다. 사람들은 이렇게 말할 수 있습니다.

> 내가 가장 바라는 것은
> 나를 위해 십자가 지신 예수라네.
> ─오거스터스 탑레이디

찰스 웨슬리도 같은 말을 했습니다. 그도 우리와 마찬가지로 불안과 분열과 갈등을 잘 알고 있었으며, 마음의 안식과 평안과 디딜 수 있는 견고한 발판을 찾던 사람입니다. 그는 오랫동안 이것을 찾아다녔고, 마침내 이렇게 고백할 수 있었습니다.

> 그리스도시여, 나 오직 당신만을 원하나이다.
> 당신에게서 모든 것을 발견하나이다.

그의 말은 진심이었습니다. 그 말에 모든 것이 있습니다. 그리스도 안에 모든 것이 있습니다. 우리는 더 바랄 것이 없습니다. 여러분의 필요가 무엇이든 그분이 여러분의 모든 필요를 채우실 것입니다. 우리는 그리스도 안에서 "구속함을 받고, 나음을 입으며, 회복되고, 용서받습니다." 그분은 어떤 경우나 어떤 환경에서도 항상 여러분과 함께 계십니다.

그리스도와 그분의 구원을 진정으로 깨달은 사람들은 궁극적인 만족을 얻습니다. 세상이 그들을 강탈하거나, 비웃거나, 주님께 했듯이 그들에게 침을 뱉더라도 상관없습니다.

> 사람들이 나를 괴롭힐지라도
> 그들은 나를 주님의 품으로 이끌 뿐이네.

시련의 삶이 나를 억누를지라도
천국이 내 포근한 안식처 되리라.
– 헨리 프랜시스 라이트Henry Francis Lyte

세상이 이들에게서 모든 것을 빼앗아 간다 해도 그리스도는 남습니다. 그러므로 사도 바울은 이렇게 말할 수 있었습니다. "내가 확신하노니 사망이나 생명이나 천사들이나 권세자들이나 현재 일이나 장래 일이나 능력이나 높음이나 깊음이나 다른 어떤 피조물이라도 우리를 우리 주 그리스도 예수 안에 있는 하나님의 사랑에서 끊을 수 없으리라."롬 8:38-39.

거듭 말씀드리지만 바울은 늙은 나이에 로마 감옥에 갇혔을 때 네로 황제가 자신을 어느 때라도 죽이기로 결정했다는 소문을 들었습니다. 바울은 이것을 빌립보 교인들에게 어떻게 편지했습니까? 그는 이렇게 말했습니다. "괜찮습니다. 제 걱정은 마십시오. '이는 내게 사는 것이 그리스도이기 때문입니다.' 그리스도는 내게 생명이십니다. 그분은 내가 자유하여 대륙을 여행하며 그분의 영광스런 복음을 전할 때와 마찬가지로 이 감옥에서도 나의 생명이십니다. '이는 내게 사는 것이 그리스도니 죽는 것도 유익함이라.……떠나서 그리스도와 함께 있는 것이 훨씬 더 좋은 일이라 그렇게 하고 싶으니'"빌 1:21, 23. 초대교회 그리스도인들은 "기쁨과 순전한 마음으로 음식을 먹었습니다." 그리스도께서 이들의 생각 가운데 계셨으며, 이들에게 충만하고 완전한 만족을 주셨습니다.

마지막으로, 순전함은 의지의 영역에서도 필요합니다. 우리의 목표는 무엇입니까? 우리의 동기는 무엇입니까? 우리 인생의 목표와 목적은 무엇입니까? 역사의 페이지에 자신의 이름을 크게 남기겠다는 잘못된 목표 때문에 불행한 사람들이 수없이 많습니다. 셰익스피어는 "불안은 왕관을 쓴 자의 머리에 내려앉는다"고 했습니다. 세상적인 야망과 혼란스러운 동기만큼 사람을 괴롭히는 것은 없습니다.

그러나 그리스도를 믿는 순간, 지성과 감성뿐 아니라 의지도 하나가 됩니다. 모든 그리스도인은 하나의 큰 소원을 가집니다. 그것은 바로 "내가 그리스도와 그 부활의 권능과 그 고난에 참여함을 알고자 하여 그의 죽으심을 본받아 어떻게 해서든지 죽은 자 가운데서 부활에 이르려 하는" 것입니다.빌 3:10-11 "그리스도를 아는 것", 이것이 사도 바울의 유일한 야망이었습니다. 그분에 관해 무엇인가 아는 사람은 누구나 이러한 큰 열정을 갖게 됩니다.

친첸도르프 백작은 이것을 알았습니다. 그는 말했습니다. "내게 한 열심이 있습니다. 바로 그분, 오직 그분입니다." 참 생명이신 분, 하늘에서 내려와 이 세상에서 그 모든 고난을 당하고, 십자가에서 죽기까지 나를 사랑하신 분을 알기에 나는 살 것입니다. 그분을 알고 그분께 영광드리려고 살 것입니다! 여러분이 이러한 야망을 갖는다면, 여러분의 온 삶은 완전히 달라지며 단순해질 것입니다. 존 웨슬리가 번역한 테르슈테겐의 찬송을 다시 한번 들어 보십시오.

해 아래 주님만큼
내 맘 사로잡는 것 있으리오.
주님 내 맘 사로잡으시고
주님 홀로 내 맘 다스리시니,
주님 안에서 모든 것 찾으니,
이 땅에서 내 맘 자유하도다.

내 의지 더 이상 내 것이 아니오니
내 의지 취하사 당신의 것으로 만드소서.
―프랜시스 리들리 하버갈 Frances Ridle Havergal

이것이 그리스도인들의 기도입니다. 그리스도인들은 의지의 영역에서도 순전하며 하나됩니다. 그리스도인들은 생각도 하나, 소원도 하나, 동기도 하나입니다. 그것은 나를 위해 죽으시고 내게 천국의 문을 열어 주신 분을 찬양하며 사는 것입니다. 온 삶이 단순해집니다. 계획이 단순해집니다. 존 웨슬리는 "나는 한 권의 책에 사로잡힌 사람이 되었다"고 했습니다. 어떤 의미에서 이것은 모든 그리스도인에게 해당하는 말입니다. 여러분은 이 사실을 알지 못하면 세상 모든 책이 도움이 안된다는 것을 발견했습니까? 이 한 가지 목표가 여러분을 한 권의 책으로 인도할 것입니다. 그 책은 한 분, 한 죽음, 한 부활, 한 소망으로 여러분을 인도할 것입니다. 이것이 그리스도인의 순전한 마음입니다. 이것이 그리스도인들이 다음과 같이 고백할 수 있는 이유입니다.

> 내 하나님을 찬양하는 마음 주소서.
> 죄에서 자유한 마음 주소서.
> 언제나 주님의 피를 느끼는 마음 주소서.
> 나를 위해 흘리신 그 보혈을.
> ─찰스 웨슬리

이제 하나의 질문이 남습니다. 여러분의 지성과 감성과 의지는 순전합니까? 세상은 이 순전함을 전혀 알지 못합니다. 마르다는 세상의 전형을 보여줍니다. 산만하고, 분주하며, 안달하다가 모든 것을 놓쳐 버립니다. 영광의 주님이 거기 계시지만, 마르다는 바쁩니다. 그분은 식사를 하러 오신 것이 아니라 가르치러 오신 것입니다. 여러분은 마리아처럼 그분의 발 앞에 앉았습니까? 이것이 여러분의 기도입니까?

> 내가 마리아처럼
> 주님 발 앞에 앉을 수 있게 하소서.
> 신랑의 음성을 듣는 것,
> 내 행복한 선택이 되게 하시며
> 내 유일한 관심과 기쁨과 복이 되게 하시며
> 이 땅에서 나의 즐거움, 나의 천국이 되게 하소서.
> ─찰스 웨슬리

정말 그렇습니다. 여러분은 지성과 감성과 의지의 영역에서, 결코 찾지 못할 만족을 찾아 헤매며 결코 얻지 못할 지식을 구하느라 나뉘고 산만하며 연약하고 지친 가운데 정신없이 바쁘지 않습니까? 이 복된 복음의 초대에 귀를 기울이십시오. 오순절, 사도 베드로가 설교할 때 "그 말씀을 기쁨으로 받은" 사람들을 본받으십시오. 주님이 마르다에게 하신 말씀에 귀기울이십시오. "한 가지만이라도 족하니라"눅 10:42. 한 가지면 됩니다.

분주하게 뛰어다니던 것을 멈추고, 읽던 것을 멈추고, 논쟁을 그치십시오. 마리아처럼 주님의 발 앞에 앉으십시오. 그분께 귀기울이면, 그분이 여러분에게 말씀하실 것입니다. "수고하고 무거운 짐진 자들아, 다 내게로 오라. 내가 너희를 쉬게 하리라.……나의 멍에를 메고 내게 배우라. 그리하면 너희 마음이 쉼을 얻으리니"마 11:28-29.

15

하나님을 찬미하며

날마다 마음을 같이하여 성전에 모이기를 힘쓰고 집에서 떡을 떼며 기쁨과 순전한 마음으로 음식을 먹고 하나님을 찬미하며 또 온 백성에게 칭송을 받으니 주께서 구원받는 사람을 날마다 더하게 하시니라.

사도행전 2:46-47

이제 초대교회 그리스도인들의 특징을 한 가지 더 살펴보기로 하겠습니다. 이들은 기쁨과 순전한 마음으로 사도들의 가르침을 들으며 교제하며 떡을 떼며 기도했습니다. 그러나 그 무엇보다도 이들은 하나님을 찬양했습니다. 이것이 교회입니다. 이것이 기독교입니다. 이들은 매일 하나님을 찬양했습니다. 유감이지만, 오늘 많은 사람들이 연례행사의 하나로 교회에 출석한 것이라고 말하는 것이 옳습니다.[1] 부활주일에는 출석인원이 기록적입니다. 그러나 사도행전의 그리스도인들은 매일 모였습니다. 우리는 교회가 신약성경에 나오는 것과는 관계없는 것에 눈을 돌리는 것을 보게 됩니다. 다 인간의 불성실함이 빚은 결과입니다. 그러나 우리는 기독교 국가에 관심 있는 것도 아니고, 화려한 의식이나 여기에 자주 수반되는 냉랭함만 있는 큰 제도나 조직에 관심이 있는 것도 아닙니다. 이것은 기독교가 아닙니다. 이것은 이방종교입니다. 이방종교는 항상 슬퍼합니다. 이방종교는 항상 엄숙합니다. 이방종교는 항상 두려워합니다. 우리는 참된 것에 관심이 있습니다. 그것은 초기의 기독교, 부흥과 개혁의 시기마다 다시 나타난 기독교입니다. 이런 교회의 큰 특징 가운데 하나가 하나님을 찬양하는 것입니다.

    그리스도인이 된다는 것은 내 죄가 사하여졌음을 알고 하나님을 내 아버지로 아는 것, 내 안에 새 생명이 있으므로 더 이상 죽음을 두려워하지 않으며 하나님의 자녀들을 기다리는 영광을 고대하는 것을 의미합니다. 내가 진정한 그리스도인인지 아닌지를 알아보는 가장 좋은 방법은 "내가 하나님을 찬양하는가?"라고 묻는 것입니다.

---

[1] 이 설교는 1965년 부활절에 한 것이다.

우리가 살펴본 다른 모든 테스트도 물론 다 중요합니다. 그리스도인들은 사도들의 가르침을 간절히 알고 싶어합니다. 성경의 가르침을 이해하려는 열심이 없는 사람들은 착하고 도덕적이라 할지라도 그리스도인은 아닙니다. 그렇습니다. 그러나 이 가르침에 관심 있는 사람일지라도 그리스도인이 아닐 수 있습니다. 이들은 성경의 가르침에 관심이 있지만 그 가르침에 감동을 받지 못합니다. 이들은 성경의 가르침 듣는 것을 무슨 취미쯤으로 여깁니다. 많은 사람들이 이렇게 합니다. 19세기에 많은 사람들이 이러했습니다. 제가 믿기로, 지금 우리는 결코 삶을 변화시키지 못하며 결코 행복과 기쁨과 평안을 가져다주지 못하는 이러한 지적인 기독교에 대한 반작용을 경험하고 있는 것입니다.

초대교회 그리스도인들은 지속적으로 사도들과 교제했습니다. "사도들과의 바람직한 교제"였습니다. 그러나 하나님의 사람들과 교제한다는 사실이 반드시 그리스도인이라는 것을 증명해 주지는 않습니다. 마귀는 이런 일들 대부분을 위조할 수 있습니다. 그는 자주 이렇게 했습니다. 성찬식 참여도 마찬가지입니다. 성찬식에 참여하거나 "미사"라고 부르는 것에 참여하면서, 이것이 자신들과 하나님의 관계를 바르게 해준다고 생각하는 사람들이 있습니다. 그러나 순전히 착각입니다. 미사에 참석한다는 사실이 그리스도인이라는 것을 증명해 주지 않습니다. 성찬식에 참여한다는 사실 또한 그리스도인이라는 것을 증명해 주지 않습니다. 많은 사람들이 그저 해야 할 일로 미사와 성찬에 참석할 뿐, 그것이 의미하는 바를 전혀 알지 못합니다.

기도도 마찬가지입니다. 좀더 자세히 말씀드리겠습니다. 저는 앞에서 기쁨을 강조했습니다. 그러나 마귀는 기쁨조차 위조할 수 있습니다. 사람들을 행복하게 할 수 있는 사이비 종교들이 있습니다. 크리스천 사이언스가 사람들을 행복하게 해줄 수 있는 것은 사실입니다. 제가 자주 지적했듯이, 위스키도 그렇게 할 수 있습니다. 그러나 어느 하나가 여러분을 행복하게 해준다고 해서 그것이 곧 옳다는 증거는 아닙니다. 마약도 여러분을 행복하게 해줄 수 있습니다. 사람들이 "나는 지금 아주 행복해"라고 말할 수 있다는 사실 자체가, 그들이 그리스도인임을 증명해 주는 것은 아닙니다.

그러나 제가 알기로, 마귀가 위조할 수 없는 것이 꼭 한 가지 있습니다. 바로 하나님을 찬양하는 것입니다. 마귀는 절대로 하나님을 찬양하지 않습니다. 절대로 말입니다. 마귀는 어느 누구도 하나님을 찬양하도록 만들지 않습니다. 그는 하나님께 대한 믿음을 위조할 수 있지만, 이것은 아주 다른 것입니다. 사도 야고보는 그의 서신서에서 "귀신들도 믿고 떠느니라"고 말합니다^{약 2:19}. 그렇습니다. 마귀는 사람들을 설득하여 하나님을 믿게 합니다. 자신의 목적에 부합하기만 하면, 마귀는 빛의 천사로도 가장해 하나님을 믿고 신앙이 깊어지도록 사람들을 독려할 수 있습니다. 그는 오늘날 많은 사람들에게 이렇게 하고 있습니다. 그는 하나님과 그분의 백성들에 대한 위조된 지적인 관심, 성찬식에 대한 위조된 관심, 기도에 대한 위조된 관심, 위조된 기쁨과 즐거움을 여러분에게 심어 줄 수 있습니다. 그러나 그는 어느 누구도 하나님을 찬양하도록 하지는 않습니다. 무엇 때문입니까? 마귀는 하나님을 미워하기 때문입니다.

하나님을 찬양하는 것이 모든 신앙고백에 대한 궁극적인 시험일 수 있는 것도 바로 이 때문입니다. 여러분은 하나님을 찬양하고 있습니까? 저는 여러분에게 하나님을 믿는가, 그분을 예배하려고 노력하는가, 기도하려고 애쓰는가 하고 묻는 것이 아닙니다. 저는 여러분이 하나님께 간구하는가 묻는 것이 아닙니다. 저는 여러분에게 오직 하나를 묻고 있을 뿐입니다. 여러분은 하나님을 찬양합니까? 예루살렘의 그리스도인들은 하나님을 찬양했습니다. 교회가 교회의 역할을 제대로 할 때, 찬양은 언제나 교회의 두드러진 특징이었습니다. 슬픔에 잠긴 기독교는 말 자체가 모순됩니다. 하나님의 백성은 찬양하는 사람들이어야 합니다. 우리의 찬송가를 그리스도인의 찬양^{Christian Praise}이라고 부르는 것도 바로 이 때문입니다.

그러므로 여러분이 하나님을 찬양하지 않는다면, 이유는 단 하나뿐입니다. 여러분은 그리스도인이 아닙니다. 많은 사람들이 하나님을 믿는다고 말하면서도 하나님이 없기를 바랍니다. 이들은 하나님을 두려워합니다. 그래서 그분에게서 멀리 벗어나거나 그분의 비위를 맞추고 달래려 애씁니다. 말하자면, 그분을 매수하려 합니다. 그러나 기독교는 사람들로 하여금 하나님을 찬양하게 합니다. 얼마 전까지만 해도 놀라고 두려워하며 "형제들아, 우리가 어찌할꼬"라고 묻던 바로 그 사람들이 지금은 하나님을 찬양하고 있습니다. 무엇 때문입니까?

제가 발견한 첫째 이유는 이것입니다. 이들이 하나님을 찬양한 것은 이들 속에서 큰 변화, 놀라운 일이 일어났기 때문이었습니다. 이들은 절망적인 삶을 살아온 사람들이었습니다. 참으로 비참한 삶이었습니다. 이들은 세상의 쾌락을 차 버리려고 노력해 왔지만, 근원적으로 늘 불안하기만 했습니다. 그런데 이들이 날마다 모였습니다. 그 모임의 중심은 하나님의 아들이었습니다. 이들은 그분에 관해 배우면서, 자신들의 변화되는 모습에 깜짝 놀랐습니다. 이들이 하나님을 찬양한 것은 놀랄 일이 아닙니다. 이들은 낯설고 새로우며 놀라운 교제를 갖고 있었습니다. 전에는 이런 것을 전혀 알지 못했습니다. 이들은 여기서 사랑을 발견했습니다. "믿는 사람이 다 함께 있어 모든 물건을 서로 통용하고 또 재산과 소유를 팔아 각 사람의 필요를 따라 나눠 주며"행 2:44-45. 이들은 경쟁과 시기와 악의로 가득했던 곳에서 나와, 도움이 필요한 사람을 위해 자신의 소유까지 기꺼이 팔려는 사람들이 모인 곳으로 들어갔습니다. 이들은 모두 하나였으며, 이들 가운데는 놀라운 사랑의 영이 있었습니다. 이들은 전에는 이런 것을 전혀 알지 못했습니다. 그래서 이들은 하나님께 감사했습니다. 이들은 감사하지 않을 수 없었습니다.

"주께서 구원받는were being saved 사람을 날마다 교회에 더하셨습니다." 이들이 하나님을 찬양하고 있었던 것은 바로 이 때문이었습니다. 이들은 구원받았습니다. 이것은 무엇을 의미합니까? 앞에서 보았듯이, "구원받다"saved라는 동사를 세 가지 시제로 보는 것이 중요합니다.

사람들이 하나님을 찬양하고 있었던 것은 그들이 구원받았기had been saved 때문입니다. 베드로가 "너희가 이 패역한 세대에서 구원을 받으라"고 했을 때, 이 일이 이들에게 일어났습니다. 이것은-최소한으로 표현하면-이들의 눈이 열렸고, 이들이 자신들의 무지와 몽매함을 깨달았다는 뜻입니다. 이때까지 이들은 자신들에 대한 진실을 깨닫지 못했고, 자신들이 처한 위험도 깨닫지 못했습니다. 이들은 사업과 쾌락과 즐김에 관심이 있었지만 자신들의 영혼은 생각하지 않았습니다. 이들은 죽음과 심판이라는 사실을 직시하지 못했습니다. 화산 언저리에 살면서도 그 화산이 언제라도 폭발할 수 있다는 것을 알지 못했습니다. 이것이야말로 하나님 없이 살아가는 사람들의 방식입니다. 그런데 이들이 사도 베드로의 설교를 듣고 깨어났습니다.

이들은 물었습니다. "우리가 어찌할꼬." 이들은 베드로에게 복된 대답을 들었습니다. "회개하라." 이것이 여러분이 해야 할 전부입니다. 여러분은 다만 자신의 무지를 인정하고 그분께 죄를 고백하며, 그분의 아들에 관한 이 메시지를 믿기만 하면 됩니다. 이것이 그분과 합하여 세례를 받는다는 말의 의미입니다. 자신을 전적으로 복종시켜, 그리스도께서 갈보리 언덕 십자가에 달려 죽으심으로 여러분의 죄가 씻겼다는 것을 믿으십시오. 이들은 이렇게 했고 하나님과 화목하게 되었습니다. 무거운 짐은 사라졌습니다. 그리스도께서 형벌의 짐을 대신 지셨고, 이들은 자유롭게 되었습니다. 하나님 감사합니다! 그래서 이들은 하나님을 찬양했습니다. 이들은 하나님의 심판으로부터, 영원한 멸망으로부터 구원받았습니다.

그다음으로 살펴보아야 할 것은 현재시제입니다. 이들 속에서 무엇인가가 진행되고 있었습니다. 이들은 **구원받고 있었습니다**^{were being saved}. 구원은 이들의 마음에서 시작된 하나의 과정이었습니다. 이들은 날마다 가르침을 받고 있었고, 가르침을 들을수록 그 가르침에 더 놀라고 그 가르침을 더 기뻐했습니다. 이러한 가르침 때문에, 이들은 자신 속에 새로운 능력이 역사하고 있다는 것을 깨닫게 되었습니다. 이들은 더 이상 자신들을 기쁘게 했던 과거의 것들에 매여 있지 않았습니다. 이들은 세상과 그 속의 번지르르한 쾌락을 꿰뚫어 보았습니다. 이들은 거기에는 아무것도 없다는 것을 알았습니다. 이들은 과거 자신들을 흥분시킨 것들이 실은 인간을 짐승으로 만든다는 것을 깨달으면서, 자신이 한때 그것들을 즐겼다는 사실에 깜짝 놀랐습니다.

이들 속에 새 생명이 역사하고 있었습니다. 성령께서 역사하시면서, 이들을 자유롭게 하시고 마귀의 간계와 세상의 속박에서 해방시키고 계셨습니다. 이들의 인생관은 완전히 달라졌습니다. 이들은 이제 자신들을 영원한 본향을 향해 나아가는 영원의 순례자, 하나님의 자녀로 보았습니다. 얼마나 큰 변화입니까? 그러므로 이들은 하나님을 찬양했고, 미래를 기다리게 되었습니다.

그렇다면 이들이 겪고 있었던 이러한 과정, 성령의 은혜로우신 감화, 사도들의 가르침의 의미는 무엇입니까? 이것은 무엇을 위한 것이었습니까? 왜 이들은 세상과 육과 마귀로부터 해방되었습니까? 이들은 자신들이 영광을 위해 준비되고 있는 것을 보았기 때문입니다. 이 생이 유일한 삶이 아니며 죽음과 무덤이 끝이 아닙니다. 또 다른 삶, 영광스러운 삶, 하나님의 아들이 들어가신 삶이 있다는 것입니다. 그분은 이들을 위해 거처를 예비하러 가셨습니다. 그분은 "내 아버지 집에 거할 곳이 많도다.……내가 너희를 위하여 거처를 예비하러 가노니"라고 말씀하셨습니다요 14:2.

이들은 이 거처를 위해 준비하고 있었습니다. 이들은 자신의 기업에 들어갈 준비를 하기 원했습니다. 이들은 구원받았고, 구원받고 있었으며, 마침내 완전히 구원받을 것입니다. 바로 이러한 것들 때문에 이들은 하나님을 찬양했습니다. 이러한 변화를 경험한 사람이라면 그 누구라도, 이들이 무엇을 느꼈는지 정확하게 알 것입니다. 새뮤얼 데이비스Samuel Davies는 이 모든 것을 알고 있었습니다.

기사奇事를 행하는 위대하신 하나님!
당신의 모든 길은 비길 데 없으며 당신께 합당하지만,
은혜로운 당신의 아름다운 영광은
당신께 더 합당하며, 더 비길 데 없이 비춰나이다.
당신처럼 용서하시는 하나님이 어디 계시리이까?

당신처럼 풍성하고 값없는 은혜 베푸시는 이 어디 계시리이까?

둘째, 이들은 자신들 속에서 일어나는 놀라운 변화가 전적으로 하나님의 은혜와 자비 때문이라는 사실을 점점 더 깨달으면서 하나님을 더욱 찬양했습니다. 이것이 종교와 기독교, 거짓 기독교와 참 기독교를 구분하는 핵심 테스트입니다. 자신이 선하게 살기 때문에 그리스도인이라고 믿는 사람들은 하나님을 찬양하지 않습니다. 오히려 자신을 찬양합니다. 많은 사람들이 이렇게 합니다. 이들은 예배에 참석해 자신에게 공을 돌립니다. 우리는 선행을 했다, 우리는 의롭다, 이것은 **우리의** 행위다, 이렇게 말입니다. 그러나 여기, 자신 속에 일어나는 변화가 하나님의 행동의 결과이며 자신의 모든 과거에도 불구하고 일어난 것임을 깨달았기 때문에 하나님을 찬양하는 이들이 있습니다.

많은 면에서 이것은 신약의 큰 주제입니다. 복음서를 혼자서 읽어 가다 보면 이것을 발견하게 될 것입니다. 가브리엘 천사가 마리아에게 나타나 그녀가 특별한 아기, 다윗의 보좌를 영원히 차지할 아이를 갖게 되리라고 선포하는 부분을 읽어 보십시오. 처음에 마리아는 이해하지 못했지만, 엘리사벳을 방문하고서야 깨닫게 되었습니다. 마리아가 엘리사벳을 방문한 순간, 엘리사벳 태중의 아기가 뛰놀았습니다. 그때 마리아는 "내 영혼이 주를 찬양하며 내 마음이 하나님 내 구주를 기뻐하였음은"이라고 노래했습니다^{눅 1:46-47}. 찬양이 마리아의 즉각적인 반응이었습니다. 무엇 때문입니까? 하나님께서 이 모든 일을 행하셨기 때문입니다.

세례 요한의 아버지 사가랴도 마찬가지였습니다. 그는 어느 날 향을 사르러 성전에 들어갔다가 아주 갑작스럽고도 뜻하지 않게 천사를 만났습니다. 천사는 그의 아내가 늙었지만 아기를 갖게 될 것이라고 말했습니다. 불쌍한 사가랴는 그 말을 믿지 못했고, 결국 아기가 태어날 때까지 벙어리로 지내는 벌을 받았습니다. 여러분도 기억하듯이, 아기가 태어난 후 사람들이 아기 이름을 무엇으로 지을지 물었을 때도 사가랴는 여전히 말을 할 수 없어 이름을 썼습니다. 그때서야 그의 혀가 풀렸습니다. 그가 가장 먼저 한 말이 무엇이었습니까? "찬송하리로다. 주 이스라엘의 하나님이여, 그 백성을 돌보사 속량하시며"입니다눅 1:68. 그는 하나님이 행하신 일로 인해 하나님을 찬양했습니다. 전적으로 하나님이 행하신 일이었습니다.

이처럼 이들 초대교회 그리스도인들은, 모든 참된 그리스도인이 하나님을 찬양하는 것과 동일한 이유에서 하나님을 찬양했습니다. 그리스도인들은 자신들을 직시합니다. 그들은 심령이 가난하고 의에 주리고 목마르며, 선이라고는 전혀 없는 죄인입니다. 그뿐 아닙니다. 이들은 구원받기 위해 자신들이 할 수 있는 일은 아무것도 없다는 것을 압니다. 이것이 온전한 그리스도인의 기본적 자세입니다. 여전히 스스로 하나님과의 관계를 바르게 할 수 있다고 생각하는 사람들은 그리스도인이 아닙니다. 그리스도인일 수 없습니다. 이들이 이렇게 할 수 있다면, 하나님이 천국에서 당신의 아들을 이 땅에 보내실 필요가 어디 있었겠습니까? 십자가의 죽으심과 부활이 무슨 필요가 있었겠습니까? 절대 아닙니다. 그리스도인들은 바울의 말에서 진리를 봅니다.

> 그는 허물과 죄로 죽었던 너희를 살리셨도다. 그때에 너희는 그 가운데서 행하여 이 세상 풍조를 따르고 공중의 권세 잡은 자를 따랐으니 곧 지금 불순종의 아들들 가운데서 역사하는 영이라. 전에는 우리도 다 그 가운데서 우리 육체의 욕심을 따라 지내며 육체와 마음의 원하는 것을 하여 다른 이들과 같이 본질상 진노의 자녀이었더니엡 2:1-3.

이것이 그리스도인의 고백입니다. 이것이 그리스도인들이 하나님을 찬양하는 이유입니다. 처음부터 끝까지 모두가 하나님이 하신 일입니다. 이들은 마음의 평안과 하나님에 대한 지식과 새 생명과 새 힘과 새 능력과 새 소망을 가졌습니다. 어떻게 이것을 가지게 되었습니까? 답은 간단합니다. "너희는 그 은혜에 의하여 믿음으로 말미암아 구원을 받았으니 이것은 너희에게서 난 것이 아니요 하나님의 선물이라"엡 2:8. 이 세상을 내려다보시며 불쌍히 여기신 분은 바로 영원한 사랑 속에 계시는 하나님이십니다.

셋째, 이들이 하나님을 찬양한 것은 그분이 이들에게 베푸신 놀라운 구원의 방법 때문입니다. 이들은 사도 베드로와 자신들의 언어로 말하는 사람들의 설교에서 이것을 들었습니다. 무리가 베드로의 설교를 들으려 모인 것은 "우리가 다 우리의 각 언어로 하나님의 큰일을 말함을 듣기" 위함이었습니다행 2:11. 이것이 그리스도인들이 하나님을 찬양하는 이유입니다. 그리스도인들은 하나님의 놀라운 역사를 보는 통찰력을 가졌습니다. 하나님의 놀라운 역사, 이것이 성경의 위대한 메시지 아닙니까? 하나님께서 세상을 지으셨습니다. 태초에 하나님이 천지와 바다와 그 안에 있는 모든 것을 창조하셨습니다. 그분이 "빛이 있으라 하시매 빛이 있었습니다"창 1:3. 정말 놀랍지 않습니까!

그리스도인들은 하나님을 존재하는 모든 것의 창조자요, 조성자요, 지탱하시는 자로 압니다. 그러나 이것은 시작일 뿐입니다. 그들은 구약의 위대한 모든 이야기를 압니다. 그리스도인들은 하나님께서 타락한 인간의 삶에 개입하시며 아담과 하와를 위로하러 내려오시는 것을 봅니다. 그리스도인들은 하나님께서 구원의 길을 여셔서 홍수 가운데 한 가족을 구원하시고, 아브라함을 부르시어 그로 한 민족을 이루도록 그를 통해 일하시며, 당신의 놀라운 일들을 계시하시는 것을 봅니다.

그러나 그다음 그리스도인들은 핵심적인 문제들에 이릅니다. 바로 사도 베드로가 오순절에 설교한 것입니다. 이 놀라운 일들을 여러분 앞에 말할 수 있는 천사의 음성이나 혀가 제게 있다면 얼마나 좋겠습니까! 이것이 이들이 하나님을 찬양한 이유입니다. 이들은 하나님의 아들 예수와 그분이 하신 모든 일에 대해 들었고, 아버지 하나님께서 영원한 사랑으로 사랑하신 그 아들을, 우리를 위해 어떻게 치시고 벌하셨는지를 들었습니다. 그분은 죽어 무덤에 장사되었으나, 하나님께서 그분을 죽은 자 가운데서 다시 살리셨습니다. 그분은 하늘에 올라 하나님 우편에 영원히 좌정해 계십니다. 참으로 놀라운 하나님의 일들입니다!

그리고 이들은, 오순절에 그분이 이제 갓 태어난 교회에 성령을 부어 주셨다는 것을 들었습니다. 이들은 바로 이 때문에 하나님을 찬양했습니다. 그러나 이들이 하나님을 찬양한 것은, 하나님께서 당신의 사랑하는 아들 안에서 지금도 일하시며 장차도 일하시리라는 것을 알기 때문이기도 했습니다. 이들은 하나님의 구속 계획과 목적을 배우기 시작했습니다. 이들은 교회가 단순히 그리스도의 보혈로 구속받은 사람들의 모임으로 그치는 것이 아님을 배우기 시작했습니다. 교회는 새 나라의 시작입니다. 교회는 하나님 나라의 시작입니다. 교회는 택함받은 자의 충만한 수가 차고 그리스도께서 다시 오시며 모든 눈이 그분을 볼 때까지 계속되어야 합니다. 죽음과 무덤을 정복하시고 하늘에 오르신 그리스도께서 세상에 다시 오셔서 그 승리를 완성하실 것이기 때문입니다. 그분은 당신의 백성을 불러 모으시며, 마귀와 죄와 지옥과 하나님을 대적하는 모든 것을 멸하시고, 영광스럽고 놀라운 그분의 영원한 나라를 세우실 것입니다. "우리는 그의 약속대로 의가 있는 곳인 새 하늘과 새 땅을 바라보도다"벧후 3:13. 하나님과 그리스도께서 모든 것을 다스리실 것입니다. 이처럼 작고 멸시받는 우리 그리스도인들도 그분과 함께 영광 중에 거하며, 그분과 함께 다스리고, 그분과 함께 심판할 것입니다.

이들은 이 모든 일들을 이해하기 시작했으며, 이 모든 것에서 자신의 역할과 자리를 보았습니다. 그러므로 이들이 할 수 있는 일은 하나밖에 없었습니다. 이들은 하나님을 찬양하지 않을 수 없었습니다. 이것들은 놀라운 하나님의 말씀입니다. 이것들에 대해 조금이라도 알기 시작한 사람이라면 누구든지 하나님을 찬양하지 않을 수 없습니다.

마지막으로 이들이 날마다 하나님을 찬양한 것은, 일어난 일을 보고 그 일이 왜, 어떻게 일어났는지 깨달으면서 하나님의 영광스러운 존재를 보기 시작했기 때문입니다. 하나님은 찬양받으시기 합당하며,

오직 그분만이 찬양받으시기에 합당하십니다. "하나님이여, 찬송이 시온에서 주를 기다리오며"시 65:1. 시편을 읽어 보십시오. 시편 기자들이 하나님을 찬양하는 것은 그분이 어떤 분이시며 무엇을 행하셨는지 알기 때문입니다. "하나님이여,……누가 주와 같으리이까"시 71:19. 하나님은 위대하시며, 영광과 거룩과 능력이 무한하십니다. 사람들이 하나님에 대해 알기 시작하는 순간, 사람들은 그분을 찬양하며 그분 앞에 엎드려 경배하지 않을 수 없게 됩니다. 세상의 비극은 하나님을 모른다는 것입니다. 우리는 하나님에 대해 이야기합니다. 우리가 그분과 그분의 영원한 영광을 어렴풋이나마 본다면 얼마나 좋겠습니까!

이들은 그분의 영광스러운 성품과 지혜를 보았습니다. 그분의 구원계획을 보십시오. 어느 누가 이런 것을 생각하겠습니까? 어느 누가 이런 계획을 세우겠습니까? 해결 불가능한 문제가 여기 있습니다. 하나님은 거룩하시고 인간은 죄악됩니다. 어떻게 하나님께서 용서하시면서 동시에 공의롭고 거룩하실 수 있습니까? 어떻게 이것이 가능할 수 있습니까? 헬라 철학자들에게 물어보십시오. 이들은 알지 못합니다. 이들은 이해하지 못합니다.

그러나 바울은 말합니다. "우리는 십자가에 못박힌 그리스도를 전하니 유대인에게는 거리끼는 것이요 이방인에게는 미련한 것이로되 오직 부르심을 받은 자들에게는 유대인이나 헬라인이나 그리스도는 하나님의 능력이요 하나님의 지혜니라"고전 1:23-24. 우리는 뉴먼John Henry Newman과 함께 이렇게 말합니다.

놀랍도다, 하나님 사랑의 지혜여!
모든 것이 죄와 수치뿐일 때
두번째 아담을 보내사
우리에게 구원을 주셨도다.

인간은 실패했습니다. 그러나 하나님께서 당신의 아들을 보내셨습니다. 얼마나 놀라운 계획입니까! 여러분은 이 계획을 본 적 있습니까?

여러분은 이 계획을 살펴본 적 있습니까? "하나님의 능력이요 하나님의 지혜"이신 그리스도를 들여다보신 적이 있습니까? 우리는 이러한 하나님의 놀라운 일들을 들여다볼 때에만 하나님의 성품과 존재를 이해하게 됩니다. 우리가 이것을 들여다본 후에 할 수 있는 말은 오직 한 가지, 바로 사도 바울이 한 말입니다. "깊도다. 하나님의 지혜와 지식의 풍성함이여, 그의 판단은 헤아리지 못할 것이며 그의 길은 찾지 못할 것이로다"롬 11:33.

찰스 웨슬리는 "오소서" 하고 말합니다.

> 오소서, 전능자여 구원하러 오소서.
> 우리로 당신의 은혜를 받게 하소서.
> 갑자기 돌아서서
> 절대로 당신의 성전을 떠나지 마소서.
> 우리가 항상 당신을 송축하며
> 만군의 여호와를 섬기며
> 쉼 없이 당신께 기도하며, 찬양하며
> 당신의 완전하신 사랑에 영광을 돌리리이다.
> 끝내소서, 당신의 새로운 창조를.
> 우리로 순전하며 흠 없게 하소서.
> 우리로 당신의 큰 구원을 보게 하시며
> 당신 안에서 완전하게 회복되게 하소서.
> 영광에서 영광에 이르게 하소서,
> 우리가 천국에 이를 때까지.
> 우리 면류관을 당신 앞에 벗어 드리며
> 놀라움과 사랑과 찬양에 잠길 때까지.

"여호와의 인자하심과 인생에게 행하신 기적으로 말미암아 그를 찬송할지로다", "여호와의 속량을 받은 자들은 이같이 말할지어다"시 107:8, 2. 여러분은 이렇게 말합니까? 여러분은 오늘 하나님을, 모든 축복의 근원이신 하나님을 찬양하고 있습니까? 여러분을 너무나 사랑하셔서 독생자를 보내시고 여러분을 위해 그 아들을 십자가에 죽게 하신 하나님, 여러분을 의롭게 하기 위해 죽은 자 가운데서 다시 살아나셨고, 지금 여러분을 위해 중보하고 계시는 그리스도를 찬양하고 있습니까? 여러분은 이것을 믿습니까? 여러분은 이것을 아십니까? 그렇다면, 여러분은 그분을 찬양하지 않을 수 없습니다.

16

일어나 걸으라

베드로가 이르되 은과 금은 내게 없거니와 내게 있는 이 것을 네게 주노니 나사렛 예수 그리스도의 이름으로 일어나 걸으라 하고.

사도행전 3:6

우리가 보았듯이, 사람들의 마음에는 복음의 메시지에 대한 상당한 혼란이 있습니다. 비극 중의 비극입니다. 물론 이것은 마귀의 걸작품입니다. 성경이 시종일관 보여주듯이, 마귀는 하나님의 큰 대적입니다. 그에게는 한 가지 야심, 큰 이상이 있는데, 그것은 바로 하나님의 완전한 창조를 무너뜨리는 것입니다. 그는 하나님께서 태초에 천지를 창조하셨을 때도 이렇게 했습니다. 하나님의 아들이 새 창조를 위해 세상에 오신 이후 지금까지, 마귀는 있는 힘을 다해 복음을 혼란스럽게 하려고 갖은 애를 다 쓰고 있습니다.

마귀의 가장 큰 성취라면 이러한 혼란을 교회 안으로 가져오는 것입니다. 그가 바깥 세상을 혼란스럽게 하는 것은 놀랄 일이 아닙니다. 이것은 우리가 예상하던 바입니다. 그러나 마귀가 교회 자체를 혼란스럽게 한다는 것은 무서운 일이 아닐 수 없습니다. 그러므로 재차 강조하지만, 이 시대에 가장 필요한 것은 기독교가 무엇이며, 교회가 무엇인지 정확하게 아는 것입니다. 복음의 메시지가 무엇입니까? 이것이 우리의 관심사입니다. 우리는 사도행전 1-2장에서 교회가 어떻게 시작되었는지, 그리고 2장 끝에서는 교회와 교회의 모습에 대한 세밀하고 긍정적인 묘사를 살펴보았습니다. 여기서 우리는 진정한 기독교를 봅니다. 다른 것은 없습니다.

사도행전은 놀라운 책입니다. 저는 사도행전이 세상에서 가장 전율적이며 가장 감동적인 책이라고 자주 말합니다. 무신론자인 프랑스 소설가 아나톨 프랑스Anatole France는 계절이 한창일 때도 그렇고 다른 때도 그렇고, 종종 파리에서 피곤함을 느끼면 활력을 얻기 위해 시골로 가지 않고 18세기를 찾았다고 말했습니다. 저는 그의 말이 이해가 잘 갑니다. 저도 18세기, 곧 복음주의 대각성 운동, 부흥 가운데 임한 하나님의 축복을 자주 찾기 때문입니다. 그러나 우리가 가야 할 **유일한** 곳은 사도행전입니다. 여기에 활력이 있고 재충전을 위한 자리가 있습니다. 여기서 초대교회에 고동쳤던 하나님의 생명을 느낍니다.

우리는 여기 사도행전 3장에서도 초대교회에 관해 듣지만, 방법은 조금 다릅니다. 2장 끝 부분은 교회에 대한 일반적인 묘사지만, 3장은 교회가 하나의 그림으로 제시됩니다. 분석이 행해진 것입니다. 여기서 우리는 움직이는 교회를 봅니다.

이들이 행할 수 있었던 것은, 이들이 2장에 묘사된 부류의 사람들이었기 때문입니다. 성경의 다른 많은 부분들도 그렇지만 사도행전의 훌륭한 점 가운데 하나는, 이 책이 교훈적인 가르침에 머물지 않는다는 사실입니다. 사도행전은 이야기를 들려주면서 우리 앞에 이론적으로 제시한 모든 것들에 대한 예화와 그림을 보여줍니다. 사도행전은 움직이는 복음, 살아있고 실제적인 복음을 제시합니다. 이것이 제가 지금 여러분과 다루고 싶은 것입니다.

우리에게는 언제나 기독교를 추상적이고 지적인 것으로 생각할 위험이 있습니다. 이론을 알아야 하고 이해력을 가져야 하지만, 무엇보다도 기독교 신앙은 삶을 다루는 것이고 세상이 알고 있는 가장 혁명적인 힘이라는 것을 절대 잊어서는 안됩니다. 죽은 교회란 말은 그 자체가 모순입니다. 그것은 죽은 그 무엇입니다. 여러분이 원하는 대로 부르십시오. 뭐라 부르든 상관없습니다. 그러나 죽은 교회는 아닙니다. 교회는 생명이며 능력이며 활력입니다. 이 모든 것이 사도행전 3장에서 완벽하게 설명되고 예증되어 있습니다. 여기 행동하는 교회, 세상과 마주하는 교회가 있습니다. 최초의 그리스도인들이 여기 있습니다. 이들은 참으로 엄청난 체험을 했습니다. 성령께서 이들에게 임하셨습니다. 이들은 성령충만하며 순전한 마음으로 하나님께 기도하며 그분을 찬양하며 기뻐하고 있습니다. 그러나 이제 이들은 있는 그대로의 세상과 마주합니다. 이것은 교회의 임무입니다. 세상을 돕는 것, 이것이 교회의 존재 이유입니다. 주님께서 이 땅에 오신 것은 인간을 돕기 위해서였습니다. "잃어버린 자를 찾아 구원하려 함"이었습니다눅 19:10. 그분은 이 일을 교회에 맡기고 가셨습니다. 우리가 맨 처음 이 점을 분명히 한 것을 여러분은 기억하실 것입니다. 누가는 "데오빌로여, 내가 먼저 쓴 글에는 무릇 예수께서 행하시며 가르치시기를 **시작하심부터**"라고 쓰지 않았습니까?행 1:1 그분은 그 일을 계속하고 계십니다. 그분은 더 이상 여기 계시지 않지만, 택하신 종들을 통해 일하고 계십니다.

여기 나면서부터 걷지 못하는 불쌍한 사람이 있습니다. 4장에 보면, 그는 마흔 살 정도였고 평생 걸어 본 적이 없습니다. 사람들이 매일 그를 성전 미문美門에 데려다 놓으면, 그는 거기 앉아 구걸했습니다. 그는 거지였습니다. 그는 모자를 옆에 내려놓고 성전에 예배나 기도하러 가는 사람들이 한푼 적선하기를 기다렸습니다. 우리는 이런 모습에 익숙합니다. 이런 광경을 예전처럼 흔히 보게 되는 것은 아니지만, 인류 역사 어느 시대에나 교회 바깥에는 이런 유형의 사람들이 자리를 차지하고 있었습니다. 다른 누구에게보다도 교회에 가는 사람들에게 도움받기가 쉬울 것입니다. 거지들도 언제나 이 사실을 알고 있습니다. 그래서 친구들이 이 사람을 미문 곁에 데려다 놓은 것이고, 우리가 보는 일이 일어났습니다.

이것은 기적입니다. 기적이 무엇입니까? 이 질문은 과학지식을 자랑하고 기적을 믿으려 하지 않는 이 시대에 반드시 던져야 할 질문입니다. 기적에서 자연의 법칙이 깨지는 것은 아니지만, 하나님은 자연의 법을 초월하여 행동하십니다. 평범하고 자연스런 방법으로 일하시는 하나님과, 기적으로 역사하시는 하나님은 같은 분이십니다. 하나님께서는 우주를 지으셨으되, 우리가 "자연의 법칙"-더 정확하게는 "자연 속에 있는 하나님의 법칙"이 맞지만-이라고 부르는 것에 따라 정상적으로 돌아가도록 지으셨습니다. 그러므로 우리는 아프면 치료를 받고, 시간이 지나면 점점 회복됩니다. 이것이 자연스러운 일입니다. 그러나 낫게 하시는 분은 언제나 하나님이십니다. 우리가 낫는 것이 하나님의 뜻이 아니라면, 우리는 세상에서 최고의 치료를 받고도 건강을 회복하지 못할 것입니다. 하나님께서는 의사나 약을 통해 간접적으로 치료하시지만, 때로는 이것들을 통하지 않고 치료하시기도 합니다. 그분이 직접 치료하시는 것입니다. 하나님은 당신의 법에 매이지 않으십니다. 하나님께서 그 법을 지으셨습니다. 그러니 그분이 그 법과 상관없이 행동하기로 하신다면, 그렇게 못하실 이유가 어디 있겠습니까? 여러분이 연장을 하나 만들었다면, 그것을 사용할 수 있지만 반드시 사용해야 하는 것은 아닙니다. 때때로 그것 없이도 같은 일을 할 수 있습니다.

다시 말씀드리지만, 기적이 일어난다고 해서 이것이 자연의 법칙이 깨졌다는 의미는 아닙니다. 그러므로 과학자들은 불안해하거나 두려워할 필요가 없습니다. 전혀 없습니다. 기적은 하나님께서 당신의 전능하신 능력 안에서 다른 방법으로 행동하고 계시는 것입니다. 그분은 당신의 법을 버리시는 것이 아니라 잠시 그 법 없이 행동하고 계시는 것입니다. 이것이 기적의 의미입니다.

기적은 정의상 자연적으로는 설명될 수 없음을 이해하는 것이 중요합니다. 믿는 사람들이 기적을 매우 부정확하게 말할 때가 많기 때문입니다. 이들은 모든 것을 기적으로 돌립니다. 『영국에서 1만 마일의 기적들』 Ten Thousand Miles Miracles in Great Britain이라는 책을 본 적이 있습니다. 제목부터 이미 잘못되어 있어 책 내용도 잘못되었을 것이라는 짐작을 하게 되었습니다. 여러분은 이처럼 많은 기적을 경험할 수 없습니다. 저자는 자신에게 일어난 모든 일이 기적이라고 말하려 했습니다. 그러나 저는 그에게 일어난 일 가운데 어느 하나도 기적이 아니었다고 말하고 싶습니다. 그는 특별한 일들을 경험했지만, 기적은 아니었습니다.

왜 기적이 일어납니까? 왜 기적은 주님이 세상에 계실 때도 일어나고 이곳 사도행전에서도 일어났습니까? 그후로는 왜 일어났습니까? 답은, 기적은 표적이라는 것입니다. 요한복음은 언제나 기적을 표적이라고 말합니다. 기적은 전능함의 증거입니다. 그러므로 우리는 사복음서를 읽으며 주님께서 기적을 행하실 때 사람들이 하나님을 찬양하거나 하나님의 능력을 느끼고 두려움에 휩싸였다는 사실을 보게 됩니다. 제가 항상 느끼는 것은, 기적을 믿지 않는 사람들의 문제는 이들이 실제로는 하나님을 믿지 않는다는 것입니다. 이들은 성경의 전능하신 하나님을 알지 못합니다. 이들의 하나님은 피조물보다 작고 피조물에 제한된 분입니다. 그러므로 이런 사람들과 기적에 대해 논쟁하지 마십시오. 이들과 하나님에 대해 논쟁하지 마십시오.

그런데 여기서 우리는 한 기적과 마주칩니다. 그러나 기적이 또 다른 역할을 하고 있습니다. 기적은 보통 비유입니다. 기적은 이중적인 역할을 합니다. 기적은 역사적 사실, 실제로 일어난 일입니다. 그러나 기적은 표적이기도 하기 때문에 우리를 가르치기도 하고 훈계하기도 합니다. 우리에게 진리를 전달합니다. 이것이 바로 이 특별한 기적이 하는 일입니다. 그러므로 우리는 베드로와 요한이 행한 이 특별한 일을 보면서, 이것이 역사적 사실이라는 것을 압니다. 뒤이은 기록이 이것을 충분히 증명해 줍니다. 우리가 이 기적에 관심을 갖는 것은, 일차적으로 이것이 교회의 본질, 교회의 일, 교회가 이 세상에서 해야 하는 것과 할 수 있는 것을 우리에게 보여주기 때문입니다.

좀더 구체적으로 말씀드리겠습니다. 저는 이 기적을 있는 그대로 받아들입니다. 이 기적은 문자 그대로 일어났습니다. 그러나 더 나아가 우리는 이 기적이 주는 가르침을 보아야 합니다. 실제로 베드로는 뒤이은 설교에서 이 기적을 설명합니다. 그러나 저는 지금, 이 기적을 교회가 이 땅에서 해야 하는 일을 보여주는 한 장의 그림으로 보고 싶습니다. 우선 성전 미문 앞에 누워 있는 이 사람을, 죄의 상태에 있는 인간으로 그려 보십시오, 성경이 바로 이렇게 하고 있습니다. 성경은 구약과 신약 모두에서 죄가 무엇인지를 보여주는 훌륭한 실례로 나병을 자주 사용합니다. 이 예는 우리 모두에게 도움이 됩니다. 사람들은 신학과 교리에 대해 불평하면서, 설교에서 지나친 이성적 추론보다는 예화와 이야기가 더 좋다고 말합니다. 저도 지금 바로 이렇게 하고 있습니다! 앞에서 큰 가르침을 살펴보았으니 이제 하나의 그림을 보도록 하겠습니다.

여기 성전 미문에 앉아 있는 거지에게서 그려지고 있는 인간의 모습을 보십시오. 무엇이 들립니까? 죄에 빠진 인간에 관한 진리는 무엇입니까? 그것은 이 사람이 이렇게 태어났다는 것입니다. 그는 지금과 달랐던 적이 한번도 없었습니다. 복음의 가장 큰 메시지는 우리 모두가 죄 가운데 태어났다는 것입니다. 물론 그 상태에 계속 머물러 있지는 않아도 말입니다. 우리는 죄 없이 태어나지 않았습니다. 우리는 죄에서 자유로운 상태로 태어나지 않았습니다. 다윗은 말합니다. "내가 죄악 중에서 출생하였음이여, 어머니가 죄 중에서 나를 잉태하였나이다"시 51:5. 누구든 이것을 반박하려는 것은 정말 대단한 일입니다.

세상을 보십시오. 사람들이 행동하는 방식을 보십시오. 우리 자신이 어떻게 행동하는지 보십시오. 어린아이의 문제가 무엇입니까? 어린아이는 여러분이 하지 말라고 하는 일을 합니다. 그렇다면 아이 안에 무엇이 있기에 아이는 하지 말라는 바로 그 일을 합니까? 아이가 처음으로 자신의 의지를 사용할 때 거의 예외 없이 불순종하는 것은 무엇 때문입니까? 대답은 하나뿐입니다. 우리는 백지 상태에서 시작하는 것이 아닙니다. 우리는 조상들로부터 무엇인가를 물려받은 자들입니다.

성경의 첫번째 큰 원리는, 인간이 완전하게 창조되었으나 하나님을 거역하고 죄를 지었으며 그들의 모든 후손이 죄악 중에 태어난다는 것입니다. 우리는 이것을 구약의 여러 곳에서, 그리고 세속 역사에서도 분명하게 봅니다. 이것은 전쟁과 고통과 질투와 시기와 악의와 원한과 언제나 이 세상의 인간을 무력하게 하는 모든 문제를 설명해 줍니다. 죄는 우리를 마비시킵니다. 성경 저자들은 죄는 마비라고 자주 말합니다. 죄는 무기력을 낳습니다. 이 거지는 걸을 수 없었습니다. 그는 다른 많은 것을 할 수 있었습니다. 그는 말할 수 있었고, 정치와 시사문제에 대해 논쟁할 수 있었고, 손을 내밀 수도 있었습니다. 그러나 그는 걸을 수 없었습니다. 이것이 그의 인생의 비극이었습니다. 이것이 그를 쓸모없게 만들었습니다.

이 거지는 모든 인간의 상태를 보여주는 하나의 그림입니다. 이것은 복음의 전제입니다. 하나님의 아들이 천국을 떠나 세상에 오신 것은, 바로 인간이 잃어버린 바 되었고 마비되어 무기력하기 때문입니다. 이미 보았듯이 인간은 하나님을 아는 일에 무력했습니다. "네가 하나님의 오묘함을 어찌 능히 측량하며"욥 11:7. 사람들은 탐구를 통해 많은 것을 발견할 수 있게 되었고 달 표면도 찍을 수 있지만, 하나님을 찾지는 못합니다.

인간은 참된 삶에서도 마비되었습니다. 삶이란 무엇입니까? 인간은 본질상 충만한 삶을 살 수 있습니까? 즐겁고 활기 있게 아무것도 부족함을 느끼지 않으며 살 수 있습니까? 이것이 하나님이 처음 의도하신 삶이었습니다. 아담과 하와는 완전하게 창조되었습니다. 이들은 낙원에서 아무 부족함 없이 온전한 삶을 살았습니다. 우리 자신의 노력으로 그런 삶을 찾을 수 있습니까? 우리는 참되게 살고 있습니까, 아니면 그저 존재할 뿐입니까?

우리가 보게 되는 또 다른 형태의 마비는, 인간은 마귀와 유혹과 죄를 정복하지 못하는 완전히 무능력한 존재라는 사실입니다. 전혀 죄를 짓지 않은 사람이 하나라도 있습니까? 여러분은 유혹을 받으면 언제나 물리칠 수 있습니까? 여러분은 잘못이라는 것을 알면서도 같은 일을 반복한 적이 한번도 없습니까? 언제나 비참함으로 이어지는 행동을 절대 되풀이하지 않습니까? 이러한 질문만으로도 진실을 밝히기에 충분하지 않습니까? 우리는 우리 자신을 주저앉히고 절름거리게 하는 무서운 마비증세를 앓고 있습니다. 우리는 자신이 원하는 것을 할 수 없습니다. 이것이 바울이 로마서 7장에서 간명하게 말한 문제의 핵심입니다.

그리고 무엇보다도 우리는 잘 죽을 수도 없는 자신의 무능함을 봅니다. 모든 사람이 죽어야 하지만, 영광스럽고 훌륭하며 멋진 죽음의 길이 있습니다. 그러나 우리가 성취할 수 있는 것은 아닙니다. 죽음은 끔찍한 망령입니다. 대부분의 사람들에게-그리스도 밖에 있는 모든 사람들에게-죽음은 싫고 추한 것, 생각하고 싶지 않은 것, 누군가 자신에게 상기시키는 것조차 거부하고 싶은 것입니다. 그래서 사람들은 죽음을 맞닥뜨리게 되면 어떻게 해야 하는지 모릅니다. 사람들은 무기력하고 마비된 채 홀로 남겨집니다. 사도 바울처럼 "내게 사는 것이 그리스도니 죽는 것도 유익함이니라"고 말하지 못합니다[빌 1:21].

제가 거지에 대한 묘사에서 두번째로 발견한 것은, 세상이 우리를 도울 수 없다는 것입니다. 기껏해야 자선을 베풀 뿐입니다. 세상이 거지를 위해 할 수 있었던 일이라고는 그에게 동냥하는 것뿐이었습니다. 이제 세상은 복음의 메시지를 이런 식으로 봅니다. 세상은 행위로 가득합니다. 정치, 사회, 교육, 오락 등 세상의 모든 면을 보십시오. 세상은 생각할 수 있는 모든 방면에서 노력하며 자신의 능력을 발휘하는 사람들로 가득합니다. 그러나 인간의 진정하고 궁극적인 필요라는 관점에서 볼 때, 이것은 자선에 불과합니다. 자선은 우리의 생명과 관련된 문제에는 근처에도 가지 못합니다. 우리를 전혀 도와주지 못합니다.

사도 바울은 이 점을 제시했습니다. 그는 언젠가 철학자들의 메카요, 세상 어느 곳보다 지혜가 풍성한 아덴에 갔습니다. 아덴은 철학의 고향이자, 인간의 넘치는 지혜의 고향이었습니다. 그런 곳에 작은 사도, 매우 유능한 사람이 있었습니다. 그는 철학자들과 자신 있게 견줄 수 있었지만 그렇게 하지 않았습니다. 왜 그랬습니까? 바울은 사도행전 17장에서 그 이유를 이들에게 설명했습니다. 그리고 동일한 것을 고린도전서에서도 간단히 표현했습니다. "이 세상이 자기 지혜로 하나님을 알지 못하므로"[고전 1:21]. 세상은 완전히 실패했습니다! 헬라가 줄 수 있는 모든 것이 하나님과 생명과 삶을 아는 데는 아무런 도움도 줄 수 없었습니다. 실제로, 신약시대에는 이들 지혜로운 철학자들 사이에 자살이 점점 늘어나고 있었습니다.

이 모든 것은 이미 구약성경에 설명되어 있습니다. 여러분은 전도서를 읽어 보신 적이 있습니까? 전도서는 지식과 명철을 너무나도 자랑하는 지금과 같은 시대에 꼭 읽어야 할 책입니다. 여기 지혜로운 사람이 있습니다. 아마도 솔로몬왕일 것입니다. 그는 자전적인 기록을 우리에게 남겼습니다. 그는 이렇게 말합니다. "나는 인생의 의미에 대한 해답을 찾으려고 애썼다. 가능한 모든 방법을 다 동원해 보았다. 지혜와 철학과 학문을 동원해 보았고, 쾌락의 방법도 동원해 보았다. 큰 건물과 멋진 정원과 공원도 지어 보았고, 오락과 음악도 동원해 보았다. 그러나 찾을 수 없었다." 다시 말씀드리지만, 이것이 복음서 저변에 깔린 또 하나의 큰 전제입니다. 세상은 기껏해야 자선밖에 베풀 수 없습니다.

제가 말하려는 것이 무엇인지 설명드리겠습니다. 물론 세상은 일시적인 위안을 우리에게 줄 수 있습니다. 세상은 인간의 장애를 치료할 수 없지만, 음식을 사고 어느 정도의 즐거움을 얻을 수 있는 약간의 돈을 줄 수 있습니다. 이것이 세상이 할 수 있는 전부입니다. 세상은 그 모든 지식으로도 우리 문제를 해결할 수 없습니다. 여러분이 세상의 도서관을 샅샅이 뒤지더라도, 이 책과 이 책의 메시지 그리고 거기에 근거한 책들을 제쳐 놓고는 궁극적인 문제 해결을 위한 어떤 도움도 얻지 못할 것입니다. 오락거리는 많이 얻을지도 모릅니다. 우리 모두는 책에서 즐거움을 얻지 않습니까? 어떤 의미에서, 소설은 여러분을 도와줄 수 있습니다. 여러분은 소설에 묻혀 자신의 문제를 잊을 수 있기 때문입니다. 또는 영화를 보거나 텔레비전을 보며, 잠시 행복감을 느낄 수 있습니다. 그렇지만 그것도 잠시, 여러분은 자신에게 여전히 문제가 있다는 사실을 다시 떠올리고 조금 전의 자신으로 돌아갈 것입니다.

술도 다른 많은 쾌락과 마찬가지의 효과가 있습니다. 훌륭한 음악과 거기서 얻는 기쁨에 대해 하나님께 감사하십시오. 그러나 최고의 음악도 생명과 삶의 문제를 해결할 수 없습니다. 그 음악을 작곡한 사람들조차도 문제를 갖고 있었습니다. 그렇습니다. 이런 것들은 우리로 하여금 잠시 고통을 누그러뜨리게 합니다. 이것들은 일시적인 행복을 줍니다. 이것들은 나로 하여금 문제를 잊게 해줍니다. 나를 잘 지내게 해줍니다. 그러나 한 가지가 끝날 때마다 내게는 또 다른 것이 필요합니다. 나는 만족하지 못합니다. 나는 여전히 마비되어 있습니다. 나는 걸을 수 없습니다. 이 모두가 사도행전 3장 첫 부분의 그림에서 우리 앞에 제시된 것들입니다. 세상이 줄 수 있는 모든 것을 우리에게 주었을 때도, 근본적인 문제들은 여전히 접근도 못한 채 남아 있습니다.

제가 이 사람에 관해서 보는 세번째 사실은, 그가 교회에 잘못된 것들을 기대한다는 것입니다. 베드로와 요한이 성전에 올라가려 할 때 그는 적선을 바랐습니다. "베드로가 요한과 더불어 주목하여 이르되 우리를 보라 하니 그가 그들에게서 무엇을 얻을까 하여 바라보거늘." 그의 잘못은 바로 이 부분이었습니다. 이것은 우리 시대의 비극이기도 합니다. 세상은 교회가 줄 수 없는 것을 구하고 있습니다. 이것이 제가 이 시리즈 설교를 하고 있는 이유입니다. 교회와 교회의 메시지와 역할에 대한 아주 잘못된 개념이 있습니다. 그래서 세상은 마비되었고, 교회도 어떤 의미에서 마비되었습니다. 교회가 이 잘못된 개념-"그들에게서 무엇을 얻을까 하여"-을 조장하기 때문입니다.

세상은 교회로부터 온갖 것을 기대하고 있습니다. 교회가 도덕적 가르침, 이른바 "도덕적 향상"을 줄 것이라고 기대하는 사람들이 있습니다. 19세기, 유명한 남학교인 럭비스쿨의 교장 토마스 아놀드Thomas Arnold 박사는, 기독교의 직무는 우리를 꽤 괜찮은 신사로 만드는 것이라고 했습니다. 그는 기독교를 "감정이 조금 곁들여진 도덕"이라고 정의했습니다. 그러나 이것은 기독교가 아닙니다.

대성당을 자주 찾는 사람들이 있습니다. 하지만 무엇을 위해서입니까? 멋진 음악을 듣기 위해서입니다. 마치 멋진 음악을 들려주는 것이 교회의 임무인 것처럼 말입니다! 또 어떤 사람들은 조각과 건축물을 보기 위해 대성당을 찾습니다. 이것 또한 교회의 업무인 것처럼 말입니다. 여러분이 보시다시피, 우리는 완전히 길을 잃어버렸습니다.

또 어떤 사람들은 철학적 가르침과 박식한 강연을 들으러 교회에 갑니다. 마치 교회의 임무가 사람들의 지성을 만족시키고, 냉정하게 반대이론을 제시하는 것인 양 말입니다. 여러분은 절대 열정적이어서는 안됩니다. 항상 초연하고 지혜로우며 학식 있고 차분해야 합니다.

생각들을 제시하고 그것들을 평가해야 합니다! 이것이 교회의 일입니까? 그러나 어떤 사람들은 교회로부터 이것을 기대합니다.

또 제가 보기에 교회에서 심리치료를 기대하는 사람들도 있습니다. 더욱이 이런 사람들이 점점 많아지고 있습니다. 이런 현상은 놀라운 것이 아닙니다. 세상은 문제에 빠져 있고, 사람들은 불행합니다. 노이로제가 늘어가고, 심리치료는 그 약속을 지키지 못했습니다. 프로이트의 시대가 시작될 때 모든 문제가 해결될 것처럼 말하는 것을 들은 것이 기억납니다. 그러나 이런 일은 일어나지 않았고, 우리는 물리적인 방법과 새로운 약에 의지하고 있습니다. 세상은 혼돈스럽습니다. 의사들을 포함해 사람들은 "교회가 우리를 도울 수 있을까?" 하고 묻습니다. 정부는 성직자와 의사들 사이의 협력－사람들의 마음을 좀 더 편안하게 해주기 위한 심리치료－을 장려합니다. 교회를 잠시 자신의 문제를 잊을 수 있는 곳으로 생각하는 사람들이 많습니다. 여러분은 찬송을 부르고 교회는 심리치료를 하며, 소위 "긍정적인 사고"라는 것을 주입합니다. 교회는 여러분에게 기운을 내라, 여러분이 볼 수만 있다면 먹구름 뒤에는 언제나 태양이 있다, 그러니 상황은 보이는 것만큼 그렇게 나쁘지 않다고 설득합니다. 그러나 이것은 사람들을 잠시 기분 좋게 하는 것이 교회의 업무인 것처럼 기독교의 이름으로 가장한 다양한 사이비 종교들일 뿐입니다. 저는 이것을 "자선 베풀기"라고 말합니다.

또 어떤 사람들은 정치적 선언, 정치적 행동과 개혁을 위한 의무를 기대합니다. 이들에 따르면, 교회는 항상 정치가들의 활동에 대해 의견을 제시해야 하고, 해야 할 일들을 강력하게 주장하거나 이런저런 것에 항거해야 합니다. 또 어떤 사람들은 교회의 임무를 순전히 사회사업과 구제라고 생각합니다. 그러나 이것은 세상이 혼자서도 할 수 있는 일입니다. 이것은 세상이 하는 일입니다. 이것은 교회의 일이 아닙니다. 그렇다고 교회가 이런 일을 해서는 안된다는 뜻이 아닙니다. 다만 이 일들이 교회의 주된 업무는 아니라는 뜻입니다. 이것을 베드로는 "은과 금은 내게 없거니와"라는 유명한 말로 아주 분명하고 단호하게 표현했습니다. 제게도 이것을 기대하지 마십시오. 우리가 여기 있는 것은 이것을 주기 위해서가 아닙니다.

여러분은 교회에서 바른 것을 구하고 있습니까? 여러분은 이 어려운 세상에서 교회로부터 무엇을 기대하고 있습니까? 제가 지금까지 말씀드린 것들 가운데 하나입니까? 교회는 이런 일을 하려고 이 땅에 존재하는 것이 아닙니다. 교회는 이런 일을 할 자격이 없습니다. 제가 누구기에 세상의 정치가들에게 어떻게 하라고 말하겠습니까? 저는 모든 사실을 다 알지도 못합니다. 여러분처럼 제게도 제 의견이 있습니다. 그러나 제 의견을 여러분 앞에 제시함으로써 여러분을 모욕하지 않겠습니다. 이것은 제 소명이 아닙니다. 제가 여기에 서 있는 목적도 아닙니다. "은과 금은 제게 없습니다."

그렇다면 교회는 무엇을 할 수 있습니까? 다시 한번, 베드로는 우리에게 말합니다. "은과 금은 내게 없거니와 내게 있는 이것을 네게 주노니." 12세기의 어느 로마 교황에 관한 이야기가 있습니다. 그는 토마스 아퀴나스와 함께 성 베드로 성당과 바티칸을 둘러보고 있었습니다. 그때 교황이 금과 은으로 장식된 건물들을 가리키며 말했습니다. "토마스, 교회는 더 이상 '은과 금은 내게 없거니와'라고 말할 수 없겠네."

그 말에 토마스는 이렇게 대답했습니다. "그런 것 같습니다. 하지만 그것만이 아닙니다. 교회는 더 이상 '일어나 걸으라'라고도 말하지 못합니다."

그러나 바로 이것이 교회의 사명입니다. "내게 있는 이것을 네게 주노니 나사렛 예수 그리스도의 이름으로 일어나 걸으라."

교회가 이 땅에 존재하는 것은 정치를 논하거나, 음악을 연주하거나, 철학강연을 하거나, 예술품을 만들어 내거나, 사회를 개선하거나, 심리치료를 행하기 위해서가 아닙니다. 누구든지 저의 작은 목회에 의존하는 일이 없기를 바랍니다. 여러분은 그저 일시적인 위안을 얻기 위해, 잠시 자신의 염려를 잊어버리고 행복감을 느끼기 위해 교회에 갑니까? 만약 그렇다면, 하나님께서 여러분을 불쌍히 여기시기를 바랍니다! 교회의 과제는 인간의 진짜 문제를 다루는 것입니다. 자선을 베푸는 것이 아니라 마비를 치료하는 것입니다. 이것이 교회만의 독특한 메시지이며, 이것이 교회를 해 아래 다른 모든 조직과 구별되게 합니다. 교회는 영혼의 전문가입니다. 교회는 문화센터나 상담소, 사회단체가 아닙니다. 교회의 소명과 임무는 인간의 영혼을 치료하며, 그들을 마비시키는 원인을 찾아내 치료하는 것입니다. 인간의 문제는 지성이나 감성이나 다른 어디에 있는 것이 아니라, 바로 영혼에 있습니다. 영혼이야말로 존재의 본질이며 삶의 중심입니다.

인간의 문제는 지식의 부족 때문이 아니라 죄성에 있습니다. 지식은 넘칩니다. 인간은 전쟁이 미친 짓이라는 것을 이론적으로는 알고 있습니다. 그러나 이러한 지식이 전쟁을 막지는 못합니다. 지나친 음주는 미친 짓이라는 것을 잘 알면서도 인간은 과음합니다. 인간의 문제는 바로 이러한 영혼의 마비입니다. 이것이 이들을 비뚤어지게 하고, 끌어내리며, 이들로 하여금 길을 잃게 합니다. 영혼의 마비는 곧 하나님으로부터의 분리입니다. 이것은 인간의 존재법칙을 어기는 것입니다. 이것이 문제입니다.

오늘날 세상의 문제는, 인간이 하나님을 알지 못하고 어떻게 살아야 할지를 알지 못하며 어떻게 죽어야 할지도 알지 못한다는 것입니다. 직접적으로 당면한 중요한 문제입니다. 이것은 삶의 모든 비극과 불행과 실패와 수치와 후회와 고통과 비통함과 상심으로 이어집니다. 이것이 문제입니다. 과학지식이 여러분이 살아가는 데 도움이 안된다면 그것이 무슨 소용이 있습니까? 멋진 음악이 여러분을 죄의 노예에서 건지지 못한다면 그 음악에 전율한들 무슨 소용이 있습니까? 여러분이 자신의 기질을 제어하지 못한다면 예술품을 보고 감탄하며 자신의 놀라운 문화적 소양을 보여주는 것이 무슨 소용이 있습니까? 결국 세상의 문제는, 자신이 가졌던 하나님의 형상을 거의 알아볼 수 없을 정도로 손상시켜 버린 타락한 인간 영혼의 문제입니다. 잠재된 위대함의 가능성 때문에 인간 대부분은 동물보다 더 못합니다. 인간은 크면서도 작고, 성취하면서도 실패하는 존재입니다. 이렇게 모순되며,

역설적인 존재가 인간입니다. 이것이 본질적인 문제입니다.

교회가 이 땅에 존재하는 것은, 무엇보다도 먼저 여러분의 영혼이 어떻게 구속받고 하나님과 바른 관계를 회복할 수 있는지, 여러분이 어떻게 견고히 설 수 있으며, 여러분의 마비된 것이 어떻게 치료될 수 있는지를 알아야 한다는 것을 말해 주기 위해서입니다. 교회는 여러분에게 자선을 베풀지는 않지만 철저하고 완전한 치료를 해줍니다.

그렇다면 교회는 어떻게 이 일을 합니까? 저는 여러분 마음에 바로 이것을 심어 주고 싶습니다. 베드로는 "은과 금은 내게 없거니와 내게 있는 이것을 네게 주노니 나사렛 예수 그리스도의 이름으로 일어나 걸으라" 말했습니다. 여기에 메시지가 있습니다. 나사렛 예수 그리스도입니다. 우리의 메시지는 철학자들이나 인간의 지혜에서 나온 것이 아닙니다. 베드로는 "나사렛 예수 그리스도"에 대해 말했습니다 ^{행 3:16}. 예수는 베들레헴에서 태어난 아기, 나사렛에서 살았고 일한 사람입니다. 그리스도는 메시아, 약속된 구원자, 부활과 성령강림으로 증명된 육으로 오신 하나님입니다. 예수 그리스도는 육으로 오신 성자 하나님입니다. 사도들의 모든 위대한 가르침이 이 두 단어에 요약되어 있습니다.

그리고 나사렛이 있습니다. 나다나엘은 "나사렛에서 무슨 선한 것이 날 수 있느냐"고 물었습니다^{요 1:46}. 세상이 그분을 배척한 것은 그분을 멸시했기 때문입니다. 세상은 이렇게 말했습니다. "세상의 구주가 목수라니, 아니, 나사렛이라는 곳에서 메시아가 나온다는 게 말이나 돼?" 베드로는 그분이 나사렛 예수라는 사실을 이들에게 철저히 각인시켰습니다. 멸시받은 그분이 바로 영광의 주님이시며 세상의 구원자이십니다. 그분만이 유일한 구원자이시며, 그분 안에 모든 것이 있습니다. 베드로는 사실 이렇게 말했습니다. "그분이 없다면, 우리는 아무것도 아닙니다. 그러나 그분 안에서 우리는 엄청난 존재입니다. 우리는 그분의 대리자들입니다. 우리는 그분의 손과 발과 같은 존재입니다. 우리는 그분의 몸이며, 그분은 지금 우리를 통해 일하고 계십니다."

베드로는 "나사렛 예수 그리스도의 이름으로"라고 말했습니다. 그분은 하나님이시며, 아들이시며, 영원한 아들이십니다. 그분이 세상에 오셨습니다. 그분은 사셨습니다. 그분은 죽으셨습니다. 그분은 부활하셨습니다. 무엇을 위해서입니까? 구속을 이루시기 위해, 잃어버린 바 되고 하나님과 단절된 인간 영혼의 근본적인 문제를 해결하기 위해서입니다. 이것이 베드로가 이 거지에게 말한 것입니다. "잘 들으세요. 나는 당신을 나사렛 예수 그리스도와 연결시켜 주기 위해서 여기 있습니다. 하나님께 감사하세요. 이것이 아직도 우리의 메시지입니다. 하나님의 그리스도, 나사렛 예수는 살아계십니다. 그분은 하늘의 하나님 우편에 앉아 계시며, 이 세상 사람들에게 말씀하고 계십니다. '하늘과 땅의 모든 권세를 내게 주셨으니'마 28:18. 여러분에게 필요한 것이 무엇이든지, 그분은 줄 수 있고 우리가 필요한 모든 것을 무한히 주실 수 있습니다. 그분이 이 세상에 오신 것은, 우리의 근본적인 문제, 마비된 우리 영혼을 고쳐 주시기 위해서입니다." 베드로와 마찬가지로, 저는 여러분을 구원할 수 없지만 그분은 하실 수 있습니다. 긍휼과 능력이 충만하신 그분께서 여러분을 내려다보고 계십니다. 그분은 여러분의 마비된 영혼에 대해 모든 것을 아십니다. 그분이 이 세상에 오신 것은 바로 이 때문입니다. 그분은 여러분을 치료하실 수 있습니다. 그분은 저를 사용하셔서 이것을 여러분에게 말씀하고 계십니다.

더욱이, 그분이 우리를 위해 하시는 일은 우리의 모든 기대를 완전히 초월합니다. 우리는 와서 동냥을 기대합니다. 이 불쌍한 사람은 베드로와 요한이 자신에게 말할 때에도 무언가를 얻을까 하는 기대로 그들을 쳐다보았습니다. 그런데 그가 받은 것은 너무나 놀라운 것이었습니다! 그는 뭔가 평범하지 않은 선물을 얻는다고 생각한 것 같습니다. 그러나 그가 받은 것은 그가 상상도 하지 못한 것입니다. 그는 이미 소망을 잃은 상태였기 때문입니다. 그는 성전 미문에 앉아 있었고, 세상은 아무것도 할 수 없었습니다. 이 두 사람은 어떤 사람들이었습니까? 이들은 별 볼 일 없어 보였습니다. 그러나 잠시 후, 그가 어떻게 되었는지 보십시오. 그는 걷고 뛰며, 하나님을 찬양하고 성전으로 뛰어들어 갔습니다. 이 일로 인해 예루살렘에는 전에 없던 큰 소동이 벌어졌습니다.

이것은 우리에게 무엇을 의미합니까? 우리가 그리스도 안에서 얻는 것은, 단순히 일시적 고통의 경감이 아니라 근원적 치유입니다. 무엇에 대한 치유입니까? 여기 나의 문제가 있습니다. 나의 죄, 특히 임종의 순간 떠오르는 과거의 죄가 내 앞에 있습니다. 내가 어떻게 하나님과 대면할 수 있습니까? 나는 하나님 앞에 설 수 없습니다. 나는 무력합니다. 나는 마비되었습니다. 그러나 그리스도께서 십자가에 죽으심으로 이 모든 문제를 해결하셨습니다. 하나님께서 우리를 완전히 용서하십니다. 여러분이 하나님의 아들과 그분이 세상에 오신 목적을 믿는다면, 하나님께서는 여러분의 죄를 결코 다시 기억하지 않으시리라는 것을 확인시켜 주십니다. 하나님은 그리스도에게서 여러분의 죄를 벌하셨습니다. 그리스도께서는 단번에 여러분의 죄를 모두 담당하셨습니다.

그러나 그분은 용서에서 그치지 않으십니다. 생명이 필요한 우리에게 그분은 참된 생명, 더욱 풍성한 생명을 주십니다. 복음은 거듭남, 새로운 탄생, 새로운 시작, 새로운 출발을 제시합니다. 복음은 성령께서 여러분 안에 거하시며 여러분에게 능력과 힘을 주시리라고 말합니다. 베드로가 이 사람의 손을 잡고 일으켜 세웠을 때, 그리스도께서 베드로를 통해 그를 일으키셨습니다. 성경은 이렇게 말합니다. "발과 발목이 곧 힘을 얻고 뛰어 서서 걸으며 그들과 함께 성전으로 들어가면서 걷기도 하고 뛰기도 하며 하나님을 찬송하니." 이것이 바로 기독교가 하는 일입니다. 이것은 하나님께서 우리를 용서하시리라는 소망 가운데 행하는 힘든 일이나 고통스러운 의무가 아닙니다. 절대 아닙니다. 이것은 죄가 용서되었음을 아는 지식입니다.

그는 걷고 뛰며 하나님을 찬양했습니다. 이 거지는 평생 처음으로 걸을 수 있었습니다. 마비는 사라졌습니다. 그는 충만한 삶을 살 수 있게 되었습니다. 이것이 복음의 약속이며 제안입니다.

"곧"이라는 단어에도 주목하십시오. "발과 발목이 곧 힘을 얻고." 이것이 메시지의 핵심 부분입니다. 복음의 메시지는 여러분에게 "이것과 저것을 시작하라, 성경을 읽고 기도하라, 이것과 저것을 중단하라, 교회에 오라, 그러면 잠시 후 당신은 점차적으로 그리스도인이 될 것이다"라고 말하지 않습니다. 곧, 지금, 당장입니다. 조금도 지체함이 없습니다. 이것은 여러분이 해야 하는 일이 아닙니다. 이것을 행하시는 분은 그리스도이십니다. "나사렛 예수 그리스도의 이름으로 걸으라." 이것은 오직 믿음으로 의롭게 된다는 것을 보여줍니다.

> 네가 더 나아질 때까지 기다린다면
> 너는 결코 오지 못하리라.
> —조셉 하트 Joseph Hart

> 내 모습 이대로, 한마디 변명 없이.
> —샬롯 엘리엇 Charlotte Elliott

이것은 초대입니다. 이것은 순전히 은혜입니다. 이것은 하나님의 선물이며, 부활하신 그리스도의 역사입니다. 모든 능력이 그분에게 있습니다. 그분은 기적을 행하시는 분이십니다. 그분은 여러분에게 당신의 생명을 주실 것인데, 지금 주실 것입니다. 그분은 여러분에게 아무것도 요구하지 않으십니다. 다만 여러분이 자신의 필요를 깨닫기를 원하십니다. 그분은 여러분에게 어떤 행위를 요구하지 않으십니다. 그분은 여러분에게 어떤 결과물을 내놓으라고 요구하지 않으십니다. 그분은 말씀하십니다. "건강한 자에게는 의사가 쓸데없고 병든 자에게라야 쓸데 있느니라. 나는 의인을 부르러 온 것이 아니요 죄인을 부르러 왔노라"막 2:17. 여러분은 마비되었습니까? 여러분은 소망이 없습니까? 기억하십시오. 그분은 생명이십니다. 그분은 능력이십니다. 그분은 여러분이 필요한 모든 것을 가지고 계시며, 그것을 여러분에게 당장 주시기를 원하십니다.

단, 한 가지 조건은 있습니다. "베드로가 요한과 더불어 주목하여 이르되 우리를 보라 하니." 다시 말씀드리지만, 이것이 가장 중요합니다. 이 불쌍한 사람은 너무나 절망적이 되어서, 자선을 베푸는 사람들을 쳐다보지도 않았습니다. 아마도 조금은 냉소적이 되어 모자를 거기다 둔 것 같습니다. 그러고는 이 친절한 사람들이 무언가를 주는데도 쳐다보지도 감사하지도 않았습니다. 이렇게 해서 구걸이 하나의 습관이 되어 버렸습니다. 그래서 베드로는 "우리를 보라"고 했고 그는 두 사람을 쳐다본 것입니다. 사실 베드로는 이 사람에게 이렇게 말하고 있었습니다. "사랑하는 형제여, 우리를 보세요. 우리는 평범한 사람들이 아닙니다. 우리는 성전으로 들어가면서 당신 모자에 적선하는 대부분의 사람들과 다릅니다. 우리를 보세요. 우리는 그리스도의 사도들입니다. 우리는 그리스도 예수 안에 있는 새사람이며, 성령으로 충만합니다. 우리는 인간에 불과한 것이 아니라 영원하신 하나님의 대리자들입니다. 제가 하는 말에 집중하십시오."

저도 지금 같은 말을 하고 있습니다. 기독교의 구원이 주는 유익을 알고 싶습니까? 그러면 주목하십시오. 여러분이 반신반의하면서 이 복음을 듣는다면, 여러분은 계속해서 마비된 채 있게 될 것입니다. 여러분은 자신을 온전히 이 복음에 맡겨야 합니다. 여러분 스스로 무엇이든 할 수 있다고 생각하는 한, 여러분은 계속해서 마비된 채 있게 될 것입니다. 베드로는 "우리를 보라"고 했습니다. 여러분은 교회 메시지에 전념해야 합니다. 다른 것은 모두 잊으십시오. 이것이 전부입니다.

우리는 필사적이 되어야 합니다. 이 거지가 그러한 것처럼 모든 것을 버리고 이 복된 지식에 귀를 기울여야 합니다. "그가⋯⋯바라보거늘." 이 부분은 이렇게 해석될 수 있을 것입니다. "그의 마음은 그들에게로 향하여 떠날 줄 몰랐다." 그는 아직도 잘못된 채 갈피를 못 잡고 있었습니다. 그러나 어쨌든 그는 이 특별한 두 사람에게 집중했습니다.

그때 자유롭게 하는 말씀이 주어졌습니다. 언제나 이런 식입니다.

이것은 위대한 어거스틴에게도 일어났습니다. 그는 모든 위대한 철학지식과 탁월한 지성을 갖고도 도덕적 질병을 앓고 있었습니다. 실패했으며, 행복하지 못했고, 벼랑 끝에 매달려 있는 것과 같았습니다. 그러나 "일어나 읽으라!"는 음성이 들렸습니다. 그는 일어나 읽었습니다. 그는 흐트러지지 않게 주의를 집중했고, 결국 자유롭게 하는 말씀을 들었습니다. 영적으로 어거스틴은 일어나 걷고 뛰면서 하나님을 찬양했습니다.

저는 전혀 자격 없는 사람입니다. 제가 설교자가 된 이유는 하나뿐입니다. 그분이 저를 부르셨고 여기에 세우셨기 때문입니다. 저는 그분의 메시지를 전달하는 자일 뿐입니다. 다른 것은 아무것도 없습니다. 그분의 능력, 그분의 명령만 있을 뿐입니다. 그리고 그분은 무기력과 비참함 속에 소망을 잃고 있는 여러분에게, 냉소와 완전한 절망 가운데 빠져 있는 여러분에게, 저를 통해 말씀하고 계십니다. "나사렛 예수 그리스도의 이름으로 걸으라."

"주 예수를 믿으라. 그리하면 너와 네 집이 구원을 받으리라"[행 16:31]. 아멘.

17

아브라함과 이삭과 야곱의 하나님

베드로가 이것을 보고 백성에게 말하되 이스라엘 사람들아, 이 일을 왜 놀랍게 여기느냐. 우리 개인의 권능과 경건으로 이 사람을 걷게 한 것처럼 왜 우리를 주목하느냐. 아브라함과 이삭과 야곱의 하나님 곧 우리 조상의 하나님이 그의 종 예수를 영화롭게 하셨느니라. 너희가 그를 넘겨주고 빌라도가 놓아주기로 결의한 것을 너희가 그 앞에서 거부하였으니 너희가 거룩하고 의로운 이를 거부하고 도리어 살인한 사람을 놓아주기를 구하여 생명의 주를 죽였도다. 그러나 하나님이 죽은 자 가운데서 그를 살리셨으니 우리가 이 일에 증인이라. 그 이름을 믿으므로 그 이름이 너희가 보고 아는 이 사람을 성하게 하였나니 예수로 말미암아 난 믿음이 너희 모든 사람 앞에서 이같이 완전히 낫게 하였느니라. 형제들아, 너희가 알지 못하여서 그리하였으며 너희 관리들도 그리한 줄 아노라. 그러나 하나님이 모든 선지자의 입을 통하여 자기의 그리스도께서 고난받으실 일을 미리 알게 하신 것을 이와 같이 이루셨느니라.

사도행전 3:12-18

지난 시간에는 걷지 못하던 사람이 완전히 나아서 걷고 뛰며 하나님을 찬양하면서 성전에 들어가는 모습까지 살펴보았습니다. 물론 이로 인해 한바탕 소동이 벌어졌습니다. 그가 누구인지 아는 사람들은 일어난 일에 크게 놀랐습니다. 베드로와 요한 곁에 머물러 있는 그를 본 사람들 모두가 그들이 있는 성전 바깥뜰의 솔로몬 행각으로 달려왔습니다. 이 광경을 본 베드로는 몰려온 사람들에게 설교를 시작했습니다. 설교 내용이 3장 끝까지 기록되어 있습니다.

우리는 지금까지 사도행전 2장에 나오는 베드로의 오순절 설교를 살펴보았고, 이제부터는 그의 다음 설교를 살펴보려고 합니다. 이 두 편의 설교가 우리에게 중요한 이유는, 이 설교에서 기독교의 참된 메시지를 눈으로 확인하기 때문이며, 무엇보다도 앞에서 보았듯이 이 메시지야말로 오늘날 세상에 꼭 필요한 것이기 때문입니다.

사람들이 모여들었고 걷지 못하던 자에게 무슨 일이 일어났는지 알고 싶어했습니다. 베드로는 이 기회를 놓치지 않고 모여든 사람들에게 나타난 이 새로운 사건-곧 교회-에 관해 말하고 교회의 메시지를 전했습니다. 이것은 성경과 관련된 아주 놀라운 사실입니다. 성경에서는 먼저 그림, 곧 극적인 사건이 나오고 그다음 여기에 대한 설명이나 설교, 가르침이 나옵니다. 우리도 이것이 필요합니다.

먼저 베드로의 설교를 전체적으로 살펴보겠습니다. 이 설교는 너무나 풍성하며 너무나 놀라운 설교입니다. 물론 여기 기록된 것은 설교의 핵심 부분입니다. 의심할 여지 없이, 설교 전체는 이보다 훨씬 길었을 것입니다. 여기에는 사도들이 처음에 했던 위대한 설교들이 요약되어 있습니다. 그렇다면 그 가르침은 무엇입니까?

겉으로 확연히 드러나는 첫번째 큰 원리는, 기독교가 하나의 사건이라는 것입니다. 기독교는 일차적으로 또 본질적으로 가르침으로만 그치지 않습니다. 물론 기독교에는 가르침이 있고 설교가 바로 가르침이지만, 기독교는 본질적으로 일어나는 그 무엇입니다. 이미 일어난 그 무엇이고, 지금 일어나고 있는 그 무엇이며, 장차 일어날 그 무엇입니다. 다시 사도행전 1장으로 돌아가 보겠습니다. "데오빌로여, 내가 먼저 쓴 글에는 무릇 예수께서 행하시며 가르치시기를 시작하심부터 그가 택하신 사도들에게 성령으로 명하시고 승천하신 날까지의 일을 기록하였노라." 누가는 이렇게 말한 것입니다. "각하, 예수께서 행하기 시작하신 모든 것에 대해서는 이미 말씀드렸습니다. 이제는 그분이 계속하신 일, 그분이 앞으로 하실 일을 말씀드리겠습니다."

거지를 주시하던 무리들이 "심히 놀랍게 여기며 놀랐습니다"행 3:10. 이런 놀라움은 11절에서도 반복됩니다. "모든 백성이 크게 놀라며 달려 나아가……." 2장에서도 똑같은 모습을 볼 수 있습니다. 성령께서 사도들과 다른 사람들에게 임하시자 이들은 각기 다른 방언으로 말하기 시작했습니다. 세계 각지에서 예루살렘으로 와 살고 있던 경건한 사람들은 "다 놀라 신기하게 여겨 이르되……우리가 우리 각 사람이 난 곳 방언으로 듣게 되는 것이 어찌 됨이냐.……다 놀라며 당황하여 서로 이르되 이 어찌 된 일이냐"고 했습니다행 2:7-8, 12. 이것이 제가 사용하는 사건이라는 말의 의미입니다. 기독교는 이렇게 시작되었고 일어난 그 무엇입니다.

오늘날 너무나 많은 사람들이 바로 이 부분을 놓치고 있습니다. 이것은 기독교의 메시지와 복음의 전체적인 목적에 대한 가장 비통하고 치명적인 오해 가운데 하나입니다. 사람들은 언제나 기독교를 윤리적·정치적 가르침으로 깎아내리거나, 더욱 심각하게는 일종의 종교적 가르침으로 깎아내립니다. 바꿔 말하면 유교나 불교나 이슬람교 등 소위 세상 큰 종교의 위대한 가르침 가운데 하나로 여기고 있습니다. 이런 종교들은 가르침에 불과합니다. 이들은 자신들이 가르침이 아닌 다른 무엇이라고 주장하지 않습니다. 이들은 어떻게 살아야 하느냐에 관한 가르침이며, 종교의 형태를 띤 철학입니다. 위험한 일은 사람들이 기독교 신앙을 이런 부류에 포함시키는 것입니다. 사람들은 기독교를 하나의 관점으로, 삶에 대한 하나의 태도로 축소합니다. 그러나 우리는 사도행전 처음부터 이것이 사실이 아님을 보게 됩니다. 기독교는 특별합니다. 기독교는 역사적입니다. 기독교는 사건입니다. 기독교는 일차적으로 일어난 일입니다. 그 뒤에 이어지는 것이 일어난 일을 설명해 주는 가르침입니다. 이것은 신약성경뿐 아니라 구약성경에도 그대로 적용됩니다.

구약성경은 일차적으로는 역사책입니다. 구약성경은 일어난 일들을 말해 줍니다. 예를 들어 출애굽기 3장에 나오는 모세의 이야기를 보겠습니다. 애굽에서 도망쳐야 했던 모세는 40년간을 미디안 땅에서 목자로 생계를 이어 가며 살았습니다. 양떼를 몰고 산 너머 푸른 초장을 향해 가고 있던 그는, 의심할 여지 없이 절망에 빠져 있었습니다. 자신이 도망쳐야 했던 애굽에 남아 있는 동족에 대해서도 아마 더 이상 생각하지 않았던 것 같습니다. 모세는 바로 공주의 아들로 양육을 받던 좋은 시절과 자기 앞에서 번쩍이던 화려한 것들을 다 잊었습니다. 모든 것이 지나간 역사였습니다. 이제 모세는 여느 목자들처럼 양떼를 돌보는 한 사람의 목자일 뿐이었습니다.

그러던 어느 날, 양떼를 몰고 호렙산 근처 "광야 서쪽"출 3:1으로 가던 모세는 갑자기 하나님께 사로잡혔습니다. 모세는 앉아서 책을 읽고 있지 않았습니다. 그는 인생에 대해 깊은 생각에 잠기거나 자신의 인생 계획과 실존을 궁구하고 있었던 것이 아니었습니다. 전혀 그렇지 않았습니다! 모세는 너무나도 일상적인 생업 한가운데서 갑자기 무엇인가와 마주쳤습니다. 그게 무엇이었습니까? 하나의 사건, 불꽃이 나지만 타지는 않는 떨기나무였습니다. 모세는 이것을 보고는 "내가 돌이켜 가서 이 큰 광경을 보리라"고 했습니다3절. 모세가 떨기나무를 살펴보려 할 때 음성이 들렸습니다. 이것이 하나님과의 만남, 곧 하나의 사건이었습니다.

우리는 기독교가 일종의 이론적인 가르침이라는 낡은 생각을 버려야 합니다. 지성과 학식을 자랑하는 이 시대처럼 기독교가 일종의 이론적 가르침이라는 말을 자주 한 적도 없습니다. 기독교는 철학이 아닙니다. 그것이 대학과 학계의 공식적인 철학이든 신문과 저널의 유사 철학이든 사실 어떤 형태를 띠든지, 철학은 기독교의 가장 큰 적입니다. 기독교는 일어나는 그 무엇이며, 우리 앞에 나타나는 그 무엇이고, 우리와 마주하는 그 무엇입니다. 사도행전 3장에서 사람들이 모여든 것도 바로 기적의 사건, 곧 나음을 입은 사람 때문입니다. 앞에서 오순절 성령강림 사건과 그로 인해 사도들과 다른 사람들에게 나타난 기이한 결과 때문에 사람들이 모여든 것과 같습니다.

여러분에게 기독교가 하나의 사건으로 다가온 적이 있습니까? 그렇지 않다면, 여러분은 기독교를 전혀 모르는 것입니다. 많은 사람들이 그렇듯이, 여러분도 기독교에 대해 이론적 관심을 가질 수 있습니다. 저도 오랜 세월 동안 그렇게 했습니다. 기독교에 대해 순전히 지적인 관심만 가졌습니다. 이런 관심은 아주 매혹적이지만 진짜는 아닙니다. 한 사람이 진정한 그리스도인이 되는 것은 하나의 사건, 곧 자신을 사로잡는 그 무엇, 마음을 흔들어 놓는 그 무엇, 설명할 수 없는 그 무엇을 대면할 때입니다. 그러므로 우리 마음에 가장 먼저 떠오르는 것도 이것이며, 메시지의 본질도 이것입니다. 교회는 수많은 시대를 당혹스럽게 한 사건입니다. 교회는 우리 세대도 당혹스럽게 하고 있습니다. 교회는 어떻게 여전히 존재합니까? 다른 많은 조직들은 나타났다가 사라졌는데, 어째서 교회는 아직도 계속되고 있습니까?

기독교 신앙은 인간의 삶을 변화시키는 그 무엇입니다. 기독교 신앙은 성도를 낳습니다. 기독교 신앙은 사건의 연속입니다. 사도행전을 읽고 기원후 몇 세기 동안의 역사를 읽어 보면 이 사실을 확인하게 될 것입니다. 그리스도인들에게는 무엇인가가 있었습니다. 그러나 아무도 그것을 이해하지 못했을 뿐 아니라 막을 수도 없었습니다. 유대인들이 막으려 했고 로마인들도 막아 보려 했습니다. 혹독한 박해 때문에 교회는 계속해서 지하로 피할 수밖에 없었지만, 그래도 교회는 계속되었습니다. 사람들이 그리스도인들을 죽이고 모든 지도자들을 죽이려 했지만, 우리가 알듯이 "순교자들의 피는 교회의 씨앗이었습니다."

18세기 초, 영국의 도덕적·종교적 상황은 오늘날의 상황보다 훨씬 더 나빴습니다. 『웨슬리 이전과 이후의 영국』*England Before and After Wesley* 이라는 책을 보면 이와 관련된 내용을 확인할 수 있습니다. 타락과 죄악이 가득했습니다. 제 기억이 맞다면, 이 책에는 1/2페니나 1페니만 주면 술을 마실 수 있는 런던의 한 술집이 나옵니다. 거기에 조금만 더 얹어 주면 술이 깰 때까지 누워 있을 수 있는 자리까지 제공하는 곳입니다. 더욱이 하노버 왕조 시대에는 악마숭배가 만연했습니다. 그러나 그때 어떤 일이 일어났습니다. 하나의 사건, 곧 강력한 부흥이 일어나 온 영국이 변했습니다. 사람들이 인생의 시궁창 같은 타락에서 벗어나 씻음받고 깨끗해지고 변화되어 새사람이 되었습니다. 여러분은 이 사건에 비춰 보지 않고는 19세기나 20세기의 역사를 설명할 수 없습니다. 이 모든 일이 교회를 통해 일어났습니다.

이제 한 가지 질문을 드리겠습니다. 여러분은 예루살렘 사람들처럼 기독교의 메시지에 사로잡힌 적이 있습니까, 아니면 자신이 그 메시지를 간파했고 그 모든 것을 이해한다고 느끼십니까? 여러분은 자신을 끌어들이는 것을 대면한 적이 있습니까? 그리스도인이 되는 첫 단계는 언제나 이것입니다.

그러나 지금은 이 모든 일에 대해 베드로가 한 말에 귀기울여 보겠습니다. 그는 어떤 반응을 보였습니까? 이 사건에서 베드로는 하나님의 대언자였습니다. 무엇보다도, 그가 말하지 않은 것이 무엇인지를 알아보는 일은 정말 흥미롭습니다. 기독교에 대한 오해가 너무 심하기 때문에 또다시 부정적인 것에서 시작해야 한다는 것이 저로서는 유감입니다. 어떤 사람들은 이 사건이 베드로에게는 기적에 관해 설교하고 다른 사람들을 치유할 수 있는 놀라운 기회였으리라고 말할 것입니다. 방금 한 사람이 나음을 입었습니다. "누구 또 낫고 싶은 사람 없습니까? 앞으로 나오세요." 베드로는 이렇게 하지 않았지만, 오늘날에는 이것이 기독교로 통할 때가 많습니다. 오늘날 사람들은 육체적 치유, 교제, 인도, 그 밖에 다양한 체험 등을 제공받습니다. 그러나 이것은 기독교가 아닙니다. 기독교는 이런 일을 하지 않으며, 가르치지도 않습니다. 이런 것은 사이비 종교에서나 하는 것입니다. 실제로 이것은 사이비 종교의 방법입니다. 이들은 여러분에게 다가와서 말합니다. "문제가 뭐지요? 기분이 어떠세요? 저희를 따라오세요. 당신을 고쳐 드릴 수 있습니다." 기독교가 하나의 사이비 종교로 전락했을 때가 너무나 많았습니다. 사람들을 끌어들이고 싶어하는 교회는 어리석게도 이런 모습으로 가장합니다. 그러나 이것은 베드로가 한 일이 아니며 우리도 해서는 안되는 일입니다.

베드로는 기적을 설명했습니다. 그는 일어난 사건을 다루면서 그것의 의미를 설명했습니다. 요즘 말로 하면, 그는 일어난 일을 이용해서 한탕 잡으려 하지 않았습니다. 정확하게 그 반대로 했습니다. 사실 베드로는 "여러분이 놀라서 우리를 주목하니 일어난 일을 설명드리지요"라고 말한 것입니다. 그리고 지금 제가 할 일은 사도 베드로의 설교를 설명하는 것입니다. 저는 제 자신의 설교를 하고 있는 것이 아니라 베드로의 설교를 하고 있는 것입니다.

베드로는 이렇게 설교를 시작했습니다. "이스라엘 사람들아, 이 일을 왜 놀랍게 여기느냐. 우리 개인의 권능과 경건으로 이 사람을 걷게 한 것처럼 왜 우리를 주목하느냐." 보시다시피, 베드로는 이 사건에 대해 잘못된 것을 설명하며 설교를 시작했습니다. 그는 이렇게 말했을 것입니다. "사실 저로서는 여러분이 이 일에 놀란다는 것이 당황스러울 뿐입니다. 무엇 때문에 놀라십니까? 그럴 필요 없습니다. 자신이 마땅히 해야 할 일이 무엇인지 안다면 여러분은 이 일에 놀라지 않을 것이며, 우리가 우리의 능력이나 거룩함으로 이 사람을 걷게 하기라도 한 것처럼 요한과 저를 주목하지도 않을 것입니다."

바꿔 말하면, 베드로는 자신의 청중을 간파했습니다. 이들의 가장 큰 위험이 자신과 요한을 기적을 행하는 사람으로 여기는 것임을 알고 있었습니다. 고대세계에는 이런 사람들이 있었습니다. 애굽의 마술사들이나 누가가 언급한 바예수와 같은 마술사들입니다[행 13:6 참조]. 선견자요 이상하고 비범하다고 여겨지는 똑똑한 사람들이 있었습니다. 이들에게는 진기한 능력이 있었고, 그 능력으로 사람들의 병을 치료하거나 그들에게 내려진 저주를 쫓아 버릴 수 있었습니다. 이런 일은 동양만 아니라 영국에서도 아주 흔한 것이었습니다. 그 가운데는 제가 기억하고 있는 것도 있습니다. 기억하기로는 웨일즈에 모두들 "현자"賢者라고 부르는 한 남자가 있었는데, 사람들은 그에게 가서 도움을 청하곤 했습니다. 그 무렵, 한 농부가 갑자기 자신의 크림이나 우유가 계속해서 시어지는 것을 보고는 누군가 자신을 저주했다고 믿었습니다. 그래서 농부는 책과 상징물을 갖고 있는 현자를 찾아가 돈을 주고 메시지를 받곤 했습니다. 때때로 현자는 사람들에게 그 메시지를 종이에 써서 접은 다음 셔츠 안쪽이나 다른 옷에 넣게 했습니다. 만일 사람들이 정해진 기한 동안 그 쪽지를 보지 않으면, 그 쪽지가 부적이 되어 저주가 사라지고 만사가 형통한다는 것이었습니다.

이런 일이 고대세계에 널리 퍼져 있었고, 베드로는 이것을 즉시 알아차렸습니다. 그래서 그는 이렇게 말했습니다. "우리는 기적을 행하는 사람들이 아닙니다. 우리에게는 다른 사람들이 가졌다고 주장하는 그런 진기한 능력이 없습니다. 여러분은 이 일을 이런 식으로 설명해서는 안됩니다. 이 사람이 나은 것이 우리의 특별한 경건이나 능력이나 거룩함이나 믿음 때문이라고 생각해서는 안됩니다. 참으로, 어떤 의미에서 이 일은 우리와는 전혀 상관없습니다."

베드로는 이 점을 분명히 하고 싶었습니다. 그때만큼이나 지금도 이 점을 분명히 해야 합니다. 사람들이 그리스도인이 되는 것은 인간의 말로는 설명될 수 없습니다. 어느 누구도 다른 사람을 그리스도인으로 만들 수 없습니다. 사람들은 어리석게도 "누가 누구를 회심시켰다"는 식으로 말합니다. 이 얼마나 우스꽝스러운 말입니까! 물론 사람들은 서로를 설득할 수 있습니다. 다른 사람들을 설득해 교회에 등록시킬 수 있습니다. 그러나 이것이 회심을 의미하지는 않습니다.

어떤 사람도 한 영혼을 변화시키거나 거듭나게 하거나 영적으로 죽은 사람에게 생명을 줄 수 없습니다. 그러나 이것들이 한 사람을 그리스도인 되게 하는 것입니다. 인간은 베드로와 요한, 바울, 역사 속의 위대한 설교자들이 그러했던 것처럼 도구로 사용될 수 있을 뿐입니다. 추종자가 필요한 것은 아닙니다. 이들은 추종자를 두는 데 관심도 없었고 자신을 알리려고도 하지 않습니다. 이들은 눈에 띄지 않았습니다. 그렇기 때문에 베드로는 "왜 우리를 주목하느냐"고 했습니다.

마찬가지로, 또 하나 분명한 사실은 가르쳐질 수 있고 우리가 반드시 적용해야 하는 공식이 없다는 것입니다. 여러분은 제가 무엇을 말하는지 아실 것입니다. 바로 사이비 종교나 심리학입니다. 여기 걷는 데 문제가 있는 사람이 있습니다. 사실 그에게는 아무런 이상이 없으며 그의 장애는 심리적인 것이며 기능의 문제일 뿐입니다. 여러분은 그에게 어떻게 하시겠습니까? 이렇게 말할지도 모릅니다. "제가 말하는 대로 하면 곧 걸을 수 있을 겁니다. 자신에게 '나는 매일 모든 면에서 좋아지고 있다'고 말하십시오. 이 공식을 반복하고 반복하십시오. 자신에게 최면을 거십시오." 그리고 어느 순간 사람들은 그가 괜찮다는 것을 알게 됩니다. 그러나 여기 사도행전에서 일어난 일은 이런 것이 아닙니다! 이것은 기독교가 아닙니다. 여러분께 말씀드리지만, 심리학은 철학과 함께 기독교의 가장 큰 적입니다.

그렇다면 거지를 걷게 한 것은 무엇이었습니까? 베드로는 그에게 일어난 무엇인가가 그로 하여금 일어나 걷게 했다고 했습니다. 그 일은 빠르게, 즉시 일어났습니다. 그것은 일련의 치료가 아니라 한번의 액션이었습니다. "예수로 말미암아 난 믿음이 너희 모든 사람 앞에서 이같이 완전히 낫게 하였느니라"행 3:16. 이것은 전혀 다른 종류의 사건이었습니다.

그러므로 베드로는 사람들에게 이 거지의 치유에 관한 잘못된 설명을 믿지 말라고 했습니다. 그러나 베드로의 참된 설명을 듣노라면 그의 설교에 조금 놀라게 되지 않습니까? 여기 나음을 입고, 걷고, 뛰며, 하나님을 찬양하고, 사도들을 붙잡고 포옹하며, 무리를 끌어모은 사람이 있습니다. 여러분은 베드로의 말이 다소 놀랍지 않습니까? "이스라엘 사람들아, 이 일을 왜 놀랍게 여기느냐. 우리 개인의 권능과 경건으로 이 사람을 걷게 한 것처럼 왜 우리를 주목하느냐?" 그다음을 보십시오. "아브라함과 이삭과 야곱의 하나님 곧 우리 조상의 하나님이 그의 종 예수를 영화롭게 하셨느니라." 여기에 모든 문제의 본질이 있으며, 육적인 사람에게 이 일은 가장 놀라운 것입니다.

이것이 놀라운 데는 몇 가지 이유가 있습니다. 첫째, 베드로가 이들에게 한 말입니다. "여러분은 잘못된 것에 집중하고 있습니다. 중요한 것은 기적이 아닙니다. 핵심은 이 일이 가리키는 바입니다." 인간은 영리해서 언제나 사건에 관심을 보입니다. 사람들은 "정말 놀라운 일이야!"라고 소리치면서 황급히 몰려들었습니다. 여러분도 어떤 사건을 일으키면 언제나 사람들을 끌어모을 수 있습니다. 사람들은 이해하고 탐구하고 싶어합니다. 이것이 바로 모세가 불타는 떨기나무를 보면서 하고 싶어한 일이었고, 그는 실제로 그렇게 하기 시작했습니다. 모세는 양을 치다가 갑자기 한 사건을 보았습니다. 그는 매우 유능한 사람이었고, 애굽에서 훈련도 받은 사람이었습니다. 그는 마술사들에 대해 어느 정도 알고 있었으며, 고대 애굽의 학문과 지식도 상당 정도 갖추고 있었습니다. 애굽은 대문명이었습니다. 모세는 그 당시의 과학으로 말했습니다. "옆으로 가서 이 사건을 조사해 봐야겠어!"

그러나 떨기나무 불꽃 가운데서 음성이 들렸습니다. "가까이 오지 말라. 네가 선 곳은 거룩한 땅이니 네 발에서 신을 벗으라."출 3:5. 이것은 하나의 사건이지만 우리의 편견 없고 학문적이며 과학적인 탐구의 대상은 아닙니다. "그래, 도서관에서 기독교에 관한 책을 한 권 찾아봐야겠어. 이미 다른 책들도 읽어 보았으니, 이제 평가를 내려야겠어!" 그러나 계속해서 이렇게 한다면 여러분은 결코 그리스도인이 되지 못할 것입니다. 하나님은 말씀하십니다. "네가 선 곳은 거룩한 땅이니 네 발에서 신을 벗으라." 사건 자체가 중요한 것이 아니라 그 사건이 무엇을 가리키는지, 그것이 중요합니다.

거듭 말씀드리지만, 이것은 단순히 이론에 불과한 것이 아닙니다. 경외심과 놀라움과 경이가 느껴지지 않는다면, 여러분은 아직 시작도 하지 않은 것입니다. 베드로는 기적에 대해 강연하지 않았습니다. 이런 강연은 현대인들이 좋아하는 것입니다. "기적이 가능한가요?" "교양 있고 과학적인 현대인들이 초자연적인 것과 기적을 믿는다는 것이 가능한가요?" 하고 현대인들은 묻습니다. 이것들은 대단한 논쟁거리입니다. 우리는 여기에 엄청난 흥미를 갖습니다. 그러나 베드로는 기적에 대해 설교하지 않았습니다. 당연한 일이었습니다. 성경은 기적을 변호하지 않습니다. 성경은 기적에 관한 기록입니다. 성경은 기적이 일어났다고 말할 뿐입니다. 성경은 우리에게 기적을 제시할 뿐입니다. 여러분의 지성으로 기적을 이해할 수 있다고 생각하는 한, 여러분은 시작도 하지 않은 것이며 아직도 그리스도 밖에 있는 것입니다. 여러분은 신을 벗어야 합니다. 겸손해야 합니다. 어린아이처럼 되어야 합니다.

베드로는 기적에 대해 설교하지 않았을 뿐 아니라 기적을 설명하려 들지도 않았습니다. 그는 그저 이렇게 말했을 뿐입니다. "이 일을 보십시오. 이것이 무엇을 가리킵니까?"

그러나 저는 여기서 좀더 나아가야겠습니다. 제가 보기에 여러모로 놀라운 부분이 있기 때문입니다. 심지어 베드로의 설교는 주 예수 그리스도에서 시작되지도 않았습니다. 여러분은 이 사실에 놀라지 않으셨습니까? 베드로는 나사렛 예수 그리스도의 이름으로 이 사람을 고쳤습니다. 그러나 사람들이 "이 어찌 된 일이야?" 물을 때, 베드로는 "아브라함과 이삭과 야곱의 하나님 곧 우리 조상의 하나님이 그의 종 예수를 영화롭게 하셨느니라" 하고 대답했습니다.

제가 조심스럽게 말하는 것은, 이 부분이 오해하기 쉽다는 것을 알기 때문입니다. 하지만 제게는 이 부분이 기독교의 가르침과 메시지에서 아주 중요합니다. 여러분은 주 예수 그리스도에게서 시작하는 것이 아닙니다. 저는 오늘날의 교회가 겪는 문제들 대부분이 여기에서 기인하지 않았나 생각합니다. 우리는 반드시 하나님께로부터 시작해야 합니다. 성경의 전체 메시지에서 시작해야 합니다.

현대인들은 복음을 사람들에게 "예수님께 나오세요"라고 말하는 것으로만 생각합니다. 이러한 관점에 따르면 여러분은 사람들에게 회개를 말할 필요가 없으며, 그들이 어려움을 당했거나 불행하다면 단순히 그분께 나오라고 말만 하면 됩니다. 여러분은 예수님께로 시작해 그분에게서 끝냅니다. 그러나 이것은 기독교의 가르침이 아닙니다. 여기 기독교의 가르침이 있습니다. 기적이 방금 일어났고 위대한 사도가 설교를 하고 있습니다. 그는 하나님께로부터, 아브라함과 이삭과 야곱의 하나님으로부터 시작했습니다. 사도 바울도 똑같이 했습니다.

사도행전 14장에는 바울이 루스드라에서 겪은 일이 나옵니다. 바울 역시 걷지 못하는 자를 고쳤는데, 이 일에 너무 놀란 사람들이 바울과 바나바를 헤르메스와 제우스라고 부르며 두 사람에게 제사하려 했습니다.

> 시외 제우스 신당의 제사장이 소와 화환들을 가지고 대문 앞에 와서 무리와 함께 제사하고자 하니 두 사도 바나바와 바울이 듣고 옷을 찢고 무리 가운데 뛰어들어 가서 소리 질러 이르되 여러분이여, 어찌하여 이러한 일을 하느냐. 우리도 여러분과 같은 성정을 가진 사람이라. 여러분에게 복음을 전하는 것은.

무엇을 위해서입니까?

> 이런 헛된 일을 버리고 천지와 바다와 그 가운데 만물을 지으시고 살아계신 하나님께로 돌아오게 함이라 행 14:13-15.

이것이 기독교의 가르침입니다. 여러분은 주 예수 그리스도에게서 시작하는 것이 아닙니다. 그분을 기적을 행하는 이 정도로 간주해 버리는 위험한 사람들까지 있습니다. 그래서는 안됩니다. 여러분은 베드로가 성경의 메시지 전체에서 시작했듯이 그렇게 시작해야 합니다.

기독교 가르침의 첫 단계는, 사람들 자신과 그들의 모든 문제는 언제나 하나님과의 관계에서 고려되어야 한다고 말하는 것입니다. 이것이 성경 전체의 메시지입니다. 특정한 문제들에서 시작하지 말고 이 세상에 살고 있는 사람들에게서 시작해야 합니다. 이들을 어떻게 이해해야 합니까? 하나님과의 관계에서 이해해야 합니다. 그러므로 사람들이 기적이나 그 밖의 것들 때문에 모일 때 기적에 관해서나 심지어 하나님의 아들에 대해서도 말하지 말고, 다만 하나님과 인간에 대해 말해야 합니다.

그렇습니다. 그러나 베드로는 특별한 방법을 사용해 말했다는 데 주목하십시오. 그는 "아브라함과 이삭과 야곱의 하나님"을 말했습니다. 여러분은 그가 왜 이렇게 말했다고 생각하십니까? 이것이 문제의 본질입니다. 뛰어난 수학자 파스칼이 겪은 놀라운 경험에 대해서는 이미 말씀드린 적이 있습니다. 어떤 이들은 그가 역사상 가장 위대한 수학자라고 말합니다. 그는 17세기 프랑스에서 살았던 뛰어난 철학자요, 모든 면에서 천재였습니다. 그는 위대한 과학자였을 뿐 아니라 경건한 사람, 하나님을 찾는 사람이기도 했습니다. 그런 그가 어느 날 밤 하나님에 대한 엄청난 체험을 했습니다. 그는 이렇게 썼습니다. "나는 철학자들의 하나님이 아니라 아브라함과 이삭과 야곱의 하나님을 만났다." 바로 이것입니다.

저는 때때로 이것이야말로 우리가 사는 세상에 가장 필요한 교훈이라고 생각합니다. 우리의 문제는 하나님을 알지 못한다는 것입니다. 우리에게 가장 필요한 것은 하나님을 아는 일입니다. 그러나 우리가 알아야 할 하나님은 철학자들의 하나님도 사색의 하나님도 아닙니다. 우리 시대에도 하나님에 관한 책을 쓴 뛰어난 사람들이 있습니다. 『신에게 솔직히』*Honest to God*, 『이 땅으로』*Down to Earth*, 『새로운 개혁』*New Reformation* 등은 모두 뛰어난 책들입니다. 그러나 이것들이 무엇입니까? 이것들은 사색일 뿐입니다. 이들은 묻습니다. "하나님은 무엇인가?" 이들은 하나님이 궁극적 실체라고 말합니다. 존재의 근거라고 말합니다. 제1원인 uncaused cause이라고 말합니다. 그러나 이것은 사도 베드로가 설교한 하나님이 아닙니다. 절대 아닙니다. 이것은 아브라함의 하나님, 이삭의 하나님, 야곱의 하나님, 우리 선조들의 하나님이 아닙니다. 베드로의 하나님은 살아계신 하나님이시며, 인격적인 하나님이십니

344

다. 그러나 이들 철학자들은 이를 반박하는 글을 쓰고 있습니다. 이들은 우리를 비웃습니다. 이들은 이렇게 말합니다. "당신들은 하나님을 하늘에 있는 아주 나이 든 분으로 생각합니다. '저기 위에' 또는 '저기 밖에' 있는 분으로 묘사하는데, 이건 아주 원시적이며 유치하기 짝이 없습니다. 하나님은 인격적이지 않습니다. 사랑이 있는 곳에 하나님이 있고, 친절함이 있는 곳에 하나님이 있습니다. 하나님은 존재의 근거, 궁극적인 실체입니다."

이 말을 믿지 마십시오! 감사하게도 이것은 거짓말입니다. 하나님은 인격체이십니다. 그분은 살아계십니다. 그분은 추상이 아니십니다. 그분은 몇 가지 이론이나 범주나 개념이 아니십니다. 하나님은 이 모든 것과는 영원히 다르고, 이교도의 거짓 신들과도 완전히 다르십니다. 이교도들은 나무나 돌이나 은이나 금으로 자신의 신들을 만들었습니다. 이들은 자신의 신들을 인간이나 짐승의 모양으로 조각하고 그 주변에 신전을 세웠습니다. 그리고 그 신들을 섬기고 그들에게 제물을 바쳤습니다. 그러나 여기에는 아무것도 없습니다. 생명도, 실체도, 능력도 없습니다. 이것들은 허상이며 공허일 뿐입니다. 그러나 하나님은 아브라함과 이삭과 야곱의 하나님이십니다. 그분은 "나는 스스로 있는 자이니라"고 말씀하시는 하나님이십니다.출 3:14. 살아계신 하나님이십니다. 인격적인 하나님이시며, 하나의 인격체로서 말씀하시는 하나님이십니다. 이뿐만이 아닙니다. 성경의 하나님은 우주를 창조하신 하나님이십니다. "태초에 하나님이 천지를 창조하시니라"창 1:1. 그분은 행동하시는 하나님, 일하시는 하나님, 계획하시는 하나님, 생각하시며 명령하시는 하나님이십니다.

그러나 감사하게도, 베드로는 이런 용어를 사용함으로써 우리에게 훨씬 더 소중한 것, 훨씬 더 놀라운 것을 말해 줍니다. 그분은 자신을 계시하시는 하나님이십니다. 그분은 갈대아 우르의 이교도들 가운데 거하는 아브라함에게 나타나신 하나님이십니다. 그분은 아브라함에게 말씀하셨고 그를 불러내셨습니다. 철학자들은 처음부터 하나님을 찾으려고 애써 왔지만, 바울이 말한 대로 "이 세상이 자기 지혜로 하나님을 알지 못했습니다"고전 1:21. 철학자들은 하나님께 이를 수 없습니다. 좀더 지적인 사람들은 하나님이 틀림없이 있다고 말하는 데까지는 이를 수 있을 것입니다. 그러나 더 이상 나아가지 못합니다. 이들은 하나님께 이를 수 없습니다. 정의상, 그분은 측량할 수 없는 분이시기 때문입니다. 그분은 영원하십니다. 제한이 없으십니다. 그분은 모든 면에서 무한하십니다.

썩지 아니하시고 보이지 아니하시고 홀로 지혜로우신 하나님,
우리 눈 닿지 못할 빛 가운데 거하시며
지극히 복되시며 지극히 영화로우시며 옛적부터 항상 계신 이시니
영광과 찬양이 당신을 둘렀나이다.
-월터 차머즈 스미스

인간이 어떻게 그분에게 이를 수 있으며 그분을 알 수 있겠습니까? 불가능합니다. 그러나 성경의 전체적인 메시지는 하나님은 자신을 계시하신 하나님이라고 말합니다. 그렇지 않았다면, 성경은 없었을 것입니다. 그렇지 않았다면, 유대인의 역사도 없고 기독교의 역사도 없으며, 성전 미문의 거지도 나음을 입지 못했을 것입니다. 하나님께서는 자신을 알리시며, 우리가 그분에 관해 아는 것은 모두 그분이 계시하신 것입니다. 그분은 아브라함에게 그리고 이삭에게 나타나신 "아브라함의 하나님"이십니다. 창세기를 보면, 목숨을 부지하기 위해 형 에서를 피해 도망치는 야곱의 이야기가 나옵니다. 사방은 캄캄해졌고, 지친 야곱은 한발짝도 더 갈 수 없었습니다. 이부자리도 없었습니다. 야곱은 돌을 모아다가 베개로 삼을 수밖에 없었습니다. 그러나 잠이 든 야곱은 땅에서 하늘까지 사다리가 닿고 천사들이 오르내리는 놀라운 꿈을 꾸었습니다. 그는 일어나서 "이곳이여, 이것은 다름 아닌 하나님의 집이요 이는 하늘의 문이로다"라고 했습니다창 28:17. 하나님께서 그에게 말씀하셨습니다. 성경의 하나님은 바로 이런 분이십니다. 은혜와 인자가 무한하신 하나님은 베일을 걷고 우리에게 자신을

보여주십니다.

좀더 자세히 살펴보기로 하겠습니다. 그분은 우리가 말을 건넬 수 있는 하나님이십니다. 아브라함과 이삭과 야곱의 이야기를 읽어 보십시오. 이들이 어려움에 처해서 어떻게 해야 할지 모르고 모든 사람이 이들을 대적할 때, 이들의 모습이 어떠했는지 보십시오. 이들은 무엇을 했습니까? 감사하게도, 이들은 하나님을 향하고 그분께 말할 수 있었습니다. 그분은 여러분이 기도할 수 있는 하나님이십니다.

모든 것이 나를 대적하며
나를 절망으로 몰아넣는 것 같을 때
나는 아네, 문 하나가 열리고
그분이 내 기도를 들으신다는 것을.
ㅡ오스왈드 앨런Oswald Allen

여러분은 그분과 사귀며 교제할 수 있습니다. 그분께 이야기할 수 있습니다. 그분께 귀기울일 수 있습니다. 아브라함과 이삭과 야곱의 하나님께 말입니다.

더욱 놀라운 사실은, 그분은 너무나 높고 위대하시며 영원하시지만 이 세상의 상태에 관심이 지극하신 하나님이시라는 것입니다. 그분은 이 사실을 계속해서 명백하고도 분명하게 우리에게 가르쳐 주십니다. 인간은 어리석어서 그분을 거역하고 혼란을 자초했지만, 기독교는 하나님이 세상에 관심을 갖고 계시며 세상에 대해 무엇인가 하시려고 결정하셨다는 메시지를 전해 줍니다. 그러므로 우리는 예수 그리스도에게서 시작하는 것이 아니라, 세상의 기초가 놓이기 전 구속계획을 세우신 하나님께로부터 시작합니다. 우리에게 가장 큰 위로와 위안이 되는 사실은 이것입니다. 정치가들이 최선을 다했음에도 실패하고, 현자들이 자신의 이론을 제시하지만 우리에게 도움을 주지 못하며, 문명이 진보하지만 부도덕은 커져만 갑니다. 이 모든 것에도 불구하고 영원하신 하나님께서 우리에게 관심을 갖고 계시기 때문에,

우리는 모든 것을 잃은 것이 아니며 모든 소망을 잃은 것이 아니라는 것입니다.

출애굽기 3장의 놀라운 말씀에 주목하십시오. 하나님께서는 모세에게 신을 벗고 가까이 오지 말라고 하시면서 "나는 네 조상의 하나님이니 아브라함의 하나님, 이삭의 하나님, 야곱의 하나님이니라"고 말씀하셨습니다출 3:6. 모세는 하나님을 보기가 두려워 얼굴을 가렸습니다. (여러분은 하나님에 대한 두려움을 아십니까? 이것을 알기 전에는 결코 그분의 구원을 알지 못할 것입니다.) 그다음에 이런 말씀이 이어집니다. "여호와께서 이르시되 내가 애굽에 있는 내 백성의 고통을 분명히 보고 그들이 그들의 감독자로 말미암아 부르짖음을 듣고"-그리고 복된 구절이 이어집니다-"그 근심을 알고"7절. 하나님께서 우리의 슬픔을 아신다고 말씀드릴 수 있다는 것이 제게는 큰 영광입니다. 그분이 독생자를 주신 것도 바로 이 때문입니다. 그분은 이것을 모세에게 이렇게 말씀하셨습니다. "내가 내려가서 그들을 애굽인의 손에서 건져 내고 그들을 그 땅에서 인도하여 아름답고 광대한 땅, 젖과 꿀이 흐르는 땅……에 데려가려 하노라"8절. 그렇습니다. 그분의 관심은 지극하십니다. 그분은 세상과 세상의 일에 뛰어드십니다. 그분은 개입하십니다. 그분은 내려오십니다.

베드로도 유대인들에게 이렇게 말했습니다. "너희는 선지자들의 자손이요 또 하나님이 너희 조상과 더불어 세우신 언약의 자손이라. 아브라함에게 이르시기를 땅 위의 모든 족속이 너의 씨로 말미암아 복을 받으리라 하셨으니"행 3:25. 그분은 큰 계획과 목적을 갖고 계신 하나님이십니다. 이 세상에 대해 무엇인가를 하시기로, 이 세상을 당신이 지으신 그 상태로 회복하기로 결정하신 하나님이십니다. 그분은 마귀가 승리하게 놔두지 않으실 것입니다. 하나님께는 계획이 있습니다. 그분은 인간과의 약속, 곧 언약을 맺으셨습니다. 그분은 특히 아브라함과 언약을 맺으셨습니다. 그분은 아브라함을 찾아오셔서 "땅의 모든 족속이 너로 말미암아 복을 얻을 것이라"고 말씀하셨습니다창 12:3. 그분은 이 언약의 약속을 이삭에게, 그다음은 야곱에게 하셨습니다. 베드로가 아브라함과 이삭과 야곱의 하나님을 말하는 것도 바로 이 때문입니다. 그분은 이렇게 말씀하십니다. "나는 언약의 하나님이다. 나는 세상의 기초를 놓기 전 이미 인간을 구속하고 이 세상을 본래의 완전한 상태로 회복하기로 결정한 하나님이다."

그런데 여기서 여러분이 생각해 봐야 할 것이 있습니다. 아브라함과 이삭과 야곱의 하나님, 분명히 세 세대인데 하나님은 오직 한분이십니다. 그분은 아브라함에게만 자신을 계시하신 것이 아니었습니다. 그분은 아브라함을 위해서만, 이삭과 야곱을 위해서만 행동하신 것이 아니라 모세에게도 나타나셨습니다. 그분은 "내가 내려가서"라고 말씀하셨습니다출 3:8. 그분은 이스라엘을 애굽의 소망 없는 포로와 종의 신분에서 해방시키셨습니다. 그분은 당신이 동일하신 하나님이심을 모세에게 상기시키셨습니다. 그분은 영원부터 영원까지 항상 계셨고, 항상 계실 것입니다.

하나님께서는 시내산에서 율법을 주셨습니다. 당신을 계시하셨습니다. 당신의 계획을 주셨습니다. 후에 그분은 선지자들을 통해 말씀하셨습니다. 동일하신 하나님께서 시작하시고, 계속하시며, 끝내실 것입니다. "때가 차매 하나님이 그 아들을 보내사 여자에게서 나게 하시고 율법 아래에 나게 하신 것은 율법 아래에 있는 자들을 속량하시고 우리로 아들의 명분을 얻게 하려 하심이라"갈 4:4-5. 여러분이 베들레헴 말구유 옆에 서서 누운 아기를 바라보기만 하면서 이해하려 한다면, 모세가 떨기나무 불꽃을 이해하지 못했듯이 결코 이해하지 못할 것입니다.

그러면 메시지는 무엇입니까? 바로 동일하신 하나님께서 당신의 계획과 목적을 계속해서 성취하고 계시다는 것입니다. 이러한 성취가 그분의 아들 예수에게서 절정에 이르렀습니다. 베드로는 "하나님께서 그의 아들 예수를 일으키사 너희를 복주시려고 먼저 너희에게 보내어 각각 자기의 악한 행실로부터 돌아서게 하셨느니라"고 했습니다행 3:26, KJV. 하나님께서 당신의 아들을 세상에 보내셨습니다. 이것은 예부터 있었던 계획, 아브라함에게 주셨고 이삭과 야곱에게 거듭 확인하신 약속, 곧 하나님께서 아브라함의 씨를 통해 세상 모든 족속을 복주시겠다는 약속의 일부였습니다. 그러나 그 아들은 죽임당했습니다. 하지만 베드로가 말한 것처럼 "이 예수를 하나님이 살리셨습니다"행 2:32.

이 아들은 하늘에 오르셨습니다. 하나님께서는 여기서 끝내셨습니까? 아닙니다. 오순절에 성령이 임하셨습니다. 하나님께서는 여전히 일하고 계십니다. 그분은 지난 모든 시대를 통해 계속해서 역사하셨습니다. 얼마나 놀라운 부흥입니까? 그분은 행동하시는 하나님, 아브라함과 이삭과 야곱의 하나님, 영원히 동일하시며 변함이 없으신 하나님, "빛들의 아버지" 곧 "변함도 없으시고 회전하는 그림자도 없으신" 하나님이십니다.약 1:17. 20세기 중반의 비참한 과학이 하나님과 상관 있습니까? 그분은 영원하십니다. 그분은 완전하시며, 동일하신 언약의 하나님이십니다. 부흥의 시대, 새롭게 하는 시대가 올 때까지, 모든 것이 회복될 때까지 계속 일하실 것입니다. 그분은 만유이시며, 만유 안에 계십니다.

비록 이것은 하나님의 행동의 실례에 불과하지만, 바로 이것이 베드로가 전한 메시지입니다. 거지가 나음을 입었다는 사건에서 멈추지 마십시오. 기적을 해부하려고 여러분의 지혜를 사용하지 마십시오. 베드로는 말합니다. "왜 우리를 주목하느냐?" 일하시는 분은 하나님, 곧 영원하신 하나님이십니다. 그분의 계획은 분명하고 확실합니다. 그 무엇도 그분의 계획을 멈출 수 없으며, 그 무엇도 그분의 계획을 가로막을 수 없습니다. 시편 기자는 이렇게 말합니다. "어찌하여 이방 나라들이 분노하며 민족들이 헛된 일을 꾸미는가.……내가 나의 왕을 내 거룩한 산 시온에 세웠다 하시리로다"시 2:1, 6. 부활을 통해 죽음을 이기시고 정복하실 수 있는 하나님께서 당신의 목적을 이루실 것입니다. 이것이 베드로의 메시지입니다.

여러분은 자신이 이와 같으신 하나님 손안에 있으며, 그분이 여러분을 지으셨고, 세상은 여러분 것이 아니라 그분 것임을 아십니까? 여러분은 "살아계신 하나님의 징벌하시는 손에 떨어지는 것은 무서운 일"이라는 것을 아십니까?히 10:31, 표준새번역 그분은 태초에 "빛이 있으라

하시니 빛이 있었던" 하나님이십니다창 1:3. 여러분은 하나님을 아십니까? 여러분은 그분과 어떤 관계입니까? 여러분은 자신의 삶을 그분께 아뢰어야 합니다. 언약을 지키시는 하나님께서 회개하고 그분께 돌아오라고 여러분을 부르십니다. 나사렛 예수 그리스도께서 하나님의 계획과 목적과 언약에 따라 여러분의 죄를 위해 죽으시고, 여러분을 하나님과 화목하게 하기 위해 세상에 오신 하나님의 독생자이심을 믿으라고 부르십니다. 지금 이 순간 여러분이 그분께로 나온다면, 그분은 여러분을 맞아들이실 것입니다. 아브라함의 하나님, 이삭의 하나님, 야곱의 하나님의 이름을 송축하리로다!

18

예수님은 누구신가

베드로가 이것을 보고 백성에게 말하되 이스라엘 사람들아, 이 일을 왜 놀랍게 여기느냐. 우리 개인의 권능과 경건으로 이 사람을 걷게 한 것처럼 왜 우리를 주목하느냐. 아브라함과 이삭과 야곱의 하나님 곧 우리 조상의 하나님이 그의 종 예수를 영화롭게 하셨느니라. 너희가 그를 넘겨주고 빌라도가 놓아주기로 결의한 것을 너희가 그 앞에서 거부하였으니 너희가 거룩하고 의로운 이를 거부하고 도리어 살인한 사람을 놓아주기를 구하여 생명의 주를 죽였도다. 그러나 하나님이 죽은 자 가운데서 그를 살리셨으니 우리가 이 일에 증인이라. 그 이름을 믿으므로 그 이름이 너희가 보고 아는 이 사람을 성하게 하였나니 예수로 말미암아 난 믿음이 너희 모든 사람 앞에서 이같이 완전히 낫게 하였느니라. 형제들아, 너희가 알지 못하여서 그리하였으며 너희 관리들도 그리한 줄 아노라. 그러나 하나님이 모든 선지자의 입을 통하여 자기의 그리스도께서 고난받으실 일을 미리 알게 하신 것을 이와 같이 이루셨느니라.

사도행전 3:12-18

지난 시간에는 베드로가 성전 뜰에서 유대인들에게 어떻게 설교했는지 살펴보았습니다. 그는 주 예수 그리스도에게서 시작하지 않고 세상의 기초와 그 너머 사랑하는 아들을 통해 당신의 백성을 구속하시겠다고 그 백성과 언약을 맺으신 영원하신 하나님께로 거슬러 올라갔습니다. 바꿔 말하면, 베드로는 성경 전체의 위대한 메시지를 전했습니다.

베드로 설교의 기본적인 요점은, 우리는 가장 먼저 하나님과의 관계에 관심을 가져야 한다는 것이었습니다. 이것은 참으로 중요한 한 가지이며, 이 관계는 바로 우리와 주 예수 그리스도의 관계에서 단번에 분명해집니다.

베드로는 기독교 문제에 대한 안이한 호기심이나 지적인 접근을 허락하지 않았습니다. 베드로는 청중들로 하여금 곧바로 그들 자신과 자신들의 상태를 살펴보게 했습니다. 이 모든 것을 대중적인 기술적 용어로 표현하면, 문제는 실존적이라는 것입니다. 이것은 그저 안락의자에 앉아 하나님과 나사렛 예수의 문제를 이론적으로 생각한다는 뜻이 아닙니다. 여러분은 구경꾼도 아니고 이론가도 아닙니다. 아닙니다. 여러분은 이 문제가 자신의 영혼과 영원한 운명에 결정적인 영향을 미친다는 것을 압니다. 그러므로 판단력을 가지고 그분과의 개인적 관계를 의식하면서 이 문제를 살펴야 합니다.

여기서 베드로가 한 것처럼, 우리에게 이 역사적 인물을 만나게 하는 것은 언제나 교회의 과제입니다. 기적에 대한 여러분의 생각은 아주 부적절합니다. 우리가 보았듯이, 기적이 사람들이 좋아하는 논쟁거리라고 하더라도 그것은 여러분의 문제가 아닙니다. 20세기 사람들이 기적을 믿을 수 있겠습니까? 더구나 초자연적인 것을 믿을 수 있겠습니까? 모두들 기적이 불가능하다고 하니 우리는 성경의 몇몇 부분을 도려내야 할지도 모릅니다. 그러나 진짜 문제는 예수, 곧 신약성경 페이지마다 우리 앞에 나타나는 분이 역사적 인물이라는 사실입니다. 우리의 일차적인 관심은 기독교의 가르침이 아니라 그분, 곧 그 가르침을 주신 선생입니다.

우리는 그분의 가르침에 대단한 관심을 가진 사람들이 잘못된 길로 들어서는 것을 봅니다. 대교단들은 연례총회에서 결의문을 채택해 영국이나 미국, 그 밖의 다른 나라 정부에 보냅니다. 다양한 국제 문제들에 대해 생각하는 것이 바로 기독교라고 여겨집니다. 이런 문제들이 사람들의 마음을 차지하고 있습니다. 사람들은 이런 문제들에 대한 여러분의 견해에 따라 여러분이 그리스도인인지 아닌지가 결정된다고 생각합니다. 그러나 그렇지 않습니다. 질문은 이것입니다. 여러분은 이분, 이 역사적 인물을 어떻게 생각합니까?

우리와 그리스도의 관계는 어떻습니까? 베드로가 설교한 내용도 바로 이것입니다. 그는 청중들이 다른 데 관심을 갖도록 내버려두지 않았습니다. 베드로는 이렇게 말했습니다. "우리를 주목하지 말고 그분을 주목하십시오." 여기 나타난 베드로의 태도는 너무나 극적입니다. 언어적인 관점에서만 보더라도, 이 구절은 아주 특별합니다. 여러분은 역설에 관심이 있습니까? 여기 역설이 있습니다.

> 아브라함과 이삭과 야곱의 하나님 곧 우리 조상의 하나님이 그의 종 예수를 영화롭게 하셨느니라. 너희가 그를 넘겨주고 빌라도가 놓아주기로 결의한 것을 너희가 그 앞에서 거부하였으니 너희가 거룩하고 의로운 이를 거부하고 도리어 살인한 사람을 놓아주기를 구하여 생명의 주를 죽였도다. 그러나 하나님이 죽은 자 가운데서 그를 살리셨으니 우리가 이 일에 증인이라 행 3:13-15.

베드로가 이처럼 극적인 형태로 표현한 것은, 그가 유대인들에게 설교를 하고 있었고 이들에게 메시지를 전달하고 있었으며 이분, 곧 나사렛 예수와 이들의 관계를 제시하고 있었기 때문입니다.

베드로는 "형제들아, 너희가 알지 못하여서 그리하였으며 너희 관리들도 그리한 줄 아노라"고 했습니다. 베드로는 유대인들에게 친절했지만 이들에게 유감이 있었습니다. 그는 사실 이렇게 말한 것입니다. "저는 여러분이 '없이 하소서, 없이 하소서, 그를 십자가에 못박게 하소서'라고 외칠 때 여러분이 무지했고 여러분의 관리들도 무지했다는 것을 압니다." 유대인은 자신들이 나사렛 예수를 단번에 끝장냈다고 생각했지만, 사실은 그렇지 못했습니다. 베드로는 이것을 이렇게 표현했습니다. "여러분은 이 기적에 관심이 있습니다. 여러분은 우리에게 관심이 있습니다. 여러분은 우리에게 특별한 능력이 있거나 우리가 거룩하다고 생각합니다. 그러나 여러분은 전혀 잘못 짚었습니다. 여러분은 이분이 누구인지 아십니까? 우리가 누구인지 아십니까? 그분은 여러분이 끝장냈다고 생각하는 바로 그 사람입니다." 이것이 베드로가 전한 메시지의 본질이며 오늘날 교회가 온 세상에 전하는 메시지입니다.

예루살렘의 유대인들이 제거해 버렸다고 생각한 바로 그분이, 지금 이들이 관심을 갖고 있는 그 기적에서 이들과 마주하고 있었습니다. 이들은 그분을 볼 수 없었지만 그분은 거기 계셨습니다. 이들이 배척한 예수가 이들이 본 사건에 대한 설명이었습니다. 그러므로 베드로는 이들에게 주 예수 그리스도를 전했습니다. 거듭 말씀드리지만, 이것이 모든 세대를 이어 오는 교회의 메시지입니다. 세상은 그분을 거부합니다. 똑똑한 세상은 그분을 부인하며, 자신이 그분을 끝장냈다고 생각합니다. 사람들은 저마다 다양한 범주로 그분을 설명합니다. 사람들은 자신의 생각대로 "그분에게 꼬리표를 달고" 그분이 속한다고 생각되는 범주에 그분을 집어넣었습니다. 그러나 이러한 시도는 성공할 수 없습니다. 그분은 계속해서 제자리로 되돌아오시기 때문입니다. 그분은 지금도 우리를 대면하고 계십니다. 우리는 그분에게서 달아날 수 없습니다. 언제나 그러셨듯이, 지금도 그분은 우주와 온 역사를 주관하고 계십니다.

이제 예루살렘에 모인 사람들은, 뒤이은 모든 세대처럼 나사렛 예수, 곧 인간 예수 때문에 당황스러워했습니다. 특히 십자가에 죽으신 예수 때문에 그랬습니다. 이들에게 이 모든 것을 제시하는 베드로에게 귀기울여 보겠습니다. 베드로가 그분을 예수라고 부른 것은, 이들이 그분을 나사렛 예수로 알고 있기 때문이었습니다. 여러분은 역사를 기원전과 기원후로 나눈 역사적인 인물을 대면하고 있습니다. 여러분은 사복음서에 묘사된 그분을 대면하고 있습니다. 여러분은 복음서를 살펴보면서, 그분이 말구유에서 나셨고 나사렛에서 자라셨으며 목수로 일하신 진짜 사람이라는 것을 압니다. 그리고 나이 서른에, 그분은 갑자기 특별한 공적 사역을 시작하셨습니다. 그 사역은 3년 정도 계속되었습니다. 그분의 가르침을 살펴보노라면, 여러분은 그분을 체포하러 갔다가 돌아와서는 "그 사람이 말하는 것처럼 말한 사람은 이때까지 없나이다"라고 말한 관리들과 같은 느낌을 갖게 될 것입니다요 7:46. 그분의 가르침에는 이상하고 특별한 것이 있었습니다.

여러분은 그분이 행하신 기적에 관한 기사들을 읽습니다. 이 기사들은 항상 주의를 사로잡습니다. 기적을 부인하면서 어떻게 예수 그리스도에 관한 것을 하나라도 믿을 수 있는지, 저는 모르겠습니다. 기적은 전체 이야기의 한 부분이며 한 조각입니다. 그러므로 기적을 떼어내 버린다면 나머지 부분을 어떻게 알 수 있겠습니까? 여러분은 무엇을 믿을 수 있겠습니까? 여러분이 취사선택하기 시작하는 그 순간, 여러분에게는 자신의 주관적 느낌 외에는 아무런 권위도 남지 않습니다. 이것은 성경에 대한 불성실일 뿐 아니라 어리석은 짓입니다. 왜냐하면 여러분은 자기 자신을 결정을 내릴 수 있는 존재로 높이고 있기 때문입니다. 그렇다면 어떻게 취사선택을 할 수 있겠습니까? 절대 그렇게 할 수 없습니다. 여러분은 있는 그대로 받아들여야 합니다. 왜 그분이 이렇게 큰 영향을 미쳤습니까? 왜 나사렛의 목수가 이러한 혼란을 일으켰습니까? 제가 말씀드리는 것처럼, 왜 그분은 인간의 역사를 지배하십니까?

그러나 무엇보다도 그분에 관해 가장 놀라운 것은, 그분이 끊임없이 주장하신 내용입니다. 그분은 특별한 권세를 주장하셨습니다. 그분은 목수이셨고 어떤 공교육도 받은 적이 없음에도 전혀 주저하지 않고 말씀하셨습니다. "옛 사람에게 말한 바……[를] 너희가 들었으나 나는 너희에게 이르노니"마 5:21-22. 그분은 계속해서 이렇게 말씀하셨습니다. 그분은 사람들이 자신을 믿고 따라야 한다고 말씀하셨습니다. 그분은 세관에 앉아 있는 사람 마태를 향하여 주저 없이 말씀하셨습니다. "나를 따라오라." 그가 모든 것을 버리고 당신을 따를 것을 기대하시면서 말입니다. 정말 그는 모든 것을 버리고 그분을 따랐습니다. 그분은 세베대의 두 아들에게도 동일하게 하셨으며, 두 어부는 모든 것을 버리고 그분을 따랐습니다. 그분은 특별한 권세를 주장하셨고, 절대적인 충성을 요구하셨으며, 무엇보다 자신과 하나님과의 특별한 관계를 주장하셨습니다. 그분은 주저 없이 "나와 아버지는 하나이니라"고 말씀하셨습니다요 10:30. 그분은 주저 없이 당신 자신을 세상의 빛이라고 말씀하셨습니다요 8:12. 당신께서 오신 것은 자신의 생명을 많은 사람을 위한 대속물로 주려 함이라고 주저 없이 말씀하셨습니다마 10:45. 그분은 세상의 구주이십니다요 4:42.

이것들은 그분의 놀라운 주장이었고, 유대인들에게도 잘 알려져 있었습니다. 우리는 복음서를 읽으면서 사람들이 처음에는 그분께 깊은 감동을 받지만, 점차, 특히 지도자들이 그분께 등을 돌리는 모습을 봅니다. 이렇게 해서 우리는 분명한 모순과 직면하게 됩니다. 여기 전혀 배운 적이 없는데도 특별한 지식을 가진 분이 있습니다. 여기 놀라운 능력을 가진 분이 있습니다. 여기 이처럼 크고 특별한 주장들을 하신 분이 있습니다. 그러나 그분은 십자가에서 생을 마감했습니다. 죽은 자 가운데서 살아나실 수도 있었던 바로 그분이, 너무나 연약한 모습으로 체포되시고 중죄인으로 고소당하셨습니다. 그분은 자신을 변호할 능력이 거의 없었던 것처럼 보입니다.

그다음부터 클라이맥스로 이어집니다. 로마 총독 빌라도는 유대인들이 예수님을 고소할 거리가 없음을 알 수 있었던 지적인 사람이었습니다. 그분을 놓아주고 싶어했습니다. 빌라도의 아내는 이상한 꿈을 꾸고는, 남편에게 이 꿈을 전하며 예수는 무죄니 저 옳은 사람에게 아무 상관도 하지 말라고 경고했습니다.마 27:19. 빌라도는 아내의 말에 동의했습니다. 이것은 그 스스로 느낀 것이기도 했습니다. 빌라도는 머리로는 유대인들이 예수를 고소할 거리가 없다는 결론에 이르렀지만, 그의 마음에서는 개인적인 악의와 질투심이 발동했습니다.

베드로가 성전에서 유대인들에게 상기시켰듯이 빌라도는 예수님을 놓아주고 싶어했습니다. 실제로 그는 그렇게 하기로 결정했습니다. 그러나 유대인들은 그의 결정을 받아들이려 하지 않았습니다. 이때 빌라도는 관습에 따라 죄수 하나를 석방하겠다고 제안했습니다. 빌라도가 유대인들에게 선택권을 주었으나 유대인들은 살인자 바라바를 선택하면서, 대신 예수님을 십자가에 못박아 죽이라고 소리쳤습니다. 이렇게 해서 그분은 연약한 모습으로 무거운 십자가를 지고 비틀거리고 넘어지면서 예루살렘 거리를 지나 골고다 언덕까지 가셨습니다.

그런 후에 로마 군인들이 그분을 십자가에 못박았습니다. 정말 이상한 것은, 그분이 완전히 무기력해 보였다는 사실입니다. 사람들은 십자가에 달린 그분에게 소리쳤습니다. "저가 남을 구원하였으니 만일 하나님이 택하신 자 그리스도이면 자신도 구원할지어다"눅 23:35. 네가 스스로 하나님의 아들이라고 하지 않았느냐? 그렇다면 어디 한번 증명해 봐라. 십자가에서 내려와 보라. 네 자신을 구원해 보아라. 심지어 그분과 함께 십자가에 달린 강도 가운데 하나도 그분의 연약함을 비웃으며 말했습니다. "네가 그리스도가 아니냐. 너와 우리를 구원하라"39절. 그러나 그분은 그렇게 하지 않으셨고, 죽으셨습니다. 두 강도보다 먼저 죽으셨습니다. 사형 집행을 확인하러 왔던 군인들은 그분이 이미 죽은 사실에 놀랐습니다. 그분의 친구들은 시신을 가져다가 무덤에 두었습니다. 그들은 입구를 돌로 막고 봉인했으며, 군인들은 무덤을 지키라는 명령을 받았습니다. 무리와 관리들은 이제 끝났다, 그의 주장은 난센스요 그는 사기꾼이라는 결론을 내렸습니다.

모두들 동기는 달랐습니다. 바리새인들은 그분을 자신들의 밥그

롯을 위협하는 인물로 보았습니다. 영리한 정치가인 사두개인들은 그분을 로마 당국을 뒤엎을 위험스런 인물로 보았습니다. 그들에게 그분은 정치적인 위협이었고, 그래서 이들은 그를 제거하고 나라를 구하는 것이 더 낫다고 말했습니다. 이것은 대제사장 가야바의 해결책이었습니다. 그러나 이들의 생각은 똑같았습니다. "그는 인간일 뿐이며, 이제 그를 제거했으니 그 때문에 골치 아플 일은 더 이상 없을 것이다. 사실 그는 대단한 주장들을 했지만 그를 따라다니던 어리석은 사람들, 곧 무지렁이들과 단순 노동자들과 직공들이나 그를 믿었다. 물론 이런 부류의 사람들은 이렇게 하기 쉽다. 하지만 그의 주장들은 모두 거짓으로 드러났다. 그는 연약하게 죽었으니 인간이 아니고 무엇이겠는가? 그는 실패자다. 이것이 이야기의 끝이다."

베드로는 예수님에 관한 이런 판단을 믿는 사람들에게 설교하고 있었습니다. 여기서 잠시 여러분에게 질문을 하나 해야겠습니다. 여러분은 이 모든 것을 어떻게 생각하십니까? 나사렛 예수를 어떻게 생각하십니까? 사복음서에 나타나는 그분을 어떻게 생각하십니까? 여러분은 그분께 어떻게 반응합니까? 여러분은 그분의 메시지가 여러분을 향한 것이라고 생각해 보셨습니까? 이 모든 것이 무엇을 의미하는지 생각해 보셨습니까? 그분은 여러분에게 한 사람의 인간일 뿐입니까? 여러분은 이 고대 유대인들과는 같지 않을 것입니다. 아마 이렇게 말할 것입니다. "저는 그분을 인류 역사상 가장 위대한 분으로, 가장 도덕적인 분으로, 세상이 알고 있는 가장 위대한 선생으로 생각합니다." 사실, 여러분은 유대인들보다는 한 걸음 더 나아갔습니다. 여러분은 온 세상이, 각 나라의 지도자들이 그분의 가르침, 특히 산상설교를 실천하면 전쟁이 사라지고 폭탄도 사라질 것이라고 말할지 모릅니다. 우리가 정치적인 의미에서 그분의 가르침을 이행하기만 한다면, 우리는 세상을 더 살기 좋은 곳으로 만들지도 모릅니다. 그러나 여러분이 생각하는 것−선생, 정치적 선동가, 위대한 선견자, 특별한 지혜를 가진 분−은 한 인간일 뿐이지 않습니까?

오늘날 어떤 사람들은 여기서 더 나아가, 그분은 실패자였다고 말합니다. 그는 절망 가운데 죽었으며, 그분이 "다 이루었다"고 하신 말씀은 실제로 "다 끝났다. 나는 실패했다. 저들은 내 말을 듣지 않았다"는 뜻이라고 말합니다. 그들은 이렇게 덧붙입니다. "괜찮습니다. 원래 세상은 가장 위대한 사람들을 결코 이해하지 못했으니까요. '진리는 영원히 교수대로 이어지고 거짓은 영원히 왕위로 이어진다'는 말이 있지 않습니까? 그는 위대한 사람이었으나 세상은 그를 맞을 준비가 되어 있지 않았습니다. 세상은 그를 이해하지 못했습니다. 그래서 그는 절망을 안고 죽은 것입니다. 그렇지만 그분에 대한 추억과 그분의 가르침은 지금도 인류에게 영향을 미치고 있습니다. 그분의 가르침이 더 큰 영향을 미치게 하는 것이 우리의 과제입니다." 이것이 여러분의 태도입니까? 모든 질문 가운데 가장 중요한 질문이 여기 있습니다. 이것이 전부입니까? 여러분은 그분을 어떻게 생각합니까? 특히 그분의 죽음을 어떻게 생각합니까? 베드로가 성전에 모인 무리에게 자세히 설명한 것이 이것입니다.

베드로가 메시지를 전하는 방법에도 주목하십시오. 제가 하려는 것은 저의 설교가 아니라 베드로의 설교입니다. 다른 사람들을 여러분 대신 설교하도록 한다면 설교는 정말 멋진 일입니다. 저는 토요일마다 주일 설교본문을 찾아 설교 준비를 하는 데 큰 어려움을 겪는 사람들을 보면 이해가 되지 않습니다. 여기 다 있습니다. 제가 설교하고 있는 것이 아닙니다. 베드로가 설교하고 있습니다. 저는 그저 그의 말을 여러분에게 전달하고 있을 뿐입니다. 베드로는 이렇게 말한 것입니다. "여러분은 이 문제에 어떻게 접근합니까? 여러분은 '없이 하소서, 그를 십자가에 못박게 하소서' 하고 외쳤습니다. 왜 그렇게 했습니까? 여러분은 잘못 접근하고 있었기 때문에 그럴 수밖에 없었습니다."

베드로는 현대인에게도 똑같이 말합니다. 그리스도를 바라보며 그분을 생각하는 방법은 그분의 정황에서, 그분의 배경에서 그분을 보는 것입니다. 바꿔 말하면, 우리가 이미 보았던 것처럼 예언에서 시작하는 것입니다. 베드로가 계속해서 어떻게 말하는지 주목해 보겠습니다. "그러나 하나님이 모든 선지자의 입을 통하여 자기의 그리스도께서 고난받으실 일을 미리 알게 하신 것을 이와 같이 이루셨느니라" 행 3:18. 그의 말에 다시 귀기울여 보겠습니다.

> 하나님이 영원 전부터 거룩한 선지자들의 입을 통하여 말씀하신 바 만물을 회복하실 때까지는 하늘이 마땅히 그를 받아 두리라. 모세가 말하되 주 하나님이 너희를 위하여 너희 형제 가운데서 나 같은 선지자 하나를 세울 것이니 너희가 무엇이든지 그의 모든 말을 들을 것이라.……또한 사무엘 때부터 이어 말한 모든 선지자도 이때를 가리켜 말하였느니라 행 3:21-22, 24.

이것이 베드로의 설교입니다! 베드로는 사실 이렇게 말했습니다. "여기를 보십시오. 여러분은 이 사건을 보고 있으며 우리를 주목하고 있습니다. '이게 어떻게 된 일이야?'라고 묻습니다. 그러나 이 사건을 온전히 이해하려면 선지자들에게로 돌아가야 합니다."

제가 보기에 여기에 바로 문제 전체에 대한 깊은 통찰이 있습니다. 현대인들은 성경이 아니라 다른 책에서 발견한 예수님의 모습에서 시작합니다. 그러나 나사렛 예수를 알기 원한다면 성경을, 그것도 전체를 알아야 합니다. 성경이 그분에 관해 말하는 것에 귀기울여야 합니다. 베드로의 말에 다시 한번 귀기울여 봅시다. "하나님이 모든 선지자의 입을 통하여……미리 알게 하신 것." 바꿔 말하면, 여러분은 구약의 선지서를 읽을 때 하나님께서 말씀하신 것을 읽고 있는 것입니다. 미리 알게 하신 분은 하나님이십니다. 선지자들은 평범한 사람들이 아니었습니다. 그들은 하나님께 메시지를 받은 사람들이었습니다. 하나님께서는 이들을 통해 말씀하고 계셨습니다. 실제로 21절에서, 베드로는 훨씬 더 거슬러 올라가 "하나님이 영원 전부터 거룩한 선지자들의 입을 통하여 말씀하신 바"라고 말합니다. 그리고 그는 최초의 선지자 모세를 언급합니다. 모세는 그리스도께서 태어나기 1400년 전에 살았던 인물입니다. 모세는 유대인들이 존경하는 민족의 지도자요 입법자요 선생이었습니다. 베드로는 이들에게 모세도 똑같이 했다고 말했습니다. 그러고는 이렇게 말했습니다. "여러분의 위대한 선지자인 사무엘도 똑같이 했습니다. 이들은 모두 이때를 말했으나, 말한 것은 이들이 아니었습니다. 하나님께서 이들을 통해 말씀하고 계셨습니다."

우리 주님께서도 베드로가 이 사건에서 하고 있었던 것과 똑같은 일을 하셨습니다. 베드로는 지금 성령이 충만하여 무리에게 설교하면서, 그리스도께서 예루살렘의 다락방에서 그와 다른 제자들에게 말씀하신 것을 되풀이하고 있었습니다. 그리스도께서 죽으셨을 때, 제자들은 모두 극한 절망에 빠졌습니다. 이들은 이해하지 못했고, 이제 다 끝났다고 생각했습니다. 그 가운데 두 사람이 엠마오로 가고 있을 때, 주님께서 나타나 이들과 동행하시면서 말씀하셨습니다. "미련하고 선지자들이 말한 모든 것을 마음에 더디 믿는 자들이여, 그리스도가 이런 고난을 받고 자기의 영광에 들어가야 할 것이 아니냐"눅 24:25-26. 그런 후에 그분은 성경에서 자신에 관한 모든 부분을 자세히 설명해 주셨습니다. 그날 저녁 늦게 다락방에 나타나셔서 주님은 "모세의 율법과 선지자의 글과 시편에 나를 가리켜 기록된 모든 것이 이루어져야 하리라" 하고 말씀하셨습니다44절. 그분은 이렇게 말씀하신 것입니다. "너희에게 무엇이 문제인가? 나를 주목하고 있으면서 너희는 내가 누구인지 보지 못하느냐? 선지서를 읽어 보아라. 그리고 내가 거기 기록된 말씀의 성취라는 것을 알아라."

이것이 하나님의 말씀입니다. 그렇다면 여러분은 현대의 책에 왜 그렇게 집중합니까? 그 책의 저자들은 누구입니까? 이들이 무엇을 압니까? 이들은 여러분보다 더 아는 것도 없습니다. 그러나 하나님께서는 여기 사건들이 일어나기 수세기 전에 선지자들의 입을 통해 말씀하셨습니다. 우리는 선지자들에게서 그분에 관한 기사를 발견할 수 있습니다. 마귀에게 귀기울이는 사람들은 그의 지배를 받기 때문에 결코 스스로 자유롭게 될 수 없습니다. 그러나 하나님께서는 한 구원자, 곧 메시아를 보내겠다고 오래전에 약속하셨습니다. 하나님께서 선지자를 통해 그분을 묘사하시기를, 메시아가 베들레헴의 동정녀에게서 나실 것이라는 것까지 말씀하셨습니다. 하나님께서는 선지자들에게 그분이 나귀 새끼를 타고 예루살렘에 입성하고 도살장으로 끌려가는 양처럼 끌려가시며, 후에 부활하시리라는 사실을 포함해 모든 것을 자세하게 말씀하셨습니다. 하나님께서는 자신의 거룩한 선지자들을 통해 그리스도와 그분의 말씀을 묘사하셨습니다. "상한 갈대를 꺾지 아니하며 꺼져 가는 등불을 끄지 아니하고 진실로 정의를 시행할 것이며"사 42:3.

여러분은 사복음서를 읽으면서 구약성경이 다양하게 인용되고 "주께서 선지자로 하신 말씀을 이루려 하심이라"는 문구가 계속적으로 반복되는 데 자주 놀라지 않습니까? 그분에 관한 사실은 모두 예언되었습니다. 그분 자신, 그분의 삶, 그분의 가르침, 베드로가 유대인들에게 상기시켰듯이 무엇보다도 그분의 죽음까지 모든 것이 예언되었습니다. "그러나 하나님이 모든 선지자의 입을 통하여 자기의 그리스도께서 고난받으실 일을 미리 알게 하신 것을 이와 같이 이루셨느니라." 이것이 여러분이 예수님에 관한 문제에 접근하기 위한 시작이 되어야 합니다. 창세기부터 읽어 보십시오. 그분에게 초점을 맞추면 모든 곳에서 그분을 발견하게 될 것입니다. 그분이 모든 것을 성취하시는 것을 보게 될 것입니다. 여러분은 이렇게 시작해야 합니다. 베드로는 이렇게 시작했습니다.

그런 후에 베드로는 부활의 사실로 나아갑니다. 부활이 그의 설교의 핵심 부분입니다. 무엇 때문에 이 걷지 못하는 자가 베드로와 요한을 붙잡았습니까? 왜 이렇게 할 수 있었습니까? 왜 그는 계속해서 바닥에 앉아 있지 않았습니까?

베드로가 말합니다. "여러분은 우리를 주목하고 있지만 예수님으로가 아니고는 우리를 이해할 수 없습니다. '[너희가] 생명의 주를 죽였도다. 그러나 하나님이 죽은 자 가운데서 그를 살리셨으니 우리가 이 일에 증인이라'"행 3:15. 부활이라는 사실이 없었다면 교회가 존재했겠습니까? "부활"은 말 그대로 죽었다가 그 몸이 다시 살았다는 뜻임을 기억하십시오. 그분의 영향력이 계속되었다는 뜻도 아니고, 그분은 이제 영적인 영역에 계시기 때문에 영매를 통해 죽은 자들의 영혼과 접촉할 수 있듯이 그분과 접촉할 수 있다는 뜻도 아닙니다. 오늘날 많은 사람들이 이것을 부활이라고 가르칩니다. 그러나 이것은 신약성경이 말하는 것이 아닙니다. 베드로는 "우리가 이 일에 증인"이라고 했습니다. 이들이 증인이었다는 것은, 주님께서 다락방에서 제자들에게 자신은 유령이 아니라고, 영이 아니라고 말씀하셨다는 뜻입니다. 이들이 두려워한 것은 문이 잠겨 있었는데도 주님께서 갑자기 이들 가운데 나타나셨기 때문입니다. 이들은 이렇게 생각했습니다. "이건 유령이야, 허깨비라고!" 그러나 주님께서는 "영은 살과 뼈가 없으되 너희 보는 바와 같이 나는 있느니라" 말씀하셨습니다.눅 24:39 그리고 "여기 무슨 먹을 것이 있느냐"고 물으셨습니다.

제자들은 예수께 구운 물고기 한 토막을 드렸고 예수께서는 받아서 그들 앞에서 잡수셨습니다.

베드로는 그의 설교에서 "우리가 이 일에 증인"이라고 했습니다. 부활이 말 그대로 일어난 일이 아니라면, 여러분과 저는 지금 이것들을 살펴보고 있지 않을 것입니다. 부활이 없었다면, 교회도 없었을 것입니다. 주님께서 죽으셨을 때 제자들은 흩어졌습니다. 무엇이 이들에게 새 생명을 주었으며 이 메시지를 주었습니까? 바로 그분입니다. 부활하신 그분입니다. "우리가 이 일에 증인이라."

예수 그리스도를 바로 이렇게 이해해야 합니다. 그저 산상설교와 그분의 가르침을 받아들이고 "이것이 세상에서 어려움에 처한 사람들이 알아야 하는 거야", "이것이 우리 정부가 알아야 하는 것이야"라고 말하지 마십시오. 그것이 아닙니다. 복되신 분을 주목하십시오. 그리고 예언과 부활뿐 아니라 오순절도 주목하십시오. 여기 기적을 행한 베드로와 요한이 있습니다. 무엇이 이들로 하여금 이런 기적을 행할 수 있게 했습니까? 베드로는 자신들의 능력도, 자신들의 거룩함도 아니라고 했습니다. 그럼 무엇이었습니까? 하나님이 주신 능력이었습니다. "그 이름을 믿으므로 그 이름이 너희가 보고 아는 이 사람을 성하게 하였나니 예수로 말미암아 난 믿음이 너희 모든 사람 앞에서 이 같이 완전히 낫게 하였느니라"행 3:16.

베드로가 말했습니다. "우리에게는 아무것도 없습니다. 우리는 여러분과 같습니다. 저는 비겁한 겁쟁이였습니다. 저는 제 목숨을 구하겠다고 그분을 부인했습니다. 그런데 제게 무슨 일이 일어난 줄 아십니까? 저는 성령으로 세례를 받았습니다. 그분께서 약속하신 대로 성령을 보내셨습니다. 오순절에 능력이 임했습니다. 부활하신 그리스도께서 당신의 종들에게 권세와 능력과 힘을 주셨습니다." 그리고 베드로는 이렇게 말했습니다. "그분은 지금도 이 능력을 행하고 계십니다. 기적에 주목하지 마십시오. 그 기적을 행하신 분을 주목하십시오. 이 놀라운 일을 이해하려고 애쓰지 마십시오. 이 기적을 행하실 수 있는 분은 오직 한분뿐이라는 것을 모르십니까? 그분께서 우리에게 능력을 주셨습니다. 그분께서 걷지 못하던 자를 낫게 하셨습니다. 부활하신 그리스도께서 당신의 성령을 보내셨습니다. 이 기적은 바로 그 결과입니다."

교회가 지금까지 지속되어 온 것을 여러분은 어떻게 설명하시겠습니까? 교회가 인간들에 의한 것이라면 벌써 오래전에 무너졌을 것입니다. 교회에 들어왔던 그 많은 이단들을 보십시오. 제거되어야 했던 거짓 가르침을 보십시오. 사람들이 살아계신 그리스도의 자리에 어떻게 제도를 세우는지 보십시오. 교회가 어떻게 제도가 되었는지 보십시오. 죽었으며 허식과 권력으로 가득하고, 은과 금은 있으나 영적 권세는 없는 제도가 되었는지 보십시오. 교회가 어떻게 정치적이 되어 가는지 보십시오. 교회가 인간들에 의해 지속되었다면 이미 오래전에 무너졌을 것입니다. 교회가 지금도 존재하는 이유는 하나뿐입니다. 바로 살아계신 그리스도입니다. 모든 역사 속에서 인간들, 곧 걷지 못하고 소망도 능력도 없으며 무기력하고 죄와 허물과 수치에 빠진 인간을 붙잡아 일으켜 세우시고 부흥과 권세와 능력을 주시는 그분 때문에 교회는 계속되고 있습니다.

이 모든 것이 무엇을 의미합니까? 베드로가 그 답을 제시했습니다. 그는 이렇게 말했습니다. "여기 사실들이 있습니다. 그런데 여러분은 왜 그 사실들을 직시하지 않습니까?" 베드로는 말했습니다. "여러분이 한 일을 말씀드리겠습니다. 여러분은 그 거룩하고 의로우신 분을 거절하고……생명의 근원이 되시는 주님을 죽였습니다." 여기에 대한 설명은 하나뿐입니다. 그분은 인간에 불과한 분이 아닙니다. 베드로가 설교 첫머리에서 말했듯이, "아브라함과 이삭과 야곱의 하나님 곧 우리 조상의 하나님이 그의 종[아들] 예수를 영화롭게 하셨습니다." 그렇습니다. 그분은 인간이시지만, 인간일 뿐 아니라 하나님의 아들이시기도 합니다. 여러분은 베드로가 오순절 설교에서 이 점을 어떻게 강조했는지 기억하실 것입니다. 베드로는 시편 16편에 나오는 다윗의 말을 인용했습니다. "이는 내 영혼을 음부에 버리지 아니하시며 주의 거룩한 자로 썩음을 당하지 않게 하실 것임이로다"행 2:27. 베드로는 이렇게 말했습니다.

> 형제들아, 내가 조상 다윗에 대하여 담대히 말할 수 있노니 다윗이 죽어 장사되어 그 묘가 오늘까지 우리 중에 있도다. 그는 선지자라. 하나님이 이미 맹세하사 그 자손 중에서 한 사람을 그 위에 앉게 하리라 하심을 알고 미리 본 고로 그리스도의 부활을 말하되 그가 음부에 버림이 되지 않고 그의 육신이 썩음을 당하지 아니하시리라 하더니행 2:29-31.

나사렛 예수가 누구입니까? 그분은 "거룩하고 의로운 자"이십니다. 그분이 나시기도 전에, 잉태되시기도 전에, 천사 가브리엘이 그 모친 마리아를 찾아와 "성령이 네게 임하시고……"라고 했습니다. 그분은 생물학적 번식을 통해 태어나시지 않았습니다. 그분에게는 인간 아버지가 없었습니다. "성령이 네게 임하시고 지극히 높으신 이의 능력이 너를 덮으시리니 이러므로 나실 바 거룩한 이는 하나님의 아들이라 일컬어지리라"눅 1:35.

이것이 걷지 못한 자의 치유에 대한 유일한 설명이며, 부활이 이것을 증명합니다. 여기 죽은 자 가운데서 유일하게 살아나신 분이 계십니다. 거룩한 자들은 전에도 있었지만, 그들은 모두 불완전했습니다. 그들은 "홀로 거룩한 분"the holy one이 아니었습니다. 그러나 여기 그분, 곧 하나님의 아들이 있습니다. 이것이 성육신의 메시지입니다. 그분은 인간이지만 또한 하나님이십니다. 그분은 영원한 하나님의 아들이십니다. 그분은 거룩하신 분이십니다. 그분은 성부 하나님만큼 거룩하시며 의로우십니다.

베드로는 이렇게 말했습니다. "여러분은 살인자를 선택했습니다. 여러분은 완전히 불의한 자를 선택했습니다. 그러나 예수님은 의로우십니다. 그분은 죄가 없으십니다." "모든 일에 우리와 똑같이 시험을 받으신 이로되 죄는 없으시니라"히 4:15. 그분에게는 어떤 흠도 어떤 불완전함도 없었습니다. 그분의 마음이나 생각이나 행동에는 잘못된 것이 전혀 없었습니다.

무엇보다도 베드로는 그분은 "생명의 주"라고 했습니다. 이것은 생명의 조성자라는 뜻이며, 신약성경 전체의 주장이기도 합니다. 사도 요한은 이렇게 말합니다. "태초에 말씀이 계시니라. 이 말씀이 하나님과 함께 계셨으니 이 말씀은 곧 하나님이시니라. 그가 태초에 하나님과 함께 계셨고 만물이 그로 말미암아 지은 바 되었으니 지은 것이 하나도 그가 없이는 된 것이 없느니라. 그 안에 생명이 있었으니 이 생명은 사람들의 빛이라"요 1:1-4. 그분은 생명의 조성자이십니다. 하나님은 그분을 통해 온 우주를 창조하셨으며, 그분은 당신의 능력의 말씀으로 만물을 유지하십니다. 그분은 이런 분이십니다. 부활이 이것을 증명합니다.

바울은 로마의 그리스도인들에게 이 점을 제시합니다. "그의 아들에 관하여 말하면 육신으로는 다윗의 혈통에서 나셨고 성결의 영으로는 죽은 자들 가운데서 부활하사 능력으로 하나님의 아들로 선포되셨으니 곧 우리 주 예수 그리스도시니라"롬 1:3-4. 그분은 누구입니까? 그렇습니다. 그분은 인간이요, 선생이요, 기적을 행하는 자이지만 이것이 다는 아닙니다. 그분은 죽임당하셨고 장사되셨으나 사망의 결박을 완전히 끊으셨습니다. "이는 내 영혼을 음부에 버리지 아니하시며 주의 거룩한 자로 썩음을 당하지 않게 하실 것임이로다." 그분은 사망에 매여 있을 수 없었습니다. 그분은 부활하심으로 당신이 영원한 하나님의 아들이심과 인간 그리스도 예수, 하나님의 아들 예수이심을 증명하셨습니다. 곧 하나님이자 인간임을 증명하신 것입니다.

여러분은 이렇게 말할지도 모릅니다. "아주 그럴듯하게 들리는데, 한 가지 문제가 있네요. 그분이 하나님의 아들이라면 왜 죽어야 했습니까? 하나님의 아들이라면, 왜 하늘로 피하지 않았습니까? 그분은 그렇게 하실 수도 있지 않았습니까? 당신의 말에 따르면, 그분은 기적을 행하실 수 있었습니다. 죽은 자를 다시 살릴 수 있었습니다. 그런데 왜 죽었습니까? 무엇 때문에 고난을 당했습니까?"

좋은 질문입니다. 이것은 누구나 물을 수 있는 아주 중요한 질문입니다. 이 질문에 대한 답은 하나뿐입니다. 베드로가 제시한 것뿐입니다. "하나님이 모든 선지자의 입을 통하여 자기의 그리스도께서 고난받으실 일["반드시 고난받으실 일"로 번역될 수 있다]을 미리 알게 하신 것을 이와 같이 이루셨느니라"행 3:18. 여기서 성경 전체의 메시지가 다시 나타납니다. 구약성경의 설명도 이것입니다. 베드로가 말한 것처럼 모세로부터 시작해서, 실제로 세상의 기초가 놓일 때부터 시작해서 모든 선지자들이 이때에 관해 말하고 기록해 왔습니다.

모든 선지자들이 말해 온 것이 무엇입니까? "믿음으로 아벨은 가인보다 더 나은 제사를 하나님께 드렸다"는 것입니다히 11:4. 왜 그렇습니까? 아벨의 제사는 그저 농작물의 제사에 불과한 것이 아니라 피의 제사였기 때문입니다. 이들은 하나님께서 모세에게 성막을 짓고 위대한 의식儀式을 제정하라고 명령하셨다고 말했습니다. 무엇보다도 제사장들이 짐승을 취하여 그 머리에 손을 얹고, 모형론적으로 사람들의 죄를 그 짐승에게 전가해야 했습니다. 그런 후에는 그 짐승을 죽이고 그 피를 취하여 제단에서 하나님께 드려야 했습니다. 어린양이 아침과 저녁으로 한번도 빠짐없이 항상 죽임당해야 했습니다. 구약성경에 묘사된 제사들은 모두 그리스도의 모형이자 그림자였습니다.

그리스도는 하나님께서 죄를 위한 제물로 내주신 어린양이었습니다. 하나님께서는 모형과 그림자, 유비와 실례를 통해 당신의 아들의 오심을 자신의 백성에게 가르치시고 준비시키셨습니다. 이것들은 모두 오실 분, 곧 하나님의 어린양을 가리켰습니다. 마침내 그분이 나타나시자, 그분의 길을 예비하던 세례 요한은 "보라, 세상 죄를 지고 가는 하나님의 어린양이로다" 하고 사람들에게 외쳤습니다요 1:29. 여기 하나님의 어린양, 세상 죄를 지고 가는 어린양이 있습니다. 옛날 성전 제사에서 사용되던 황소와 염소의 피와 재는 결코 영혼과 양심의 죄를 깨끗게 할 수 없었습니다. 그러나 하나님 오직 그분만은 하실 수 있었습니다. 그리스도께서 당신의 피를 드렸습니다. 선지자들이 이것을 예언했고, 그리스도께서 그 예언을 이루셨습니다. 하나님께서 당신의 선지자들의 입을 통해 말씀하신 모든 것, 곧 메시아가 고난을 당해야 한다는 말씀이 예수 그리스도를 통해 이루어졌습니다.

왜 이런 일이 일어나야 했습니까? 베드로는 예루살렘 사람들에게 "그러므로 너희가 회개하고 돌이켜 너희 죄 없이 함을 받으라"고 했습니다행 3:19. 우리 주님께서 십자가에 죽으신 것은 바로 이 때문입니다. 우리 앞에 놓인 큰 문제는 어떻게 해야 우리 죄가 깨끗게 될 수 있는가 하는 것입니다. 우리 모두가 지금과 같은 것은 우리 죄 때문입니다. 우리의 죄가 우리와 하나님 사이를 가로막고 있습니다. 우리 각자가 직면한 큰 문제는 "인생이 어찌 하나님 앞에 의로우랴"는 것입니다욥 9:2. 내가 나의 죄를 어떻게 할 수 있겠습니까? 여러분은 이런 문제에 직면해 본 적 있습니까?

여러분의 문제는, 대단한 지성을 가진 여러분이 기적을 받아들일 수 있느냐 없느냐라고 생각했습니다. 그러나 여러분의 문제는 여러분의 죄입니다. 여러분의 마음과 생각의 더러움, 여러분이 행한 악한 행동, 여러분과 하나님의 잘못된 관계, 그분에 대한 여러분의 신성모독, 그분께 묻고 따지는 여러분의 오만함입니다. 여러분의 도덕적 실패와 무지몽매함, 바로 이것이 여러분의 문제입니다. 여러분은 그분께 죄를 지었습니다. 그분의 이름을 욕되게 했습니다. 그분의 계명을 어겼습니다. 여러분의 죄가 여러분을 무겁게 짓누릅니다. 이대로 죽는다면 여러분은 지옥에 떨어집니다. 그렇다면 여러분은 자신의 죄를 어떻게 제거할 수 있습니까? 어떻게 여러분의 죄를 얼룩도 없이 지워버릴 수 있습니까? 여러분 스스로는 불가능합니다. 방법은 하나밖에 없습니다. 바로 갈보리 언덕, 십자가에서 일어난 일입니다.

갈보리에서 하나님은 여러분의 허물을 당신의 아들에게 지우셨습니다. 하나님께서는 여러분의 죄를 취하시고 당신의 아들에게서 그 죄를 벌하셨습니다. 그분께서 피를 흘리심으로 여러분의 죄가 씻겨졌습니다. 이것이 그리스도의 죽음에 대한 유일한 답이며 유일한 설명입니다. 제자들은 주님께 예루살렘에 가지 말라고 간청하면서, 그분을 단념시키려고 애를 썼습니다. 그러나 우리가 아는 것처럼, 그분은 흔들림 없이 예루살렘으로 올라가셨습니다. 그분은 이렇게 말씀하셨습니다. "나는 반드시 가야 한다. 내가 세상에 온 것은 어떤 희생이 따르더라도 이 일을 이루기 위해서다. 내가 온 것은 이때를 위함이다. '모세가 광야에서 뱀을 든 것같이 인자도-십자가에-들려야 하리니 이는 그를 믿는 자마다 영생을 얻게 하려 하심이니라'"요 3:14-15.

이것이 베드로의 설교였습니다. 이것이 또한 저의 설교입니다. 베드로는 이렇게 말하고 있었습니다. "기적에 관심을 갖지 마십시오. 우리에게 관심을 갖지 마십시오. 여러분에게 묻겠습니다. 여러분이 생명의 주, 하나님의 아들, 세상의 구주를 죽였다는 것을 아십니까? 여러분을 구원하실 수 있는 유일한 분을 여러분이 부인하고 배척했다는 사실을 아십니까? 회개하고 마음을 돌이켜 그분을 믿으십시오. 그렇게 하는 순간, 여러분의 죄는 씻어질 것입니다. 하나님께서 여러분을 의롭다 하시고, 여러분이 전혀 죄를 짓지 않았던 것처럼 여기실 것입니다."

여러분도 잘못된 문제들, 잘못된 질문들을 생각하고 있습니다. 문제는 여러분입니다. 여러분은 죽습니다. 언제 죽을지, 언제 하나님의 심판대 앞에 서게 될지 모릅니다. 그때 여러분은 이 세상에 오셨던 그리스도와 마주하게 될 것입니다. 여러분은 그분에 대해 무엇을 믿었습니까? 그분을 어떻게 생각했습니까? 그분에 대해 어떤 결론에 이르렀습니까?

결국 주 예수 그리스도에 대한 관점은 두 가지뿐입니다. 세상의 관점을 취하거나 하나님의 관점을 취하거나, 둘 중 하나입니다. 둘은 극명하게 대조됩니다. 세상의 관점은 그분이 바라바와 같은 인간 예수일 뿐이라는 것입니다. 하나님의 관점은 그분이 당신의 사랑하는 아들, 독생자라는 것입니다. 세상은 "그는 인간일 뿐이다"라고 외칩니다. 하나님께서는 그분이 세례받으실 때, 변화산에서, 마지막 순간에 다시 하늘로부터 "너는 내 사랑하는 아들이라. 내가 너를 기뻐하노라" 하고 말씀하셨습니다.막 1:11; 9:7; 요 12:28 참조

또 다른 대조가 있습니다. 베드로는 이렇게 말했습니다. "……너희가 그를 넘겨주고 빌라도가 놓아주기로 결의한 것을 너희가 그 앞에서 거부하였으니 너희가 거룩하고 의로운 이를 거부하고 도리어 살인한 사람을 놓아주기를 구하여"행 3:13-14. 세상은 그분을 부인합니다. 그분이 하나님의 아들이심을 부인하고, 하나님의 어린양임을 부인하며, 세상이 용서받을 수 있도록 피흘리신 구원자이심도 부인합니다. 그러나 하나님께서는 어떻게 하셨습니까? "아브라함과 이삭과 야곱의 하나님 곧 우리 조상의 하나님이 그의 종 예수를 영화롭게 하셨느니라."13절. 세상은 그분을 부인하며 배척합니다. 그러나 하나님께서는 그분을 영화롭게 하셨습니다. 하나님께서는 그분의 삶에서 그분을 영화롭게 하셨습니다. 하나님께서는 하늘에서 말씀하시면서 그분이 누구인지 인증하셨습니다. 하나님께서는 그분에게 기적을 행하고 가르칠 능력을 주셨습니다. 하나님께서는 그분의 죽음에서 그를 영화롭게 하셨습니다. 하나님께서는 이렇게 말씀하셨습니다. "여기 죄의 형벌을 감당할 만큼 크고 위대하며 거룩한 자가 있다. 그는 내 어린양이다." 그러나 무엇보다도, 하나님께서는 영광스런 부활에서 당신의 아들을 영화롭게 하셨습니다. 여러분은 그분을 부인했습니까, 아니면 영화롭게 했습니까?

또 다른 대조에 귀기울여 보겠습니다. 베드로는 "……[너희가] 생

명의 주를 죽였도다.……"고 말합니다. 세상은 언제나 그분을 죽이고 있습니다. 상징적으로 그분을 죽이고 있는 것입니다. 세상은 말합니다. "저를 없이 하소서." 그러나 베드로는 "……하나님이 죽은 자 가운데서 그를 살리셨으니……"라고 했습니다.행 3:15. 여러분은 하나님의 아들을 죽이고 있습니까, 아니면 영광 중에 그분을 바라보며 그분을 높이고 그분 앞에 무릎 꿇어 사도 바울처럼 "주여, 내가 어떻게 하기를 원하시나이까"라고 묻고 있습니까?행 9:6, KJV

마지막으로, 베드로의 설교에는 한 가지 아주 특별한 점이 있습니다. 지금까지 저는 사람들이 하나님의 아들을 대하는 방법과 하나님께서 그분을 대하시는 방법이 극명하게 대조를 이룬다는 것을 여러분에게 보여드렸습니다. 그러나 인간과 하나님 모두가 주 예수 그리스도, 하나님의 아들에게 한 것이 하나 있습니다. "아브라함과 이삭과 야곱의 하나님 곧 우리 조상의 하나님이 그의 종 예수를 영화롭게 하셨느니라. 너희가 그를 넘겨주고 빌라도가 놓아주기로 결의한 것을 너희가 그 앞에서 거부하였으니." 유대인들은 그분을 죽음에 넘겨주었습니다. 하나님께서도 똑같이 하셨습니다. 사도 바울은 로마서 8:32에서 하나님께서 "자기 아들을 아끼지 아니하시고 우리 모든 사람을 위하여 내주셨다"고 말합니다. 단어가 똑같습니다("넘겨주다"와 "내주다"는 같은 단어입니다). 사람들은 그분을 죽음에 내주었습니다. 그러나 하나님께서는 우리 모두를 위해 그분을 죽음에 내주셨습니다. 이것이 바로 복음의 메시지입니다.

그러므로 여러분은 이제 나사렛 예수, 하나님의 아들을 마주하고 있으며 앞으로도 항상 그러할 것입니다. 여러분이 세상을 떠날 때 그분이 여러분을 마주할 것입니다. 그러나 훨씬 더 중요한 것은, 그분이 죽음 너머 심판에서 여러분을 마주하시리라는 사실입니다. 그분은 자신의 생명을 여러분을 위한 대속물로 주셨습니다. 하나님께서 여러분을 위해 그를 내주셨습니다. 지금 이 순간까지 여러분이 어떤 사람이었거나 그분을 어떻게 생각했거나 상관없습니다. 하나님께서는 여러분을 위해 그분을 내주셨습니다. 여러분 자신이 그 모든 사실을 모르고 행했다는 것을 이제 아시겠습니까? 그렇다면 회개하고 주 예수 그리스도를 믿으십시오. 그러면 구원을 받을 것입니다.

19

그리스도의 재림

그러므로 너희가 회개하고 돌이켜 너희 죄 없이 함을 받으라. 이같이 하면 새롭게 되는 날이 주 앞으로부터 이를 것이요 또 주께서 너희를 위하여 예정하신 그리스도 곧 예수를 보내시리니 하나님이 영원 전부터 거룩한 선지자들의 입을 통하여 말씀하신 바 만물을 회복하실 때까지는 하늘이 마땅히 그를 받아 두리라.

사도행전 3:19-21

사도행전 3장에 기록된 이 한 편의 설교에는 기독교 가르침의 본질을 이루는 것들이 매우 놀랍게 요약되어 있습니다. 무엇 때문에 우리는 기독교의 가르침에 관심을 가져야 합니까? 이미 살펴보았듯이, 우리가 사는 세상의 상태, 우리가 본질상 처한 상태 때문입니다. 우리 삶이 힘들고 문제와 시련으로 가득하지 않다면 그 누구도 기독교의 가르침에 관심을 갖지 않을 것입니다. 우리는 다른 모든 것을 시도해 보았지만 실패했습니다. 세상이 주는 것은 아무 해결책이 안된다는 것을 알았습니다. 그러므로 우리는 교회가 우리와 우리가 사는 온 세상을 향해 무엇이라고 말하는지 알고 싶어합니다. 주변을 돌아보면 세상은 너무 많은 부분에서 무너져 내리고 있습니다. 이런 세상에서 가장 긴급하고 중요한 것은, 기독교의 메시지가 무엇이며 기독교가 우리에게 무엇을 줄 수 있는지 정확하게 아는 것입니다. 이 설교에서 사도 베드로는 우리에게 그 답을 제시합니다.

지난 시간에는 베드로가 하나님의 아들, "거룩하고 의로운 자" 예수 그리스도의 죽음의 의미를 어떻게 설명하는지 살펴보았습니다. 베드로는 성전 뜰에 모인 사람들에게, 그리스도의 죽음은 그들을 용서하시고 그들의 죄를 씻을 기회를 주시고자 하는 하나님의 방법이라고 했습니다. 그러나 할 말이 더 남은 베드로는 여기서 끝내지 않았습니다. 여러분과 저는 복음이 여기서 끝나지 않는다는 것을 아는 것이 중요합니다. 이것은 복음의 시작입니다. 모든 인간에게 제일 먼저 필요한 것은 하나님과 화목하는 일입니다. 그러나 사도 베드로는 예수께서 지금까지 하신 일은 장차 하실 일의 일부분일 뿐이라고 했습니다. 이미 일어난 일은 하나님의 계획과 목적의 끝이 아니었습니다. 더 많은 일이 뒤따를 것이며, 더 큰일이 이어질 것입니다.

사도 베드로가 사람들에게 설교하는 방법을 보면 참으로 흥미롭습니다. 아시다시피, 그는 기적을 이용했습니다. 그는 "너희가 보고 아는 이 사람"이라고 했습니다.^{행 3:16}. 베드로는 이 점을 유대인들에게 계속해서 주지시켰습니다. 이 불쌍한 친구가 매일 성전 미문 앞에 자리잡고 있었으므로 어쩔 수 없이 모든 사람들이 그를 알고 있었습니다. 유대인들은 미문을 지나 성전에 들어갈 때 그의 앞을 지나야 했습니다. 베드로는 이 점을 이렇게 이용했습니다. 그가 말했습니다. "여러분은 지금 이 사람이 걷고 뛰며 하나님을 찬양하는 모습에 깜짝 놀랍니다. 하지만 여러분이 집중해야 할 문제는 따로 있습니다. 왜 이 사람이 걷지 못하게 되었고, 그가 나았다는 것은 무슨 뜻인가 하는 것입니다. 이제 이 사람에게 일어난 일은 온 우주에 일어날 일의 전주곡일 뿐임을 여러분에게 보여드리고 싶습니다." 이것은 제가 여러분에게 주목시키고 싶은 주제이기도 합니다.

걷지 못하던 사람이 나은 사건은 하나님께서 그리스도 안에서 온 우주에 행하실 일에 대한 하나의 실례일 뿐입니다. 바꿔 말하면, 복음의 메시지를 전파할 때는 구원이 개인적 문제일 뿐 아니라 온 우주와도 관련이 있다는 사실을 반드시 기억해야 한다는 것입니다. 개인은 지극히 중요한 부분입니다. 그러나 거기서 그치지 않고 더 큰 전체에 포함됩니다. 베드로는 이것을 이렇게 표현했습니다. "예수는 그리스도십니다. 이 말은 그분은 메시아이시며, 하나님의 지명을 받은 분이고, 큰 구원의 역사를 이끌도록 세상의 기초가 놓이기 전부터 하나님께서 미리 정하신 분이라는 뜻입니다. 그분은 지도자이십니다. 그분은 구원자이십니다." 베드로는 매우 흥미로운 방식으로 설교를 계속해 나갔습니다.

모세가 말하되 주 하나님이 너희를 위하여 너희 형제 가운데서 나 같은 선지자 하나를 세울 것이니 너희가 무엇이든지 그의 모든 말을 들을 것이라. 누구든지 그 선지자의 말을 듣지 아니하는 자는 백성 중에서 멸망받으리라 하였고 또한 사무엘 때부터 이어 말한 모든 선지자도 이때를 가리켜 말하였느니라 행 3:22-24.

베드로는 주 예수 그리스도가 모세에 의해 예언되었을 뿐 아니라 예표되었다고 했습니다. 모세는 이스라엘 백성들을 애굽의 속박에서 이끌어 내 약속의 땅 가나안으로 인도한 위대한 지도자였습니다. 그는 이스라엘 백성들을 가나안으로 인도해 들이는 특권을 누리지는 못했지만 그들을 요단강까지 인도했습니다. 그들에게 남은 것은 요단강을 건너는 일뿐이었습니다. 모세는 이 백성들을 포로 상태에서 자유로 이끌어 내며, 젖과 꿀이 흐르는 땅으로 인도하도록 지명된 지도자요 하나님의 사람이었습니다. 그러나 모세는 이렇게 말했습니다. "네 하나님 여호와께서 너희 가운데 네 형제 중에서 너를 위하여 나와 같은 선지자 하나를 일으키시리니 너희는 그의 말을 들을지니라" 신 18:15. 메시아의 사명은 온 우주를 속박에서 이끌어 내 낙원으로 인도하는 것이었습니다. 지금 사도 베드로는 이 놀라운 구절을 바로 이렇게 풀어냅니다. 이것은 복음 전파에서 지극히 중요한 부분입니다.

하나님께서 이 세상, 우리가 살고 있는 온 우주에 대한 계획을 갖고 계시다는 것, 이것이 복음의 메시지입니다. 그리스도 안에서 온 우주는 해방되고 회복될 것입니다. 그러나 큰 의문이 생깁니다. 이 일이 언제, 어떻게 일어납니까? 사도 베드로가 제시한 답은 현대세계에 직접적인 저항을 불러일으킵니다. 현대인들은 이것을 받아들이지 못할 뿐 아니라 싫어하며, 경멸과 모욕적인 태도로 거부합니다. 그 답은 이러한 해방이 미래의 일이라는 것입니다. 이것은 묵시입니다. 이것은 만물이 나아가고 있는 대사건입니다.

이것을 현대적인 맥락에서 표현해 보겠습니다. 사람들은 이러한 "내세관"을 정말 싫어합니다. 사람들은 "그림의 떡"이라 생각하며 이것을 비웃습니다. 이들은 말합니다. "예, 옛날 사람들은 다음 세상, 놀라운 미래세계를 말하고 황금비파와 황금길 등을 노래했지요. 하지만 우리는 성장했고 더 이상 그런 것을 믿지 않습니다. 우리가 원하는 것은 지금 여기에서 도움이 되는 메시지입니다. 우리는 **이생**의 것을 원합니다. 언젠가 멋지고 놀라운 일이 일어나리라고 말하는 것은 아무 소용없습니다. 우리가 원하는 것은 이 세상에 사는 동안 이 세상에 질서를 부여하고 우리에게 안전과 행복을 주는 메시지입니다. 이것이 진짜 복음입니다. 복음은 우리에게 이 세상을 개혁하는 방법을 가르치는 것입니다. 법률과 사회운동과 교육과 같은 것들을 통해 세상을 바로잡는 방법을 가르치는 것입니다."

이것은 20세기의 인기 있는 주제입니다. 이것은 한때 사회복음으로 알려졌고, 지금도 여러 다른 이름으로 전파되고 있습니다. 이것은 기독교가 하나의 인생관, 사회질서에 대한 견해, 일련의 원칙일 뿐이라는 신념입니다. 그러므로 그 주장에 따르면, 우리가 해야 할 일은 정치가들과 고용주들과 노동조합을 설득해 이것들을 시행하도록 하는 것입니다. 사람들은 말합니다. "우리는 이런 방법으로 우리의 문제를 해결하고 세상을 개혁할 것입니다. 행복한 사회를 만들 것입니다. 폭탄을 없애고 전쟁을 그치게 할 것입니다. 세계를 하나의 거대한 연맹으로 만들어 더욱 행복하게 살도록 할 것입니다." 사람들은 "행복"을 그렇게 강하게 확신하지 못하면서 이렇게 말합니다. "어쨌든 우리는 전쟁으로 고통당하지 않을 것입니다. 우리는 마시고 춤추며 도박하고, 정말 인생을 살 만하게 하는 것들을 할 시간을 충분히 갖게 될 것입니다."

그러나 저는, 이것이야말로 복음을 완전히 부인하는 것이라는 사실을 말씀드리고 싶습니다. 이것이 제가 사회복음을 반대하는 첫째 이유입니다. 이것은 사도 베드로가 여기서 가르친 것과 정확히 반대됩니다. 베드로의 말에 주목하십시오. 베드로는 청중들에게 그들이 "거룩하고 의로운 자"를 부인한 비극을 상기시키면서 말했습니다. "그러므로 너희가 회개하고 돌이켜 너희 죄 없이 함을 받으라. 이같이 하면 새롭게 되는 날이 주 앞으로부터 이를 것이요." 그리고 곧바로 이렇게 말했습니다. "또 주께서 너희를 위하여 예정하신 그리스도 곧 예수를 보내시리니 하나님이 영원 전부터 거룩한 선지자들의 입을 통하여 말씀하신 바 만물을 회복하실 때까지는 하늘이 마땅히 그를 받아 두리라."

베드로의 설교에는 개혁에 대한 내용이 한마디도 없습니다. 사람들을 더 잘살게 하고 이런저런 것들이 시행되도록 로마제국에 압력을 넣기 위해 나가서 복음을 전해야 한다는 내용은 한마디도 없습니다. 베드로는 이렇게 설교하지 않았습니다. 기억하십시오. 여기 교회의 첫번째 설교자가 있습니다. 그는 위대한 복음의 메시지를 정확하게 요약합니다. 너무나 좋은 기회였습니다! 사람들이 몰려들었습니다. 그들은 듣고 싶어했습니다. 베드로는 먼 장래의 일을 이들에게 전했습니다. 이것은 사도 베드로의 설교에만 적용되는 것이 아니라 우리의 복되신 주님의 설교에도 똑같이 적용됩니다. 주님께서는 자신이 세상에 오신 것은 세상을 개혁하기 위해서라고 말씀하시지 않았습니다. 주님은 세상이 점점 더 나아질 것이라는 말씀을 하지 않으셨으며, 오히려 그 반대로 말씀하셨습니다.

> 노아의 때에 된 것과 같이 인자의 때에도 그러하리라.……또 롯의 때와 같으리니 사람들이 먹고 마시고 사고 팔고 심고 집을 짓더니 롯이 소돔에서 나가던 날에 하늘로부터 불과 유황이 비 오듯 하여 그들을 멸망시켰느니라^{눅 17:26, 28-29}.

주님은 악인들이 점점 더 악해지리라 말씀하셨습니다. 또한 그분은 "난리와 난리의 소문을 들을 때에 두려워하지 말라. 이런 일이 있어야 하되 아직 끝은 아니니라"고 말씀하셨습니다^{막 13:7}. 이처럼 사도 베드로는 자신의 주님이자 선생께 직접 들은 것을 되풀이하고 있을 뿐이었습니다. 우리 주님께서는 자신이 하실 일을 유일한 소망으로 제시하셨습니다.

베드로가 베드로후서에서 직접 말한 것처럼, 우리는 사도 바울의 설교와 그의 모든 서신서에서도 정확하게 똑같은 내용을 발견합니다. 베드로는 주님이 오실 날을 언급하면서 이렇게 썼습니다. "……우리가 사랑하는 형제 바울도 그 받은 지혜대로 너희에게 이같이 썼고 또 그 모든 편지에도 이런 일에 관하여 말하였으되 그중에 알기 어려운 것이 더러 있으니 무식한 자들과 굳세지 못한 자들이 다른 성경과 같이 그것도 억지로 풀다가 스스로 멸망에 이르느니라"벧후 3:15-16.

사도행전 17장에는 바울이 아덴에서 한 설교가 요약되어 있는데, 그의 설교는 베드로가 사도행전 3장에서 한 설교와 정확하게 일치합니다. 우리는 이러한 일치된 메시지를 신약성경 전체에서 찾아볼 수 있습니다. 베드로가 상기시키듯이, 이것은 구약의 위대한 메시지이기도 합니다. 선지자들도 사자가 어린양과 뛰놀며 늑대와 소가 함께 풀을 뜯는 놀라운 미래를 예언했습니다. 이것은 성경 전체의 보편적인 메시지입니다.

그러므로 기독교는 세상을 개혁하기 위한 정치적·사회적 운동일 뿐이라는 현대사상은 성경의 가르침을 완전히 부인하는 것입니다. 그런 생각들이 세상을 이처럼 비참하게 만들었습니다. 그뿐 아닙니다. 역사는 이러한 가르침이 거짓임을 입증합니다. 기독교는 2천 년 동안 이 세상에 존재해 왔지만 이 세상을 개혁하지 않았습니다. 역사는 이러한 현대사상을 반박합니다. 역사는 오르막과 내리막, 진보와 퇴보의 문제였습니다.

제가 보기에 이것이 무엇보다 중요합니다. 제 생각에는 우리가 지금 살펴보고 있는 바로 이 부분에서 기독교 신앙이 너무나 많은 사람들에게 걸림돌이 되었습니다. 기독교가 세상 개혁을 위한 운동이라면, 기독교의 사명이 전쟁을 없애고 사람들에게 함께 사는 법과 노동문제와 산업문제를 해결하는 법을 가르치는 것이라면, 기독교가 단순히 사회적·정치적 프로그램에 불과하다면, 세상 사람들이 기독교에 대해 이렇게 말해도 무방할 것입니다. "맞습니다. 제가 그리스도인이 아닌 것도 바로 그 때문입니다. 제가 당신들의 메시지를 믿지 않는 것도 바로 그 때문입니다. 기독교는 거의 2천 년간 계속되어 왔습니다. 기독교는 세상을 질서 있게 하며 우리의 모든 문제를 해결하겠다고 주장합니다. 그러나 2천 년간의 설교 후에-여러 세기 동안 교회는 지배권을 갖고 있었으며 자신이 원하는 것은 무엇이든 할 수 있었습니다―세상이 어떤 상태인지 보십시오! 저는 관심이 없습니다. 당신들의 기독교는 실패작으로 드러났습니다. 기독교에는 아무것도 없습니다. 기독교는 무용지물입니다. 기독교는 하나의 이상으로서는 괜찮지만, 기독교가 실제 세계에 줄 수 있는 것은 아무것도 없습니다. 기독교가 진리라면, 어째서 20세기에만 벌써 두 번의 세계대전이 일어났고 나라들은 지금처럼 움직이고 있습니까? 기독교가 진리라고요? 불가능합니다. 웃기는 얘깁니다." 물론 이것은 전적으로 타당한 주장입니다. 특히 기독교를 사회적·정치적 프로그램으로 잘못 전한 사람들은 대답할 말이 없습니다.

기독교는 세상의 개혁을 위한 도구가 되겠다고 약속한 적이 없습니다. 성경 어디에도 이런 효과에 대한 언급이 없습니다. 기독교 메시지에 대한 이러한 거짓된 시각이 안고 있는 비극은 지난 세기들을 설명할 수 없다는 것입니다. 이러한 거짓된 시각은 오늘날 세상이 처한 상태를 설명할 수도 없고, 미래에 대해서도 마찬가지입니다. 사회복음은 완전히 파산했습니다. 사회복음의 지지자들은 사람들을 설득해 이 윤리를 받아들이도록 해야 한다는 말만 계속 되풀이할 뿐입니다. 이들은 반드시 정치에 개입하고, 반드시 이런저런 것을 조직해야 한다고 주장합니다. 설령 아무 결과가 나오지 않더라도 그저 계속하는 수밖에 없습니다. 그러나 여기에는 희망이 없습니다.

물론 19세기에는 사회복음이 아주 그럴듯하게 들렸고 매우 가능성이 높아 보였습니다. 그때는 진짜로 세상이 완전함을 향해 전진하고 있는 것처럼 보였습니다. 나폴레옹 전쟁 이후로 큰 전쟁이 없었습니다. 크림전쟁과 같은 이상한 사건이 있기는 했지만, 지엽적인 것에 불과했습니다. 온 세계는 큰 진보를 이루고 있는 것처럼 보였고, 1859년에는 다윈이 이것을 증명하는 이론까지 들고 나왔습니다. 그는 "나는 이 법칙이 생물학뿐 아니라 어느 곳에서나 적용되는 것을 발견했다"고 했습니다.

그다음에는 토마스 헉슬리Thomas Huxley가 나타나 "이것은 생물학적으로 뿐만 아니라 모든 부분에서 진리이다"라고 했습니다. 철학자 허버트 스펜서Herbert Spencer는 이렇게 덧붙였습니다. "이것은 생명체 전체에 적용되는 원리이다. 모든 것이 진보하고 있으며, 점차적으로 완전함을 향해 나아가고 있다." 시인들도 열광했습니다. 테니슨Tennyson은 인간의 의회와 세계의 연합을 노래했습니다. 영광의 시대가 다가오고 있었습니다. 당시는 이러한 것들이 매우 그럴듯하게 보였다는 것을 인정합니다. 그러나 지금도 이런 사조思潮를 믿을 수 있는 사람이 있다니, 저로서는 도저히 이해되지 않습니다. 20세기는 이런 믿음을 산산조각 내버렸습니다. 20세기는 이런 믿음을 비웃으며 하나의 난센스로 만들어 버렸습니다. 인간과 우주가 진화를 통해 완전함으로 나아가고 있다는 생각만큼 신뢰를 잃어버린 것은 없습니다. 20세기는 이런 생각을 단번에 영원히 박살내 버렸습니다. 역사도 이런 생각과 전혀 일치하지 않습니다. 그러므로 지금은 세상이 사도 베드로에게 귀를 기울여야 할 때입니다. 이 세상이 진정한 기독교의 메시지에 귀기울여야 할 때입니다. 베드로는 말했습니다. "여러분은 이 일이 어떻게 된 것인지 알고 싶지 않습니까? 이 사람에게 주목하여 이 사람이 걷고 뛰며 하나님을 찬양하는 모습을 보십시오. 그는 못 걷는 자였습니다. 그래서 여러분은 이게 도대체 어떻게 된 일이냐고 묻습니다. 이것은 하나의 그림이며 비유일 뿐입니다. 이런 일이 온 우주에 일어날 것입니다."

어떻게 말입니까?

베드로는 다시 말합니다. "여러분이 끝장냈다고 생각하는 바로 그분이 열쇠를 쥐고 있습니다. '주[하나님]께서 너희를 위하여 예정하신 그리스도 곧 예수를 보내시리니 하나님이 영원 전부터 거룩한 선지자들의 입을 통하여 말씀하신 바 만물을 회복하실 때까지는 하늘이 마땅히 그를 받아 두리라.'"

이 모든 것이 무엇을 의미합니까? 이 구절을 자세히 설명해 드리겠습니다. 다시 말씀드리지만, 제 일은 아주 간단합니다. 저는 사도 베드로가 직접 사용한 제목들에 밑줄만 그으면 됩니다. 첫째 구절은 "하늘이 마땅히 그를 받아 두리라"는 것입니다. 베드로는 방금 사람들에게 그리스도께서 갈보리 언덕에서 십자가에 달려 죽으셨다는 사실과 그분이 죽으신 이유를 말했습니다. 그런 다음에 우리가 보듯이 그리스도께서 무덤에 머물러 계시지 않았다는 것을 사람들에게 상기시켰습니다. "너희가……생명의 주를 죽였도다. 그러나 하나님이 죽은 자 가운데서 그를 살리셨으니 우리가 이 일에 증인이로라."

그러나 베드로는 여기서 한발 더 나아갔습니다. 부활이 일어났을 뿐 아니라 40일 후에 또 다른 일이 뒤따랐습니다. 바로 승천입니다. "하늘이 마땅히 그를 받아 두리라." 사도행전 1장으로 돌아가 보면, 우리 주님이 제자들과 말씀을 나누시다가 그들에게 예루살렘을 떠나지 말고 "오직 성령이 너희에게 임하시면" 권능을 받으라고 분부하시는 것을 볼 수 있습니다. 그다음에 어떻게 되었습니까? " 이 말씀을 마치시고 그들이 보는데 올려져 가시니 구름이 그를 가리어 보이지 않게 하더라"행 1:9. 그러므로 승천도 복음 전파의 한 부분입니다.

"하늘이 마땅히 그를 받아 두리라"고 했을 때, 베드로는 사람들에게 "우리는 그분의 부활의 증인일 뿐 아니라 그분의 승천의 증인이기도 합니다"라고 말한 것입니다. 많은 교파가 예수 승천일Ascension Day을 지킵니다.[1] 주님께서는 우리가 성령강림절Whit Sunday이라 부르는 오순절 열흘 전에 승천하셨습니다. 그리스도가 승천하셨다고 하는 것은 복음 전파의 일부입니다. 신약성경은 그분이 승천하신 후에 여러 하늘들을 지나 하늘 자체에 들어가사 하나님 우편에 영원한 영광 중에 앉으셨고 여전히 거기 앉아 계시다고 말씀합니다.

우리는 주님께서 하늘에서 무엇을 하고 계시는지 잘 알고 있습니다. 우리는 그분이 다스리고 계신다는 것을 압니다. 그분은 승천하시기 전에 제자들에게 이렇게 말씀하셨습니다. "하늘과 땅의 모든 권세를 내게 주셨으니 그러므로 너희는 가서 모든 민족을 제자로 삼아……내가 너희에게 분부한 모든 것을 가르쳐 지키게 하라. 볼지어다, 내가 세상 끝 날까지 너희와 항상 함께 있으리라 하시니라"마 28:18-20. 여기

---

[1] 이 설교는 1965년 예수 승천일 이전 주일에 한 것이다.

에 기독교의 역사철학이 있습니다. 여러분은 현대세계를 알기 원합니까? 지난 2천 년을 알기 원합니까? 이 세상과 인류의 미래를 알기 원합니까? 저는 여러분에게 말씀드릴 수 있습니다. 제가 환상을 보았거나 특별한 지혜가 있기 때문이 아니라, 바로 여기에 모두 나와 있기 때문입니다. 기독교의 메시지는 역사에 대한 유일한 설명입니다. 그것은 바로 예수께서 하늘에서 하나님 영광의 우편에 앉아 계시며 다스리고 계신다는 것입니다.

그분은 그 밖에 무엇을 하고 계십니까? 그분은 사람들을 당신께로 불러내고 계십니다. 그분은 제자들을 보내시면서 이렇게 말씀하셨습니다. "너희에게 나의 메시지를 남겨 주겠다. 너희는 나의 증인이 될 것이다. 너희가 본 것과 아는 것과 경험한 것을 말하고 증거할 수 있도록 내가 너희에게 능력을 주겠다. 내가 너희를 예루살렘과 사마리아와 땅 끝까지 보낼 것이다. 내가 너희를 보내어 온 세상에 나는 하나님의 아들이요 유일한 구원자임을 증거하게 할 것이다." 그후로 우리 주님께서는 지금까지 이렇게 하고 계십니다. 그때부터 지금까지 그분은 한 민족을 불러내셔서 새 나라, 곧 하나님의 나라, 천국을 건설하고 계십니다.

이것이 신약성경에서 시작되어 교회의 긴 역사 속에서 계속되고 있는 이야기입니다. 지나온 오랜 세월 동안 이 복음이 전파되었고, 사람들은 개인적으로나 때로는 작은 모임에서 눈을 떴습니다. 이들은 복음을 보았습니다. 이들은 복음을 믿었습니다. 이들은 세상에서 분리되어 교회의 일원, 곧 그리스도의 몸의 지체가 되었습니다. 이들은 새로운 소망으로 새로운 삶을 시작했습니다. 이제 죽음과 무덤을 두려워하지 않았습니다. 이들은 과거에 자신들을 짓누르던 죄를 정복할 수 있게 되었습니다. 이 일은 지금도 계속되고 있습니다. 그분은 지금도 당신의 사자(使者)들을 보내고 계십니다. 지금도 사람들은 회심함으로 새롭게 되고 있습니다.

그러나 사도 베드로는 이러한 과정에도 끝이 있다고 말했습니다. "만물을 회복하실 때까지는 하늘이 마땅히 그를 받아 두리라." 그때가 언제입니까? 베드로는 "주[하나님]께서 너희를 위하여 예정하신 그리스도 곧 예수를 보내시리니"라고 했습니다. 여러분은 이것이 깨달아집니까? 나사렛 예수, 하나님의 아들이 이 세상에 다시 오실 것입니다. 그분이 감람산에서 제자들이 보는 가운데 어떻게 승천하셨는지는 이미 말씀드렸습니다. 그다음을 기억하십니까? 이들이 주님이 승천하신 하늘만 쳐다보고 있을 때 흰옷 입은 두 사람이 이들 곁에 서서 말했습니다. "갈릴리 사람들아, 어찌하여 서서 하늘을 쳐다보느냐. 너희 가운데서 하늘로 올려지신 이 예수는 하늘로 가심을 본 그대로 오시리라"행 1:10-11. 이것이 바로 베드로가 말하던 것입니다. 하나님께서 그분을 다시 보내실 때까지 하늘이 그분을 받아 두실 것입니다. 어디로 다시 보내십니까? 이 세상입니다! 이것이 광대한 기독교 복음의 핵심이고 중심입니다.

우리 주님께서는 어떻게 다시 오십니까? 천사들은 제자들에게 그분은 "하늘로 가심을 본 그대로 오시리라"고 했습니다. 그분은 모두가 볼 수 있는 모습으로 오실 것입니다. 육체를 가진 모습으로 오실 것입니다. 그렇습니다. 그러나 그분의 재림은 초림과는 매우 다를 것입니다. 그분은 무기력한 아기로 오시는 것이 아니라 만왕의 왕으로, 만주의 주로 오실 것입니다. 그분은 헤아릴 수 없이 많은 거룩한 천사들의 호위를 받으며 하늘의 구름을 타고 오실 것입니다. 이것은 하나님 계획의 일부이고 기독교 메시지의 핵심입니다.

저는 지금 베드로의 설교를 여러분에게 상세히 설명해 드리고 있을 뿐입니다. 이것은 저의 이론도, 현대인의 이론도 분명 아닙니다. 오늘날의 사람들은 그리스도의 재림을 언급하지 않을 뿐 아니라 오히려 비웃고 조롱합니다. 그들이 이렇게 하는 것은 당연합니다! 사람들은 그분이 세상에 계실 때도 조롱했습니다. 사람들은 그분이 하나님의 아들이시며, 거룩하고 의로운 분이심을 믿으려 하지 않았습니다. 사람들은 이렇게 말했습니다. "이 사람이 도대체 누구야? 이 사기꾼은 도대체 누구야?" 그러나 그분이 못 걷는 자를 걷게 하셨습니다. 그분이 거기 계셨습니다. 사람들은 그분의 초림을 비웃었듯이 그분이 재림하신다는 것도 비웃습니다. 베드로는 이미 "주께서 강림하신다는 약속이 어디 있느냐"라고 "조롱하는 자들"을 언급하면서 이에 대해 언급했습니다.벧후 3:4. "당신네 그리스도인들은 거의 2천 년째 하나님의 아들이 이 세상에 다시 온다고 말하고 있는데, 약속되었다는 재림은 도대체 어떻게 된 거요? 세상은 항상 그대로잖소? 변한 것이 없잖소? 그러니 재림을 말하는 게 무슨 소용이 있겠소? 도대체 그 양반 언제 오는 거요?"

베드로의 대답을 기억하십니까? 베드로는 말합니다. "여러분은 하나님이 여러분과 같다고 여기기 때문에 여러분 자신을 똑똑하다고 생각합니다. 여러분은 자신의 날과 주와 달과 연수를 셉니다. 그러나 '사랑하는 여러분, 이 한 가지만은 잊지 마십시오. 주님께는 하루가 천 년 같고, 천 년이 하루 같습니다'벧후 3:8, 표준새번역. 나는 그분이 언제 오실지 모릅니다. 오직 한분, 하나님만 아십니다. 내가 아는 것은 그분이 오신다는 것뿐입니다. 하나님께서 그분을 보내실 것입니다. 하나님께서는 아직 자신의 계획을 마치지 않으셨습니다."

그렇다면 하나님께서 당신의 아들을 세상에 다시 보내시는 이유는 무엇입니까? "만물을 회복하기 위해서"입니다. 하나님께서는 만물을 회복하고 재건하시기 위해 당신의 아들을 다시 세상에 보내실 것입니다. 하나님께서 세상의 기초가 놓일 때부터 이렇게 하시기로 약속하셨다고 베드로는 말합니다. 하나님께서는 당신의 거룩한 사도와 선지자들을 통해 그렇게 말씀하셨습니다. 하나님께서는 만물이 회복되도록 당신의 아들을 다시 보내실 것입니다.

어떤 사람은 "그게 무슨 뜻이냐"고 묻습니다.

여러분이 진정으로 역사를 이해하고 싶다면, 왜 세상이 지금과 같은지 알기 원한다면, 세상을 위한 희망이 조금이라도 있는지 알기 원한다면, 평생에 한번도 해보지 않은 방식으로 귀를 기울이십시오. 여기 유일한 설명이 있습니다. 하나님께서는 만물이 회복되도록 당신의 아들을 다시 세상에 보내실 것입니다. 이것은 베드로가 말한 것처럼 모세와 그 옛날 이스라엘 자녀들에게서 예표되었습니다. 이스라엘 자녀들은 하나님의 백성이었습니다. 하나님께서는 아브라함을 불러내셔서 가나안 땅으로 인도하셨습니다. 그러나 기근 때문에 이들은 애굽으로 내려가야 했으며, 그곳에서 야곱과 요셉의 시대 이후부터는 학대받으며 아주 힘든 세월을 보냈습니다. 이들은 자신들의 자유와 위대성을 잃어버린, 이방 땅에서 신음하는 노예였습니다. 그러나 하나님께서는 모세라는 구원자를 보내셨습니다. 하나님의 선지자 모세는 모든 어려움에도 불구하고 이들을 이끌어 내어 약속의 땅으로 인도했습니다. 그리고 베드로가 말하는 것처럼 하나님께서 모세로 예표된 분을 이 세상에 다시 보내실 때, 그분을 통해 만물을 회복하고 새롭게 하실 것입니다.

사도 바울은 에베소서 1장에서 훌륭하고도 인상적인 구절로 이것을 표현했습니다. "그 뜻의 비밀을 우리에게 알리신 것이요 그의 기뻐하심을 따라 그리스도 안에서 때가 찬 경륜을 위하여 예정하신 것이니 하늘에 있는 것이나 땅에 있는 것이 다 그리스도 안에서 통일되게 하려 하심이라"엡 1:9-10. 바로 이것입니다.

그리스도께서는 우주를 회복하기 위해 오실 것입니다. 그렇다면 우주는 왜 회복되어야 합니까? 이 질문은 바로 여러분과 제가 관련되어 있는 질문입니다. 우리가 살고 있는 이 세상은 하나님께서 창조하신 그대로의 세상이 아닙니다. 하나님은 이 세상을 완전하게 지으셨습니다. 거기에는 가시도, 엉겅퀴도, 아픔도, 마비도, 질병도, 죽음도 없었습니다. 이 세상은 완전한 낙원이었고, 하나님의 모양과 형상대로 지음받은 인간은 그 속에서 완전했습니다. 그렇다면 세상이 왜 지금처럼 되었습니까? 왜 태어나면서부터 걷지 못하는 사람들이 있습니까? 왜 우리는 세계대전을 두 차례나 겪었습니까? 왜 세상은 3차 세계대전을 향해 미친 듯이 달려가고 있습니까? 왜 사람들은 폭탄을 만들고 있습니까? 왜 질투와 시기와 악의와 원한이 있습니까? 왜 국가들 사이에는 긴장이 있습니까? 이 모든 것의 원인은 무엇입니까? 답은 하나뿐입니다. 이 모든 것은 인간의 타락 때문입니다. 마귀는 아담과 하와를 유혹했습니다. 아담과 하와는 그의 유혹에 넘어가 타락함으로써 자신들과 온 우주에 혼란을 초래했습니다. 아담과 하와가 타락한 이후로 인류는 모든 면에서 고통을 당했습니다. 그때부터 인간은 영적으로 고통당했습니다. 하나님의 얼굴을 잃어버렸습니다. 그분의 원의原義를 잃어버렸습니다. 하나님의 평안을 잃어버렸습니다. 그분의 기쁨을 잃어버렸습니다. 인간은 두려워하게 되었습니다. 내적인 갈등이 시작되었고 아무도 믿지 못하게 되었습니다. 그뿐 아니라 온 우주가 고통을 당했습니다.

사도 바울은 로마서 8장에서 이것을 영원히 기억될 만한 말로 표현했습니다. 이 말씀은 현대세계가 알지 못하는 것이지만, 알아야 할 필요가 있는 것입니다. "생각하건대 현재의 고난은 장차 우리에게 나타날 영광과 비교할 수 없도다. 피조물이 고대하는 바는 하나님의 아들들이 나타나는 것이니 피조물이 허무한 데 굴복하는 것은 자기 뜻이 아니요 오직 굴복하게 하시는 이로 말미암음이라"롬 8:18-20. 이것은 피조물, 곧 피조세계 자체가 "썩어짐의 종노릇한 데서 해방되어 하나님의 자녀들의 영광의 자유에 이르는 것"을 뜻합니다21절. 아담과 하와는 피조물의 주인이었습니다. 하나님께서 이들을 우주 가운데 두신 것은 당신을 위해 우주를 관리하도록 하기 위해서였습니다. 이들이 타락했을 때 우주도 타락했고, 하나님께서 땅을 저주하셨습니다. 이때 질병이 들어왔습니다. 이때 마비가 들어왔고 가시와 엉겅퀴가 들어왔습니다. 이때 전쟁과 살인도 들어왔습니다. 이때 삶이 생지옥과 다를 바 없게 하는 모든 것이 들어왔습니다.

세상은 엉망이 되었습니다. 세상은 혼돈에 빠졌습니다. 세상은 무질서와 문제로 가득해졌습니다. 세상은 저주를 받았습니다. 그러나 하나님께서 당신의 그리스도, 당신의 아들을 다시 세상에 보내실 때 그분은 세상을 바로잡으실 것입니다. 이것이 만물의 회복입니다. 지금 세상은 부분적으로 마귀의 지배를 받고 있습니다. 마귀는 "이 세상의 신"입니다고후 4:4. 마귀는 "공중의 권세 잡은 자……곧 지금 불순종의 아들들 가운데서 역사하는 영"입니다엡 2:2. 이것이 지금의 세상을 설명해 줍니다. 교육의 부족이 아닙니다. 이 나라에서 가장 교육을 많이 받은 사람들이 가장 무식한 사람들만큼이나 악합니다. 옥스퍼드와 캠브리지도 죄로부터 자유롭지 못합니다. 왜 그렇습니까? 문제는 바로 여기에 있습니다. 옥스퍼드와 캠브리지 학생들, 이 나라의 최고 두뇌들이 마약으로 살아가며 "쾌락을 구하고" 자살하는 것을 볼 때 이들에 대한 연구가 있어야겠습니다. 이들을 생각하면 가슴이 찢어지고 미어집니다. 이것은 지식이나 교육의 문제가 아닙니다. 여러분은 이 세상이 사탄의 지배를 받고 있다는 것을 모르십니까? 세상은 무질서와 방종과 정욕과 욕망으로 가득합니다. 세상은 뒤집혔습니다. 그러나 하나님께서는 마귀가 최후 승리를 얻도록 놔두지 않으실 것입니다. 당연히 그는 최후 승리를 얻지 못할 것입니다!

그렇다면 무슨 일이 일어나겠습니까? 여러분은 기독교를 전하고 사람들을 서서히 교육하라고 합니다. 하지만 그게 소용 있을까요? 이 방법은 2천 년간 시도되었지만 효과가 없는 것으로 드러났습니다. 이 방법은 결코 성공하지 못할 것입니다. 인간은 너무나 부패했기 때문입니다. 인간은 거듭나야 합니다. 소망은 오직 하나밖에 없습니다. 그리스도께서 다시 오시는 것입니다. 그분이 다시 오셔서 세상을 의로 심판하실 것입니다. 죄악 가운데 죽은 자들과 그분과 그분이 제시한 것을 거부한 자들을 모두 심판하실 뿐 아니라, 마침내 사탄도 완전히 멸하실 것입니다. 그리스도께서는 이 세상에 계시는 동안 이미 마귀에게 승리하셨지만-마귀는 이미 사슬에 매여 있습니다-다시 오실 때 그를 영원히 멸하실 것입니다. 마귀와 지옥과 죄악과 하나님을 대적하는 모든 것들이 하나도 남김없이 거룩한 불로 태워지고 "의가 있는 곳인 새 하늘과 새 땅"이 있을 것입니다 벧후 3:13.

주님 이름을 송축합시다. 그분은 온 우주를 회복하시는 데서 그치지 않으실 것입니다. 바울은 "피조물이 다 이제까지 함께 탄식하며 함께 고통을 겪고 있는 것을 우리가 아느니라"고 말합니다 롬 8:22. "피조물도 썩어짐의 종노릇한 데서 해방되어 하나님의 자녀들의 영광의 자유에 이르는" 날이 오고 있습니다 21절. 이것은 무엇을 의미합니까? 바울은 "피조물이 고대하는 바는 하나님의 아들들이 나타나는 것"이라고 말합니다[19절]. 하나님의 아들들은 지나온 역사 동안 복음을 믿은 사람들입니다. 이들은 세상이 비웃는 동안에도 복음의 메시지에 귀 기울이고 그 메시지를 받아들인 사람들입니다. 이들은 어리석은 자들이 되었지만 지혜로운 자들이었습니다. 이들은 세상의 웃음거리였지만 하나님의 자녀입니다. 그분이 오셔서 온 우주-이 땅뿐만 아니라 화성과 목성과 해와 달과 온 우주-를 회복하실 때 우주는 원래의 온전하고 완벽한 상태로 회복될 것입니다. 그리스도를 믿은 여러분과 저는 죄사함 받았습니다. 우리는 회복되며, 우리의 영혼은 완전하게 되고, 그분이 이미 우리를 아시는 것처럼 우리도 그분을 알게 될 것입니다.

놀랍고도 놀라운 것은, 이러한 변화가 우리 육체에까지 적용되리라는 것입니다. 바울은 빌립보 교인들에게 우리는 "만물을 자기에게 복종하게 하실 수 있는 자의 역사로 우리의 낮은 몸을 자기 영광의 몸의 형체와 같이 변하게 하실" 구원자를 간절히 갈망하며 찾는다고 말합니다[빌 3:21]. 베드로는 그의 설교에서 이렇게 말했습니다. "보십시오. 여러분은 이 기적에 관심이 있습니다. 여기 나면서부터 걷지 못하던 자였으나 이제 일어나 걷고 뛰며 하나님을 찬양하는 사람이 있습니다. 그러나 온 우주가 이와 같을 것입니다. 하나님의 자녀들이 회복된 우주에서 걷고 뛰며 하나님을 찬양할 것입니다. 죽음은 하나님께 대한 죄악과 반역에서 왔지만, 그분이 오셔서 죽음을 멸하실 것입니다. 세상은 본래의 영광스럽고 완전한 상태로 회복되며, 그분을 믿는 모든 자들이 이 사람처럼 될 것입니다. 이것은 하나의 실례입니다. 더 이상 한숨도, 슬픔도, 아픔도, 질병도 없을 것입니다. 하나님께서 모든 눈물을 닦아 주실 것입니다. 더 이상 죽음도 없을 것입니다. 영광, 영원한 영광만이 있을 것입니다. 잘못된 것이나 하나님의 영광을 약화시키는 것은 전혀 없을 것입니다. 그분의 영광은 절대적이고 영원하며 온 우주에 가득할 것입니다."

이것이 미래의 역사입니다. 이것이 기독교의 가르침입니다. 이 세상은 나아지고 있는 것이 아니라, 오히려 점점 더 나빠지고 있습니다.

그러나 이 세상이 자신의 뜻대로 그 무엇을 하더라도, 하나님의 계획과 목적을 조금도 바꿀 수 없습니다. 그분이 정하신 시간에, 때가 차면, 그분은 당신의 아들을 처음으로 이 땅에 보내신 것처럼 다시 보내실 것입니다. 그분은 인간과 하나님의 모든 원수를 멸하실 것입니다.

> 햇빛을 받는 곳마다
> 주 예수 왕이 되시고
> 이 세상 끝날 때까지
> 그 나라 왕성하리라.
> ―아이작 와츠

이 일들은 오늘 우리가 살아있는 것만큼이나 확실하게 일어날 것입니다.

그러므로 저는, 베드로가 그 옛날 예루살렘 사람들에게 했던 말을 여러분에게 합니다. 여러분의 문제는 기적을 이해하려고 노력하는 것도 아니요 여러분의 지적인 어려움을 걱정하는 것도 아닙니다. 문제는 이것입니다. 여러분은 하나님의 아들이 그분의 의 가운데 오셔서 온 세상을 심판하고 그분을 믿지 않은 자들을 영원히 멸하실 대사건에 준비되어 있는가 하는 것입니다. 이것이 여러분의 문제입니다. 그분이 오시기 때문입니다. 이 세상의 유일한 소망은 하나님의 아들이 이 세상을 타락의 결박에서 건져 내셔서, 하나님 자녀의 영광의 자유로 인도하시리라는 것입니다. 이 외에는 그 무엇도 중요하지 않습니다.

그렇다면 여기에 비춰 볼 때, 이 세상은 무엇이며 죽음은 또한 무엇입니까? 아무것도 아닙니다. 중요한 것 한 가지는, 우리가 그분을 알고 그분과 화목해야 한다는 것입니다. 베드로에게 귀기울여 보십시오. "그러므로 너희가 회개하고 돌이켜 너희 죄 없이 함을 받으라"행 3:19. 여러분은 하나님의 자녀가 되고 이 큰 날을 기다리기 시작할 것입니다. 이것은 사도 바울과 그 밖의 모든 사람들이 초대교회 그리스도인들에게 믿고 행하도록 권면한 것이기도 합니다. 바울은 디도에게 이렇게 편지합니다.

> 모든 사람에게 구원을 주시는 하나님의 은혜가 나타나 우리를 양육하시되 경건하지 않은 것과 이 세상 정욕을 다 버리고 신중함과 의로움과 경건함으로 이 세상에 살고 복스러운 소망과 우리의 크신 하나님 구주 예수 그리스도의 영광이 나타나심을 기다리게 하셨으니 그가 우리를 대신하여 자신을 주심은 모든 불법에서 우리를 속량하시고 우리를 깨끗하게 하사 선한 일을 열심히 하는 자기 백성이 되게 하려 하심이라딛 2:11-14.

베드로는 그의 편지에서 여러분이 이것을 믿는다면 어떻게 해야 하는지 말합니다. "너희가 어떠한 사람이 되어야 마땅하냐. 거룩한 행실과 경건함으로……그러므로 사랑하는 자들아, 너희가 이것을 바라보나니 주 앞에서 점도 없고 흠도 없이 평강 가운데서 나타나기를 힘쓰라"벧후 3:11, 14.

　이 유명한 기적의 현장에 베드로와 함께 있었던 사도 요한의 말로 설교를 맺기로 하겠습니다. 사도 요한은 이것을 이렇게 표현했습니다. "사랑하는 자들아, 우리가 지금은 하나님의 자녀라. 장래에 어떻게 될지는 아직 나타나지 아니하였으나 그가 나타나시면 우리가 그와 같을 줄을 아는 것은 그의 참모습 그대로 볼 것이기 때문이니 주를 향하여 이 소망을 가진 자마다 그의 깨끗하심과 같이 자기를 깨끗하게 하느니라"요일 3:2-3. 여러분의 대단한 지성, 여러분이 생각하는 모든 지적인 문제를 잊으십시오. 여러분과 하나님의 관계와 여러분의 영원한 미래를 바라보십시오. 그리고 이 하나님의 아들이 여러분이 용서받도록 십자가에 달려 죽으셨다는 것-주의 이름을 송축하라-을 믿으십시오. 그분은 이 세상을 떠나시기 직전에 다음과 같이 말씀하셨습니다.

너희는 마음에 근심하지 말라. 하나님을 믿으니 또 나를 믿으라. 내 아버지 집에 거할 곳이 많도다. 그렇지 않으면 너희에게 일렀으리라. 내가 너희를 위하여 거처를 예비하러 가노니 가서 너희를 위하여 거처를 예비하면 내가 다시 와서 너희를 내게로 영접하여 나 있는 곳에 너희도 있게 하리라.요 14:1-3.

지금 이 순간까지 회개하지 않았다면 회개하십시오. 그리고 십자가에 달려 죽으시고 부활하셨으며 승천하시고 영화롭게 되신 하나님의 아들을 믿으십시오. 여러분은 그분과 함께 의가 거하는 새 하늘과 새 땅에서 영광 중에 영원히 함께 살게 될 것입니다. 하나님께서 마귀와 지옥의 권세와 그분의 원수들을 멸하실 것입니다. 그리스도께서 만물을 회복함으로 하나님의 영광을 나타내실 것입니다. 여러분도 영광 중에 거하며 그 영광을 영원토록 누리시기를 간절히 바랍니다.

20

무지

형제들아, 너희가 알지 못하여서 그리하였으며 너희 관리들도 그리한 줄 아노라.

사도행전 3:17

20
무
지

지금까지 우리는 베드로가 성전의 무리에게 한 설교의 핵심을 살펴보면서, 그가 어떻게 사람들의 시선을 언약의 하나님, 예수 그리스도의 중심되심, 그리고 그분의 죽으심과 부활과 승천과 재림으로 유도하는지 보았습니다. 그러나 나면서부터 걷지 못하던 사람을 고치고, 그로 하여금 걷고 뛰고 하나님을 찬양하면서 성전에 들어가도록 한 놀랍고도 특별한 능력에 비춰 볼 때 한 가지 의문이 생깁니다. 온 세상 사람들은 어째서 이것을 믿지 않는가 하는 것입니다. 왜 사람들은 이 걷지 못하던 자처럼 걷고 뛰며 하나님을 찬양하지 않습니까? 왜 온 세상은 예수 그리스도 앞에 무릎 꿇고 그분을 찬양하고 경배하며 따르지 않습니까? 왜 온 세상 사람들은 그리스도인이 되지 않습니까? 왜 온 세상은 이 메시지를 믿고 거기 복종하지 않습니까? 왜 온 세상은 자신 앞에 펼쳐진 이 놀라운 소망을 기뻐하지 않습니까? 왜 세상의 그 많은 사람들, 아니 대부분 사람들은 그리스도에 대해 전혀 관심이 없습니까? 어째서 그분의 십자가의 죽으심과 피흘리심을 무시한 채 부활은 물론 그분의 재림 또한 믿지 않습니까? 분명 이것은 우리가 직면한 가장 긴급한 질문입니다.

그 답이 17절에 한 단어로 제시됩니다. **무지**ignorance입니다. "형제들아, 너희가 알지 못하여서 그리하였으며 너희 관리들도 그리한 줄 아노라." 무지는 인간의 중심적인 문제입니다. 그러므로 우리는 사도 베드로가 여기 제시한 대로 무지를 살펴보고 어떤 의미에서 무지가 신약성경의 큰 주제인지 확인해 보겠습니다.

무엇보다 베드로의 이 말은 아주 깜짝 놀랄 말이었습니다. 이것이 1세기에 깜짝 놀랄 말이었다면 우리 시대에는 훨씬 더 그러할 것입니다. 20세기 사람들은 그들의 가장 큰 문제가 무지라는 말에 경악

합니다. 이들은 말하자면 성인成人이 되었습니다. 이들은 교육을 받았고 지식도 있다고 생각합니다. 이들은 미신적인 사람들이 복음을 믿는 것이나 무지한 조상들이 복음을 믿은 것은 괜찮다고 여깁니다. 그러나 과학적인 현대인들에게 복음을 믿으라는 것은 모욕이라고 생각합니다.

그러나 이 오래된 복음은 지금도 우리에게 다가와 이 세상의 주된 문제는 무지라고 말합니다. 저는 실제로 이것이 여전히 올바른 진단이라는 것을 아주 간단하게 증명할 수 있습니다. 세상의 상태가 이것을 증명하지 않습니까? 사람들이 안다고 주장하는 것만큼이라도 안다면, 도대체 왜 세상이 지금과 같겠습니까? 과학적 탐구와 심리학과 사회적 연구와 다양한 교육기관을 가진 우리가 그토록 똑똑하다면, 왜 우리는 지금과 같습니까?

제가 이 자리에 선 것은 이것들 가운데 어느 것 하나라도 반대하기 위해서가 아닙니다. 감사하게도, 저는 어느 정도 교육을 받았습니다. 제가 받은 교육은 모두 유익하고 가치가 있습니다. 제가 여러분에게 보여드리고 싶은 것은, 교육으로는 절대 충분치 않다는 사실입니다. 제가 강단에 선 것은, 교육이 저의 개인적인 생활에서 충분치 않았으며 어느 누구의 삶에서도 충분치 않다는 것을 증거하기 위해서입니다.

다시 묻습니다. 우리가 그렇게도 자랑하는 우리의 지식이 충분하다면, 왜 세상은 지금과 같습니까? 왜 우리는 20세기에 두 번씩이나 끔찍한 세계대전을 겪어야 했습니까? 나라들은 무엇 때문에 무서운 살상무기를 비축하고 있습니까? 왜 국가와 국가 사이에 긴장이 흐릅니까? 우리 사회의 모든 어려움―자본, 노동, 고용자, 피고용자―은 무엇 때문입니까? 왜 가정에 불화가 있습니까? 왜 함께 자란 사람들이 경쟁하고 질투합니까? 삶을 너무나 비극적으로 이끌어 가는 모든 것들은 왜 생겨난 것입니까? 왜 어떤 사람은 실패합니까? 왜 어떤 사람은 계속해서 같은 죄를 짓습니까?

세상의 주된 문제는 무지 때문이라는 진단을 반박할 수 있는 사람이 있습니까? 여기서 말하는 무지는 중력 극복방법에 대한 무지가 아닙니다. 우리는 그 방법을 알고서 이미 중력을 극복했습니다. 어떤 기계장치를 발명하는 방법에 대한 무지도 아닙니다. 버튼만 누르면 모든 것이 해결됩니다. 저절로 설거지가 되고 요리가 되는 동안 가만히 앉아서 텔레비전을 볼 수 있습니다.

그렇습니다. 우리는 이런 지식은 다 갖고 있습니다. 그러나 제가 말하는 지식은 이런 것이 아닙니다. 제가 말하는 지식은 어떻게 살 것인가에 대한 지식, 인간은 무엇이며 인간이라는 사실이 무엇을 의미하는가에 대한 지식, 유혹을 이기는 법에 대한 지식, 곁길로 가지 않고 깨끗하고 순전하며 온전하게 사는 법에 대한 지식, 두려움 없이 죽는 법에 대한 지식, 죽음 저 너머 무엇이 있는가에 대한 지식입니다. 이것이 우리에게 필요한 지식입니다. 우리가 축적한 이 거대한 모든 지식에도 불구하고, 오늘날의 삶과 생명의 문제는 여느 때와 조금도 다르지 않습니다. 우리가 가졌다고 그렇게도 자랑하는 모든 지식은 개인과 사회의 근원적인 문제에 도움이 되지 못합니다. 결국 사회란 개인의 집합에 불과하며, 오늘날 세상의 주된 문제는 여전히 개인의 무지에서 기인한다는 것을 증명해 줍니다. "형제들아, 너희가 알지 못하여서 그리하였으며 너희 관리들도 그리한 줄 아노라."

우리와 하나님의 구원 사이를 가로막는 이러한 무지의 원인은 무엇입니까? 다행스럽게도 이 문제는 여기 사도 베드로에 의해 아주 간략하게 다루어졌고, 신약의 다른 가르침에서도 자세하게 다루어졌습니다. 그리스도를 십자가에 못박은 사람들이 그러했던 것처럼, 사람들에게 복음을 거부하게 만드는 것은 무엇입니까? 그 이유가 무엇입니까?

먼저 부정문으로 답해 보겠습니다. 이러한 무지는 지성이나 지력知力, 추론이나 이해의 능력과는 전혀 관계가 없습니다. 현대인들은 자신들이 그리스도인이 아닌 것은 자신들의 대단한 지성 때문이며, 어리석은 자들이나 그리스도인이 된다고 말합니다. 지성과 이해, 이성과 능력을 갖춘 사람들에게 기독교와 같은 것을 믿으라는 것은 당연히 거의 모욕에 가깝다고 생각합니다. 그러나 이것은 핵심적인 오류입니다. 베드로는 이 오류를 매우 흥미로운 방법으로 다루었습니다. 베드로는 이렇게 말합니다. "형제들아,"-그는 지금 무리에게 말하고 있습니다-"너희가 알지 못하여서 그리하였으며 너희 관리들도 그리한 줄 아노라." 단지 폭도들만이 "없이 하소서, 그를 십자가에 못박게 하소서" 하고 외쳤다면, 여러분은 "폭도들은 이해하지 못하고 대중은 항상 무지하지! 하지만 두뇌와 이해력을 가진 분별 있는 사람들, 곧 관리들은 절대 그런 짓을 하지 않아!"라고 말할 수 있을 것입니다. 그러나 우리는 복음서 기사들을 통해 알고 있습니다. 일반 사람들이 "없이 하소서, 그를 십자가에 못박게 하소서"라고 외친 것은 그 지도자들의 부추김 때문이었습니다. 그리스도를 거부하도록 선동한 것은 바로 바리새인과 서기관과 율법의 전문가들, 그리고 사두개인과 제사장들이었습니다. "형제들아, 너희가 알지 못하여서 그리하였으며 너희 관리들도 그리한 줄 아노라." 이것이 신약성경이 그렇게도 자주 제시하는 요점입니다.

사도 바울은 고린도의 그리스도인들에게 이렇게 편지합니다. "형제들아, 너희를 부르심을 보라. 육체를 따라 지혜로운 자가 많지 아니하며 능한 자가 많지 아니하며 문벌 좋은 자가 많지 아니하도다"^{고전 1:26}. 바울은 다시 2장에서 이렇게 말합니다. "이 지혜는 이 세대의 통치자들이 한 사람도 알지 못하였나니 만일 알았더라면 영광의 주를 십자가에 못박지 아니하였으리라"^{고전 2:8}. 복음은 항상 "유대인에게는 거리끼는 것이요 이방인에게는 미련한 것"이었습니다^{고전 1:23}. "육에 속한 사람은 하나님의 성령의 일들을 받지 아니하나니 이는 그것들이 그에게는 어리석게 보임이요, 또 그는 그것들을 알 수도 없나니 그러한 일은 영적으로 분별되기 때문이라"^{고전 2:14}. 그러나 제가 강조하고 싶은 요점은, 베드로가 이 의미심장한 구절에서 이 전체적인 논쟁을 결말짓는다는 사실입니다.

현대인들은 베드로의 말을 들을 필요가 있습니다. 어떤 사람들은 말합니다. "교양인인 나 같은 사람은 일요일 밤 예배당에 가서 찬송을 부르며 흐느끼는 짓은 하지 않습니다. 나는 생각이 있는 사람이고 텔레비전에서 전문가들도 만납니다. 철학자와 과학자들도 봅니다. 이들 가운데는 그리스도인이 전혀 없습니다. 나도 같은 이유에서 그리스도인이 아닙니다. 이들은 두뇌가 명석한 사람들입니다. 나 또한 그렇습니다." 그러나 이런 사람이 잊고 있는 것은, 복음을 거부하는 위대한 지성인이 한 사람이면 지적이지 않으면서 복음을 거부하는 사람은 적어도 천 명은 된다는 사실입니다. 베드로는 "형제들아, 너희가 알지 못하여서 그리하였으며 너희 관리들도 그리한 줄 아노라"고 했습니다.

이것이 지적인 문제라면, 두뇌가 명석하지 못한 사람들은 누구나 복음을 믿을 것입니다. 그러나 그렇지 않습니다. 실제로 이 나라의 가장 큰 비극과 문제-모든 그리스도인들은 여기에 큰 관심을 가져야 합니다-는 바로 기독교가 중산층에만 해당하는 것으로 급속하게 변질되고 있다는 사실입니다. 많은 사람들은 기독교 밖에서 기독교에 무관심한 채로 있습니다. 일반 사람들과 지도자들은 하나같이 그분을 거부합니다. 이러한 배척은 배움과는 전혀 상관없습니다.

그렇다면 무지의 원인은 무엇입니까? 불행히도 그 답은 아주 간단합니다. 무지는 머리의 상태가 아니라 마음의 상태이며, 궁극적으로 교만에서 비롯됩니다. 유대인과 그들의 관리들은 이 사실을 너무나 분명하게 보여주었습니다. 유대인들이 하나님의 아들을 거부하며 "없이 하소서, 그를 십자가에 못박게 하소서"라고 외친 이유를 알고 싶다면 바리새인과 서기관, 율법사, 사두개인들을 연구해 보십시오. 그러면 그 해답을 얻게 될 것입니다.

여러분은 복음서를 읽으며 이들에 관해 무엇을 발견합니까? 악의, 빈정거림, 앙심, 사특한 생각들을 볼 것입니다. 주님께서는 이들에게 어떻게 하셨습니까? 그분은 선한 일을 하러 오셨습니다. 그분은 이들 가운데 그 누구도 해하지 않으셨습니다. 성경은 그분이 "상한 갈대를 꺾지 아니하며 꺼져 가는 심지를 끄지 아니하신다"고 말합니다 마 12:20. 그러나 유대인들의 적대감과 매도를 보십시오. 베드로는 이것을 아주 인상적으로 표현했습니다. "아브라함과 이삭과 야곱의 하나님 곧 우리 조상의 하나님이 그의 종 예수를 영화롭게 하셨느니라. 너희가 그를 넘겨주고 빌라도가 놓아주기로 결의한 것을 너희가 그 앞에서 거부하였으니." 이 로마 총독 빌라도는 경건한 사람은 아니었으나 어쨌든 지성인이었습니다. 우리가 본 것처럼, 그는 죄수에게 유죄 판결을 내리려면 어떤 이유가 있어야 한다고 생각했습니다. 하지만 그럴만한 이유가 전혀 없었기 때문에 그리스도를 석방하기로 결정했습니다. 빌라도는 그리스도를 풀어 주기 위해 자신이 할 수 있는 일을 다 했습니다.

이것이 냉정하고 감정에 치우치지 않는 이성의 문제입니까? 사람들은 그리스도인들이 생각하는 법을 모르는 감정주의자들인 반면, 비그리스도인들은 감정에 치우치지 않고 사물을 객관적으로 냉정하게 보며 사실들을 평가한 후, 그 결과로 그리스도를 거부한다고 말합니다. 저는 다만 이렇게 묻고 싶습니다. 무엇 때문에 유대 지도자들은 일반 사람들을 압박해 "[그를] 없이 하소서"라고 외치게 했습니까? 빌라도가 그리스도를 놓아주기로 결정했을 때 왜 이들은 그와 맞서 싸웠습니까? 여러분은 이러한 악의와 적대감을 어떻게 설명하겠습니까? 이것을 설명하려 한다면 무지로밖에 설명할 수 없습니다.

이 모든 일에는 분명 사악함이 깃들어 있습니다. 이들은 강도가 풀려나는 것을 더 좋아했습니다. "너희가 거룩하고 의로운 이를 거부하고 도리어 살인한 사람을 놓아주기를 구하여"행 3:14. 여러분, 지성인인 여러분에게 묻겠습니다. 여러분은 이 문제를 생각해 보셨습니까? 이 세대는 하나님의 거룩하고 의로운 독생자보다 강도요 살인자를 더 좋아합니다. 이것이 문제입니다. 무엇이 사람들을 이렇게 만들었습니까? 무엇이 이들로 하여금 십자가의 고통 가운데 죽어가시는 그분을 조롱하고 비웃으며 모욕할 만큼 강한 악의와 증오와 원한을 품게 했습니까?

다시 말하지만, 답은 간단합니다. 그분이 자신들을 책망condemn하셨다고 느꼈기 때문입니다. 예수께서 이들에게 계속 말씀하셨듯이,

그분은 이들을 심판하러 오신 것이 아니었습니다. 그분은 이렇게 말씀하셨습니다. "하나님이 그 아들을 세상에 보내신 것은 세상을 심판하려condemn 하심이 아니요 그로 말미암아 세상이 구원을 받게 하려 하심이라"요 3:17. 그렇다면 무엇이 문제였습니까? 이제 말씀드리겠습니다. 어느 날 갑자기, 유대관리들과 전문가들은 학교 문턱도 밟아 보지 못한, 분명 무지렁이인 목수가 자신들은 하지 못하는 방식으로 사람들을 가르칠 수 있다는 것을 알았습니다. 이들은 기껏해야 자신들의 권위자들을 인용할 수 있을 뿐이었습니다. 자신들의 교과서를 보고 고작 "이 사람은 이렇게 말했고 저 사람은 저렇게 말했다"고 하는 것이 전부였습니다. 그러나 여기 "가르치시는 것이 권위 있는 자와 같고 서기관들과 같지 아니한" 사람이 나타났습니다막 1:22. 이 때문에 이들은 그분을 미워했습니다.

비록 주님께서 처음부터 이들을 직접적으로 책망하지 않으셨다지만, 이들은 그분의 가르침을 이해했고 그 가르침이 자신들을 책망하고 있다고 보았습니다. 주님은 그렇게도 자랑하는 이들의 의義가 누더기처럼 더럽게 보이게 하셨습니다. 이들은 그분을 증오할 수밖에 없었습니다. 주님은 선생으로 이들을 무색하게 하셨고, 인간으로 이들을 무색하게 하셨으며, 자신의 모든 선언으로 이들을 무색하게 하셨습니다. 이들은 그분을 극도로 증오했습니다. 특히 "[너희가] 거듭나야 하겠다"요 3:7, "인자가 온 것은 잃어버린 자를 찾아 구원하려 함이니라"눅 19:10, "인자가 온 것은 섬김을 받으려 함이 아니라 도리어 섬기려 하고 자기 목숨을 많은 사람의 대속물로 주려 함이니라"막 10:45고 말씀하실 때는 더욱 그러했습니다. 이들이 그분을 증오하고 죽인 것은 바로 이 때문이었습니다.

그러나 이것이 이 무지에 대한 유일한 설명은 아닙니다. 두번째 요소를 살펴보겠습니다. 사도 베드로는 19절에서 "그러므로 너희가 회개하고 돌이켜 너희 죄 없이 함을 받으라"고 말합니다. 두번째 요소는 죄입니다. 26절은 "하나님이 그 종을 세워 복주시려고 너희에게 먼저 보내사 너희로 하여금 돌이켜 각각 그 악함을 버리게 하셨느니라"

고 말합니다. 죄악, 바로 이것이 문제의 원인입니다. 이것이 무엇입니까? 하나님의 거룩한 율법을 어기는 것입니다. 우리 존재의 법과 생명의 법을 어기는 것입니다. 하나님께서 뜻하신 대로 살기를 의도적으로 거부하는 것입니다. 다시 말해 과녁을 빗나가며, 의에 미치지 못하고, 의도적으로 악한 짓을 행하며, 악한 것을 기뻐하고 자랑하는 것입니다. 그 결과는 무엇입니까? 이것은 성경의 큰 주제 가운데 하나입니다. 죄와 허물은 항상 모든 인간의 능력을 무디게 합니다. 성경은 한 남자와 한 여자가 타락한 이후, 인간은 결코 바르게 생각할 수 없었다고 말합니다. 여러분은 계속해서 죄를 지으면서 자신의 능력을 유지할 수 없습니다. 이것만으로도 엄청난 주제가 됩니다만, 저는 사도 베드로가 여기서 말하는 것에 비추어 이 문제를 간략하게 살펴보려고 합니다.

이것은 주님 당시의 시대에도 유대인들의 모든 문제였습니다. 바울은 고린도 그리스도인들에게 말합니다. "그리스도와 복음을 거부하는 나의 동족 유대인들의 문제는 마음의 눈이 멀었다는 것입니다. '그러나 그들의 마음이 완고하여 오늘까지도 구약을 읽을 때에 그 수건이 벗겨지지 아니하고 있으니 그 수건은 그리스도 안에서 없어질 것이라. 오늘까지 모세의 글을 읽을 때에 수건이 그 마음을 덮었도다'"
고후 3:14-15. 이것이 유대인들의 비극이었습니다. 유대인들은 자신들의 성경을 자랑했습니다. 그들은 이렇게 말했습니다. "우리만이 하나님의 신탁을 받았어. 이방인들은 무지하지."

바울은 사실 이렇게 말한 것입니다. "그러나 유대인들은 자신들의 성경을 이해하지 못합니다. 수건이 이들의 마음을 가리고 있습니다. 이들은 바르게 생각할 수 없습니다. 이들은 수세기 동안 이러했으며 지금도 마찬가지입니다."

인간이 타락할 때 인간의 모든 능력도 함께 타락했고, 타락한 이후 인간은 결코 자유롭지 못했습니다. "자유로운 사고"란 없습니다. 모든 인간은 편견을 지닌 피조물입니다. 바로 이것이 우리 모든 문제의 원인이 아닙니까? 현 정부의 정책에 반대하는 외침을 보십시오.

그러나 앞선 정부의 정책에 반대했던 외침도 떠올려 보십시오. 각 사람은 하나의 대상을 편견을 가지고 전적으로 자신의 관점에서 봅니다. 다른 사람은 언제나 틀렸습니다. 어느 누구도 감정에 매이지 않고 자유한 마음으로 볼 수 없게 되었습니다.

바울은 에베소 교인들에게 편지하면서, 죄악된 인간에 대한 놀라운 정신 분석을 제시합니다. "그러므로 내가 이것을 말하며 주 안에서 증언하노니 이제부터 너희는 이방인이 그 마음의 허망한 것으로 행함 같이 행하지 말라. 그들의 총명이 어두워지고 그들 가운데 있는 무지함과 그들의 마음이 굳어짐으로 말미암아 하나님의 생명에서 떠나 있도다. 그들이 감각 없는 자가 되어 자신을 방탕에 방임하여 모든 더러운 것을 욕심으로 행하되"엡 4:17-19.

여기에 아무것도 덧붙일 것이 없습니다. 바울은, 인간은 죄인이기 때문에 그들의 모든 능력이 무디어지고 손상되었으며, 죄를 지을수록 그들의 생각도 더욱 비뚤어진다고 말하고 있습니다. 감성이 지성을 지배하면서 편견이 일어납니다. 사람들은 어떤 대가를 치르더라도 자신을 변호하려 합니다. 인간은 배신자이며 편견을 지닌 피조물입니다. 그러므로 이것은 사람들이 주 예수 그리스도를 거부하는 또 하나의 이유입니다.

세번째이자 마지막 설명은 섬뜩합니다. 사도 바울은 위대한 설교자요 복음전도자였지만, 때로는 자신이 한 설교의 빈약한 결과에 실망한 듯합니다. 고린도후서 4:3-4에서 이 문제를 제기하며 이렇게 말합니다. "만일 우리의 복음이 가리었으면"-사람들이 우리의 복음에 주목하지 않고 그 복음을 거부하며 여전히 무지 가운데 있다면-"망하는 자들에게 가리어진 것이라. 그중에 이 세상의 신이 믿지 아니하는 자들의 마음을 혼미하게 하여 그리스도의 영광의 복음의 광채가 비치지 못하게 함이니 그리스도는 하나님의 형상이니라." 이것이 바로 1세기 때나 지금이나 사람들이 그리스도를 믿지 않는 이유입니다. 사람들이 그리스도를 믿지 않는 것은 이들의 명석한 두뇌 때문이 아닙니다. 그것은 마귀-이 세상의 신-가 마음을 장악하고 사로잡음으로 이들이 자유하지 못하기 때문입니다. 마귀가 이들의 눈을 가렸기 때문에 이들은 그리스도의 영광스런 복음의 빛을 볼 수 없습니다.

이것이 무지에 대한 베드로의 설명입니다. "형제들아, 너희가 알지 못하여서 그리하였으며 너희 관리들도 그리한 줄 아노라." 저는 거룩하고 의로운 분노심에서 마귀가 사람들의 마음을 혼미하게 하는 방법들을 제시해 왔습니다. 이 세상의 상태가 지금과 같은 것은 마귀 때문이라는 것을 여러분이 알기를 원합니다. 한편으로 저는 긍휼한 심정으로 말합니다. 세상의 비참한 무지, 필요치 않는 불행, 필요치 않는 고통과 슬픔을 보십시오. 이 얼마나 큰 비극입니까! 세상이 지금과 같고 지금처럼 고통당하는 것은 무지 때문입니다.

그렇다면 무엇에 대한 무지입니까? 제가 몇 가지를 제시하려고 합니다. 여러분 스스로도 이해할 수 있을 것입니다. 첫째, 세상은 하나님에 대해 무지합니다. 이것이 언제나 주된 문제입니다. 주님께서는 그의 마지막 기도, 대제사장적 기도에서 세상의 무지를 이렇게 표현하셨습니다. "의로우신 아버지여, 세상이 아버지를 알지 못하여도 나는 아버지를 알았사옵고 그들[제자들]도 아버지께서 나를 보내신 줄 알았사옵나이다"요 17:25. 하나님, 곧 영광의 하나님, 그 이름이 사랑이신 하나님, 의로우신 하나님, 거룩하신 하나님, 빛이시며 그 속에 어둠이 조금도 없으신 하나님을 사람들이 알기만 한다면! 이 세상이 하나님을 알기만 한다면! 세상이 하나님을 모르는 것은 비극입니다. 사람들은 하나님이 자신들과 대립된다고 생각합니다. 하나님을 전혀 생각하지 않으면서, 예배당을 전혀 찾지 않으면서, 좋지 않은 일이 생기면 사람들은 "하나님이 있다면 왜 이런 일이 생기겠는가?" 하고 묻습니다. 이것은 유일하게 참되시고 살아계신 하나님을 사람들이 모르기 때문입니다.

이 세상이 하나님의 신성하고 거룩하며 영원하신 모든 속성들을 어렴풋이나마 안다면, 그분 앞에 엎드릴 것입니다. 그러나 세상은 마귀의 거짓말에 귀를 기울였습니다. 마귀는 우리의 첫 조상을 찾아와 "하나님이 말씀하시더냐"고 물었습니다. "이 과일을 먹으면 넌 하나님처럼 된다니까. 네 눈이 열린다니까!" 여러분은 마귀가 계속해서 여러분을 억누르며 속삭이는 것을 모르십니까?

사람들은 말합니다. "그래, 그의 말이 맞아. 하나님은 우리와 상극相剋이야."

이것은 어리석음 중의 어리석음이며 비극 중의 비극이지만, 세상은 오늘도 여전히 이와 같습니다.

사람들은 하나님에 대해서만 무지한 것이 아닙니다. 자기 자신도 모릅니다. 사람들은 자신의 상태와 처지를 알지 못합니다. 사람들은 자신의 본질적인 문제가 무엇인지 알지 못합니다. 사람들은 자신이 지금과 같고 세상이 지금과 같은 것은, 자신이 죄인이기 때문이라는 것을 깨닫지 못합니다. 이것만이 유일한 설명인데도 말입니다. 국제 문제, 가령 전쟁의 경우에도 이쪽 사람들은 모두가 저쪽 때문이라고 하고 저쪽 사람들은 모두 이쪽 때문이라고 말합니다. 모든 싸움과 다툼이 그렇지 않습니까? 사람들은 자신이 죄인이라는 사실을 알지 못합니다. 사람들은 자신들에게 죄악된 본성이 있다는 것을 알지 못합니다. 사람들은 지금 제가 말하고 있는 무지를 알지 못합니다. 사람들은 자신은 전혀 문제가 없다고 생각합니다. 어떤 사람은 이렇게 말합니다. "아시겠지만, 저는 제가 100퍼센트 성자聖者라고 주장하는 것은 아닙니다. 하지만 사실 저는 괜찮은 사람이고, 저의 모든 문제는 제가 얼마나 착한 사람인지 보여줄 기회가 없었기 때문에 생긴 겁니다!" 이것이 바로잡히고 저것이 바로잡히며 다른 모든 것들이 바로잡히면, 모두가 좋아질 것입니다.

아닙니다. 인간은 그렇게 되기에는 너무 큽니다. 전에도 말씀드렸지만 다시 한번 말씀드리는 것은, 감사하게도 하나님께서는 인간에게 새 집을 주심으로 인간을 새롭게 하시지 않는다는 것입니다. 모든 사람은 멋진 집을 가질 자격이 있지만 사람들에게 새 집을 준다고 해서 그들이 새사람이 되는 것은 아닙니다. 그들의 본성이 돼지와 같다면 그들은 자신의 집을 돼지우리로 만들어 버릴 것입니다. 사람들은 스스로를 이성적 동물로 생각하는 데 만족합니다. 자신들에게 필요한 것은 먹을 것과 마실 것과 섹스와 입을 것과 자동차뿐이라고 생각합니다. 안타깝게도 사람들은 인간의 본성이 이미 잘못되었을 뿐만 아니라, 자신들이 뒤틀리고 비뚤어지고 사악하다는 것을 깨닫지 못합니다.

로마서 7장에서 사도 바울은 자신에 대한 진실을 말합니다. "내 속 곧 내 육신에 선한 것이 거하지 아니하는 줄을 아노니"롬 7:18. "우리가 율법은 신령한 줄 알거니와 나는 육신에 속하여 죄 아래에 팔렸도다"14절. 내게 무슨 문제가 있습니까? 나는 마음으로는 하나님의 거룩하심과 의를 인정합니다. 그러나 "내 지체 속에서 한 다른 법이 내 마음의 법과 싸워 내 지체 속에 있는 죄의 법으로 나를 사로잡는 것을 봅니다"23절. 나는 내가 누구인지 알지 못합니다. 나는 어리석은 자입니다. 나는 옳기도 하고 틀리기도 합니다. 내 안에는 탁월함이 있습니다. 그런가 하면 비열하고 악하며 더러운 것도 내 안에 있습니다. "오호라, 나는 곤고한 사람이로다. 이 사망의 몸에서 누가 나를 건져 내랴"24절. 그러나 현대인들은 자신에게 더 많은 돈, 더 나은 조건, 더 나은 환경, 더 나은 여건이 필요하다고 생각합니다. 현대인들은 아직 그리스도인이 아니었던 셰익스피어의 지식에도 이르지 못했습니다. "그렇다면 브루터스, 죄는 성신星辰에 있는 것이 아니라, 우리들 자신에 있는 것이오. 우리가 남의 아래 서는 것도."

사람들은 최후의 심판이 있다는 것과 자신들이 이것을 향해 나아가고 있다는 사실을 알지 못합니다. 물론 우리 모두가 삶에 관심을 갖는 것은 옳은 일입니다. 그러나 죽음에 관심을 갖는 것 또한 옳은 일입니다. 우리는 누구나 죽습니다. 여러분은 정부가 이 문제를 해결해 주리라고 기대합니까? 이것은 정부의 특권이 아닙니다. 이것은 저의 특권입니다. 정부는 여러분이 장례비를 얼마나 잘 낼 수 있는가에 관심이 많지만, 저는 여러분이 어떻게 죽느냐에 훨씬 더 관심이 많습니다. 여러분의 몸이 어떻게 처리되느냐는 크게 중요하지 않습니다. 중요한 것은 여러분의 영혼입니다. 성경에 따르면, "한번 죽는 것은 사람에게 정해진 것이요 그후에는 심판이 있습니다"히 9:27.

인간은 하나님께 책임 있는 존재입니다. 하나님은 인간에게 주의를 기울이시며 인간을 심판하실 것입니다. 우리 모두는 자신이 육체 가운데 거할 때 한 일-선한 일이든 악한 일이든-을 그분께 밝혀야 합니다. 사람들은 이 사실에 무지한 채 그저 순간을 위해 살아갑니다. 사람들은 "내일이면 죽을 테니까 먹고 마시고 즐기자"고 합니다. "죽으면 다 끝이야!"라고 말합니다.

그러나 이것은 완전한 무지입니다. "너희가 알지 못하여서 그리하였으며 너희 관리들도 그리한 줄 아노라." 일반 사람들과 마찬가지로 관리들도 몰랐습니다. 일반 사람들과 마찬가지로 관리들도 안식일을 더럽혔습니다. 이 모두가 자신의 영혼과 궁극적인 운명에 대해 무지한 데서 비롯된 결과입니다. 이들은 심판 때에 하나님 앞에 설 것입니다. 이들이 죄 가운데 죽는다면 영원히 비참하고 불행해집니다. 세상이 이 사실을 깨닫는다면 지금처럼 할 수는 없을 것입니다. 이것이 바로 베드로가 설교한 것입니다. "그러므로 너희가 회개하고 돌이켜 너희 죄 없이 함을 받으라. 이같이 하면 새롭게 되는 날이 주 앞으로부터 이를 것이요"행 3:19.

이러한 무지는 또 다른 무지로 이어집니다. 세상 사람들은 구원자가 필요하다는 것을 알지 못합니다. 그리스도께서 육체로 오셨을 때 세상이 그분을 거부했으며, 지금도 계속해서 거부하는 것도 바로 이 때문입니다. 그분은 말씀하셨습니다. "수고하고 무거운 짐진 자들아, 다 내게로 오라. 내가 너희를 쉬게 하리라"마 11:28. "인자가 온 것은 잃어버린 자를 찾아 구원하려 함이니라"눅 19:10. "내가 온 것은 양으로 생명을 얻게 하고 더 풍성히 얻게 하려는 것이라"요 10:10. 그런데 사람들은 그분께 이렇게 말했습니다. "도대체 무슨 말을 하는 거죠? 우리에겐 생명이 있소. 우린 살아있단 말이오."

언젠가 주님께서는 설교 중에 이렇게 말씀하셨습니다. "너희가 내 말에 거하면 참으로 내 제자가 되고 진리를 알지니 진리가 너희를 자유롭게 하리라." 그때 유대인들은 "우리가 아브라함의 자손이라 남의 종이 된 적이 없거늘 어찌하여 우리가 자유롭게 되리라 하느냐"고 대답했습니다요 8:31-33. 이들은 이렇게 말한 것입니다. "당신은 지금 우리를 모독하고 있소! 우리는 자유로우며 언제나 자유로웠소."

세상은 구원자가 필요하다는 것을 결코 깨닫지 못했으며, 아직도 깨닫지 못하고 있습니다. 사람들은 자신들 스스로를 개혁할 수 있을 뿐 아니라 세상을 개혁할 수 있다고 생각합니다. 그러나 이들은 자신들이 연약하고 전혀 소망 없으며 모든 행위가 무익하다는 것은 깨닫지 못합니다. 어떤 사람은 이렇게 말합니다. "하지만 나는 착한 사람입니다. 도덕적인 사람이에요. 내가 주정꾼이거나 바람둥이거나 아내를 폭행하는 사람이라면 당신의 주장을 이해할 수 있습니다. 하지만 나는 그런 사람이 아닙니다. 항상 동료를 도와줍니다. 착한 일을 하는 것이 내 목적입니다."

사랑하는 여러분, 이 사람은 자신이 무슨 말을 하고 있는지 모르고 있습니다. 이 사람은 무지합니다. 사도 바울을 보십시오. 그는 한때 의로운 바리새인 다소의 사울이었습니다. 그는 하나님을 기쁘게 하고 자신이 이해한 대로 도덕법을 행하는 데 목적을 두고 산 사람입니다. 그는 이렇게 말합니다. "나는 하나님의 율법을 순종하는 데 있어서는 그 누구보다도 뛰어났습니다"빌 3:4-6 참조. 그러나 그것은 모두 무지에서 비롯되었습니다. 다메섹으로 가는 도중 영광의 주님을 만난 바울은, 자신이 의라고 여기던 것이 전혀 무가치하다는 것을 갑자기 깨달았기 때문입니다. 그는 말합니다. "그러나 무엇이든지 내게 유익하던 것을 내가 그리스도를 위하여 다 해로 여길뿐더러……배설물로 여김은……"빌 3:7-8. 바울은 "우리의 의는 다 더러운 옷 같으며"사 64:6라는 옛 선지자의 감회를 되뇌이면서, 전에 그에게 유익하던 것이 이제는 아무 유익도 아니며 아무 가치도 없다고 고백했습니다. 무지한 사람들은 자신들을 시궁창에 빠져 있는 명백히 악한 사람과 비교합니다. 그러나 이들이 해야 할 일은, 자신들의 선을 예수 그리스도의 선과 비교하는 것입니다. 그분은 "너희 의가 서기관과 바리새인보다 더 낫지 못하면 결코 천국에 들어가지 못하리라"고 말씀하셨습니다마 5:20. 인간에게는 의가 없습니다. 인간은 결코 의를 낳지도 못합니다. 인간이 할 수 있는 것은 아무것도 없습니다. 인간은 악하며 잃어버린 바 되었고, 무기력하고 소망이 없습니다. 그러나 이 사실을 알지 못하는 인간은, 결국 자신들에게 구원자가 필요하다는 것도 알지 못합니다.

한 걸음 더 나아가, 베드로가 계속해 보여주는 것처럼 사람들이 이토록 지독한 무지에 빠진 것은 실제로 성경을 이해하지 못하기 때문입니다. 베드로는 "또한 사무엘 때부터 이어 말한 모든 선지자도 이 때를 가리켜 말하였느니라"고 했습니다행 3:24. 이들은 변명할 여지가 없었습니다. 이들은 유대인이었습니다. 이들에게는 구약성경이 있었고 그 성경을 읽었으며, 안식일마다 회당에서 그 성경 설교를 들었습니다. 자신들을 성경의 전문가라고 생각했습니다. 그러나 이들은 성경을 알지 못했습니다. 본문은 바로 이것들에 대해 말했습니다. 다시 말해, 바울이 고린도 교인들에게 말한 것처럼 이들은 안식일마다 모세의 글을 읽었지만 눈이 가려져 보지 못했습니다. 이들의 눈은 수건으로 가려져 있었습니다.

우리의 복되신 주님께서도, 부활 후 예루살렘에서 엠마오로 내려가는 두 제자와 동행하시는 유명한 사건에서 같은 말씀을 하셨습니다. 이보다 앞서, 여인들이 무덤에서 돌아와 무덤이 비어 있으며 그리스도께서 부활하셨다고 말했습니다. 그러나 두 제자는 여인들의 말을 믿지 않았습니다. 두 제자는 여인들이 미쳤으며 그들의 말이 "허탄한 듯이 들린다"고 생각했습니다눅 24:11. 그래서 두 사람은 극한 절망 속에서 길을 가고 있었습니다. 그때 낯선 사람이 다가와 두 사람에게 말을 건네기 시작했습니다. 그가 물었습니다. "무슨 일이뇨?" 두 사람은 이렇게 대답했습니다. "나사렛 예수에 대해 들어 보지 못했습니까? '우리는 이 사람이 이스라엘을 속량할 자라고 바랐노라'21절. 우리는 그분이 이스라엘을 회복시키실 것이라고 생각했습니다. 그러나 그분은 죽었습니다. 그분은 장사되었습니다. 결국 아무것도 아니었습니다."

그때 우리 주님께서 말씀하시기 시작했습니다. "미련하고 선지자들이 말한 모든 것을 마음에 더디 믿는 자들이여, 그리스도가 이런 고난을 받고 자기의 영광에 들어가야 할 것이 아니냐"25-26절. 그런 후에 그분은 이들에게 성경을 풀어 주기 시작하셨습니다. 아시다시피, 세상이 지금과 같고 사람들이 이와 같은 것은 하나님의 계시를 모르기 때문입니다. 우리에게는 전혀 변명의 여지가 없습니다. 하나님의 계시는 어디에나 있습니다. 하나님의 계시가 우리 앞에 활짝 열려 있지만, 사람들은 여전히 무지합니다.

그러나 가장 큰 비극은 세상이 주 예수 그리스도에 대해 무지하다는 것입니다. 베드로는 사실 이렇게 말한 것입니다. "형제들이여, 여러분이 그분을 십자가에 못박고 그분을 때리며 무리와 함께 '없이 하소서, 그를 십자가에 못박게 하소서'라고 외친 것은 무지 때문이었다는 것을 압니다." 비시디아 안디옥에서 설교하던 바울도 똑같이 말했습니다. "예루살렘에 사는 자들과 그들 관리들이 예수와 및 안식일마다 외우는 바 선지자들의 말을 알지 못하므로 예수를 정죄하여 선지자들의 말을 응하게 하였도다"행 13:27.

이 세상은 그분을 알지 못합니다. 이것은 너무나 큰 비극입니다. 세상의 위대한 지도자들, 이 세상의 임금들, 위대한 철학자들, 과학자들이 그분을 거부합니다. 왜 그렇습니까? 그분을 알지 못하기 때문입니다. "만일 알았더라면 영광의 주를 십자가에 못박지 아니하였을" 것입니다고전 2:8. 거의 생각할 수 없는 일이지만, 하나님의 아들이 육신으로 계셨습니다. 그분의 얼굴은 어떤 모습이었습니까? 이들은 그분을 직접 보고 그분의 사랑의 눈을 보며 그분의 거룩하심과 순결하심을 보는 특권을 누렸습니다. 이들은 그분의 기적을 보았습니다. 그분의 가르침을 들었습니다. 그러나 그분을 알아보지 못했습니다. 이들은 그분의 임재의 광채와 그분의 음성의 억양과 그분의 정결한 가르침을 놓쳤습니다. 그것을 가질 수 없었습니다. 그 무엇보다도, 십자가의 영광과 경이를 놓쳤습니다. 이 모두가 무지 때문이었습니다.

베드로와 모든 신약성경에 따르면, "하나님이 모든 선지자의 입을 통하여 자기의 그리스도께서 고난받으실 일을 미리 알게 하신 것을 이와 같이 이루셨습니다"행 3:18. 이들은 그분을 조롱하고 비웃었습니다. 이들은 세상이 창조되기 전 영원 가운데서 수립된 하나님의 계획하심이 지금 실행되고 있다는 것을 알지 못했습니다. 그 계획이 무엇이었습니까? 하나님께서 여러분과 저의 죄를 당신의 사랑하는 아들에게 지우는 것이었습니다.

이 얼마나 엄청난 사랑입니까? 하나님께서는 우리의 죄를 취하여 당신의 아들에게 지우시고, 우리 대신 그 아들을 벌하셨습니다. 이것은 전무후무한 가장 영광스러운 일이었습니다. 그러나 이들은 이것을 알지 못했습니다. 무슨 일이 일어나고 있는지 전혀 몰랐던 유월절 예루살렘의 무리들은 그분을 조롱하며 비웃었습니다. 그러나 하나님께서는 여기서 그분이 하실 수 있는 가장 큰일을 하고 계셨습니다. 하나님께서 당신의 독생자를 죽음과 무덤에 내주고 계셨습니다. 우리를 위해 그 아들을 외면하시고, 그 영광스러운 구원의 길을 내고 계셨습니다. 유대인들은 이 사실을 알지 못했습니다. 세상은 지금도 이 사실을 알지 못합니다. 이들이 알았다면, 아이작 와츠처럼 고백했을 것입니다.

⑳ 무지

주 달려 죽은 십자가
우리가 생각할 때에
세상에 속한 욕심을
헛된 줄 알고 버리네.

이 사실을 알지 못하는 세상은 부활의 영광도 알지 못합니다.

또한 세상은 구원의 축복, 세상에 그렇게도 필요한 그 축복도 알지 못합니다. 여러분에게 가장 필요한 것은 무엇입니까? 바로 여기 있습니다. 죄 용서입니다. 여러분이 막다른 골목에 이르렀고 세상이 완전히 실패했을 때, 여러분은 무엇을 할 수 있습니까? 여러분은 말합니다. "남은 건 하나뿐이야. 기도밖에 없어."

우리는 세계대전 중에 난파된 배에 타고 있던 불쌍한 사람들의 이야기를 알고 있습니다. 이들은 작은 배와 구명보트를 타고 열 사나흘을 망망대해에서 표류했습니다. 양식도 떨어져 가고, 물도 떨어져 가고, 모든 것이 동나 가지만 도움의 손길은 보이지 않습니다. 이들은 어떻게 했겠습니까? 누군가 "우리 기도합시다!"라고 말했습니다.

그러나 죄악된 인간이, 수년 동안 기도를 생각도 하지 않던 사람이 어떻게 갑자기 거룩하신 하나님 앞에 나아갈 수 있겠습니까? 여러분의 죄가 여러분과 하나님 사이를 가로막고 있습니다. 여기에 대해서는 무슨 조치가 있어야 합니다. 인간에게 가장 필요한 것은 죄의 용서, 곧 하나님과의 화목입니다. 이것이 여기서 제시된 것이며, 이것이 복음의 축복입니다. 그리스도께서 죽으심으로 여러분은 용서받았고, 여러분의 죄는 지워졌습니다. 그러나 세상은 이 사실에 무지합니다.

세상은 거듭남과 새로운 삶에도 무지합니다. 죄는 삶을 파괴하고, 평판을 무너뜨리며, 가정과 모든 것을 파괴합니다. 그런 죄의 노예인 불쌍한 인간을 보십시오. 그는 의지를 다해 노력하고 맹세하며 결심하고 온갖 짓을 다 해보았습니다. 그러나 그는 죄에 대해 아무것도 할 수 없습니다. 세상도 그를 도울 수 없습니다. 그에게 필요한 것은 무엇입니까? 그에게 교육이 필요합니까? 이 나라에서 가장 교육을 많이 받은 사람들 가운데 가장 큰 죄인들이 있습니다. 이 불쌍한 사람에게 필요한 것은 단 하나뿐입니다. 그에게는 새로운 본성, 새로운 마음이 필요합니다. 그에게는 어둠을 사랑하고 빛을 미워하는 대신에, 빛을 사랑하고 어둠을 미워하는 본성이 필요합니다. 그는 새로워져야 합니다. 거듭나야 합니다. 복음은 그에게 거듭남을 제시하지만 그는 이것을 알지 못합니다. 그는 무지합니다.

여러분은 아직도 무지합니까? 여러분은 세상을 보고 자신의 삶을 보고 역사를 보고 이 말씀을 읽으면서도, 여전히 하나님에 대해, 자신의 불멸하는 영혼에 대해, 하나님과 여러분 사이에 놓인 하나님의 아들 나사렛 예수, 세상의 구원자에 대해 무지합니까?

베드로의 말로 여러분께 촉구합니다. 너무 늦기 전에 회개하고 다시 생각하십시오. 조용히 그분께 나아가 그저 이렇게 아뢰십시오.

주여, 내 눈이 멀어
당신의 일그러진 얼굴에서
아무런 은혜도 보지 못하였나이다.
그러나 이제는 밝은 눈으로
당신의 아름다운 얼굴을 보나이다.
―윌리엄 티드 맷슨 William Tidd Matson

그분께 이렇게 아뢰십시오. 그러면 하나님은 여러분을 받아들이시고, 여러분은 영원한 영광 가운데 그분과 함께 거하게 될 것입니다.

21

하늘의 바람

그러므로 너희가 회개하고 돌이켜 너희 죄 없이 함을 받으라. 이같이 하면 새롭게 되는 날이 주 앞으로부터 이를 것이요.

사도행전 3:19

여러분은 기억하실 것입니다. 베드로는 사람들에게 주 예수 그리스도라는 분과 하나님의 위대한 목적인 구속救贖과의 관계를 설교하고 있었습니다. 베드로는 우리 주님의 죽으심과 장사되심, 권능의 부활과 승천을 설교했으며, 우리 주님께서 새 하늘과 새 땅을 세우시며 영광 중에 영원히 다스리시기 위해 어떻게 다시 오실지를 보여주었습니다. 베드로는 걷지 못하던 자가 예수의 이름을 믿는 믿음으로 나왔다고 말함으로 이것을 보여주었습니다행 3:16. 베드로와 요한은 그들의 능력이나 거룩으로 이 사람을 낫게 한 것이 아니었습니다12절. 부활하신 예수께서 이들에게 보내신 성령의 능력만이 이 기적에 대한 유일한 설명이었습니다. 베드로는 이렇게 말한 것입니다. "무엇보다도 여러분에게 알려 드리고 싶은 것은, 여러분도 이 능력을 가질 수 있으며, 이 능력에 참여할 수 있다는 것입니다. 여러분은 놀라서 쳐다볼 필요가 없습니다. 이 일은 이 사람에게 일어났고 우리에게 일어난 것처럼, 여러분에게도 일어날 수 있습니다."

베드로는 이렇게 표현했습니다. "또한 사무엘 때부터 이어 말한 모든 선지자도 이때를 가리켜 말하였느니라"24절. 베드로의 말은 이런 것입니다. "지금은 메시아의 시대입니다. 새 시대입니다. 새로운 자유가 있습니다. 모든 선지자들이 예언한 것처럼 하나님의 구원 계획이 새로운 능력으로 실행되고 있습니다. 장차 올 시대는 더 영광스럽겠지만, 여러분은 지금 여기서 다가오는 그 시대의 축복에 참여할 수 있습니다. 저는 여러분이 이 모든 것에 무지함으로 하나님의 아들을 십자가에 못박았다는 것을 압니다. 그럼에도 불구하고 여러분은 이 축복에 참여할 수 있다는 것을 알았으면 좋겠습니다." 베드로는 여러분이 해야 할 일은 회개하고 자신의 죄에서 돌이키는 것뿐이라고 말합니다.

"그러므로 너희가 회개하고 돌이켜 너희 죄 없이 함을 받으라"19절.

흥미로운 것은, 베드로가 이 모든 것을 제시하는 방법입니다. 그는 이렇게 말했습니다. "그러므로 너희가 회개하고 돌이켜 너희 죄 없이 함을 받으라. 이같이 하면 새롭게refreshing 되는 날이 주 앞으로부터 이를 것이요." 어떤 사람들은 이것이 주님의 재림을 가리킨다고 생각합니다. 많은 권위자들처럼 저 역시 여기에 전혀 동의하지 않습니다. 베드로가 재림에 대해 별도의 방법-"또 주께서 너희를 위하여 예정하신 그리스도 곧 예수를 보내시리니"20절-으로, 곧 그것을 하나님의 행위라고 말하기 때문입니다. 여기서 새롭게 되는 날이 이르게 하는 것은 사람들의 회개입니다. 그러므로 이것은 재림을 가리키는 것이 아니라, 오히려 구원의 축복을 정말 놀라운 방법으로 표현한 것입니다.

그렇다면 이러한 축복은 무엇입니까? 베드로는 구원이란 열에 시달리다가 회복되는 사람이나 질식 상태에까지 이르렀다가 신선한 공기-"새롭게 되는 때"-를 마시고 생기를 되찾은 사람에 비유될 수 있다고 했습니다. 사도 베드로가 구원을 이렇게 표현한 것은 놀라운 일이 아닙니다. 베드로는 사실 이렇게 말했습니다. "여러분이 회개하고 이 메시지를 믿으면, 가장 영광스러운 소생refreshing을 경험할 것입니다. 여러분은 숨 막힐 듯한 열기 때문에 거의 죽었다가 갑자기 신선한 공기를 마시는 사람 같을 것입니다."

베드로는 왜 이러한 예화를 사용했습니까? 여러분도 아시다시피, 그는 방금 오순절을 경험했습니다. 여러분은 사도행전 2장의 이야기를 기억하고 있습니다. 제자들과 여러 사람들이 다락방에 모여 있었습니다. 이들은 유대인들이 무서워 문을 잠그고 있었습니다. 그런데 갑자기 급하고 강한 바람소리가 났습니다. 성령께서 미풍으로, 강풍으로 임하셨습니다. 그러니 베드로에게 이 특별한 비유보다 더 자연스러운 것이 있었겠습니까? 몇 주 전만 해도 죽는 것이 두려워 주님을 부인하던 그가, 지금 활력이 넘치고 능력이 충만해 있습니다. 이제 그는 담대함과 확신과 자신감이 넘쳤습니다. 그는 관리들과 사람들에게 설교할 준비가 되어 있었습니다. 그는 주저함 없이 이들을 꾸짖고 이들이 무지하다고 말했습니다. 도대체 이 사람에게 무슨 일이 일어났던 것입니까? 그는 되살아난refreshed 거인과 같았습니다. 그는 성령의 임하심으로 되살아났습니다. 그는 성령으로 세례를 받았습니다. 그에게 성령의 강한 바람이 임했습니다. 그러므로 고침을 받은 사람의 말을 듣고 그를 보려고 모인 사람들에게 베드로가 이러한 비유를 사용한 것은 아주 자연스러웠습니다. 그는 말했습니다. "회개하고 새로워지십시오. '새롭게 되는' 날이 주 앞으로부터 이를 것입니다."

이러한 비유는 성경 다른 곳에서도 사용됩니다. 우리 주님께서는 니고데모를 대면하시면서 똑같은 비유를 사용했습니다. 니고데모는 "거듭남"을 이해하지 못했습니다. 그는 "사람이 늙으면 어떻게 날 수 있사옵나이까. 두번째 모태에 들어갔다가 날 수 있사옵나이까" 하고 물었습니다요 3:4. 너무나 우스꽝스러운 소리입니다. 어떻게 이런 일이 있을 수 있습니까?

그러나 우리 주님께서는 이렇게 말씀하셨습니다. "내가 네게 거듭나야 하겠다 하는 말을 놀랍게 여기지 말라. 바람이 임의로 불매 네가 그 소리는 들어도 어디서 와서 어디로 가는지 알지 못하나니 성령으로 난 사람도 다 그러하니라"7-8절. "성령"으로 번역된 단어는 "바람"-불어오는 미풍, 강풍, 신선한 공기-으로 번역된 단어와 같은 단어입니다. 그러니까 베드로는 여기서 자신의 오순절 경험만 생각하고 있는 것이 아니라 자신의 복된 주님이자 선생이신 예수님의 말씀까지 회상하고 있었습니다.

구원은 이렇게 옵니다. 구원은 음산하고 답답하며 찌는 듯한 곳에 미풍처럼 옵니다. 저는 복음을 여러분에게 바로 이런 견지에서 전해 드리려 합니다. 본성 그대로의 인간과 세상을 보십시오. 예수 그리스도로부터, 기독교로부터 분리된 인류의 전 역사를 보십시오. 무엇과 같습니까?

성경은 죄에 빠진 인류의 상태를 인상적으로 보여주기 위해 많은 그림과 비유를 사용합니다. 지난 시간에는 이 상태를 무지로 보았는데, 이것은 종종 노예의 모습으로 묘사됩니다. 그러나 여기 완전히 다른 그림이 하나 있습니다. 이 모든 비유는 사실입니다. 이것들은 같은 것의 다른 면을 보여주는 것입니다.

여기 제시된 인류의 모습은 폐쇄된 공간에 갇혀 있는 사람들과 같습니다. 창문도 없고 출구도 없고 실내 열기는 끔찍할 정도입니다. 태양이 뜨겁게 내리쬐고 있고 사람들은 통풍도 전혀 되지 않는 찜통 같은 곳에 갇혀 있습니다. 이들이 애를 쓸수록 답답함은 더욱 심해집니다.

이것은 아담과 하와의 타락과 하나님께 대한 인간의 첫 거역의 결과로, 죄악 가운데 있는 인간의 총체적인 상태를 전해 줍니다. 이 그림은 너무나도 사실적입니다. 답답함이라는 요소를 예로 들어 봅시다. 여러분의 인생관은 어떻습니까? 이러한 것을 진정으로 깊이 생각해 본 사람들의 인생관은 어떻습니까? 이들은 밝고 낙관적인 인생관을 갖고 있습니까? 그리스도인이든 아니든 상관없이, 가장 위대하고 심오한 사상가들이 제시한 인생관이 이런 것입니까? 아닙니다. 전혀 그렇지 않습니다. 오히려 워즈워드의 말을 인용하면 다음과 같습니다.

감옥의 그림자가
자라는 몸에 다가오기 시작하네.

어느 정도 나이가 들기 전까지 우리는 인생을 이해하지 못합니다. 우리는 환상의 세계나 허구의 세계에 삽니다. 여기에 일종의 자유가 있는 듯 생각합니다. 그러나 우리가 생각하기 시작하는 순간, 우리는 자신이 감옥에 있다는 것을 깨닫습니다.

워즈워드가 그리스도인이었는지는 모르지만, 그는 이 세상의 삶을 심오한 관찰력으로 보았습니다. 물론 그 옛날의 플라톤 철학을 단순히 되풀이한 것이지만 말입니다. 헬라 철학자들은 인생을 연구하고 인생 전반의 문제를 숙고하면서 모두 워즈워드와 같은 결론에 이르렀습니다. 워즈워드는 "인간의 고요하고 슬픈 음악"에 대해서도 썼습니다. 누군가의 말처럼 모든 나라, 모든 시대의 위대한 문학은 비극적인 경향이 있습니다. 셰익스피어의 최고 희곡들은 비극입니다. 헬라의 비극들을 보십시오. 왜 비극입니까? 헬라인들이 인생은 비극이라는 것을 발견했기 때문입니다. 이들은 인생이 비극의 공간이라는 것을 알았습니다. 이 세상의 삶은 괴로움입니다.

"종일 수고하며 더위를 견딘"이라는 유명한 표현을 예로 들어 봅시다.마 20:12 어느 시대나 마찬가지겠지만, 피로라는 말보다 오늘의 삶을 더 적절히 표현한 것이 있습니까? 사람들은 인생의 문제와 시련과 염려에 지쳐 있습니다. 우리는 이런 문제들에 에워싸여 있습니다. 삶은 이런 것들로 가득합니다. 삶을 낙관적으로 볼 때는 곧 이 단계를 극복하기도 합니다. 그러나 우리는 삶이 현실이고 치열하며 전투라는 것을 압니다. 삶은 어려움으로 가득합니다. 때로는 어려움이 우리에게 밀려든다는 것을 느낍니다. 우리는 창문도 없는 방에 갇혀 서로의 숨과 공기를 호흡하고 있는 사람들 같습니다. 공기는 오염되었으며, 뜨겁고 답답합니다.

그러나 삶에는 이처럼 영혼을 압박하는 상황-질병, 사고, 실망, 다른 사람들에게 받는 대우, 무의미한 경쟁-만 있는 것이 아닙니다. 심한 도덕적 갈등에 처할 때도 있습니다. 세상적인 것과 육적인 것과 마귀의 싸움은 안에도 있고 바깥에도 있습니다. 싸움은 삶의 일부가 아닙니까? 여러분은 온전히 행복합니까? 아닙니다. 세상은 우리를 대적하는 것처럼 보입니다. 그러나 모든 것 위에 하나님의 법이 있습니다. 우리는 양심이 있고 정죄의식이 있습니다. 죄책감이 있고 질병에 대한 두려움이 있습니다. 우리는 스스로 이것들을 제거할 만한 능력이 없다는 것을 알고 있습니다.

그 무엇보다도 죽음을 생각해 보겠습니다. 죽음이 점점 더 가까워 오지만 우리는 죽음에 대해 아무것도 할 수 없습니다. 이 모든 것들이 엄청난 압박감으로 이어집니다. 바로 사도 베드로가 비유 가운데 언급하고 있는 압박감입니다. 우리는 자신이 이길 가망이 없는 싸움을 싸우고 있다고 느낍니다.

이것은 인생의 일부분입니다만 우리를 지치게 하는 것이 분명합니다. 그러나 주님께서는 은혜로운 초대를 하셨습니다. "수고하고 무거운 짐진 자들아, 다 내게로 오라. 내가 너희를 쉬게 하리라"마 11:28. 그분은 인간의 본성을 아셨습니다. 그분은 우리에게 가장 필요한 것이 쉼이라는 것을 아셨습니다. 우리는 수고하고 무거운 짐을 지고 있으며 인생을 방해하는 것들에 맞서 싸우느라 극도로 지쳐 있습니다. 우리는 탈진했습니다. 이대로 얼마나 더 버틸 수 있을지 알지 못합니다. 의사를 만나 보면 여러분에게 다 말해 줄 것입니다. 신문과 잡지는 삶의 긴장을 점점 더 자주 다룹니다. 심신의 피로, 노이로제, 스트레스는 현대의 질병이자 문제입니다.

이 모든 것은 사람들이 너무 많은 스트레스를 받고 있다는 뜻입니다. 스트레스가 사람들을 짓누르고 있습니다. 열기가 사람들을 짓누르지만 공기가 충분치 못합니다. 사람들은 말합니다. "도저히 못 버티겠어. 자극제나 강장제를 먹지 않고는 안되겠어." 사람들은 자신들을 지탱시켜 줄 것이 필요하며 동시에 잠들 수 있게 해주는 것이 필요합니다. 너무 피곤해 잠을 잘 수 없기 때문입니다. 이것이 삶입니다. 베드로가 말한 "새롭게 되는 날"이 필요한 삶입니다.

인생의 전투는 나이가 들어간다고 쉬워지는 것이 아닙니다. 경험이 문제를 해결해 주지 않습니다. 경험은 몇몇 분명한 함정을 피해 가도록 도와주지만, 나이가 들고 아는 것이 많아질수록 여러분은 문제의 본질을 더 많이 깨달을 뿐입니다. 우리 가운데 상당수가 젊은 시절에 가졌던 어리석은 낙관주의를 더 이상 고집하지 않습니다. 우리는 젊을 때는 이렇게 말합니다. "이전 사람들에게 무슨 일이 있었느냐는 중요치 않아. 우리는 달라. 늙은이나 중년의 사람들은 이해하지 못하지. 서른만 넘으면 더 이상 이해하지 못해. 진정으로 이해하는 것은 젊은 우리들밖에 없어. 우린 새 세상을 만들어 새로운 삶을 살 거야." 그러나 사랑하는 젊은이들이여, 우리 역시 여러분 나이에는 그렇게 말했습니다. 여러분도 나이가 들어가면서 삶이 점점 더 힘들어진다는 사실을 발견하게 될 것입니다.

나이 들어가면서 삶이 점점 더 힘들어지는 것은 여러분의 힘이 약해져 가기 때문입니다. 문제는 여전히 그대로건만, 여러분의 지탱력은 점점 약해집니다. 여러분의 능력은 점점 떨어집니다. 여러분은 자신과 자신에게 일어나는 일들을 보면서 깜짝 놀랍니다. 여러분은 자신이 어떤 일들을 극복했다고 생각하지만 실은 그렇지 않습니다. 그 일들은 여전히 그대로 남아 점점 더 여러분을 압박해 옵니다. 여러분은 하루하루 늙어 가고 죽음은 점점 가까이 다가옵니다.

그러므로 이 모든 것을 뛰어넘는 중요한 질문이 있습니다. 죽음 너머에 무엇이 있는가 하는 것입니다. 우리 모두는 죽음의 불가피성을 인식하며 정죄의식을 갖고 있습니다. 바로 이 때문에 죽음에 대한 생각이 언제나 우리를 지배해 왔습니다. 죽음에 대한 생각이 우리를 짓누르고 있습니다. 죽음이 다가오고 있지만, 우리는 아무것도 할 수 없습니다. 공기는 더욱 탁해지고 점점 습해지며 견디기 힘들어집니다. 우리는 몸부림을 쳐 보지만 헤어나지 못합니다. 결국 할 일이 하나밖에 없다고 느낍니다. 그것은 이 스트레스와 긴장과 싸움, 무엇보다도 절망에서 벗어나게 해줄 무언가에서 손을 떼고 내버려두고 포기하는 것입니다.

인생의 진정한 모습은 이런 것이라고 자주 지적되어 오지 않았습니까? 학식 있는 많은 저자들은, 우리의 복되신 주님께서 이 세상에 오셨던 시대의 특징이 무엇보다도 이런 종류의 권태와 무기력과 지루함이었다는 것을 보여주었습니다. 그분이 오시기 직전에 헬라 철학자들의 황금기라고 할 수 있는 희망의 시대가 있었습니다. 이들은 유토피아를 말했고, 완전한 세상을 계획했습니다. 위대한 사상들과 큰 희망들이 있었으며, 모든 것이 살아있고 민활했습니다. 그러나 그 시대는 가고 모든 가르침은 결국 아무것도 아닌 것으로 드러났습니다. 그 다음에 뛰어난 법체계와 행정력을 갖춘 로마제국이 등장하면서 다시 새로운 희망이 생겨났습니다. 그러나 로마제국 역시 아무것도 아니었습니다. 세상은 지치고 낙담했으며, 피곤해하고 탈진했습니다. 냉소

주의가 팽배했습니다. 이것이 하나님의 아들이 세상에 오셨을 때의 상황이었습니다. 이런 상황은 그후로도 수없이 반복되었습니다. 밝은 시대 뒤에는 어두운 시대가 이어졌습니다. 곧 19세기 말에 자주 언급된 세기말 의식이 뒤따랐습니다. 성경에 의하면, 인간의 상태는 본성적으로 이럴 수밖에 없습니다. 이것은 모두 타락의 결과입니다.

그렇다면 복음의 메시지는 무엇입니까? 베드로는 이렇게 말합니다. "그러므로 너희가 회개하고 돌이켜 너희 죄 없이 함을 받으라. 이같이 하면 새롭게 되는 날이 주 앞으로부터 이를 것이요." 이것이 기독교입니다. 기독교는 공기가 들어올 수 있도록 벽에 구멍을 뚫을 정도의 힘이 우리에게 남아 있는지를 알아보기 위한 회의가 아닙니다. 절대 아닙니다. 기독교는 이런 것이 아닙니다. 기독교는 밖에서 오는 메시지입니다. 주님께로부터, 베드로가 설교하고 있는 분에게서 오는 메시지입니다. 그리스도께서 세상에 오심으로 모든 것이 바뀝니다. 이것이 구원의 메시지입니다. 그분, 오직 그분만이 그렇게 하실 수 있습니다.

문명이 무엇인지 아십니까? 여러분은 제가 묘사하고 있는 상황에 처해 본 적이 있습니까? 습도가 엄청나게 높은 미국의 몇몇 도시에 가본 적이 있습니까? 미국인들은 온도만 재는 것이 아니라 습도도 함께 재는데, 아주 적절한 방법인 것 같습니다. 아주 덥고 습도도 매우 높은 8월의 어느 주일 오후, 보스턴에 가본 적이 있습니까? 해는 보이지 않지만 구름 위에 있습니다.

온 세상이 뜨겁고 습한 기운으로 여러분을 짓누르는 것 같습니다. 지쳐서 방 안에 앉아 있는 여러분은 무엇을 할 수 있습니까? 에어컨이 있기 전에 사람들은 선풍기를 사용했습니다. 선풍기가 공기를 순환시키기 때문에 그 곁에 있으면 조금은 시원해지는 느낌을 받습니다. 여러분은 선풍기가 공기를 식히고 있다고 확신합니다. 그러나 그렇지 않습니다. 실제로는 선풍기에서 나는 열이 더해져 오히려 온도가 올라가고 있습니다. 선풍기가 공기를 식히고 있다는 느낌은 공기의 움직임 때문이지만, 실제로 선풍기는 신선한 공기를 전혀 유입시

422

키지 못합니다. 선풍기는 같은 공기를 계속해서 순환시켜 줍니다. 여러분은 문제가 해결되었다고 착각하고 있을 뿐입니다.

문명이 하는 일이라고는 이것이 전부입니다. 문명은 문제를 해결하지 못합니다. 문명은 인간의 실제 상황을 조금도 바꿔 놓지 못합니다. 우리는 이것을 바꾸고 저것을 개선하며 운동을 전개했지만 새로운 것은 하나도 들어오지 않습니다. 의학의 예를 들어 보겠습니다. 의사는 질병을 치료하면서 이제 괜찮아질 것이라고 말합니다. 그런데 갑자기 또 다른 병이 생겼다는 말이 들립니다. 페니실린은 몇몇 치명적인 병을 치료하지만, 대신 페니실린에 저항력이 있는 병원균들을 만들어 냅니다. 이것들이야말로 사람을 죽이는 것들입니다.

몇 해 전, 병원도 위험한 곳이 되었다고 해서 세상이 시끄럽던 적이 있습니다. 문제는 페니실린에 저항력을 가진 포도상구균이었는데, 이것은 페니실린이 생기기 전까지는 알려지지 않았던 것입니다. 어떤 일이 일어나는 것입니까? 악취와 매스꺼움과 답답함이 반복됩니다. 열이 떨어지기는커녕 오히려 올라가지만, 우리는 상황이 나아질 것이라는 환상에 사로잡혀 있습니다. 상황은 호전되지 않습니다. 우리는 똑같은 상황에서 그저 왔다갔다만 하는 것입니다.

여기 신약성경의 메시지가 있습니다. 인간은 스스로를 가두어 버렸습니다. 인간은 하늘로 향한 창문들을 닫아 버렸으므로 다시는 열 수 없습니다. 필사적으로 노력해 보았지만 열 수 없었고 발버둥 쳐 봐야 기운만 빠집니다. 그러나 여기 우리에게 "새롭게 되는 날"을 가져다 주실 수 있는 분이 계십니다. 이것이 바로 구원이라는 복음의 메시지입니다. 구약의 모든 선지자들이 그분을 고대했습니다. 이들은 "너희의 하나님이 이르시되 너희는 위로하라. 내 백성을 위로하라"고 했습니다사 40:1. 우리를 자유롭게 하려고 오실 분이 있습니다. 그리스도께서 하늘을 향한 창문을 여시기 위해 세상에 오셨습니다.

이것이야말로 처음부터 끝까지 성경의 큰 주제입니다. 이같은 일이 첫 창조시에 일어났습니다. 성경은 말씀합니다. "땅이 혼돈하고 공허하며 흑암이 깊음 위에 있고 하나님의 영은 수면 위에 운행하시니라"창 1:2. 질서와 창조가 어떻게 이루어졌습니까? 여기 그 답이 있습니다. "하나님의 영은 수면 위에 운행하시니라." 하나님의 바람, 전능자의 호흡이 처음 창조를 이루었으며, 흙으로 빚어진 인간은 하나님이 생명의 호흡을 불어넣는 순간 살아있는 영이 되었습니다. 이것이 첫번째 창조였고, 새 창조도 이와 비슷합니다. 하늘의 바람이 들어올 수 있도록 창문이 열립니다.

> 놀랍도다, 하나님 사랑의 지혜여!
> 모든 것이 죄와 수치뿐일 때
> 두번째 아담을 보내사
> 우리에게 구원을 주셨도다.
> ─존 헨리 뉴먼

그 결과는 무엇입니까? "새롭게 되는 날", **소망의 숨결**입니다. 캘커타의 블랙홀을 생각해 보십시오(이 이름은 1756년 6월 인도 캘커타의 토굴에 갇힌 영국 병사 146명 중 123명이 하룻밤에 죽은 데서 기인했다—옮긴이). 거기 사람들이 갇혀 있었습니다. 시간이 지날수록 공기는 탁해졌고 사람들은 점점 무기력해졌습니다. 그 어떤 노력도 소용이 없었습니다. 이들은 더럽고 악취 나며 오염된 공기 속에 갇혀 있었습니다. 이들은 죽어가고 있었지만, 아무런 희망도 없었던 것입니다. 주 예수 그리스도께서 이 땅에 오신 것은 소망의 숨결을 가져다 준 사건이었습니다. 복음서의 서론들이 그처럼 고양되어 있는 것도 바로 이 때문입니다. "흑암에 앉은 백성이 큰 빛을 보았고 사망의 땅과 그늘에 앉은 자들에게 빛이 비치었도다"마 4:16. 무시무시한 방, 폐쇄된 공간에 갇혀 있던 사람들이 갑자기 미풍을 느꼈습니다. 마치 가도가도 모래밖에 보이지 않고 길도 없는 사막을 건너는 여행자와 같습니다. 태양은 내리쬐고 있고 그 열기 때문에 답답해 죽을 것 같습니다. 그런데 갑자기 오아시스가 눈앞에 보입니다. 신기루가 연못으로 변했습니다. 이것이 성경이 우리에게 놀라운 구원의 축복과 감동을 전하기 위해 사용하는 표현입니다. 다른 모든 것이 실패하고 모든 것이 죄와 수치뿐이며 낙심하여 소망이 없을 때, 그분은 오십니다. 그 즉시 소망이 생깁니다.

헨델은 이것을 메시아라는 대작 속에 완벽하게 표현했습니다. 여러분은 헨델이 억눌림과 어둠과 실패-"우리는 다 양 같아서 그릇 행하여 각기 제 길로 갔거늘"사 53:6 -에서 갑자기 "한 아기가 우리에게 났고"사 9:6로 옮겨 가는 놀라운 전환점을 보셨습니까? 갑자기 전체 분위기가 바뀝니다. 이것이 복된 소망입니다. 복된 소망은 하나님께서 우리 세상에 관심을 갖고 계시다는 것입니다. 우리는 자신을 감옥에 가두었습니다. 우리는 하늘의 창문을 닫아걸었지만, 하나님께서는 공기가 들어오도록 창문을 여시려고 "그 아들을 보내사 여자에게서 나게 하시고 율법 아래에 나게 하셨습니다"갈 4:4. 거듭 말씀드리지만, 이것이 소망의 숨결입니다. 바꿔 말하면, 확신하건대 이것이 성령강림절의 큰 메시지입니다.[1] 제자들이 다락방에 모여 있을 때 "홀연히 하늘로부터 급하고 강한 바람 같은 소리가 있었습니다"행 2:2. 이 바람은 방에서 일어난 것이 아니었습니다. 이것은 인간의 기계가 만들어 낸 것이 아니었습니다. 이 바람은 밖에서 불어왔습니다. 언제나 그렇습니다. 이 바람은 하늘에서, 영원에서부터 불어옵니다. 이것은 초자연적인 복음이며 기적의 메시지입니다. 하나님의 지극하신 관심 때문에 우리에게는 영원한 소망, 소망의 숨결이 있습니다.

그다음으로 **안심의 숨결**, 곧 새롭게 되는 때를 생각해 보겠습니다. 사람들이 제가 지금까지 묘사한 환경에 처했을 때 어떻게 느낄지 상상해 보십시오. 사람들은 힘을 잃어버렸습니다. 산소는 없고 습기와 온도는 무서울 정도로 높습니다. 그러나 갑자기 새로운 것-상쾌함, 시원함, 향기-이 느껴지기 시작합니다. 사람들은 이제 숨쉴 수 있고 죽지 않으리라는 생각에 안도합니다. 그게 무엇입니까? 베드로가 그 해답을 제시합니다. "그러므로 너희가 회개하고 돌이켜 너희 죄 없이 함을 받으라."

---

1 이 설교는 1965년 성령강림절에 한 것이다.

이것은 이렇게 작용합니다. 사람들이 진정으로 삶을 이해하고 깨달아 끔찍한 무지로부터 해방될 때, 그들은 진짜 문제는 하나뿐이며, 그것은 바로 자신과 하나님과의 관계라는 것을 깨닫습니다. 이들은 죄책감, 정죄의식, 거룩하신 하나님을 거역했을 뿐만 아니라 스스로 여기에 대해 아무것도 할 수 없다는 것을 자각합니다. 그러나 이들이 전혀 소망이 없다고 느끼는 바로 그 순간, 이들이 오거스터스 탑레이디처럼 고백하는 바로 그 순간,

내 손의 수고가
주의 법의 요구를 채울 수 없고,
쉼 없는 나의 열심,
늘 흐르는 나의 눈물도
죄를 사할 수 없도다.

이제 자신들은 끝났다고 생각하는 바로 그 순간, 바람은 불기 시작합니다. 신선한 공기가 하나님의 아들이 여신 새 창문을 통해 들어옵니다. 이들은 자신들이 용서받을 수 있고 자신들의 죄가 사해질 수 있다는 것을 깨닫습니다.

삶에서 이 지식에 비교될 만한 것이 있습니까? 여러분은 존 번연이 그린 그림을 기억하십니까? 그는 엄청난 짐을 지고 가는 사람의 모습을 빌어 그것을 표현했습니다. 무거운 짐이 그의 어깨를 짓누르고 있습니다. 그러나 십자가 앞에서 갑자기 그 짐은 벗겨지고 그는 온전히 설 수 있게 됩니다. 하나님의 아들이 세상에 오신 것은 여러분의 죄를 없애기 위해서입니다. 그분이 죽으심으로 우리가 용서받았습니다. 그분은 십자가에서 우리 죄를 대신 지셨습니다. 그분은 우리를 짓누르는 짐을 벗기셨습니다. 죄의 짐은 사라졌으며, 그와 함께 심판의 두려움과 정죄의식도 사라졌습니다. 한순간 우리는 극한 절망 가운데 울부짖지만, 그다음 순간 바울과 같이 외칩니다. "그러므로 이제 그리스도 예수 안에 있는 자에게는 결코 정죄함이 없나니"롬 8:1.

결코 정죄함이 없습니다! 그리스도께서 이것을 제하여 버리셨습니다. "율법이 육신으로 말미암아 연약하여 할 수 없는 그것을 하나님은 하시나니 곧 죄로 말미암아 자기 아들을 죄 있는 육신의 모양으로 보내어 육신에 죄를 정하사 육신을 따르지 않고 그 영을 따라 행하는 우리에게 율법의 요구가 이루어지게 하려 하심이니라"3-4절.

발버둥 쳐도 소용없고 모든 것이 헛되다고 느껴져 "나는 할 수 없어, 누구도 할 수 없어" 하며 포기하려고 할 때, 그분의 인자한 음성이 들립니다. "수고하고 무거운 짐진 자들아, 다 내게로 오라. 내가 너희를 쉬게 하리라"마 11:28. 우리는 더 이상 머뭇거릴 수 없습니다. "오라"고 그분은 말씀하십니다. "나는 마음이 온유하고 겸손하니 나의 멍에를 메고 내게 배우라.······이는 내 멍에는 쉽고 내 짐은 가벼움이라"29-30절. 여러분은 혼자 남겨진 것이 아닙니다. 그분은 말씀하십니다. "내가 너와 함께한다. 내가 들어왔다. 내가 하늘의 공기를 가져왔으며 내가 너와 함께할 것이다. 내게 업히라. 내가 너를 업고 갈 것이다."

답답함과 억눌림이 사라지기 시작합니다. 신선한 공기가 들어옵니다. 소망의 숨결뿐 아니라 안심의 숨결이 들어옵니다.

그러나 **생명의 숨결**도 있습니다. 이것은 새로운 에너지요 새로운 힘을 주시는 하나님의 소생케 하시는 숨결입니다. 그분이 여러분에게 하시는 말씀을 들어 보십시오. "내가 온 것은 양으로 생명을 얻게 하고 더 풍성히 얻게 하려는 것이라"요 10:10. 들어 보십시오. 베드로는 예루살렘 사람들에게 말합니다. "여러분에게 필요한 것은 새 생명입니다. 40년간 움직일 수 없었던 이 사람을 생각해 보십시오. 그런 다음, 걷고 뛰며 하나님을 찬양하는 그의 모습을 보십시오. 무엇이 그로 하여금 이렇게 되도록 했습니까? 부활하신 예수께서 그에게 생명과 힘을 주셨기 때문입니다. 여러분은 우리에게 놀라지만 우리는 아무것도 아닙니다. 저는 어부에 지나지 않습니다. 제게는 아무 힘도, 아무 능력도 없습니다. 저의 경건이 저로 하여금 이 사람에게 '나사렛 예수 그리스도의 이름으로 걸으라'고 말할 수 있게 한 것이 아닙니다. 저는 망설이고 있었습니다. 저는 악취가 나고 더러운 공기 속에서 죽어가고 있었습니다. 그런데 그분이 창문을 여셨습니다. 그분이 생명의 숨결을 들여보내셨습니다. 저는 성령으로 난 새사람입니다." 이것이 베드로의 메시지입니다.

하나님의 숨결, 성령께서 우리에게 새 생명을 주십니다. 주님께서는 니고데모에게 이렇게 말씀하셨습니다.

진실로 진실로 네게 이르노니 사람이 물과 성령으로 나지 아니하면 하나님의 나라에 들어갈 수 없느니라. 육으로 난 것은 육이요 영으로 난 것은 영이니 내가 네게 거듭나야 하겠다 하는 말을 놀랍게 여기지 말라.

바로 이것입니다.

바람이 임의로 불매 네가 그 소리는 들어도 어디서 와서 어디로 가는지 알지 못하나니 성령으로 난 사람도 다 그러하니라요 3:5-8.

하나님의 바람은 여러분 속에 새로운 생명의 원리를 창조할 것입니다. 여러분은 새로운 존재로 시작할 것입니다. 여러분은 새로운 사람, 새로운 피조물이 될 것입니다. 여러분은 자신이 악취 나는 공기 속에서 질식해 죽어가던 탈진한 사람이었다는 사실을 거의 믿을 수 없게 될 것입니다. 여러분은 스스로 알아보지 못할 정도로, 아주 강해지고 너무나 강한 확신으로 복된 소망을 갖게 될 것입니다. 성령께서 여러분 안에 거하시기 때문에 여러분은 삶 속에서 새로운 능력을 갖게 될 것입니다. 무엇보다도 전에는 결코 알지 못했던 기쁨의 영, 환희의 영을 알게 될 것입니다.

"오직 성령의 열매는 사랑과 희락과 화평과 오래 참음과 자비와 양선과 충성과 온유와 절제니"갈 5:22-23. 바로 이것입니다. 사도 바울은 물었습니다. "하나님의 나라는 무엇입니까?" 그는 여러분에게 말합니다. "하나님의 나라는 먹는 것과 마시는 것이 아니요 오직 성령 안에 있는 의와 평강과 희락이라"롬 14:17. 그리스도인이라는 것은 이 방을 가까스로 걸어 다닌다는 뜻이 아닙니다. 아직 타락하지 않았고 꽤 도덕적이며 품위 있다는 것을 뜻하지도 않습니다. 절대 그렇지 않습니다. 그리스도인은 걷고 뛰며, 하나님을 찬양하는 이 사람과 같습니다. 그리스도인들은 겨우 자신의 몸을 끌면서 세상을 돌아다니는 비참한 사람들이 아닙니다. 그리스도인들은 주 예수 그리스도를 통해 하나님의 성령이 임한 사람들입니다. 그리스도인들은 그들 안에 샘솟는 새 생명과 에너지를 가졌습니다.

사도행전 2장 끝에서 이미 보았듯이, 이것은 이 메시지를 믿는 모든 사람들에게 일어난 일입니다. 우리는 이들 초대교회 그리스도인들에 대해 읽었습니다. "날마다 마음을 같이하여 성전에 모이기를 힘쓰고 집에서 떡을 떼며 기쁨과 순전한 마음으로 음식을 먹고 하나님을 찬미하며 또 온 백성에게 칭송을 받으니." 이것이 교회의 메시지입니다. 베드로는 이렇게 말하고 있었습니다. "우리를 주목하지 마십시오. 나음을 입은 이 사람만을 주목하지 마십시오. 이 모든 일에 대한 설명을 주목하십시오. 그는 어디서 이런 능력을 찾았습니까? 그는 어디서 생명을 찾았습니까? 우리는 어디서 찾았습니까? 왜 저 시몬 베드로는 지금처럼 설교할 수 있습니까? 왜 저는 관리들과 권세자들을 더 이상 두려워하지 않습니까? 저는 어디서 이러한 신적인 에너지를 얻습니까? 이것이 문제입니다. 제가 기쁨과 즐거움과 찬양의 영으로 충만한 것은 무엇 때문입니까? 답은 하나뿐입니다. '그 이름을 믿으므로 그 이름이 너희가 보고 아는 이 사람을 성하게 하였나니.'"

들어 보십시오. 베드로는 말합니다. "여러분은 여러분에게 필요한 것이 바로 이것이라는 것을 모르십니까? 여러분의 상태는 어떻습니까? 여러분은 육체적으로는 마비되어 있지 않겠지만 정신도 그렇습니까? 여러분의 영혼은 어떻습니까? 여러분의 마음은 자유합니까? 여러분의 가슴은 기쁨으로 충만합니까? 여러분의 의지는 아직도 힘이 있습니까? 여러분은 살아있습니까, 아니면 그저 존재하고 있을 뿐입니까? 여러분은 인생의 전투에서 일어나는 문제들로 인해 산산히

깨지고 있습니까? 지칠 대로 지쳐 있습니까? 거의 자포자기했습니까? 여러분은 그저 쾌락과 오락으로 지탱하고 있지만, 늘 같은 문제로 되돌아가지 않습니까?" 그렇습니다. 여러분은 몇 시간 동안 집을 나와 있지만 같은 문제로 되돌아가야 합니다. 여러분은 영화에 감동을 받는 동안 두통을 잊지만 영화가 끝나면 두통은 다시 시작됩니다. 여러분은 그저 잠시 동안 더러운 공기를 순환시켰을 뿐입니다. 이것이 여러분의 모습이 아닙니까?

사랑하는 여러분, 여러분은 자신의 영혼에 하나님의 숨결이 필요하다는 것을 모르십니까? 여러분에게 필요한 것은 하늘의 산소, 곧 성령이라는 것을 모르십니까? 베드로는 이렇게 말했습니다. "회개하십시오. 다시 한번 생각해 보십시오. 진리를 보십시오. 여러분이 한 엄청난 일을 보십시오. 걷고 뛰며 하나님을 찬양하는 이 사람으로 인해 여러분이 틀렸다는 것이 증명되었습니다. 이 사람을 이렇게 하신 이는, 여러분이 십자가에 못박았으나 부활하신 그리스도이십니다. 그분을 보십시오. 그분을 믿으십시오. 그러면 그분께서는 우리에게 주셨듯이 생명의 숨결을 여러분에게도 보내주실 것입니다. 이 생명의 숨결은 여러분으로 하여금 제 발로 서게 하며, 새사람이 되게 하고, 말할 수 없는 기쁨과 영광으로 충만하게 하실 것입니다." 베드로는 말했습니다. "그분은 언젠가 다시 오실 것입니다. 그때 그의 모든 원수를 멸하시고 그의 영원한 나라를 세우실 것입니다. 그 나라는 영광의 나라가 될 것입니다. 그 나라는 순전할 것입니다. 거기에는 구름도, 슬픔도, 어둠도, 죽음도 없을 것입니다. 그 나라는 영광의 나라가 될 것입니다."

여러분은 지금 이 나라를 미리 맛보고 싶지 않습니까? 여러분은 새롭게 되어 이 모든 것에 준비되고 싶지 않습니까? 베드로는 여러분이 해야 할 일은 회개뿐이라고 했습니다. "그러므로 너희가 회개하고 돌이키라." 여러분의 죄가 씻어질 뿐 아니라 여러분은 새롭게 되는 날을 경험하기 시작할 것입니다. 그 경험은 영원할 것입니다. 완전할 것입니다. 절대적일 것입니다.

때때로 한줄기 빛이
찬양하는 그리스도인을 놀라게 하도다.
주께서 일어나
그 날개 아래서 치유하시도다.
위로가 사라질 때,
주께서 영혼에
밝은 빛을 주시며
비 온 뒤에 영혼에 힘을 주시도다.
 - 윌리엄 쿠퍼

기도하십시오. 그러면 그분은 당신의 시원함과 향기를 여러분에게 주실 것입니다.

22

다시 생각하기

그러므로 너희가 회개하고 돌이켜 너희 죄 없이 함을 받으라. 이같이 하면 새롭게 되는 날이 주 앞으로부터 이를 것이요.

사도행전 3:19

베드로는 성전에 모인 무리에게 십자가에 달려 죽으시고 부활하셨으며 승천하신 예수 그리스도, 다시 오실 예수 그리스도, 위대하신 구원자 예수 그리스도, 성령으로 세례를 주시는 분, 홀로 우리를 새롭게 하시고 우리에게 새 생명과 건강과 활력과 힘을 주실 수 있는 예수 그리스도를 전했습니다. 베드로는 이 모든 것을 자세하게 전했지만, 아직 그의 설교는 끝나지 않았습니다. 우리 또한 마찬가지입니다. 생각해 보아야 할 주제를 남겨 둔 채 끝내지 않아야겠습니다. 지금까지 우리는 잘못된 지점에서 중단한 채 끝까지 가지 않을 때가 너무 많았습니다. 하지만 우리는 이제 끝에 와 있습니다.

지금까지 전한 모든 것에 비추어 베드로는 "그러므로 너희가 회개하……"라고 촉구했습니다. 여기에 전체 설교의 초점이 있습니다. 이것이 전체를 관통하는 요점일 뿐 아니라 복음 전파의 본질적이고 핵심적인 부분입니다. 우리가 가장 먼저 깨달아야 할 것은, 복음은 이론이나 학문적인 것이 아니라는 사실입니다. 복음은 이런저런 인생관 중 하나가 아닙니다. 그런 것은 여러분이 취해 읽거나 강의나 그에 관한 설교를 들으며 구경꾼으로 남을 수 있습니다. "아주 좋아, 아주 흥미로워, 아주 재미있어!"라고 말하며 다양한 주제들에 지적 관심을 가질 수도 있습니다. 그러나 복음은 이런 것이 아닙니다. 복음은 세상에서 가장 실제적인 것입니다. 복음은 생명과 삶과 관계된 것입니다. 복음은 삶과 죽음의 문제입니다. 이것이 사도 베드로가 말한 것입니다. 우리는 그의 설교에서 이러한 분위기를 놓치지 않는 것이 중요합니다.

이러한 강조는 베드로의 오순절 설교에서도 똑같이 나타나는데, 신약의 가르침 전체의 특징이기도 합니다. "그러므로 너희가 회개하고……." 베드로의 설교에는 절박함이 배어 있습니다. 베드로는 긴급하고 끈질깁니다. 그는 사람들의 흥미를 돋우고 있지 않았습니다. 즉흥연설을 하고 있지도 않았습니다. 그는 웅변가가 아니었습니다. 전혀 아니었습니다! 이 사람은 어부였습니다. 그는 어느 날 갑자기 부르심을 받고 사명을 받았으며, 어떤 일을 하도록 보내심 받았습니다. 활기가 넘치는 사람이었습니다. 그는 제정신이었습니다. 그는 끈덕지고 화급했습니다. 들으십시오. 그는 외쳤습니다. "회개하라." 그는 청중들에게 자신의 메시지를 강하게 주입시킴으로써, 그것이 일반적이거나 이론적인 관심거리에 불과한 것이 아님을 보여주었습니다. 절대 그렇지 않았습니다. 그는 사람들에게 간청하며 말했습니다. "이것은 세상에서 가장 긴급하고 실제적인 것입니다."

사도 베드로가 이렇게 설교한 것은 예루살렘 사람들에게 관심이 있었고, 그들을 변화시키려는 마음이 간절했기 때문입니다. 베드로는 이들에게 깊은 연민을 느꼈습니다. 이미 보았듯이, 베드로는 이들과 이들의 관리들이 알지 못하고 행한 것을 안다고 했습니다. 베드로는 이들이 처한 상황을 보았고 이들을 걱정했습니다. 이들의 영혼을 위해, 베드로는 이들에게 자기의 말을 깨닫게 하려고 애썼습니다. 그의 말을 잘 듣고 들은 것에 대해 무엇인가를 할 것을 그들에게 간청했습니다. 이것이 베드로가 설교하는 목적과 목표였습니다. 이것이 지금도 복음이 하는 일이며, 여전히 설교의 일차적인 역할이자 목적입니다. 강단에서 에세이나 읽으며 내용보다 형식에, 살아있는 원리보다 외형에 더 관심을 갖는 이 시대는 교회 역사의 불운입니다. 사람들은 별로 중요치 않은 것에 지나친 관심을 쏟고 있습니다. 베드로는 일어나 설교했습니다. 그는 문구를 다듬고 멋진 예화를 찾는 데 시간을 허비하지 않았습니다. 이런 것들은 신약의 복음과는 전혀 어울리지 않습니다. 여기 살아있는 한 사람이 있습니다. 그는 다른 사람들도 살아있기를 원했습니다. 여기 영혼들에 대한 부담을 느끼는 한 사람이 있습니다. 그는 복음에 대한 자신의 위대한 선언 전체를, 여기 복음의 적용에 초점을 맞추었습니다. 이것이 모든 설교의 목적이어야 합니다.

이제 저는 이 초점을 여러분에게 제시하되 하나의 질문으로 제시하겠습니다. 여러분은 이 복음을 들었습니다. 그렇다면 복음은 여러분에게 무엇을 했습니까? 복음이 여러분에게 어떤 영향을 끼쳤습니까?

이렇게 말하는 사람이 있습니다. "저는 설교 듣는 것을 즐길 뿐입니다."

저는 그것을 묻고 있는 것이 아닙니다. 여러분이 들은 설교가 여러분에게 어떤 영향을 미쳤는지를 묻는 것입니다. 여러분에게 어떤 변화가 일어났습니까? 바로 이것이 복음이 의도하는 바입니다. 그러므로 저는 현재 우리의 모습이 복음 때문이라고 말할 수 없다면, 우리는 그리스도인이 아닐 뿐 아니라 실제로 복음을 들은 적도 없다고 주저 없이 말합니다. 우리는 들었지만 듣지 않았습니다. 보는 것과 인식하는 것은 다르며, 듣는 것과 진정으로 듣는 것도 다릅니다. "[들을] 귀 있는 자는 들을지어다"마 11:15. 바로 이것입니다. 여러분은 이렇게 들었습니까? 복음이 결과를 낳을 정도로 우리에게 다가왔습니까?

그렇다면 복음이 의도하는 결과는 무엇입니까? 복음이 우리에게 하라고 요구하는 것은 무엇입니까? 그 답이 여기 아주 단순하게 제시되어 있습니다. 첫째는 회개입니다. 분명 사도 베드로에게 회개는 아주 중요한 문제였습니다. 그는 앞서 오순절 설교에서도 똑같이 말했습니다. 베드로가 설교할 때 갑자기 마음이 찔린 무리는 베드로와 다른 사도들에게 "형제들아, 우리가 어찌할꼬" 하고 물었습니다. 그러자 베드로는 이렇게 답했습니다. "너희가 회개하여 각각 예수 그리스도의 이름으로 세례를 받고 죄사함을 받으라"행 2:37-38. 그리고 여기 두번째 설교에서 베드로는 다시 말합니다. "그러므로 너희가 회개하고 돌이켜……." 그는 똑같은 요점을 제시하면서 설교를 마치는데, 이 요점이 너무나 중요하기 때문입니다. "하나님이 그 종을 세워 복주시려고 너희에게 먼저 보내사 너희로 하여금 돌이켜 각각 그 악함을 버리게 하셨느니라"행 3:26. 회개입니다.

회개가 언제나 복음의 첫머리에 온다는 것을 깨달아야 합니다. 이것은 절대적으로 옳고 필수적인 일입니다. 우리가 이 사실을 깨닫는 것이 중요한 것은, 이 시대는 회개에 대해 염려하지 말라는 가르침이 인기를 얻고 있기 때문입니다. 여러분은 예수님께 나옵니다. 결심을 하고 앞으로 나옵니다. 카드나 그 밖에 무엇에든지 서명합니다. 회개? 그것은 나중 문제입니다. 그러나 제가 여기서 여러분에게 상기시키려는 것은, 회개는 나중 문제가 아니라는 사실입니다. 회개는 첫 단계입니다. 내 마음이 이토록 무거운 것은, 회개가 첫 단계라는 이 사실을 잊어버려서 교회가 지금과 같이 되었다는 생각 때문입니다. 우리는 어떻게 해서라도 사람들을 종교에 관심 갖게 하려는 생각은 버려야 합니다. 우리는 사도들의 모범을 따라 회개를 맨 앞에 두어야 합니다. 저로서는 이 문제로 어려움을 겪는 사람이 있다는 것이 놀라울 뿐입니다. 회개가 맨 처음에 와야 하는 것은, 우리의 본질적 상태와 조건이 꼭 그래야 하기 때문입니다.

사도 바울이 디모데전서 1장에서 자신에 관해 한 말에 주목하십시오. 그는 이렇게 말했습니다. "여기 제가 있습니다. 저는 지금 사도이자 설교자입니다." 바울은 자신의 현재 위치에 놀라지 않을 수 없었습니다. 과거를 돌아보았기 때문입니다. 그는 무엇을 보았습니까? "내가 전에는 비방자요 박해자요 폭행자였으나"딤전 1:13. 바울은 그 위대한 로마서에서 이것을 또 말합니다. "육신의 생각은 하나님과 원수가 되나니 이는 하나님의 법에 굴복하지 아니할 뿐 아니라 할 수도 없음이라"롬 8:7. 이것은 본질적으로 우리 모두에게 해당합니다. 그러므로 우리의 회개가 첫번째 되어야 한다는 사실이 분명하지 않습니까? 회개는 저절로 해결되며 나중 문제라고 말하는 사람들은 자신들이 인간론―타락한 인간에 대한 교리―을 전혀 알지 못하며 죄론罪論에 대해서도 완전히 무지하다고 말하는 것입니다. 안타까울 뿐입니다! 회개가 가장 선행되어야 한다는 사실은, 신약성경 전체의 신학적 가르침에 분명히 나타나 있을 뿐 아니라 실제로 교회 형성의 역사에서도 가장 먼저 나타났습니다.

신약성경을 보십시오. 첫 부분을 보십시오. 첫번째 설교자가 누구였습니까? 세례 요한입니다. 그의 메시지는 무엇이었습니까? 그는 "죄 사함을 받게 하는 회개의 세례"를 전파했습니다막 1:4. 최초의 설교자는 회개의 교리를 전했습니다. 그는 하나님의 부르심을 받았습니다. "하나님의 말씀이 빈 들에서 사가랴의 아들 요한에게 임한지라"눅 3:2. 회개가 바로 그의 메시지였습니다.

두번째 설교자는 주 예수 그리스도 바로 그분이셨습니다. 그분도 정확히 같은 것을 전파하셨습니다. "때가 찼고 하나님의 나라가 가까이 왔으니 회개하고 복음을 믿으라"막 1:15. 회개가 항상 첫번째 메시지입니다. 주님께서는 복음서 끝 부분에서 바리새인들을 꾸짖으시며 당신의 메시지를 이렇게 말씀하셨습니다. "너희가 대면해야 할 최후의 심판은 하나님의 말씀이 다른 모든 사람들에게처럼 너희에게도 왔다는 것이다. 그러나 '세리들과 창녀들이 너희보다 먼저 하나님의 나라에 들어가리라. 요한이 의의 도로 너희에게 왔거늘 너희는 그를 믿지 아니하였으되 세리와 창녀는 믿었으며 너희는 이것을 보고도 끝내 뉘우쳐 믿지 아니하였도다'"마 21:31-32. 회개는 예외 없이 모든 복음서의 맨 앞에 옵니다.

또 하나의 예가 있습니다. 교회의 처음, 사도 베드로가 교회의 이름으로 설교하기 시작했을 때 누군가가 "우리가 어찌할꼬" 물었습니다. 베드로는 "회개하라"고 답했습니다. 지금 여기서는 사람들이 묻지도 않았는데 베드로는 "그러므로 너희가 회개하고……"라고 말합니다. 바꿔 말하면, 진실되게 복음을 들을 때 회개는 논리적이며 피할 수 없는 귀결입니다.

사도행전 후반부에서 위대한 사도 바울의 사역 기사를 살펴볼 때도 동일한 사실을 발견하게 됩니다. 20장의 가장 고양된 구절을 예로 들어 보겠습니다. 예루살렘으로 급히 올라가던 바울은 에베소에 들를 시간이 없어, 에베소교회 장로들에게 바닷가로 자신을 만나러 나오라는 소식을 전했습니다. 장로들이 내려왔을 때 바울이 이들에게 말했습니다. "제가 떠난 후 일어날 모든 일들을 여러분에게 경고하려 합니다행 20:29-30 참조. '[내가] 유익한 것은 무엇이든지 공중 앞에서나 각 집에서나 거리낌이 없이 여러분에게 전하여 가르치고……그러므로 여러분이 일깨어 내가 삼 년이나 밤낮 쉬지 않고 눈물로 각 사람을 훈계하던 것을 기억하라'"20, 31절. 그가 무엇을 가르쳤습니까? "하나님께 대한 회개와 우리 주 예수 그리스도께 대한 믿음"입니다[21절]. 이것은 복음의 두 기둥입니다.

그렇다면 회개란 무엇을 의미합니까? 이것은 매우 흥미로운 단어입니다. "회개하다"라는 단어는 "다시 생각하다"라는 뜻의 라틴어 단어에서 왔습니다. 하지만 "회개"에 해당하는 헬라어는 "마음의 변화"를 의미합니다. 이제 본론으로 들어가겠습니다. 복음은 우리에게 무엇을 할 것을 요구합니까? 조금 흐느끼는 것입니까? 제가 지금 강단에서 설교하고 있는 것 대신에, 여러분에게 이야기를 들려주거나 제 자신에 대해 말하거나 일화와 예화를 제시하거나 한 주 동안 읽은 소설을 이야기하거나 휴일에 일어난 일을 말하는 것입니까? 복음이 요구하는 것이 이런 것입니까? 누구든 이런 생각은 하지 않기를 바랍니다! 아니면 사람들을 달래 그들의 염려를 잊게 해주거나, 한 시간 남짓 약간의 행복감을 느끼도록 해주는 것이 복음입니까? 우리가 살고 있는 오래된 이 세상은 아주 잔인한 세상입니다. 그러니 블라인드를 내리고 잠시 잊어야 합니까, 아니면 함께 찬양하고 기분 내면서 유쾌함과 행복에 젖어 만사 오케이라고 상상해야 합니까? 이것이 복음이 요구하는 것입니까?

아닙니다. 절대 아닙니다. 생각하십시오! 세상이 지금과 같은 것은 생각하지 않기 때문입니다. 사람들은 기독교에 대해 너무나 우스꽝스러운 생각들을 갖고 있습니다. 사람들은 그리스도인이 되는 것은 생각하지 **않고** 여전히 어린아이처럼 행동하기 때문이라고 여깁니다. 세상 사람들은 이렇게 말합니다. "그리스도인들이 조금만 생각한다면, 세상에서 일어나는 일에 자신의 지성을 적용한다면, 그들은 기독교를 포기할 것이다." 그러나 사실은 이와 정반대입니다. 텔레비전을 보는 그 많은 사람들이 깊이 생각하는 사람들입니까? 여러분이 세상에서 일어나는 일들을 생각할 때 여러분의 지성이 테스트되듯이, 이들의 지성도 테스트되고 있는지 저로서는 의문입니다. 저는 지금 여러분을 설득하고 있습니다. 여러분에게 생각하라고 호소하고 있습니다.

그렇습니다. 복음은 바로 이렇게 합니다. 베드로는 이 사람들에게 연민을 느꼈습니다. 그는 이렇게 말했습니다. "여러분은 몇 주 전에 거룩하고 의로운 분에게 '없이 하소서, 그를 십자가에 못박게 하소서'라고 외친 바로 그 사람들입니다. 왜 그러셨습니까? 여러분이 그렇게 한 것은 생각을 하지 않았기 때문입니다. 여러분은 폭도로, 군중으로 행동했습니다. '너희가 알지 못하여서 그리하였으며'"행 3:17.

자신들의 지성을 그렇게도 자랑하는 이 세대는 생각을 하지 않습니다. 이 세대가 생각을 한다면 텔레비전 광고를 모두 믿지는 않을 것입니다. 그것은 일종의 심리학과 잠재의식적인 학습으로, 적극적이고 의식적인 사고를 낳지 않습니다. 끊임없이 반복해 주어지는 정보를 사람들은 내용도 모르는 채 받아들입니다. 생각하십시오! 이 세대는 세상이 지금까지 알고 있는 세대 가운데 가장 심하게 마취되고 미혹되며 통제당하고 있는 세대일 것입니다.

이 세대는 선전과 광고의 세대, 생각하기를 거부하는 세대입니다. 물론 선전이나 광고가 추천하는 것이 전부 나쁜 것은 아닙니다. 절대 아닙니다. 그러나 그것이 좋든 나쁘든, 사람들은 사라는 말을 귀가 따갑도록 들으면 결국 사게 됩니다. 사람들이 생각하지 않았기 때문에 우리는 20세기에 두 번씩이나 세계대전을 겪은 것입니다. 사람들은 생각하기를 원치 않습니다. 사람들은 이렇게 말했습니다. "한 세기에 세계대전이 두 번 일어날 수는 없어. 그건 불가능해." 그들은 사실을 직시하려 하지 않았고, 한 사람이 경고할 때 "이 사람은 전쟁광이야!"라고 했습니다. 사람들은 편견 때문에 그를 무시했습니다. 사람들은 생각하려 하지 않았습니다. 그는 사람들을 생각하게 하려고 애썼지만 그들은 생각하지 않았습니다. 복음의 위대한 메시지는, 여러분이 생각하도록 부름받았다는 것입니다.

한 걸음 더 나아가, 여러분은 다시 생각해야 합니다. 바꿔 말하면, 회개란 새로운 방식으로 생각한다는 뜻입니다. 베드로가 실제로 말한 것도 이것입니다. 지금 우리에게는 베드로의 전체 설교 가운데 대략적 개요와 요점만 있지만, 그가 여기서 이 점을 제시했다는 데는 의심의 여지가 없습니다. "여러분은 이 사람을 주목하며 우리를 주목하고 있습니다. 그러나 그렇게 해서는 안됩니다. 그것은 소동에 불과합니다. 그저 흥분하는 것밖에 되지 않습니다. 이제부터는 생각을 하십시오! 이 기적을 생각의 출발점으로 삼으십시오. 여러분은 자신이 지금까지 생각했다고 하지만, 사실 여러분은 생각하지 않았습니다. 그러므로 저는 여러분이 전혀 새로운 방법으로 생각하기를 원합니다."

복음이 역설하는 바가 이것입니다. 우리의 자연적인 생각은 편협하며 그 때문에 잘못된 길로 나아갑니다. 우리는 당연하다고 여겨 점검하지 않은 특정 전제들에서 시작하고는 같은 주장만 되풀이합니다. 오늘날 대부분의 비그리스도인들은 기독교에는 아무것도 없다는 결론에서 출발합니다. 이들이 이런 결론을 내리는 것은, 지금은 20세기이며 성숙한 사람들이 해야 할 일이 있다는 것 외에 다른 이유는 없습니다. 이들의 모든 생각은 기독교에는 아무것도 있을 수 없다는 것을 증명하는 데 맞춰져 있습니다.

제가 자주 드는 예가 있습니다. 매튜 아놀드Matthew Arnold가 표현한 것입니다. "기적은 일어날 수 없다. 그러므로 기적은 일어나지 않았다." 물론 기적이 일어날 수 없다면 기적은 일어나지 않았을 것입니다. 그러나 문제는 "기적은 불가능한가?"라는 것입니다. 매튜 아놀드는 잘못 생각하고 가정을 세웠으며 추론했습니다. 복음은 우리에게 훨씬 더 뒤로 거슬러 올라가, 이 첫째 가정을 점검해 볼 것을 요구합니다. 기적이 본질적으로 불가능합니까? 다시 생각해 보십시오! 이것이 바로 베드로가 사람들에게 요구하고 있었던 것입니다. 베드로는 이렇게 말했습니다. "여기 여러분이 너무나 잘 아는 이 사람, 불구로 태어나 평생 한번도 걸어보지 못했던 이 사람이 지금 걷고 뛰며 하나님을 찬양하는 것이 보이지 않습니까? 여러분의 생각 어딘가가 잘못되었다는 것을 모르겠습니까? 여러분의 눈앞에 펼쳐진 사실들을 보십시오. 여기 구체적인 사건이 있습니다. 여기에 부활하신 예수님과 그분의 아버지 하나님의 능력이 나타났습니다. 다시 생각하십시오. 새롭게 시작하십시오."

이것이 지금도 복음이 강하게 호소하는 바입니다. 정확히 같은 방법으로, 복음은 현대인들을 향해 말합니다. "주변과 여러분 자신에게서 삶이 무너져 내릴 때, 복음은 여러분에게 다시 생각하되 성경의 가르침에 비추어 생각할 것을 요구합니다. 여러분 자신의 생각이나 인기를 끄는 교묘한 신문기사에서 시작하지 마십시오. 사람들은 편견에서 출발하여 솜씨 좋게 해나갑니다. 이것은 생각하는 것이 아닙니다. 성경의 계시에서 시작하십시오. 성경의 큰 메시지에서 시작하십시오. 여기에 비추어 여러분의 처지를 다시 생각하십시오. 이것이 바로 회개로 부르셨다는 말의 의미입니다. 자신의 모든 생각을 재점검할 준비가 되었습니까? 자신의 편견을 여기에 비추어 점검할 준비가 되었습니까? 여러분이 틀렸을 수도 있음을 인정할 준비가 되었습니까?"

이제 여러분은 이렇게 말하게 되었습니다. "좋습니다. 들을 준비가 되었습니다." 이것이 회개의 시작입니다. 이것이야말로 지금 이 순간, 이 나라는 물론 다른 모든 나라에 필요한 것 아닙니까? 사람들은 이 메시지를 신중히 생각해 본 적이 없습니다. 사람들은 그렇게 했다고 하지만, 그들이 한 일이라고는 이 메시지를 무시한 것뿐입니다. 그들은 메시지를 직시한 적이 없습니다. 이 메시지에 집중해 본 적이 없습니다. 사람들은 마음을 열지도 않았고, 회개하라는 말을 받아들일 생각도 하지 않았습니다. 회개의 요청은 이렇게 말하라는 것입니다. "어쨌든 지금까지 우리가 틀렸을지 몰라. 여기에 뭔가 있지 않을까?" 이것이 첫 단계입니다.

그러면 우리는 무엇을 생각해야 합니까? 첫째, 여러분은 하나님을 다시 생각해야 합니다. 여러분은 하나님을 전혀 믿지 않고 있을 수 있습니다. 여러분은 이렇게 말합니다. "19세기 중반까지는 하나님을 믿는 데 전혀 문제가 없었습니다. 그러나 과학이 하나님을 몰아냈습니다. 이제는 하나님이 필요 없습니다. 저는 하나님과 상관없는 우주를 믿습니다. 어떤 의미에서, 제게 신이라는 것이 있다면 저의 신은 바로 우주입니다."

여러분은 이에 대해 다시 생각할 준비가 되어 있습니까? 이것이 사도들이 그 시대 사람들에게 하라고 간청한 것이었습니다. 바울은 로마의 그리스도인들에게 말합니다. "여러분은 하나님이 온 피조물에 당신의 흔적을 남겨 놓으신 것이 안보이십니까? '창세로부터 그의 보이지 아니하는 것들 곧 그의 영원하신 능력과 신성이 그가 만드신 만물에 분명히 보여 알려졌나니'롬 1:20." 만물이 그분의 신성과 그분이 창조주이심을 선포합니다. 여러분은 정말 하나님 없이 우주를 설명할 수 있습니까? 빅뱅big bang이 모든 것을 만족스럽게 설명해 줍니까? 모든 것이 우연입니까? 과학자들이 말하는 빅뱅 때 폭발하고 흩어진 물질은 어디서 왔습니까? 설명되지 않는 것이 너무나 많습니다. 자연의 모든 질서와 설계와 조화와 완전함, 그리고 섭리와 역사와 그 외 모든 것들을 보는 여러분에게 묻고 싶습니다. 여러분은 그럴듯하지만 실은 하찮은 자신의 이론들에 만족합니까? 여러분은 정말 하나님 없이 온 우주를 설명할 수 있습니까? 제가 여러분에게 요구하는 것은, 다시 진지하게 생각하라는 것입니다.

그러나 하나님을 믿는다고 주장하는 사람들에게 하고 싶은 말이 있습니다. 베드로의 설교를 듣고 있던 사람들은 유대인이었고 하나님을 믿었습니다. 그러나 베드로는 이들에게 다시 생각하라고 했습니다. 바리새인들은 하나님에 관해 가르치는 선생들이었지만 하나님을 다시 생각하라는 요구를 들은 것은 "하나님을 믿습니다"라고 말하는 사람이 자신의 말을 증명하지 않았기 때문입니다. 여러분의 하나님은 누구십니까? 여러분의 하나님은 어떤 분이십니까? 여러분은 자신이 믿는 하나님에 대해 어디서 인증받았습니까? 사람들은 "물론 저는 항상 하나님을 믿어 왔습니다"라고 말합니다. 바리새인들의 하나님은 세리와 죄인들을 전혀 불쌍히 여기지 않는 엄격한 율법주의적 하나님이었습니다. 이 하나님은 선한 사람과 도덕적인 사람과 의로운 사람과 종교적인 사람들에게만 관심이 있었습니다. 이 하나님은 세리와 죄인들을 혐오하여 자기 앞에 얼씬도 못하게 했습니다.

베드로는 다시 생각하라고 했습니다. 다시 생각하라, 바울도 말했습니다.

예수 그리스도께서도 동일하게 말씀하셨습니다. "모든 세리와 죄인들이 말씀을 들으러 가까이 나아오니"눅 15:1, 예수께서는 이들과 함께 식사를 하셨습니다. 주님은 바리새인들이 이들을 피하는 모습을 보셨습니다. 바리새인들은 주님이 이런 부류의 사람들과 어울리는 데 깜짝 놀랐습니다. 주님께서 탕자의 비유를 말씀하신 것도 바로 이 때문이었습니다. 주님은 바리새인들에게 이렇게 말씀하고 계셨습니다. "하나님에 대한 너희 생각은 모두 잘못되었다. 너희는 하나님에 관해 가르치는 선생이지만 너희 생각은 틀렸다. 너희 생각은 졸렬한 모조품에 지나지 않는다. 그것은 그분을 모독하는 것이다. 하나님은 탕자의 아버지 같으신 분이다."

오늘날 하나님에 대해 다른 생각을 가진 사람들이 많습니다. 이들은 하나님은 오로지 사랑의 하나님일 뿐이라고 말합니다. 이들은 율법의 하나님을 믿지 않습니다. 의와 공의와 거룩의 하나님을 믿지 않습니다. 이들은 죄를 벌하시는 하나님을 믿지 않는다고 말합니다. 이들은 지옥이나 어떤 종류의 징계도 믿지 않습니다. 이들의 하나님은 "네 마음대로 해라. 그래도 나는 너의 모든 것을 사랑한다"고 말씀하시는 그런 분입니다. 이들은 그리스도께서 십자가에 죽으시면서도 "너희가 나를 죽이더라도 하나님은 여전히 너희를 사랑하신다"고 말씀하셨다고 주장합니다. 어떤 형벌이나 보응도 없습니다. 복음은 이들에게 촉구합니다. "하나님을 다시 생각하라."

여러분은 무슨 권리로 하나님이 이런 분이다, 저런 분이다 말합니까? 여러분은 하나님에 대해 무엇을 아십니까? 하나님에 대한 여러분의 생각은 어디에서 나왔습니까? 여러분의 근거는 무엇입니까? 스스로에게 이 질문을 던져 보면 여러분에게 아무 권세도 없다는 것을 알게 될 것입니다. 우리가 자연과 피조세계에서 하나님의 자취를 볼 수 있다는 것은 이미 말씀드렸습니다. "하늘이 하나님의 영광을 선포하고 궁창이 그의 손으로 하신 일을 나타내는도다"시 19:1. 모든 것들이 하나님을 선포합니다. 해와 달과 별, 절정에 달한 꽃들과 강과 시냇물, 이 모든 것이 하나님을 선포하고 있습니다.

그러나 사람들은 죄 때문에 눈이 멀었습니다. 사람들은 성경에서 아는 것 외에는 하나님에 대한 진정한 지식이 없습니다. 저는 여러분에게 하나님의 존재와 실존에 대한 철학적 논쟁들을 소개할 수도 있습니다. 이러한 논쟁들은 흠이 없습니다. 설득력 있고 타당합니다. 그러나 제가 이것들을 소개하지 않는 것은 이것들이 한 사람을 그리스도인으로 만드는 데 충분치 못할뿐더러, 지금까지 한 사람도 그리스도인으로 만들지 못했기 때문입니다. 계시는 이러한 논쟁들을 넘어섭니다. 그분은 하나님이시기 때문에 인간은 결코 그분을 이해할 수 없습니다. 인간은 결코 그분에게까지 올라갈 수 없습니다. 그래서 그분이 내려오셨습니다. 그분이 자신을 계시하셨습니다. 그분이 말씀하셨습니다. 여기에 비추어 다시 생각하십시오. 이것이 회개입니다. 하나님을 다시 생각하십시오.

베드로가 전했고, 제게도 특별히 허락되어 여러분에게 전하고 있는 이 복음은 이렇게 말합니다. "잠깐 멈추어 여러분 자신을 다시 생각하십시오. 여러분이 무시하고 거부한 거룩하고 의로우신 분을 여러분에게 상기시켜 드려야겠습니다. 여러분은 스스로 옳다고 생각했습니다. 스스로 인간의 본성을 평가할 수 있다고 생각했습니다. 그러나 이제 다시 생각해야 한다고 생각지 않습니까? 여러분이 거부한 분이 거지를 고치셨습니다." 여러분의 정신체계에 이상이 있지는 않습니까? 정말 어떠한지 단번에 알아볼 수 있도록 "다시 생각하기"에 관한 최고의 예를 보십시오. 다소의 사울은 정말 대단한 사람이었습니다. 지성과 이해, 예리한 시각과 탁월한 논리와 웅변술에서 그 누구도 그를 따라올 수 없었습니다. 이런 사람이었으니 그 얼마나 기쁘고 자기만족이 컸겠습니까? 그는 아그립바와 베스도 앞에서 연설할 때 이렇게 말했습니다. "나도 나사렛 예수의 이름을 대적하여 많은 일을 행하여야 될 줄 스스로 생각하고"행 26:9.

그렇습니다. 바로 그랬습니다. 이들은 한마음이었습니다! 이러한 사람이 실수를 한다는 것은 있을 수 없었습니다! 그와 바리새인들은 절대 틀릴 수 없었습니다. 목수이자 교육받지 않은 나사렛 예수라는 사람은 절대 옳을 수 없었습니다. 그는 사기꾼이었습니다. 유대인들이 그를 제거한 것은 옳았습니다. 바울은 아직도 예수를 따를 만큼 미친 사람들을 끝장내려고 벼르고 있었습니다. 그러나 다메섹으로 가는 길에서, 바울은 "없이 하소서, 그를 십자가에 못박게 하소서"라고 외치던 예루살렘 사람들과 마찬가지로 자신도 무지하다는 것을 깨달았습니다. 바울은 다시 생각해야 했습니다. 바울이 그분을 보는 순간, 그의 놀라운 계획과 체계는 완전히 무너져 내렸습니다. 그는 아예 처음부터 다시 생각해야 했습니다. 그는 다시 생각하기 위해 3년간 아라비아로 내려가야 했고, 남은 평생 동안 계속해서 다시 생각했습니다.

여러분은 지금 자신에 대해 다시 생각해야 할 때라고 생각지 않습니까? 여러분은 완전히 만족합니까? 여러분은 만사가 형통합니까? 여러분은 이제 대차대조표를 작성해야 한다고 생각지 않습니까? 여러분의 자산 항목은 무엇입니까? 여러분의 도덕성은 어느 정도 가치가 있습니까? 여러분의 지식은 어느 정도 가치가 있습니까? 여러분의 선은 하나님 보시기에 어느 정도 가치가 있습니까? 사랑하는 여러분, 다시 생각하십시오. 여러분은 자신의 삶에서 무엇을 이루었습니까? 어디에 이르렀습니까? 여러분의 과거는 어떠했습니까? 현재는 어떻습니까? 미래는 어떻겠습니까? 여러분이 피할 수 없는 것이 다가오고 있습니다. 바로 죽음입니다. 여러분은 죽음에 준비되어 있습니까? 이 세상을 떠날 준비, 죽을 준비가 되어 있습니까? 죽음과 무덤 너머의 것에 대해서는 어떻습니까? 여러분은 죽음 이후를 알고 있습니까? 평안하게 죽음을 맞으며 죽음을 다시 걱정하지 않을 수 있을 만큼 충분히 이해했습니까? 만사가 형통합니까? 하나님의 이름으로 여러분께 구하기는, 자신의 영혼을 소중히 여긴다면 자신에 대해 다시 생각하십시오. 여러분이 정말 알고 있는 것이 무엇입니까? 여러분이 정말 갖고 있는 것은 무엇입니까? 여러분은 영원을 어떻게 보내시겠습니까? 우리 모두가 대면해야 하는 심판은 어떻습니까? 사랑하는 여러분, 다시 생각하십시오.

하나님만이 아니라 여러분 자신에 대해 생각한 다음에, 복되신 분 나사렛 예수 그리스도에 대해 생각하십시오. 참으로 그분을 무시할 수 있습니까? 참으로 그분을 단지 한 사람의 인간으로, 위대한 선생으로, 정치가-여러분이 그분을 뭐라고 부르든-로 무시해 버릴 수 있습니까? 그분을 정말 이런 명칭으로 설명할 수 있습니까? 그분을 다시 바라보고 다시 생각하며 그분이 하시는 말씀에 다시 귀기울여야 한다고 생각지 않습니까? 하나님께 감사하십시오. 그분은 다소의 사울에게 하신 것처럼 여러분에게 하실 준비가 되어 있습니다. 여러분은 그분을 거부하고 똑똑한 체하며 그분을 수천 번도 더 무시했을 것입니다. 하지만 그분을 바라볼 준비만 되어 있다면, 그분은 다시 여러분을 보시고 여러분에게 웃어 주실 것입니다. 바울은 말합니다. "제가 좋은 본보기입니다. 그리스도께서 저를 그분의 오래 참으심과 긍휼의 좋은 본보기로 삼으셨습니다."

제가 이 자리에 선 것은, 여러분이 지금까지 그분에게 어떻게 했든 지금 돌이켜 그분을 새롭게 생각한다면, 여러분은 절대 거절당하지 않으리라는 것을 말씀드리기 위해서입니다. 그분은 "내게 오는 자는 내가 결코 내쫓지 아니하리라"고 말씀하셨습니다.요 6:37. 십자가의 죽음을 다시 생각하십시오. 그 죽음은 단순히 평화주의자의 죽음이었습니까? 반전反戰주의자의 죽음이었습니까? 성부 하나님과 성자 하나님 사이에 계약이 있었다는 것을 모르십니까? 하나님께서 그 아들을 "우리를 대신하여 죄로 삼으신 것"고후 5:21이 십자가 죽음에 대한 유일한 설명이라는 것을 보지 못합니까? "여호와께서는 우리 모두의 죄악을 그에게 담당시키셨습니다"사 53:6. 그분의 십자가 죽음을 다시 생각하고, 그분의 죽음을 지나 영광스런 부활과 승천도 보십시오.

이제는 역사의 과정을 생각해 보십시오. 여러분은 복음 전체를 교묘히 변명하며 빠져나갈 수 있습니까? 그렇게 한다면 무엇이 남습니까? 여러분은 복음이 없으면 미국도 없으리라는 것을 압니다. 복음은 성전 미문 앞에 있던 사람을 변화시켰듯이, 사람들을 찾아와 이들을 변화시켰습니다. 청교도들이 하나님을 자유롭게 섬기며 평화롭게 그분을 기뻐하기 위해 대서양을 건너게 한 것도 바로 이 복음이었습니다. 겸손하게 여러분에게 구하기는, 하나님을, 여러분 자신을, 그리고 주 예수 그리스도를 다시 생각하십시오.

그러나 다시 생각하는 것으로는 충분치 못합니다. 말씀드린 것처럼, 여기서 "회개"로 번역된 헬라어는 "마음의 변화"를 뜻합니다. 베드로도 이것을 역설했습니다. "그러므로 너희가 회개하고 돌이켜……." 베드로는 이렇게 말했습니다. "사실을 주목하십시오. 사실을 숙고하십시오. 제가 여러분에게 한 모든 말을 귀담아듣고 그것을 직시하고 마음을 바꾸십시오." 이런 의미입니다. "여러분이 틀렸다는 것을 인정하십시오. 여러분이 전적으로 잘못했다는 것을 인정하고, 여러분이 인생과 하나님과 자신과 그리스도와 영원에 대해 절망적인 큰 실수를 했다는 것을 인정하십시오. 여러분은 이 세상 신의 희생자이며 현대의 무지에 눈멀었고 여러분의 인생철학 전체가 빗나갔다는 것을 인정하십시오. 이것을 고백하십시오. 이것을 하나님께 아뢰십시오. 이것이 회개입니다.

물론 하나님의 뜻대로 하는 근심을 하지 않고는 이렇게 할 수 없습니다. 사람들은 하나님에 대한 자신들의 생각이 잘못되었다는 것과 자신들의 오만과 불순종을 깨닫는 순간, 이 모든 것이 엄청난 죄라는 것을 깨닫는 순간, 어떻게 해야 할지 모릅니다. 하나님의 뜻대로 하는 근심 없이는 회개할 수 없습니다. 이것은 단순한 지성의 문제가 아닙니다. 시작은 지성입니다. 모든 것이 그렇게 시작하고 또 그래야 합니다. 지성은 인간에게 주신 하나님의 가장 큰 선물입니다. 그다음에 진리가 마음에 찾아옵니다. 일단 마음이 진리를 보면 그다음에는 가슴이 반응을 합니다. 여러분은 이렇게 말합니다. "어떻게 내가 그런 짓을 할 수 있었을까? 도대체 어떻게, 내가 그렇게 할 수 있었단 말인가?" 이것은 회개에서 필수적인 부분입니다.

　어떤 의미에서, 사도 바울이 자신을 용서할 수 없었던 것도 바로 이 때문입니다. 그는 이렇게 말했습니다. "미쁘다. 모든 사람이 받을 만한 이 말이여, 그리스도 예수께서 죄인을 구원하시려고 세상에 임하셨다 하였도. 죄인 중에 내가 괴수니라"딤전 1:15. 이런 말입니다. "오, 나는 교만하고 우매하며 오만하고 자기만족에 빠진 바리새인이었습니다. 하나님께서 그런 나를 어떻게 용서하실 수 있겠습니까? 어떻게 그분이 나를 용서할 수 있단 말입니까? 나는 나 자신을 용서할 수 없습니다. 그러나 그분은 하셨습니다. 나의 나된 것은 그분의 은혜입니다."

　일단 진리를 보면, 사람들은 마음을 바꿀 뿐 아니라 마음을 찢습니다. 사람들은 자신과 자신의 교만과 모든 어리석은 생각들에 수치심을 느낍니다. 그리고 자신들의 선행을 보면서 사도 바울과 같이 말합니다. "내가 그를 위하여 모든 것을 잃어버리고 배설물로 여김은 그리스도를 얻고 그 안에서 발견되려 함이니 내가 가진 의는 율법에서 난 것이 아니요 오직 그리스도를 믿음으로 말미암은 것이니 곧 믿음으로 하나님께로부터 난 의라"빌 3:8-9. 여러분은 이렇게 회개했습니까? 여러분의 잘못을 지적으로 깨달았습니까? 자신의 죄가 엄청나다는 것을 깨닫고 마음을 찢은 적이 있습니까? 자신을 미워하는 것이 무엇인지 어느 정도 알고 있습니까?

　　당신을 슬프게 하며
　　당신을 제 가슴에서 몰아내는
　　죄를 미워하나이다.
　　　-윌리엄 쿠퍼

　들어 보십시오. 베드로는 이렇게 말했습니다. "이것이 보이고 느껴질 때까지 다시 생각하십시오." 사도 바울이 "내 속 곧 내 육신에 선한 것이 거하지 아니하는 줄을 아노니……오호라, 나는 곤고한 사람이로다. 이 사망의 몸에서 누가 나를 건져 내랴"롬 7:18, 24고 한 말이 무슨 뜻인지 아십니까? 말하자면, 회개에도 정점이 있습니다. 간단하게 묻겠습니다. 이런 회개에 대해 조금이라도 아십니까? 모른다면, 여러분은 결코 다시 생각하지 않았고 결코 회개하지 않았습니다. 회개하지 않았다면, 여러분은 하나님 나라에 있는 것이 아닙니다. 회개는 필수입니다. 하나님 나라로 인도하는 문은 오직 하나입니다. 하나님 나라에 들어가는 사람들은, 자신들이 절망적이고 희망 없는 죄인이라는 것을 깨달은 사람들뿐입니다. 스스로는 아무것도 하지 못하며, 오직 우리 자신과 우리의 죄를 위해 죽으신 하나님 아들의 죽으심과, 우리 자신의 의를 위해 다시 사신 그분의 부활하심으로 구원받았다는 것을 깨닫는 자들만이 하나님 나라에 들어갑니다.

이제 마지막 요점을 제시하겠습니다. 여러분은 자신이 회개했다는 증거를 보여주어야 합니다. "그러므로 너희가 회개하고 돌이켜……." 자신을 돌이켜 하나님께로 돌아가십시오. 베드로는 여러분이 지금처럼 행동하는 것은 여러분이 하나님께 등을 돌리고 무지했기 때문이라고 했습니다. 여러분은 자신이 무엇을 하고 있는지도 몰랐습니다. 회개하고 하나님께 돌아가십시오. "하나님이 그 종을 세워 복주시려고 너희에게 먼저 보내사 너희로 하여금 돌이켜 각각 그 악함을 버리게 하셨느니라"행 3:26. 보시다시피, 우리는 우리의 회개가 참되며 진실하다는 증거를 제시해야 합니다. 여러분은 지금 회개하더라도 삶 속에서 증거를 제시하기까지는 자신의 회개가 참되다고 확신할 수 없습니다. 많은 사람들이 결단을 하지만, 그다음 날이면 그 결단은 그들의 삶의 표면을 떠다니는 감정의 물결에 지나지 않는다는 것이 드러납니다. 제가 전도집회에서 사람들을 앞으로 나오게 함으로써 그들을 "시험하지" 않는 것도 바로 이 때문입니다. 저는 머리에서뿐만 아니라 가슴에서 나오는 회개, 삶에서 나타나는 회개를 믿습니다. 자신을 돌이켜 하나님께로 돌아가십시오. 설교자를 기쁘게 하는 일을 하지 말고 하나님을 기쁘시게 하며 천사들로 찬양하게 하는 일을 하십시오. 회개는 행동과 실천으로 증명됩니다. "그러므로 너희가 회개하고 돌이켜." 현재의 여러분 자신을 버리고 새로운 것으로 돌이키십시오. 다시 말씀드리지만 회개는 필수입니다. 저는 이러한 복음의 논리를 보지 못하는 사람들이 도저히 이해되지 않습니다. 회개한다면 세상에서 돌이키게 됩니다. 왜 그렇습니까? 진실되게 다시 생각한다면 스스로에게 이렇게 묻기 때문입니다. 예전의 나는 왜 그러했을까?

답은 하나뿐입니다. 나는 세상적인 것과 육적인 것과 마귀, 곧 하나님을 대적하는 모든 것의 희생자였습니다. 이런 것들만 보았습니다. 그러나 지금 나는 무엇을 합니까? 나는 여기에 등을 돌립니다. 신약성경은 이런 예로 가득합니다. 디도서 2:11-12을 보십시오. 이 구절은 제가 여러분에게 말하려는 것을 완벽하게 제시하고 있습니다. "모든 사람에게 구원을 주시는 하나님의 은혜가 나타나 우리를 양육하시되teaching"-무엇을 가르치십니까?-"경건하지 않은 것과 이 세상 정욕을 다 버리고……." 여러분이 계속해서 경건치 않게 세상 정욕을 따라 산다면, 여러분은 회개하지 않은 것입니다.

머리에서 나오는 무슨 말을 했든, 가슴에서 나오는 어떤 말을 했든, 회개하는 사람들은 세상적인 것과 육적인 것과 마귀를 거부하며 여기에 등을 돌립니다. 그렇다고 이들이 완전해지는 것은 아닙니다. 그러나 이들은 여기서 등을 돌리며, 이것들을 원치 않습니다. 어리석게도 이들은 뒤돌아보고 싶은 유혹을 느끼며 죄에 빠지기도 하지만, 여기에 속하지는 않습니다. 탕자처럼, 이들은 일어나 집으로 돌아왔습니다.

그렇다면 "경건하지 않은 것과 이 세상 정욕을 다 버린" 우리는 무엇을 해야 합니까? "신중함과 의로움과 경건함으로 이 세상에 살아야 합니다." 이 세상이 지금과 같은 것은, 하나님께 거역하고 그분과 그분의 거룩하심에 무지하며 그분의 법을 어기고 그분의 존엄에 침을 뱉고 있기 때문입니다. 여러분이 진정으로 알고 이것을 진정으로 믿는다면, 여러분은 "나는 더 이상 여기에 관여하고 싶지 않아. 나는 여기서 돌이키겠어" 하고 말할 것입니다. 존 번연은 이것을 깨달았습니다. 순례자는 멸망의 도시를 떠납니다. 아내와 아이들이 그를 부르지만, 이것은 중요하지 않습니다. 그는 떠나야 했습니다. 이것이 회심입니다. 멸망의 도시와 거기서 일어날 모든 일에서 떠나 하나님께로 돌이켜 이 세상에서 단정하고 의롭고 경건하게 사는 것, 하나님의 영광을 위해 사는 것, 그분의 계명을 지키며 사는 것, "너희를 어두운 데서 불러내어 그의 기이한 빛에 들어가게 하신"벧전 2:9 분을 찬양하며 사는 것, 이것이 회심입니다.

베드로는 "하나님이 그 종을 세워 복주시려고 너희에게 먼저 보내사 너희로 하여금 돌이켜 각각 그 악함을 버리게 하셨느니라"라고 했습니다. 여러분이 의지를 적극적으로 동원하고 자신이 변했다는 확실한 증거를 제시하기 전까지는, 여러분은 진정으로 회개한 것이 아닙니다. 지성이 마음을 움직이고 마음은 의지를 움직입니다. 회개는 전인全人이 관계되며, 전인이 돌이키는 것입니다. 완전한 변화가 바울의 전 인격에 영향을 미쳤습니다. 그는 이렇게 말했습니다. "나는 비방자요 박해자요 폭행자였지만, 지금은 예수 그리스도의 사도이며 복음 전파자입니다."

그러므로 복음을 받아들이고 주 예수 그리스도를 믿으며 자기 십자가를 지고 그분을 따르십시오. 여러분은 사무실에서 비웃음 당하며 대학에서 조롱받고 동료들에게 바보 취급을 받겠지만, 염려해서는 안 됩니다. 여러분은 이렇게 찬양합니다.

> 십자가를 내가 지고 주를 따라가도다.
> 이제부터 예수로만 나의 보배 삼겠네.
> 세상에서 부귀영화 모두 잃어버려도
> 주의 평안 내가 받고 영생 복을 얻겠네.
> —헨리 프랜시스 라이트

사랑하는 여러분, 그러므로 회개하십시오. 이 모든 것에 비추어 회개하고 돌이키십시오. 왜 베드로는 그렇게 긴급했습니까? 제가 이토록 긴급하게 전하는 것은 무엇 때문입니까? 왜 우리 모두는 긴급해야 합니까? 왜 우리는 필사적이어야 합니까? 베드로가 그 답을 제시했습니다. 그는 무리에게 이렇게 말했습니다. "모세가 말하되 주 하나님이 너희를 위하여 너희 형제 가운데서 나 같은 선지자 하나를 세울 것이니 너희가 무엇이든지 그의 모든 말을 들을 것이라. 누구든지 그 선지자의 말을 듣지 아니하는 자는 백성 중에서 멸망받으리라"행 3:22-23. 왜 여러분은 회개해야 합니까? 여기 그 답이 있습니다. 회개하고 주 예수 그리스도를 믿지 않으면, 여러분을 기다리는 것은 멸망, 영원한 멸망뿐입니다. 세계대전과 파멸로만 그치지 않습니다. 영원한 파멸이 있습니다. 베드로가 긴급했던 것도 바로 이 때문입니다.

회개하고 믿으십시오. 돌이키십시오. 그렇게 하십시오. 회개하고 돌이키지 않는 자들을 기다리는 무서운 재앙 때문에라도 회개하고 믿고 돌이키십시오. 그러나 또한 여러분의 죄가 씻어질 수 있도록 회개하고 믿고 돌이키십시오. 여러분의 죄를 사하기 위해 죽으시고 장사되었으며 부활하신 나사렛 예수 그리스도의 이름으로 여러분께 선포합니다. 회개하고 복음을 믿으십시오. 그러면 여러분은 죄사함을 받고 영원한 영광 가운데 영원토록 그분과 함께 거하게 될 것입니다.